我心依旧

WO XIN YIJIU

庄电一 著

黄河出版传媒集团
宁夏人民出版社

图书在版编目（CIP）数据

我心依旧／庄电一著. —银川：宁夏人民出版社，
2020.7
ISBN 978-7-227-07250-8

Ⅰ. ①我… Ⅱ. ①庄… Ⅲ. ①新闻工作－文集 Ⅳ.
①G21-53

中国版本图书馆CIP数据核字（2020）第134189号

我心依旧   庄电一 著

责任编辑　姚小云
责任校对　陈　晶
封面设计　伊　青
责任印制　陈　哲

黄河出版传媒集团
宁夏人民出版社　出版发行

出 版 人　薛文斌
地　　址　宁夏银川市北京东路 139 号出版大厦（750001）
网　　址　http://www.yrpubm.com
网上书店　http://www.hh-book.com
电子信箱　nxrmcbs@126.com
邮购电话　0951-5052104　5052106
经　　销　全国新华书店
印刷装订　宁夏凤鸣彩印广告有限公司
印刷委托书号　（宁）0017953

开本　787 mm×1092 mm　1/16
印张　24.25
字数　400 千字
版次　2020 年 7 月第 1 版
印次　2020 年 7 月第 1 次印刷
书号　ISBN 978-7-227-07250-8
定价　48.00 元

自　序

我心依旧!

"人生寄一世,奄忽若飙尘"。一转眼,告别职业生涯已经三四年了,但我这几年与在职时的变化并不大,除了不再像原来那样夜以继日地赶稿,也不再领取绩效工资及相关补贴之外,我依然在不间断地爬格子,依然应邀外出讲课,依然在一些评选中担任评委,依然应邀为一些刊物写稿,依然参加一些社会活动,出现在一些该出现的场合。

退休后,我一般就不再接受采访邀请了,也很少再以记者的身份主动采访了,因为我给自己定下了一条原则:不抢别人饭碗,不给别人添乱,不妨碍别人工作,不做叫人不舒服、引起非议的事,要写就写别人不写的东西。

既然退休了,就该刀枪入库,马放南山,轻松自如地安享晚年了,但一种难以消除的职业惯性还是常常驱使着我,听说有新闻价值的事情,总要多问几句;看见有意思的场景,总想多记几笔;有所感所悟,忍不住要倾诉出来;遇到可写的题材,常常会习惯地动笔。我写出并发表了很多文字,这也让我继续引起读者的关注,好像也没有淡出人们的视线,以至仍然有人向我约稿、约我采访或请我授课、点评、指导。当然,我自己也以在退休后还能写作、还能发挥一点余热而感到欣慰,自认为还没有老,还没有到颐养天年的时候。

当然,我写这些东西,不是写写玩玩,也不是自娱自乐、无聊消遣,更不是无病呻吟。在这期间,我写的东西还是受社会责任感所驱使,还是希望笔下的文字能传递一些有价值的信息,产生一点正能量。

2016年5月,在办理退休手续时,因为人员还没有到位,我没有撂挑子,而是不声不响地继续坚守岗位,依旧参加各种活动,依旧奔波各地采访,依旧字斟句酌地写稿,依旧保质保量地完成上级布置的各项工作,直到人员到位。

2017年之后,我就很少外出采访了,因为新记者已经接手,我就不想添乱了。但是,我并没有完全"禁足",偶尔还会"出动"。记忆较深的正规采访有三次:第一次,是应邀参加在内蒙古阿拉善召开的西夏学国际学术论坛,因为这个论坛要考察额济纳旗黑城,可以满足我期待多年的夙愿。第二次,是应当地有关部门的邀请对退耕还林工程进行深入的采访,因为在几年前我曾对此做出了有影响的报道,推动了国家对退耕还林政策的调整,对前因后果、来龙去脉都很清楚,也可以比其他人写得更深更透些。第三次,是自治区60周年大庆的宣传,此前,我曾报道过自治区的30周年大庆、40周年大庆、50周年大庆,这次60周年大庆,我也不希望缺席,感谢报社的信任,特意将我纳入采访小组,使我再次一展身手。让我感到欣慰的是,我没有花报社一分钱,却获得了采访的丰收,全身心地投入、如饥似渴地采访,让我发出了一批自己比较满意的稿件。第一次,虽然只是短暂的会议,但我利用会议间隙采写了四五篇稿件,记得有一篇稿件写完已是凌晨一点多了。第二次,加上往返时间才有3天,但我采写并发出了5篇稿件。第三次,也只有3天时间,我马不停蹄地采写了7篇。第二次是对退耕还林的采访,我不但一口气写出4篇系列报道,而且还采写了刚刚开馆的彭阳博物馆,编辑部特别冠以"本报特派记者"的署名,给我很大鼓舞。此后,听说报社有意重新启用我,我更是跃跃欲试。最终特派记者的动议无果而终,我也只好作罢。戴上"特派记者"的头衔,也只此一次。

2019年春季,应朋友之邀到南长滩参加梨花节,最初的想法只是凑个热闹,对方对我也没有任何要求,但我还是没忍住,在短短二十多个小时里见缝插针地采访,结果也真的不虚此行,见诸5家报刊的5篇稿件,再次验证了我的新闻敏感。

也许,我还没老,没老到老态龙钟;也许,我的反应还没有迟钝,我的思维也还正常;也许,我尚有职业惯性,还有余勇可用,也不到问"廉颇老矣,尚能饭否?"的时候。

难忘初心,我心依旧。

这几年,我的发稿量比在职时减少了许多,其中,发表在《光明日报》上的稿件更是越来越少,但我的写作热情依然未减,在一些刊物上发稿还有所增加。一些曾与我保持友好关系的报刊,并未因我退休而对我另眼相看。其中,我仅发表在各类刊物上的业务研究和回顾职业生涯的文章就有20多篇。这里面有约稿,更多的还是我主动投稿。我依然保持在职时的习惯,在采写新闻稿件的同时,兼顾其他,这样也便有各类文体的文章时常见诸报端。

2016年,我曾一次出版了3本书(《满眼风光》(上下册)、《记者的眼力》《青山明月不曾空》),颇有点就此打住的意味,那时我已出版了10本书且都没有积压,这已超出了我的预期,我不敢再有奢望。

没想到,在此后这三四年里,我居然又写了这么多,有些文字仍然引起读者关注,甚至赢得一点好评,被个别人收藏,这也增加了我的自信。

翻阅这些发表在各类报刊上的稿件,自认为比在职时又有所提高,也还可以读一读。那么,能否把这些分散在各种报刊、仍有一些可读性的稿件收集成册,进而发挥一点社会效益,给读者一点启发呢?我又产生出书的念头。而远远超出一本书容量的文字,又让我有了精心筛选、"矬子里面拔将军"的余地,也可以让本书的质量不至于太低。只是许多稿件被筛除在外,让自己有一点忍痛割爱之憾。敝帚自珍是人之常情,我也不例外,但还是应该换一个角度,站在读者的立场上,以审慎的态度、挑剔的目光、批评的严谨来看待自己的作品,如果是这样,就会发现,自己很看重的东西,在别人眼中可能是不值一提的。

"丑媳妇迟早要见公婆",发表出来的文字也必定会被读者品头论足,既然敢写出来并要收到书中,就不要怕读者的批评。因为此前已经出版了10本书了,也就有了再出一本的勇气,也愿意再次接受读者的评判。

1998年,我出版了第一本书《悠悠我心》。20多年过去了,我从青年跨到老年,从在职变成离职,从精力充沛变为心有余而力不足,但我自己的理想、信念、追求、志趣、爱好几乎没有太大变化,这在我写的文字里面也有充分的反映。

不忘初心,未忘初心,难忘初心!为了与我的第一本书相呼应,我将这本书定名为《我心依旧》,以此表达我对新闻工作的眷恋。虽然没有在立德、立功方面有什么建树,但在"立言"方面的追求一直没有停止。

需要说明的是,本书内容的划分并没有按统一的标准进行划分,有的是按体裁划分,有的是按内容划分,所以互有交叉,这样划分,只是为了阅读,敬请读者留意。

《我心依旧》会不会是我出版的最后一本书,现在还不能断定,但有一点我可以说:这本书之后,我还会继续写下去,直到写不动、写不出、写出的东西没人理睬为止。当然,我将会及时调整自己的写作方向,写作内容、体裁也会有所变化,也将重拾少年时的文学梦,将中断了30年的文学梦接续下去。

是为自序。

2019 年 12 月 19 日

上 编

消　息

通 讯

异地采风

下　编

政论杂谈

新闻研究

上编

宁夏风情

写在前面的话
湖光秋月两相和

　　风景，名胜，历史，地理，民俗，奇闻逸事，异域风光，都能激起人们了解、观赏的兴趣，人们对此常常津津乐道，旅游也因此有了持续的动力。展示、介绍这些便有了新闻价值，新闻记者也就有了用武之地。

　　宁夏是个神奇的地方，可供对外宣传，外界渴望了解的东西有很多。对一些著名的风景名胜和独特的民族风情，人们关注得多，推介的人也多，常常出现扎堆的现象：你也写，我也写，如果过多过滥，写来写去，写不出新意，人们关注的程度就降低了，阅读的兴趣也减退了。正所谓："李杜诗篇万口传，至今已觉不新鲜。"这就需要记者们放开视野，拓展领域，采写那些很少有人关注、没有多少人涉足的题材，而这样的题材可能更容易激起人们阅读的兴趣，留下更深刻的印象，甚至激发人们的美好想象和强烈向往。

　　有人说，生活中不缺乏美，但缺乏美的发现。所以，记者要有好奇的眼光，时时保持新闻敏感，进而从司空见惯的生活中发现、寻找新闻线索和写作题材。实际上，无论什么地方，无论什么领域，都有可写的题材。

　　收录在这里的篇目，有的是偶然发现，立即展开采访，如《百年葡萄藤，依然果盈枝》；有的是细心观察，长期积累，如《银川平原鸟巢多》；有的是将生活感受，提炼、升华成篇，如《银川，出门就是"博物馆"》，写出了人人眼中有、人人笔下无。

　　对这类稿件，我们可以像写散文那样，运用多种表现手法，让稿件既有新闻性又有文学性，写出味道了，写出色彩来，写得波澜起伏，引人入胜，进而让人津津有味地阅读，获得美的享受，进而达到"湖光秋月两相和"的境界，那就算成功了。

　　也许，读者可以从这里收录的几篇文章中看出我的探索和追求，如果是那样，我将感到欣慰。

银川平原鸟巢多

春回大地，各种鸟也活跃起来了。它们或穿梭于农家院落，或在湖面上贴水争飞，或在农田里跳跃觅食，或在城市街区飞起落下，很容易就能让人感受到它们的愉悦。

走在银川平原上，到处都可以看见依树而筑的鸟巢。无论是在公路边、农田里、农舍旁，还是在沟渠畔、公园内、楼群中，都可以看到鸟巢和鸟类活动的身影。

银川平原有多少鸟巢？没有人统计过，也没有人能说得清。有的地方，简直可以用"鸟巢密布"来形容，鸟巢之间相距很近，隔树相望，呼声相闻。有的地方，同一株树上居然筑有两个，甚至三个鸟巢，那就不是"隔树相望"了，而是更亲密的"隔枝相望"：相同的爱好和价值取向，让它们或隔枝相守、比邻而居，或高低悬望、上下呼应，就像左邻右舍、楼上楼下的居民一样彼此照应。这种"建筑格局"，也许是因为它们之间有某种亲密关系吧？

仔细观看，这些鸟巢，多是就地取材，因陋就简。几根树枝，些许草棍，巧妙地组合、连接、堆砌，就成为它们繁衍生息的"家"了。这些鸟巢中，有耗材量很大的"大工程"，层层叠叠，建筑材料垒得老高，也有省工省料的"小工程"，所用的建材几乎都能数得过来，只能算是个"急就章"，大概是因时间紧迫没来得及完善吧。还有一些鸟巢，只有少许树枝随意搭建，根本无法满足生儿育女之需，显然是个"未完稿"，也许是要等来年再建。鸟巢之间，所用建材相差几倍，乃至十几倍。

从建筑规模来看，有的鸟巢可能"人丁兴旺"，鸟巢下面也堆满了鸟的粪便；有的鸟巢则"家门冷清"，看不到多少兴旺的迹象；有的"人家"有长久打算，可能是世代居住，有的"居民"则是临时安家，好像是在瞎凑合。

如果细心观察就可以发现：这些鸟巢一般都筑在树干主干有分叉的地方，造型也很灵活，"选址"还符合力学原理呢。筑在主干上的鸟巢，因为树干粗壮一般不会随风摆动。即使遇到大风，摆动的幅度也不会很大，而选在有分叉的位置筑巢，则符合三角形稳定的原理，所以这些鸟巢一般都很牢固，几乎看不见有散架、倾覆的,更看不见有鸟蛋、雏鸟掉在地上。

　　这些鸟类筑巢的位置多选在人类徒手够不到的地方,低的仅一米多高,高的则有五六米,而且人口越密集的地方鸟巢的位置就筑得越高,在市区街道两侧和公园里搭建的鸟巢尤其高。显然,这是为了防止"异族"入侵、避免受到意外伤害,它们对人类和其他有威胁的动物还防着一手呢。在高处筑巢,可能是它们的"习惯动作",也可能是沿袭老祖宗流传下来的"经验",但它们现在可能真的有点多虑了,更没有必要把巢筑得那么高,因为在银川平原生活的人们如今都有强烈的爱鸟意识,也都能与鸟类和谐共处了,不要说捕鸟,就是到鸟巢里掏鸟蛋的事也几乎没有了,何必还要对人类保持这么高的警惕呢?

　　而生活在银川平原北端的石嘴山境内的鸟类可能就"开放"得多,胆子也大得多,那也许是生活环境和生活习性使然。

　　前面提到的鸟巢,都是筑在树上的,也都是"高高在上"的。而在石嘴山市境内的星海湖、沙湖鸟岛附近,有些鸟不是把巢筑在树上,而是把巢筑在地面上。我曾有幸走近它们的"家园",看到那些鸟巢实在是太简陋了,甚至不能称其为"巢":有的只是在地面的低洼处选个小坑,再放上几根草芥,就迫不及待地把蛋产在上面。也许是条件不允许,也许是时间来不及,它们繁衍后代便因陋就简、随遇而安了。

　　我走进鸟类领地——星海湖畔——的时间是在六七月间。我看见,地面上布满了小巢,小巢里也布满了等待孵化的鸟蛋,少则一两枚,多则四五枚,有的地方鸟巢多得令人难以下脚。这些"准父母"们,正全心全意地照看它们即将出世的儿女,看见我们不打招呼就随意"闯"进来,它们以为我们要破坏它们的"家园"、掠走他们的儿女,便非常紧张地在空中盘旋,甚至不断向我们发出警告。我们只好"知趣"地撤离,它们这才安静下来。

　　我曾探访过5A级景区沙湖的鸟岛。那里简直是鸟的天堂,在那里繁衍生息的鸟类,一般都把鸟巢筑在芦苇丛中、苇茬之上。那些原本独立的芦苇,经过鸟类"巧爪""巧嘴"的修造,都变成了舒适的鸟巢,而构筑鸟巢的材料也基本都是就地取材,芦苇的茎、叶、花被它们精心收集、剪裁,絮到巢上,原本硬邦邦的枝条也经过它们的加工变松变软了,整个鸟巢显得很妥帖、很温馨。

　　银川平原上的这些鸟类,可以分为夏候鸟、冬候鸟、留鸟、旅鸟四大类,而在树上筑巢的,多是留鸟,其中麻雀、喜鹊、斑鸠较多,一年四季随处可见。因为喜鹊的密度大，银川市还被命名为"喜鹊之乡"；而在湖泊湿地附近席地筑巢的，有些则是迁徙的候鸟，它们只是把银川平原当作歇脚休整、补充能量的中转站，在筑巢、换羽、生儿育女后便携家带口，远走高飞了。

在银川平原，除了鸟类自己筑在树枝头、地面上和草丛中的鸟巢外，还有人类为他们搭建的鸟巢。这样的人工鸟巢，在市区公园和自然保护区都可以看到。有一年，我参加了自治区林业部门在贺兰山苏峪口景区为迁徙鸟类搭建鸟巢的活动之后，还欣然为此发出报道：《宁夏为迁徙鸟类搭建"离宫别墅"》，虽然写法有点夸张，但还能够让人接受。

银川平原鸟巢增多，与环境的改善和人类的友善有密切的关系。近年来，银川平原的湖泊湿地面积不断扩大，湿地资源都得到了很好的保护，自然保护区的面积也不断扩大。有资料显示，仅银川市的湖泊湿地、河流湿地、沼泽湿地、库塘渠沟湿地就有5.31万公顷，其中仅近5年新增的湿地就有近1.5万亩。现在，银川市境内的自然湖泊有200多个，其中面积在100公顷以上的就有20多个，银川市的鸣翠湖、阅海、鹤泉湖和石嘴山市的沙湖、星海湖、瀚泉海都已成为著名的旅游景点，国家湿地公园鸣翠湖还从全国700多家湿地保护区中脱颖而出，获得"中国生态保护最佳湿地"称号，成为中国最美的六大湿地之一。现在，银川平原的湿地及其周边环境，都为鸟类繁衍生息提供了良好的条件。

当地人对鸟类的友好和关爱还不止于此。有时，人们对鸟类的冷暖和疾苦也称得上是"关怀备至"了。对那些"常住居民"，人们秋毫不犯；对那些"匆匆过客"，人们也同样关怀体贴。人们不仅为迁徙鸟类搭建鸟巢，而且在冬季大雪后为它们提供食物。自2008年有人发现有些鸟类因大雪覆盖饥饿而死以来，自治区林业厅和银川市湿地办、野生动物保护协会等单位就在冬季为鸟类投食了，其中仅2014至2015年在银川境内就设立了120多个投食点，投放谷、麦、玉米总计达14000多公斤。正是这些"救济粮"，帮助许多鸟类渡过了"饥荒"。

人类的善意，自然被对环境特别敏感、对生存条件也特别挑剔的鸟类感知到了，远道而来的"客人"也越来越多。在银川市，仅目前发现的水鸟就有240多种。几年前，"光临"银川的红嘴鸥只有几十只，现在居然有上千只了。继白尾海雕"驾临"银川之后，从前从没有到过宁夏的火烈鸟，也在去年11月"呼朋引伴""兴致勃勃"地飞来了，一来就是5只。

看来,银川平原鸟巢多,是有原因的,也不是偶然的,而各种鸟类选择在这里定居或做客,也是一种明智的选择。

（原载 2016 年 4 月 9 日《光明日报》）

百年葡萄藤,依然果盈枝

"贺兰山下居然有这么老的葡萄?""这么粗的葡萄藤,该有上百年了吧?""这么老的葡萄,还能结出这么多、这么甜的葡萄?"最近,在参观位于石嘴山市境内贺东庄园的葡萄园时,我听到许多同行者惊奇地发出这样的问询和感叹,有人还拿出手机与这些历尽沧桑的"老藤"合影留念,将这个奇闻在朋友圈传播。

这些比椽子还粗的葡萄藤紧贴地面、斜躺在葡萄架上,根部直径有二三十厘米,虽然表皮粗糙,多处开裂,但其末梢依然挂着一串串鲜翠欲滴的葡萄。据管理人员测量,根部直径最大者有 28.6 厘米、周长达 90 厘米。这里的葡萄颗粒不大,也无核,而无核的葡萄,在宁夏比较少见,应该是为酿酒而栽植的,不大可能是供鲜食的。据说,老藤所结的葡萄虽然越来越少,个体也玲珑娇小,但成熟后粒粒都芳香浓郁。

据贺东庄园庄主龚杰介绍,他的庄园共有 3000 多亩葡萄,像这么"年长"的葡萄共有 225 株,有人说它们有 100 岁,有人甚至认为该有 200 岁,否则怎么会长这么粗呢?

当然,说这些葡萄有这么长的寿命,还只是一家之言,有待科学鉴定,但这么粗的葡萄藤、这么老的葡萄树,不要说在宁夏绝无仅有,就是在全国也属罕见。有人说,就是在我国新疆和世界著名酿酒葡萄产地法国波尔多,也是难得一见的,而在贺兰山脚下这么一个不太显眼的地方,能有如此长寿的葡萄,应该说是一个奇迹。

据悉,这些"老态龙钟"的葡萄,已是几易其主。由于年代久远,很多事情已经没有人能够说得清:它起源于何时? 最初由何人所栽? 曾经酿造过什么酒? 这些问题,都没有人能够做出准确回答。许多人只知道它们原来属于西北煤机厂所办的农场,后来又转来转去,转到龚杰手中已是 2010 年年底了。几年来,龚杰投资

1.6 亿元对这个老葡萄园进行改造,使它在很短时间内便发生了翻天覆地的变化。

宁夏冬季气候干燥,温度很低,很多树木的枝条过冬后就会枯死。为了让大地上的葡萄安全过冬,减少水分蒸发,每到深秋人们都要把葡萄枝埋入土中,而贺东庄园这些躯体僵硬的老藤不能弯曲,也无法掩埋,却奇迹般地度过了一个又一个严冬。虽然在冬季暴露在外,看上去很凄惨,似乎已经枯死,但每到春暖花开之际,它们照样恢复生机,含苞吐翠。而不用年复一年地掩埋枝藤,倒也省去了许多人工。

这些“年事已高”的葡萄,把根深深地扎入土壤,饱吸天地精华,自然非同一般,用这样的葡萄来酿酒,也有别于那些根基较浅的葡萄,其品味的奇妙、细微的差别,一般人是品不出来的。

唐代诗人王翰曾作《凉州词》,诗云:“葡萄美酒夜光杯,欲饮琵琶马上催。醉卧沙场君莫笑,古来征战几人回?”诗中描绘的是唐代西北边塞守边将士生活的动人场景,也透露出一个历史事实:早在唐代,乃至更早时期,西北就盛产葡萄和葡萄酒了,而喝葡萄酒已成为当时人们的普遍爱好了。

龚杰董事长说,曾经有人要出高价购买老藤葡萄,希望移栽到自己的酒庄以装门面,但他坚持不卖。非但不卖,他还要树立保护标志精心保护。据悉,自治区有关部门也考虑给他们颁发“文物保护遗址”标牌,他们也将组织认领活动。

许多宁夏人一直都认为宁夏的葡萄酿酒业起步于 20 世纪 80 年代初期,栽培葡萄并用葡萄酿酒的历史也只有 40 年左右。现在看来,这个说法可能要改一改了:宁夏不仅有这么老的葡萄,而且可能在很早就开始酿酒了。

(原载 2016 年 10 月 14 日《光明日报》)

贺兰山上的岩羊何以不怕人?

贺兰山位于银川平原西部,南北走向,长约 250 公里,宽处有 100 多公里,窄处只有几十公里。虽然是个名山,但却算不上大山。贺兰山与其他山脉并不接壤,应该算是一座孤山。因为降雨稀少,山上植被稀疏,世世代代在贺兰山上生活、被列为二级保护动物的岩羊,也没有机会与外界的岩羊接触。

过去,登贺兰山的人都希望见识一下岩羊,但真正能够一睹它们"芳容"的人还真不多。1982年,贺兰山自然保护区成立,第二年有关部门对岩羊分布情况进行普查,总共才发现1580只,而那时还有人乱捕滥猎,岩羊见到人,早就躲得无影无踪了,人们怎么能轻易看到? 所以,这种能在崇山峻岭之间攀爬跳跃、追逐觅食却能如履平地的野生动物,更让人觉得有几分神秘。

　　现在,情况大不相同了。有越来越多的人能够近距离看到岩羊的身影,也有越来越多的记者和摄影爱好者拍到了岩羊喝水、奔跑、嬉戏、打斗的画面,与岩羊有过亲密接触的人也越来越多。为什么呢,因为贺兰山上的岩羊越来越多,也越来越不怕人了。

　　记者每次上山,都能看见岩羊。贺兰山管理局的胡天华科长告诉记者,他自1991年到管理局工作以来,在山上已经工作了25年,对包括岩羊在内的各类野生动物分布情况都了如指掌。近年来,贺兰山的岩羊得到了较好的保护,贺兰山自然保护区的范围也经历了两次扩大,由成立时的850平方公里,扩大到1000平方公里,此后又扩大到1935平方公里,这就为各类野生动物创造了一个相对良好的生存空间。

　　2003年以前,在贺兰山上放牧的羊群有14万只之多,野生的岩羊和家养的绵羊在山上争食,加剧了植被的退化。2003年5月,面对日益脆弱的生态环境,宁夏果断地在全境禁牧。绵羊下了山,岩羊便乘机扩大自己的"地盘",种群数量也急剧增加。1995年,贺兰山的岩羊还只有8000至12000只,但到了2005年,就增加到15000至17000只。近年来,有关人员又进行了调查,发现岩羊每年都在以10.54%的比例递增,总数已经达到35000只了。数量多了,人们上山看到的岩羊自然就多了。

　　人们对岩羊司空见惯、不以为奇,还有一个重要原因,那就是这些岩羊普遍都感受到了人的善意和友好,所以再看见人踏入它们的领地,也不躲不藏了。胡天华科长告诉记者,夏秋季节,山上的草木生长良好,岩羊基本不缺食物,无须人们为它们投食投料,即使投了食物,它们也不理不睬。但到了冬季,特别是到了大雪封山的时候,它们就乐于接受这"嗟来之食"了。它们甚至与管理人员和野生动物爱好者达成默契,到了固定的时间,它们就来到固定地点,心满意足地享用这种馈赠,彼此之间也就有了零距离的接触,那温馨的场面,就像是老朋友在交流:亲密无间,坦诚相见,互不设防。

当然,并不是所有人都有环保意识,都对岩羊这样友好。就像马群中总会有害群之马一样,人类中也有一些不法之徒。2001 年至 2015 年,就有 6 个见利忘义的人先后 8 次携带小口径枪支对这种国家二级保护动物痛下杀手,总共猎杀了 18 只岩羊。森林公安局果断出击迅速破案,6 名犯罪分子也分别被判处 2 至 10 年不等的刑期并处以罚金,煞住了乱捕滥猎的嚣张气焰。

当然,乱捕滥猎只是个别现象。对于多数岩羊来说,贺兰山是它们的乐园,它们也生活得无忧无虑,留给它们的就是吃饱喝足、生儿育女、争夺交配权。如此一来,不懂得"计划生育"的岩羊,几乎是家家"人丁兴旺",个个都志得意满。其种群的增长速度,也远远超出了人们的预料。

贺兰山的承载能力到底有多大? 现有植被到底能养活多少只岩羊? 贺兰山到底有没有生态危机? 对这些问题,需要做出科学的回答,也需要及时采取有力措施。

(原载 2016 年 6 月 10 日《光明日报》七版头条)

塞上湖城美在湖

在我国大大小小的城市中,享有"塞上湖城"美誉的可能只有银川。在干旱少雨、沙丘连绵的大西北,拥有湖城景观是令人惊叹的奇迹,而这个奇迹既离不开母亲河黄河的恩赐,也离不开当地政府科学的发展理念和持续多年的开拓创新。

黄河在银川穿城而过,为银川平原留下了许多湖泊湿地,"七十二连湖"的传说曾在一代代银川人中口耳相传。鱼米之乡的胜景,也曾让许多银川人感到骄傲。但是,一个时期以来,这种宝贵的资源不但没有得到合理的利用,反而遭到不可思议的破坏。填湖造田,让许多湖泊迅速萎缩;城镇扩张,让许多水面荡然无存;新楼崛起,让城内湿地无处存身,湖泊的数量越来越少,湿地的面积也越来越小。有资料显示,新中国成立时,银川及周边地区尚有 50 万亩湖面,几十年之后便锐减到了 30 万亩,许多湖泊都被填平了,取而代之的是没有多大价值的荒滩、收成并不乐观的农田和成片的工厂。许多曾经留在人们记忆里的湖泊,没几年就看不到了,以致许多人都不再相信"七十二连湖"之说了。

好在银川人吸取了以往过度开发的教训,对湖泊湿地的价值有了越来越深刻的认识,各级政府也转变了发展理念。大约在二十年前,银川将城市定位为"塞上湖城"并为营造湖城景观、扩大湖城优势做出了不懈的努力:"城内湖泊以治理保护为主、城边湖泊湿地以恢复为主、远郊湿地以自然保护为主",正是这一原则的贯彻和实施,使银川在较短时间内恢复了许多湖泊、扩大了湿地,开挖了大小西湖,兴修了极大地改变了湖城风貌的艾依河(现改名为典农河)。不久前,银川又在黄河东岸新建了滨河新区,从而将黄河揽入怀中,让黄河变成银川的"城内河",银川市湖泊湿地所占的比例也迅速提高,甚至远远高于其他内陆城市,银川市也因此成为名副其实的"塞上湖城"。

有了湖泊的滋润,银川变得越来越温润、越来越清新、越来越娇美了。原来荒凉的黄土地很快就变绿了,原来很少有人光顾的荒地变成令人向往的家园,就连干燥的空气也变得湿润起来了。

塞上湖城美在湖。

人们很难想象,如果没有湖泊湿地,银川将会是什么样子!如果没有湖泊湿地,银川之美又从何谈起?

环境改善了,城市变美了,居民的心情舒畅了,自然也会健康长寿,受益也是多方面的。

最近,一批香港企业家来到银川,目睹了银川之美后惊叹:没想到在祖国的大西北,还有这么美的城市,实在出人意料。惊叹之余,他们纷纷表示要来银川投资创业。

湖泊湿地是地球之肾。这个说法,是有科学依据的,是被许多事实所证实的,也是我们能够感受得到的。在大自然中,湖泊湿地发挥着独特的作用,这种作用是不可替代的,也是不可缺少的,一旦丧失就会带来灾难性的后果。因此,我们一定要像爱护眼睛一样爱护湖泊湿地资源。

爱护湖泊湿地资源,必须提高对湖泊湿地资源的认识。人没有肾,就不能存活;大自然没有"肾",就不能正常循环,水与空气就不能合理转换、吸纳、释放,人类也就难以在这种环境下生存。所以,湖泊湿地是极为宝贵、不可或缺的资源,也是不容破坏的。

近年来,城市拓展、工业开发、农业建设,都需要大量土地,土地供应的紧张局势也不断加剧,但是,我们无论如何也不能打湖泊湿地的主意,不能侵占湖泊湿地。利用湖泊湿地搞商业开发或其他建设,受益的是小集团和少部分人,损伤的是生态环境和多数人的利益,从整体来说是得不偿失的。

近几年,我国各地为了确保良田不被侵占,划定了基本农田保护区。划入保护区的农田就受到严格的保护,任何单位都不能随意侵占,这对保护农田起到了良好的作用。保护湖泊湿地,也可以借鉴这种做法,把重要的湖泊湿地都列为保护区。一旦划入保护范围,就要永久保护,任何人都不能侵占、不能破坏,谁侵占了、谁破坏了,都要负法律责任。

银川有这么多湖,是银川人之福,也是中国人之福:我们应该惜福,不仅要让我们这一代人享福,而且要将这种福留给我们的后世子孙,世世代代绵延不绝。

(原载 2016 年 12 月 9 日《光明日报》)

隆德县有个"古柳公园"

"六盘山下第一园"? 近日,记者到位于六盘山下的隆德县采访,傍晚在县城散步时发现他们所说的"第一园",竟然是个"古柳公园"。专门为老柳树建一座公园,这可是个新鲜事。

什么样的古柳,值得建个公园? 因为这些古柳有个统一的名称:"左公柳"。

"左公柳",是清朝晚期守边大将左宗棠在进军新疆时沿途所植,至今已有一百四十多年。后人感念左宗棠造林绿化之功,便以"左公柳"称之,而这样的古柳在隆德县曾经有几千棵,但现在只剩下二十多棵了。

当年,左宗棠率领湘军收复新疆时,曾和士兵一道在陕甘宁青新各省区大量植树。这些在荒漠地带栽植的树木,既改善了生态环境,又造福了一方百姓。清朝大将杨昌浚赶往新疆时,沿途看到左宗棠当年所植杨柳已经郁郁葱葱,便激动地赋诗一首:"大将筹边尚未还,潇湘子弟满天山。新栽杨柳三千里,引得春风度玉关。"可惜,由于人为的和自然的破坏,保留至今的"左公柳"在沿线各地已所剩无几了。

2007年1月11日,记者曾就宁夏隆德县对"左公柳"的保护在《光明日报》上做过专门的报道。

为了更好地保护这些硕果仅存的古柳,隆德县于2011年投资1800万元,在县城的黄金地段建起了占地375亩的古柳公园。

记者看到,古柳公园里,除了古色古香的门楼、亭台、水榭、回廊之外,还有"植树诗话""植树史话"浮雕和专门建造的"观柳亭"。

当然,"古柳公园"的主角还是古柳,因为这些古柳都写满了岁月的沧桑。经过一百多年的生长,主干底部已经很粗壮了,一个人也难以合抱,尽管下部的树皮均已开裂,但依然枝繁叶茂,树冠也在周边营造出一大片绿荫。与周边新植的树木相比,这些古柳颇有点鹤立鸡群的姿态。据考证,左宗棠曾在1871年下令在西部各地大量植树,而这里的古柳则是1874年栽植的。经历了一百多年干旱的摧残、风雨的洗礼和几轮大规模的砍伐,它们能够幸存下来殊为不易。所以,当地政府和人民对它们"宠爱有加"。记者看到,古柳公园的管理者不仅对每一棵古柳都编了号、挂了牌,而且对每一棵古柳都单独砌了防护池、做了文字介绍,所有这一切,都让人看到当地人对古柳的关爱,他们是真的把这些古柳当成"镇园之宝"了,毕竟,如果没有了古柳,古柳公园就名不符实,也没有理由存在了。

树木,在生态环境建设中扮演着十分重要的角色,而过去的滥砍滥伐、毁林开荒为我们留下了沉痛的教训,那些悲剧再也不能重演了。正因为如此,像隆德县这样爱林护绿的做法才更值得提倡,也更具有借鉴意义。

(原载2016年5月13日《光明日报》)

银川,出门就是"博物馆"

世界上有各种各样的博物馆。有封闭的,也有敞开的;有规模硕大的,也有小巧玲珑的;有在原址兴建的,也有异地重建的;有在室内陈列的,也有露天摆放的;有天然形成的,也有人工复制的。有的博物馆,人们为探求其中奥秘、了解相关知识而去参观,有的博物馆,人们置身其中却浑然不觉,甚至对其中的展品也视而不见。

在宁夏引黄灌区,就有这样一座博物馆:它是露天的,几乎没有任何遮盖;它是硕大的,有两三万平方公里;它是在原地展出实物的,没有任何移动;它是有生命力的,至今还在发挥效益;它是神奇的,让生活在它周围的人虽然都能感觉到它的存在,却难以看清它的庐山真面目。这个神秘的博物馆,就是建在宁夏大地上的水利博物馆。

说宁夏大地上有一座水利博物馆,不是虚言妄语,而是有现实依据、有各类实物为证的。引黄灌溉的物证,至今仍然比比皆是。

在整个引黄灌区,引水渠、排水沟、水稻田,举目可见;桥梁、涵洞、水闸,触手可及;水库、水车、泄洪道、扬水泵站等水利设施,都在营造着银川平原的富裕和文明。不要说居住在农村的群众,就是生活在城市的居民,每天都会与这座水利博物馆里的实物亲密接触。一出家门,就会看见一些年代久远的"文物"。居住在银川市兴庆区的人们,向西可以一睹唐徕渠、尹家渠的芳容,向东可以尽览红花渠的神态,因为这几条渠就从银川穿城而过,银川的许多居民都与它们毗邻而居。居住在吴忠市市区的人们,在清早晨练、傍晚散步,都会向城南多走两步,因为秦渠旁林木茂盛、鲜花盛开、空气清新的渠畔公园随时都向他们敞开怀抱。

秦渠、汉渠、汉延渠、唐徕渠、昊王渠、靼子渠、大清渠……仅从这些地名中,就可以推测出它们兴建的大致年代。宁夏引黄灌溉的历史,也可以追溯到 2000 多年前。2000 多年来留下的水利遗迹,充分反映了宁夏引黄灌区的历史。难能可贵的是,有些历史悠久的引水渠至今还在发挥作用,造福人民。

银川平原三面环沙,并非安宁之地。几大沙漠一直虎视眈眈、时时包抄,好像随时准备吞噬这块冲积平原。而年均降水量只在两百毫米上下、蒸发量却高达两三千毫米的自然条件,足以消磨它的生机和活力。幸好,有母亲河的乳汁滋润着这块大地;幸好,有发达的水利设施。否则,就没有银川这块绿洲,就没有银川这座城市,就没有银川现在拥有的一切!

引黄灌溉,为宁夏引黄灌区留下了许多与水有关的地名,也大大丰富了水利博物馆的文化内涵。以渠、沟、桥、闸、坝、湖、滩为名的乡镇、村庄、农场在宁夏沿黄各市县非常多,许多地方的地名差不多都与这些地标沾边。在村庄中,有郝渠村、朱渠村、四渠村、新渠村、洼渠村、渠中村、四支渠村、岔渠桥村、马莲渠村,有板桥村、官桥村、上桥村、郭桥村、李桥村、马家桥村、田家桥村、新华桥村、二道桥村,有头闸村、二闸村、三闸村、尾闸村、正闸村、韩闸村、分水闸村、陈木闸村。在乡镇中,有小坝镇、大坝镇、峡口镇、高闸镇、大观桥镇、望远桥镇、黄渠桥镇、郝家桥镇、新华桥镇。在农场中,以渠、湖为名的也有好几个:渠口农场、西湖农场、连湖农场、巴浪湖农场,限于篇幅,这里不能一一列举。其中,在吴忠、灵武、青铜峡等引黄灌区的核心地带,这类地名尤其多。

老祖宗建造的水利设施还在造福人类,富有创造力的宁夏各族人民并没有躺在老祖宗的基业上睡大觉,而是不断开拓进取,放大黄河灌溉之利:20 世纪 60 年代建成的黄河青铜峡水利枢纽工程,结束了宁夏无坝引水的历史;21 世纪初建成的黄河沙坡头水利枢纽工程,正在灌溉、发电等方面充分发挥效益;在地面远远高于黄河水面的中南部干旱带上,宁夏兴建了十余个规模宏大的扬水工程,让黄河水按照人的意志滋润千古荒原,造就了一片又一片绿洲,以往人迹罕至的红寺堡,因此变成了全国最大的扬黄扶贫开发区,有 20 万南部山区移民先后来到那里,迈出了稳健的脱贫步伐。于是,在那些地方又有了新的渠系,又建起新的泵站,又刷新了扬程的新纪录,又推出了暗灌、滴灌、喷灌等新的节水措施,又形成了新的开发区,也就又诞生了新的名词。过去寸草不生的荒原,有了勃勃生机;过去没有人居住的地方,有人居住了;过去没有名字的地方,现在都有了新地名。而所有这一切,都为宁夏大地上的水利博物馆增添了新的实物,进一步丰富了它的文化内涵,进而增强了它的独特魅力。

一部银川平原的开发史,就是引黄灌溉史。这部历史,也可以认为是一部流淌的历史。黄河在这里流淌,流过的是水,留下的是富裕、文明,创造的是人与自然的和谐。

宁夏大地上的水利博物馆,如今越来越大,越来越好看了,由它产生的社会效益、经济效益和生态效益也越来越显著。

（原载 2017 年 1 月 28 日《光明日报》）

千年古渠换新颜

如果说银川平原的人都生活在一座博物馆里，外地人可能都不信，甚至会觉得这个说法有点虚张声势，而银川当地人对此却深信不疑：因为银川大地上真的有一座硕大的水利博物馆，人们一出家门就可以与这个博物馆里的实物不期而遇：历朝历代修建、扩充、整治的古渠，依然把母亲河的乳汁源源不断地输送到嗷嗷待哺的农田，祖先引黄灌溉、整治河道的智慧，仍然可以随时随地被人发现，一些与灌溉有关的地名，至今仍在沿用。

这是一个有生命力的博物馆，这个博物馆里的实物至今还在为人类造福。

人们一抬眼就能看见这些"文物"，不仅能够感受到这些"文物"的存在，而且依然受惠于这些"文物"，哪个银川人能否认自己不是在水利博物馆里生活呢？

纵贯银川平原的唐徕渠，就是一条古老的灌渠。而在唐徕渠之前和之后修建的古渠，在宁夏引黄灌区还有秦渠、汉渠、汉延渠、吴王渠、惠农区、大清渠等，当地许多人对此都能如数家珍。其中，有的古渠被合并了，有的古渠被废弃了，但几条大干渠仍然健在，仍然"青春焕发"，仍然滋养着这片神奇的土地，让这片土地旱涝无虞。

总长达314公里的唐徕渠便是其中最长的一条古渠，它流经银川市13公里，就像一条玉带扎在银川市的兴庆区与金凤区之间。

唐徕渠在银川市市中心穿城而过，人们一过兴庆区西门，就能看见它古老而年轻的英姿。这条位居银川平原十四条大渠之首的古渠，经青铜峡、永宁、银川、贺兰，向北伸展到平罗，有五百多条大小渠道与之相连。这些密如蛛网的支渠、斗渠、农渠、毛渠，就像一根根血管，滋润着流域内的120万亩农田，为沿线家禽家畜、水产养殖提供引用水源，就连银川市中山公园里的湖水，也是由唐徕渠补给的。

唐徕渠，自然与唐代有关。有专家认为它兴建于唐代武则天时期，但从银川平原2000多年引黄灌溉的历史来看，在唐代之前，这里就已经有引水渠了，而唐徕渠则是在已有工程的基础上进行了大规模整修，进而形成完整的灌溉体系的。

新中国成立以来,人民政府对老化失修的唐徕渠进行过几次大规模的整修,彻底排除了唐徕渠因老化而形成的险情。尤其是 2013 年至 2015 年,国家实施了节水改造续建配套工程,投资 3.5 亿元砌护了 90.3 公里渠道,让唐徕渠真正脱胎换骨。这样一来,除上游的 40 公里外,主干渠全部都有水泥板砌护,不仅加固了堤坝、减少了渠水渗漏,而且提高了渠道输水能力、节水效益和灌水保证率。有关部门还以太阳能为能源、通过光纤传感器在唐徕渠尝试智能灌溉,收到显著的节水效果。

与此同时,水利职工的生产生活条件也得到极大改善,多数站段都有树、有花、有种植、有养殖,站段成为米袋子、菜篮子、肉铺子,极大地方便了水利职工,也让他们有了幸福感,工作也更加安心了。

唐徕渠沿线呈现出树荫浓密、鸟语花香的新景观,自然也成为人们向往的好去处。最近,记者参加由黄委会组织的"丝路水脉,因水而美——黄河流域水生态文明建设"采访活动,兴致勃勃地踏访了唐徕渠。在位于贺兰县四十里店地段设立的光明管理段,记者既惊叹它的优美环境,又赞叹它的管理规范,而品尝了他们自产的水果、与水利职工"共进午餐",则让记者切实感受到了他们的美好生活。对于曾了解水利职工过去工作、生活艰苦状况的记者来说,更是有许多感慨,真是千年古渠换新颜!

有关人员告诉记者,近几年,唐徕渠发生了巨大变化,除了砌护了渠道之外,还整修了渠道两侧的渠坝,铺设了水泥路面,实现了全线贯通,原来既不能走车又不能走人的渠坝,现在也变成了坦途。有关部门不失时机地在唐徕渠银川市区地段建起了唐徕公园,兴建了休憩的亭台、跨渠的桥梁,添置了景观灯及其他休闲设施。因为唐徕渠越变越美,渠道两侧很快便建起了高档住宅,唐徕公园及其沿线都成为银川人散步、跳舞、参加各类娱乐活动的好地方,每天都会聚集很多人。

水,是一种生态,也是良好生态不可缺少的资源。有人感叹:如果没有唐徕渠,银川平原可能就没有五谷丰登、六畜兴旺、稻香鱼肥的景象。

(原载 2016 年 10 月 24 日《丝路水脉》)

黄河在这里撒下串串珍珠

宁夏是母亲河黄河无限宠爱的地方。很难想象,没有母亲河的宠爱,宁夏会是什么样子;同样令人难以想象,生活在宁夏的黄河子孙对母亲河有着怎样的深情,又是如何爱护母亲河的。

黄河流经宁夏397公里,"流"出了2000多年引黄灌溉的历史,"流"出了塞上江南稻香鱼肥的迷人景观,留下了古老的秦渠、汉延渠、唐徕渠、惠农渠,也在沿线留下了宝贵的湖泊湿地。这些湖泊湿地,就像一颗颗珍珠撒落在黄河两岸,成为宁夏极为宝贵的自然资源。自北向南,沿黄河一线排开石嘴山、银川、吴忠、中卫四座依黄河而存在的城市:石嘴山境内有沙湖、星海湖、瀚泉湖,市区内水面开阔,有半城山色半城湖之誉;银川则有宝湖、阅海湖、鸣翠湖、鹤泉湖,是闻名遐迩的"塞上湖城";吴忠境内的大小湖泊更是星罗棋布,罗家湖、乃光湖点缀其间,更有青铜峡10里长峡库区,滨河生态、"水韵吴忠"名副其实;中卫市号称"沙漠水城",境内香山湖、美丽湖、应理湖、腾格里湖都已名声在外……而地处黄河金岸核心地段、湿地占宁夏湿地总面积24.2%的吴忠市,更是拥有3个国家湿地公园和2个国家自然保护区:吴忠黄河国家湿地公园,青铜峡鸟岛国家湿地公园,太阳山国家湿地公园,盐池哈巴湖自然保护区,罗山自然保护区,都已成为宁夏著名的旅游景区。

保护好、利用好这些宝贵的湿地资源,是宁夏各地的共识,也是宁夏沿黄各市县的历史责任。银川市连通各个水系,形成穿城而过的艾依河(今典农河)和烟波浩渺的阅海公园,吴忠市连通青铜峡和利通区两个市区,拉近了与黄河的距离,形成了滨河生态的新景观。石嘴山市化腐朽为神奇,将原来的煤灰山变成奇石山,也将原来臭气熏天的污水池变成环境优美的星海湖,中卫市将黄河水引入城区,形成了水系绕城的绚丽图景。所有这些,不仅改变了人居环境、提升了城市形象,而且创造了良好的生态效益和社会效益。

宁夏沿黄各市县始终坚持"保护优先、科学修复、合理利用、持续发展"的原则,对湿地范围内的天然湖泊、河流进行了统一规划,围绕水面治理、绿化建设、环境改善,启动了改造工程,城市形象和湿地环境因此有了明显改善。吴忠市在2005年就专门成立了湿地保护管理中心,随后,其所属的青铜峡库区也成立了湿地保护建设管理局。制度制定了,机构健全了,事有人干了,法有人执了,有了问题也就有人解决了。2008年以来,青铜峡库区先后依法拆除湿地保护区内的369处违章建筑,收回非法侵占土地12.4万亩,湿地、草滩很快得以恢复。

吴忠市立足湿地资源优势,统筹城乡发展,提出"引水入城,以水为脉,构筑生态水韵城市"的发展思路,将湿地保护和水系建设作为基础工程,还划定了城市水系蓝线,对在湿地周围开挖砂石料场、填埋垃圾和乱丢废弃物等行为进行了清理整治,制止了侵占湿地资源和破坏湿地环境的违法行为,依法关闭了湿地保护区的污染企业,全面控制了生产生活用水对湿地的污染。现在,宁夏黄河沿线湿地的水环境质量明显改善,生态功能逐步恢复,污染物降解能力也显著提高。

吴忠市还通过湖泊清淤、湖岸整治、植树造林、封滩育草、人工辅助自然恢复等技术措施,完成了黄河沿线宽幅景观绿化带建设,完善了黄河防护林体系,还在黄河沿线建设了黄河圣坛、黄河楼、回族历史文化园、滨河体育运动公园等展现黄河历史文化的新景点。

黄河湿地的环境改善了,野生动物种群也增加了。沙湖、阅海湖、青铜峡库区,这些依黄河而存在的湖泊,现在都已成为候鸟迁徙的集散地和取食地。青铜峡库区已有鱼类39种、鸟类179种,其中属于国家一级保护的鸟类就有9种,其他湿地的野生动物,也呈现不断增加的趋势。

2014年10月,来自黄河流域9个省(区)的代表相聚吴忠,学习借鉴吴忠市保护黄河湿地的经验,还联合发表了"宁夏宣言":《携手合作,保护黄河湿地》。

经过精心"修整""打磨""擦洗",宁夏境内黄河湿地上的明珠更加璀璨、更加明亮,黄河儿女创造的黄河文化,正发出夺目的光彩。

(原载2016年10月8日《光明日报》)

沙坡头：世界瞩目的治沙奇迹

从荒无人烟的沙地变成包兰铁路的一个车站，从人迹罕至的蛮荒之地变成闻名全国的 5A 级旅游景区，从县级行政区划的名称变成支线机场的名称：这个经历了沧海桑田、令人叹为观止的地方，就是位于腾格里沙漠边缘、宁夏中卫市境内的沙坡头。

60 年前，很少有人听说过这个地方，60 年后，国内外成千上万的游客纷至沓来。

沙坡头的奇迹是如何发生的？

20 世纪 50 年代，包（头）兰（州）铁路动工兴建，其中，通过中卫境内的线路曾有两套设计方案，一条是绕道穿越黄河，但经济上很不合算，另一条是在沙坡头地区穿越 55 公里沙漠，而这在世界铁路建设史上尚无先例，且要冒很大的环境风险。经过比较权衡，富有开拓精神的建设者们，决定采取第二套方案，但前提是必须解决防沙治沙问题。

从 1956 年开始，铁路建设者和中科院兰州沙漠研究所的治沙专家便来到沙坡头，和中卫当地群众一道战天斗地、防沙治沙，共同探索治沙经验，最终确定以扎麦草方格来制服沙魔，进而形成了"五带一体"的治沙体系，成功地遏制了风沙的侵袭。1959 年，著名科学家竺可桢在实地考察了沙坡头的治沙后，曾在《人民日报》上发表题为《向沙漠进军》的文章，盛赞沙坡头的治沙。

沙坡头的治沙，为征服沙漠，利用沙漠，变害为利展示了美好的前景。

然而，防沙治沙，是个漫长、艰巨的系统工程，不可能毕其功于一役。铁路线穿越沙漠，在沙漠上铺设铁路，就不可能不受黄沙的"骚扰"。包兰铁路通车之初，一有风吹草动，黄沙就会漫上铁轨，阻挡列车前行。护路工人不得不随时待命，一次次上路清理沙丘，为此付出大量艰辛的劳动。

这种景象，现在再也看不到了。因为铁路两侧的流动沙丘，都已被茂盛的固沙植物覆盖了。而"麦草方格"腐烂后在沙漠地表形成的"结泥皮"，也在一定程度上压住了黄沙。

沙坡头治沙工程逼退了沙漠,昔日曾被沙漠吞噬的土地变成了绿洲。生态环境的好转,也招来大量的"新居民":沙坡头地区的植物种类已由过去的 25 种发展到现在的 453 种,植被覆盖率则由过去的不足 1% 上升到 42.4%;野生脊椎动物也达到 146 种,无脊椎动物则增加到 400 多种。这些动、植物潜在的经济开发价值,也引起人们的高度重视。

沙坡头地区环境的改善,让它在 1984 年跨入自然保护区的行列。这个位于亚洲中部和西北黄土高原植物区系的交汇地带和草原向荒漠化过渡地带的自然保护区,是我国北方干旱地区第一个荒漠生态系统类型的保护区。10 年后的 1994 年,沙坡头自然保护区又晋升为国家级自然保护区,进而成为保护和研究荒漠生态系统及生物多样性的重要基地。

穿越沙漠的铁路几十年畅通无阻的奇迹,得到了国家的褒奖,也得到了国际社会的赞誉。1992 年,沙坡头治沙成果被国务院授予"科技进步特别奖"称号。1994 年,沙坡头又被联合国评为"全球环保 500 佳",沙坡头也成为"联合国教科文组织人与生物圈和世界实验室的研究点""国际沙漠化治理研究培训中心培训基地",有 50 多个国家和地区的数百名专家、学者先后前来参观考察,为"人类治沙史上的奇迹"而赞叹。沙坡头的治沙经验,则被称为"沙坡头模式",不仅被运用到国内铁路兰新线、青藏线、甘武线的建设之中,而且被 50 多个沙害严重的国家和地区所借鉴。

近年来,为了开发利用沙漠资源,节约引黄灌区耕地,中卫市又在沙坡头边缘探索出干旱沙漠地区设施农业与生态防风治沙相结合的新模式,不断拓展设施农业的发展空间。昔日连绵起伏的沙丘被推平了,2000 个日光温室大棚拔地而起,无公害的蔬菜、水果在温棚内苗壮成长,集防风治沙、绿化美化、旅游观光、科研服务为一体的沙漠高科技农业科技示范园区,已经初具规模并显示出良好的经济效益和生态效益。

沙坡头的治沙成就和无与伦比的自然风光,也成为一种不可多得的旅游资源。20 世纪 80 年代,沙坡头的旅游拉开序幕。经过 30 余年的开发建设,沙坡头已成为沙漠体育运动基地和沙漠科研基地和 5A 级旅游景区,被国内外专家、学者称为"世界垄断性的旅游资源",被《中国地理》杂志列入"中国最值得外国人去的50 个地方"。

旅游业的发展,催生出空中桥梁。2008年,中卫动工兴建机场,当年即顺利通航。2012年,机场正式改名为"中卫沙坡头机场"。

沙坡头是个奇迹。了解了沙坡头的前世今生,就会为这个奇迹而惊叹。沙坡头的治沙奇迹,不仅为我们提供了一个治沙的样本,也给我们如何利用自然、改造自然带来许多启示。

(原载 2017 年 6 月 17 日《黄河报》)

似曾相识"鸥"归来

"远方的客人,请你留下来!"这句歌词,几乎变成银川人的共同心愿。他们此时眼中的"客人",并不是人,而是远道而来的红嘴鸥。

今年的春暖花开之际,红嘴鸥再次飞到银川,并在银川营造了浓郁的喜庆气氛。连日来,许多银川市民都以老朋友的身份,与这些远道而来的客人有了亲密的接触。他们或近距离观赏,或亲手投递食物,或与它们"合影留念",或拍下它们飞翔的倩影,展示它们优美的舞姿,或带着女友或孩子与它们嬉戏、逗趣,有的人甚至为此喜笑颜开、欢呼雀跃,有些记者还把这种景象呈现在当地的报纸版面和电视荧屏上。

在银川市市内和市郊的燕鸽湖畔、北塔湖边、鸣翠湖侧、阅海湿地公园内,市民与红嘴鸥都像久违的老朋友再次相见那样欢快热烈,亲密无间,毫无芥蒂。那种人与鸟和谐共处的景象,真是令人欣喜、兴奋。就连一些没有到现场的人,也都以喜悦的心情讲述着红嘴鸥降临银川的盛况。有人说这里有几百只,有人说那里有上千只。

人们都希望这些远方的客人留下来,留的时间越长越好。

红嘴鸥的体型和毛色都和白鸽相似,但嘴和脚却是鲜红色的,因而特别招人喜爱,它们也因此得名。红嘴鸥是一种候鸟,并不是银川地区的"常住居民",对银川来说,它们只是一些"匆匆过客"。虽然是"过路的客人",但银川人对它们依然像对在当地朝夕相处的鸟类一样一视同仁,没有厚此薄彼。相反,对它们还要再多几分偏爱。

每年春秋两季,红嘴鸥都会在南北迁徙时驻足银川。据说,它们是从我国云南省的昆明来,奔向西伯利亚去。银川,仅是它们稍事停留的中转站而已,在银川停留的时间,一般也只有二十天左右。在这里补充了能量、缓解了疲劳之后,它们还要再次踏上征途:春季会往北飞,秋季则会往南飞。年复一年,银川人都是以老朋友的姿态欢迎它们,对它们也有各种友好的举动,让它们有了回家的感觉,至少不会让它们产生恐惧和隔膜。

　　也许,说红嘴鸥是银川人的老朋友不很确切,因为银川人过去对它们一直都很陌生,许多人也都难得一见。

　　红嘴鸥最早何时"光临"银川的? 种种说法莫衷一是,就连记者的报道也是各说各的。有说它们是 2014 年才来银川的,有说在 2010 年就来过了,有的说还要更早,已经有十多年了。一个季节,一个湖面有多少红嘴鸥"驾临"也有多种说法。有说几十只的,有说几百只的,有说几千只的。据一位生活在燕鸽湖畔的老人介绍,他最初见到的红嘴鸥只有几只,就好像是侦察兵前来探路,也许是它们及时向同伴传递了信息,没过多久就有更多的红嘴鸥陆续而来。尽管有些说法不一,但有一点,银川市民的感受和记者们的报道是一致的,那就是来银川"歇脚"的红嘴鸥越来越多,从最初的几只、十几只,发展到现在的成百上千只。到现场采访的记者、拍照的市民和相关的报道,也越来越多。

　　今年,"空降"银川的红嘴鸥似乎比哪一年都早、都多,早在 2 月中旬,银川地区的冰面还没有完全化冻,湖内的小鱼还在"冬眠",就有一些红嘴鸥"捷足先登"了。到了 3 月下旬,就"成群结队""比肩接踵"了。3 月 27 日,驻足银川的红嘴鸥,甚至达到了前所未有的规模,仅燕鸽湖一地就达到数千只。

　　说到红嘴鸥"青睐"银川的原因,银川市民几乎异口同声地归于银川市对湖泊湿地资源的保护开发和周边生态环境的改善。在已有大面积改善的基础上,银川市又开展了"蓝天碧水·绿色城乡"专项行动,整治大气、水、土壤,进一步改善生态环境,爱鸟、赏鸟、护鸟也蔚然成风,银川真的成了鸟的天堂。

　　如约而至的红嘴鸥,就像浑身上下都充满喜庆的天使,给银川市民增加了茶余饭后的谈资,也让一些活动有了载体。银川市兴庆区利用红嘴鸥到访的优势,像模像样地举办了燕鸽湖红嘴鸥文化节。今年已经是第二次举办了,其内容也更加丰富。携鸥同行"诵读经典"、人鸥情缘"我与红嘴鸥的故事"少儿绘画和文艺演出活动,都吸引许多人积极参加。

（原载 2017 年 4 月 1 日《光明日报》）

南长滩的古梨树有"生育极限"吗？

"城上斜阳画角哀,沈园非复旧池台。伤心桥下春波绿,曾是惊鸿照影来。梦断香消四十年,沈园柳老不吹绵。此身行作稽山土,犹吊遗踪一泫然。"这是宋代文学家陆游在 75 岁重游沈园时,为怀念原配夫人唐婉写下的诗句。其中,"沈园柳老不吹绵"一句,揭示了一个令人伤心的景象:柳树老了,柳絮也不飞了,令人徒增伤感。

人到了一定年龄,会失去生育能力。那么树呢? 树有没有生命周期? 是否也会逐渐降低、最终丧失繁育的能力? 这也是难以逆转的现实。我们看到,不同的树种、不同的农作物,其繁育能力是各不相同的,有许多植物也像人一样,在"年事已高"之后,所结果实就越来越少、越来越小了,到了后来,有的果树就彻底不开花、不结果、更不"繁育后代"了。再过一段时间,有的果树可能自己也"性命不保",以致"寿终正寝"了。

那么,一棵梨树到底有多长的"寿命"、有多强的繁育能力呢? 恐怕很少有人能给出确切的答案。如果有人告诉你,已经六七百岁的古梨树不仅活得好好的,而且仍然枝繁叶茂、硕果累累,你可能不信,因为很少有人见过这样的生命奇迹。

这样的奇迹,就发生在宁夏中卫市沙坡头区香山乡的南长滩! 现在,在那黄河滩涂上辛辛苦苦、无私奉献地繁育果实的古梨树,不是一棵、两棵,而是有数百棵! 其中,"年龄"最大的已经超过 750 岁了!

在春暖花开之际的 4 月中旬,我再一次踏上南长滩神奇的土地,只见群山环抱之中的南长滩,正沐浴在生机勃勃的春光中。一棵棵昂首天际的古梨树,全部在枝头绽放了。一人都无法合抱的主干,粗壮有力,毫不费力地撑起高大的身躯,将每一枝、每一叶都向广阔的天空尽情伸展。一团团梨花,似棉,似雪,似絮,似浪花,似一个个明眸皓齿、脉脉含情的少女。这些梨花,在绿叶的映衬下,恣意盛开,婀娜多姿。虽然它们与地面接触的底部都因"年事已高"而留下一道道深深的缝隙,但其树冠依然"青春勃发",枝条密集,花团锦簇,毫无老态。尽管它们都活过了多个"古稀之年",但"老态龙钟""无精打采""萎靡不振"之类的词语是不能形容它们,也绝不能用到它们身上的。

据悉,南长滩的古梨树有数百棵之多。其中,树龄在750年以上的有7棵,在450年以上的有159棵,在450年以下的有3000棵,近几年新栽的梨树有4000多棵,总共已有300亩8000多棵梨树。

南长滩怎么会有如此之多、生命力又如此强盛的古梨树呢? 这与它独特的地理位置和鲜为人知的人文环境有关。

被称为"宁夏黄河第一村"的南长滩,位于宁夏的西南端与甘肃交界处,是黄河转弯冲击而形成的。不要说离宁夏首府银川很远,就是离它最近的中卫市市区也有上百公里,就是从其隶属的沙坡头区香山乡赶过去,也不太方便。这段路,并非都是坦途,不仅有30公里蜿蜒曲折的山路,而且进出村庄都得借助摆渡船。除此之外,别无他路可行。因为崇山峻岭将这个孤零零的山村包裹得严严实实,不要说人,就是善于攀缘的山羊也难以翻越那令人望而生畏的高山。

因为地处偏僻、出入不便、与外界交往有限,南长滩也就多了几分神秘。于是,有人将它与陶渊明笔下的桃花源相提并论,称之为"宁夏的世外桃源"。当然,如果较起真来,也许称作"世外梨园"会更贴切一些,因为那里虽然有零星的桃树,但还不成规模,与梨园更是不可同日而语。

至今仍然生活在南长滩的千余人,也都同那里的古梨树一样不"普通"。那里,80%左右的人都姓拓,其余20%的人也都与他们有着千丝万缕的联系,或娶或嫁,多有姻亲关系。据考证,这些说汉语、看起来与汉族也没有明显区别的南长滩人,并不是汉族,而是已在历史上消亡了的,也不在我国现有的56个民族之列的党项后裔!

提到党项,在我国历史上那可是大大的有名,在宁夏大地上生活的人对他们更不陌生。因为他们是曾先后与北宋、辽、南宋、金鼎足而立的西夏王朝的主体民族,曾经与在此定居的其他民族一道,创造出了辉煌灿烂的文化,也推动了这一地带的历史进程,而拓跋氏则是党项的一支,在西夏王朝存续期间也是有影响的贵族。

西夏的辉煌,到1227年戛然而止。西夏末帝李睍献城投降被杀,立国达190

年的西夏王朝宣告灭亡。成吉思汗率领的蒙古铁骑对西夏进行了疯狂的报复,发誓要对党项遗民斩尽杀绝,人们为此四散逃脱,但侥幸逃脱的人很少,很快就融入到汉族或其他民族之中。以往,曾有学者断言:党项已被杀光,不复存在了。党项作为一个民族,也在我国的许多典籍中消失了。近年来,不断有人宣称自己是西夏党项的后裔,更有人远道前来认祖归宗。

至今生活在南长滩的人,应该是比较可靠,也被许多专家认可的党项拓跋部落的后裔。有关他们祖先逃难的历史,也在这些拓姓人家中代代相传。而这些历尽沧桑的古梨树,就是当年的逃难者或他们的子孙后代在定居南长滩后相继栽植的。

从南长滩的地形地貌中,今天仍然可以窥测出当年环境的险恶,也不能不佩服这些党项后裔顽强的生存能力和勇敢的开拓精神,他们就是在荒无人烟的不毛之地扎下了根,白手起家齐心协力建家园,让世世代代分享福荫,其恩泽也延续至今。

往事如烟,政权更迭,世事沧桑。今天,在南长滩仍然能够观赏到如此高龄的古梨树、能够品尝那香甜浓郁的香梨,真是现代人的一大幸事。如今,南长滩人借助这些古梨树发展旅游业且有可观的收入,也是党项祖先的一个恩泽。

毋庸置疑,南长滩的古梨树还会年年盛开,古梨树的枝头还会年年缀满果实。如果不出现天灾人祸的话,100 年后不会有变化,500 年后也不会有变化,这种景象甚至可以延续更长时间,祖先的恩泽真是绵延不绝啊!

前人栽树,后人乘凉。一批又一批游客也定会年复一年地来到这里游览,美好的生态环境足以令人陶醉。当我们在这些古梨树下遐思畅想、感受先辈恩泽的时候,是否也该问一问自己:我们该给子孙后代留下什么、不该给子孙后代留下什么? 我们是该让他们感念我们,还是让他们记恨我们? 我们对子孙后代是造了福还是造了孽? 我们给后代留下的是美名还是骂名? ——这是需要我们用行动来回答的。

水润中卫　黄沙"称臣"

水与沙,遥相呼应,相生相克,演绎了一曲自然和谐的乐章;黄与绿,相伴并存,此消彼长,在博弈中谱写出人定胜天的颂歌。这个神奇的地方,就是下辖两县一区的中卫市。

黄河在市内穿境而过,留下了悠久的灌溉历史,也孕育了那里的繁荣;腾格里沙漠在空中飘舞,曾演变成不少生态灾难,让人饱尝风沙之苦。

中卫,到底是人类高枕无忧的乐园,还是风沙肆虐的魔窟? 不同时期、不同地域、不同人群,对这个问题甚至会有截然不同的判断。

沙漠边缘、黄河之滨的自然状况,既让中卫人深得黄河灌溉之利,又让他们饱尝风沙之害,风沙曾像恶魔一样作恶多端。在沙漠肆虐时,沙丘不断向市区推进,接触最"亲密"时,距县城只有4公里。漫天的黄沙如影随形地缠绕着那里的农田和人民。

对不期而遇的洪水,人们可以筑坝设防,尽可能防患于未然;对漫天飞舞、随时降临的黄沙,人们往往缺少应对之策,有时只能眼睁睁地看着它摧毁家园、糟蹋财富。

往事如烟。经过几代人持续不断的治理,中卫市的生态环境有了根本的改观。现在,封锁道路、环绕住宅的,不再是漫漫黄沙,而是四通八达的水系;护卫大道、扮靓新区、倒映蓝天的,是一汪汪清澈的清水。

水是城市的灵魂,没有水,城市就缺少灵气。要让城市灵动起来,就要做好"水"的文章。

"沙漠水城、花儿杞乡、休闲中卫",这是中卫确定的城市定位。虽然建市只有短短十余年时间,但中卫市已在很大程度上整合了沙漠、河道、湿地资源,充分彰显了沙与水的独特优势,变成旅游、休闲的硬件。

大自然是神奇的:有沙的地方,往往会有水。绵延不断的腾格里沙漠,给中卫提供了比较丰富的自然渗水,而延续千余年的引黄灌溉,则在中卫营造了成片的湖泊湿地。于是,颇有眼光的中卫人将水引到市区,在城区建成了长达 5000 米的景观水道,让城市拥抱黄河,让水系维系城市,城市品位也因此得以提升。而 15.9% 的森林覆盖率和 36.6% 的城市绿地,更是让这座崛起在沙漠边上的城市绿得格外抢眼,彰显着无限的生机和活力。

现在,漫步在中卫市区,常常会与静静流淌的水道不期而遇,一汪汪池水也会不时地映入人们的眼帘,碧绿的青草掩盖住了漫漫黄沙。

中卫市区新建的几大场馆,在门前都预留了大片场地,形成宽阔的人工湖泊。这些湖泊,湖水很浅也很净,水面与地面相差只有几厘米,但却吸引大量鸟类前来嬉戏。而人们来到这里,一般都要从湖水中间的通道走过,心情也会因此愉悦、开朗。

水滋润着中卫,黄沙随即"俯首称臣"。中卫一跃成为全国著名的旅游城市,境内的沙坡头更是成为全国著名的 5A 级旅游景区。而沙坡头支线机场的兴建,更是为天南地北的游客前来观光提供了很大的便利。

看来,把"迪拜国际改善居住环境最佳范例奖""中国人居环境范例奖""中国特色魅力城市 100 强""中国最佳绿色生态城市""全国十佳生态文明建设示范城市"等十余项"桂冠"戴在中卫市的头上,也算是实至名归、恰如其分。

(原载 2017 年 5 月 20 日《光明日报》)

南长滩:被鲜花包裹的山村

位于群山环抱之中的南长滩,春天来得比山外要晚一些。每年 4 月中旬以后,那里的梨花、桃花、杏花才能相继开放。"人间四月芳菲尽,山寺桃花始盛开。长恨春归无觅处,不知转入此中来。"唐代诗人白居易在《大林寺桃花》中吟咏的景象,与南长滩倒有几分契合。

南长滩地处宁夏、甘肃两省区交界处,被称为"宁夏黄河第一村"。黄河自青海、甘肃一路逶迤而来,进入黑山峡谷,也就进入了宁夏境内。黄河到这里转了一个弯,便冲刷淤积出一片狭长的河滩地,这就是南长滩。南长滩四面是崇山峻岭,只有一小片面临黄河,所以进村、出村都得过黄河,而过黄河依然要靠摆渡。正因为交通不便,所以这里在历史上差不多与世隔绝,因而便被人称作"宁夏的桃花源"。然而,陶渊明笔下的桃花源是虚无缥缈的,而南长滩的桃花源则是实实在在的。不过,南长滩虽然也有桃树,但现在还不成规模,而真正称得上"园林"的,还是那里的梨园。最让人啧啧赞叹的,也是那里的数百棵古梨树,虽然多有数百岁的"高龄"了,但依然枝繁叶茂、硕果累累。

生活在南长滩的人中,有80%都姓拓,其余的人也都与拓家有姻亲关系。据专家考证,这些拓姓人是曾与宋、辽鼎足而立的西夏王朝党项族拓跋部落的后裔,是在西夏政权被灭时,为躲避蒙古铁骑追杀而逃难至此的,而这些古梨树就是当年的逃难者及他们的后裔栽植的。

正所谓"前人栽树后人乘凉",党项族后裔在几百年前栽植的梨树,不仅是让他们的子孙一代代"乘凉",而且为他们的后代创造了数不尽的财富,让一代代子孙从多方面受益,甚至不止一次帮助他们渡过饥荒。

有人可能以为,这些"老态龙钟"的古梨树,主干都已开裂,树梢也已干枯,"生育能力"早就衰退,甚至完全丧失了。出人意料,这些"高龄"古梨树,依然枝繁叶茂、生机勃发,甚至一点都不比那些"身强力壮"、生育旺盛的"后代"逊色。每株梨树,仍然能结出两三千斤风味独特的香梨,其中,产量高的甚至可以达到四五千斤。南长滩的香梨,个头虽然不大,但个个香甜可口,据说还能清热解毒,也不会因为多吃而感到肠胃不适。这种梨树,只在黄河上游才有,在其他地方是难得一见的。尤其让南长滩人津津乐道的是,这种香梨很易于存放,即使到了第二年春天,一般也不会腐烂。每年秋季,外地商贩都会前来坐地收购,以致让人来不及采摘。因为树权众多、树形高大,一般都要借助木梯才能采摘。

南长滩的古梨树,都已分到各家各户了。有的大树,两户才能分到一棵。就是这仅有的一棵树、半棵树,就足够他们食用并有可观的收入。如今,更令人喜出望外的是,这些古梨树奉献的已不仅仅是香甜可口、风味独特的香梨,也不仅仅是年年都可支取的财富,而是它的观赏价值正变成不可多得的旅游资源,变成各地游客兴致勃勃前来观赏的景物,这也催生出南长滩的旅游产业。在南长滩,许多人家都开办了农家乐和家庭旅馆,旅游业也比别的地方兴旺。

每到春季,各地的赏花活动都如雨后春笋,多姿多彩,但那多在先占春光的南方和交通便利之地,为何地处偏僻、交通不便的南长滩也会有那么大的吸引力呢?

因为梨树虽然到处有，梨花也是遍地开，但南长滩的梨树古老而神奇，南长滩的梨花格外繁茂，人们对这一切是另眼相看的，许多人则是听闻了那里的传奇故事后，慕名前来看稀罕、赏奇景、感悟生命的传奇的。看过之后又传播、扩散，南长滩的知名度也越来越高。

南长滩的古梨树又一次如约盛开了，又一批游客兴致勃勃地前来，又一届梨花节也在古梨树下如期举行。"梨园赏春景，长滩共古今"。2019 年 4 月 10 日，在雪白梨花的映衬下，伴着《梨花颂》的优美旋律，一群身着艳丽服装的美女在梨花节上翩翩起舞，将人们带入到美轮美奂的境界。而上万名各地游客比肩接踵地涌入南长滩的景象，每年都要持续 20 天左右，近年来旅游规模更是一年胜过一年。

南长滩不只有梨园，还有规模不小的枣园，枣园面积也已达到 800 亩。那里的枣树，虽然没有古梨树那么长寿，但达到 150 年以上的也有 1900 棵。南长滩的红枣，又大又圆又甜，含糖量很高，也是市场上的抢手货。不过，枣树的花期比梨树要晚很多，当梨花盛开的时候，枣树还没有吐芽呢。除了梨园、枣园，南长滩也不乏其他果树，那里有桃树、杏树、李树、苹果树、樱桃树、核桃树，其规模也在扩大。其中，有些果树就栽植在农户的房前屋后，这不仅可以增加收入，也美化了周边环境。五彩缤纷，花团锦簇，南长滩变成了一个鲜花盛开的山庄。而各种鲜花"你方唱罢我登场"，也让南长滩长时间沉浸在花海之中，令人赏心悦目。

南长滩只是黄河在群山之中冲出来的一小片河滩地，没有多少土地可供耕种。那里虽然说不上是寸土寸金，但南长滩人对每一寸土地都格外珍视。那里的土地也都被充分利用了，所有住宅都建在了无法耕种的山坡上，而平整一点的土地都被开辟成了耕地，栽上了果树，也得到了黄河水的浇灌。

据透露，南长滩将彻底"退耕还林"，不再种植粮食作物，所有可以利用的土地都将栽树，除了继续栽植果树，还要大量栽植槐树、柳树，将村庄周围都绿化起来。

我们有理由相信，被各种鲜花包裹着的南长滩，生态环境一定会越来越好，也将变得越来越美，慕名前来的游客也会越来越多。

（原载 2019 年 7 月 6 日《光明日报》）

新闻特写

眼观耳听手不闲

"眼观六路,耳听八方",这是人们耳熟能详的一句话。对于一名记者来说,尤其应该如此,这不仅是记者的看家本领,而且应该成为记者的职业习惯和自觉行为。

记者经常会出现在各种场合,也会应邀参加各种会议,成为很多活动的参加者或见证者,这就让记者有了发现新闻、采写新闻的机会,有了展示自己聪明才智的舞台,如果让有价值的新闻从自己的眼皮底下溜走,那么就是失职了,也是不能原谅的。

记者不能让自己混同于无所用心的普通看客,也不应让自己漫不经心,变成无足轻重的与会人员,每到一个地方,每参加一个活动,都要注意发现新闻,履行自己的职责。

当然,有些新闻线索不会自己跳出来,更不会向记者"抛媚眼":"写我吧,写我吧,我值得你写呀!"在很多时候,抓新闻都是记者的一种自觉行为。而要写出有新闻价值的作品,则需要记者主动发掘、仔细观察、深入采访、精心提炼、反复推敲、精巧构思。

我们常常说记者要奔赴现场,就是要求记者要在现场捕捉新闻,但是,有些人即使到了现场也没有捕捉到新闻,有些人虽然也发出了新闻,但报道的仅仅是一个会议、一个活动,甚至只是一个流程,并没有抓得真正的新闻。这样的新闻,也就不能引起受众的关注,这种状况,应该改变,也必须改变。

因此,我们可以说,能够写出一篇有深刻主题、有思想内涵、能够让人有所领悟的新闻特写,是很见功力的,没有这种功力是抓不到也写不出高质量的新闻作品的。

写好一篇现场新闻可以看出一个记者的功力,还因为现场新闻的采写多是临时起意,事先往往没有考虑,更不要说进行周密的策划,这就要求记者要有新闻敏感和较高的观察力、判断力和文字功力。

这里收录的几篇新闻特写,虽然没有多高的质量,但却都是我在现场用心观察、精心写作的产物,虽然有些是顺手牵羊,不具有普遍意义,也不是重大题材,但我还是力图从中找出新颖的主题,进而给受众带来新的感受。

2015年,我以特邀代表的身份出席了在北京举行的劳模表彰会,虽然没有采写任务,但我主动请缨,提前向报社提出了采访计划。出乎意料,计划不如变化快,整个活动仅剩一个大会,也缺少可供采访的机会。虽然如此,我还是在不足两天内采访并发出了3篇"记者手记":《"把该戴的奖章都戴上!"》《劳模表彰大会"特邀代表"名人多》《一群普通人,一些普通事》。

30年前,我采写的三篇"现场短新闻"曾在全国性的评比中获过奖,我也因此对现场短新闻情有独钟。我深深感到,写好一篇现场新闻殊为不易,值得长期探索,所以一有机会便想一试身手,但常常差强人意,因为我还不能很好地驾驭这种体裁,至今也没有登堂入室。

以下收录的几篇,都是我近几年采写的,希望同行们品头论足,给予批评、指点。

"把该戴的奖章都戴上!"

"劳动最光荣,劳动最崇高,劳动最伟大,劳动最美丽!"这不,时隔5年,又一次劳模表彰大会在北京举行,又一次印证了这四句话。

每次劳模表彰会,都是劳模们展示自己独特魅力和动人风采的时候。其中,最引人注目的是他们胸前的奖章,胸前的奖章挂得越多吸引的目光也越多。有人的奖章挂满前胸,引来一片惊呼,更有人走上前去一枚枚地细看,发出由衷的赞叹,每当这个时候,劳模们的脸上都洋溢着自豪的神采。作为2010年全国劳动模范和先进工作者表彰大会的代表和2015年表彰大会的特邀代表,记者对此都曾目睹过。

4月28日一早,记者在京西宾馆住地看到一位将提前到会、要在当天代表劳模登台领奖的劳模,胸前挂了七八枚奖章,便饶有兴趣地走过去细看。这一看,让我吃惊不小,他胸前除了上海市劳模的奖章外,全国劳模奖章就挂了3枚。记者表示惊讶,这位劳模对记者的惊讶不以为然,骄傲地说:"记者的奖章不止这么多。还有一个全国劳模奖章呢,因为不好戴了,就没戴。"记者不禁对他刮目相看并牢牢地记下了他的名字:上海市劳模团的李斌。当记者将自己的惊讶说给宁夏总工会副主席、宁夏劳模团副团长拓兆功时,得到的答复是:"知道他,那可是个有名的老劳模!"

随后,我又见到一位风度儒雅、身材挺拔的劳模,只见他胸前也挂了五六枚奖章,除了劳模奖章外,还有3枚由科技部颁发、样式完全相同的奖章。记者从他递过来的名片上看到,他是新疆大学信息科学与工程技术学院院长、博士生导师吐尔根·依不拉音教授。他告诉记者,他毕业于新疆大学,已在那里工作了30多年,取得了不少研究成果。

上午9点,各地的劳模陆续来到人民大会堂东门,准备入场。一个个胸前挂满奖章的劳模从人们眼前经过,顿时引来一阵阵惊呼声和赞叹声。记者看到一位左胸、右胸前都挂满奖章、英姿飒爽的女民警从身边走过,相识的、不相识的都奔过去与她合影。宁夏劳模团的女法警陈莉,在获得全国先进工作者之后,又获得全国十佳民警称号,也笑着过去与她合影,就连一些见多识广的记者也忍不住走到她身边,并和她一起留下这难忘的瞬间。记者同样记下了她的名字:陕西劳模团的郝世玲。

走进人民大会堂,记者看到,到处都金光闪闪。此时的人民大会堂,简直变成了各类奖章的博览会。不同时期、不同类别、不同等级的奖章,汇集于此,美不胜收,令人目不暇接。

也许,有人认为这有点炫耀,甚至会觉得好笑,其实,为党和人民做出了突出贡献,就应该受到应有的褒奖,也足以令人自豪,更需要人们见贤思齐。在这样庄严的场合,把该戴的奖章都戴上,不仅可以增强个人的自豪感、荣誉感,而且对他人也可以产生激励作用,有何不可?

曾经创造以自己的名字命名的服务品牌、今年刚刚当选为全国劳模的兰州铁路局银川客运段列车员赵平忠就对记者说:"这些人真的令我敬佩、令我羡慕!我要加倍努力工作,争取像他们那样多挂几个奖章!"

因为有总工会工作人员的提醒,我也找出了自己珍藏多年、平时也从不翻动、更没有戴过或展示过的奖章、奖杯,发现最早获得的奖章是2000年由自治区党委、政府联合颁发的"宁夏先进工作者"奖章。10 年以后的 2010 年,记者不仅再次获得这一荣誉,而且获得了由国务院颁发的"全国先进工作者"奖章。记者的奖章仅此而已,与奖章挂满胸前的人相比,真是微不足道,这既让记者感到惭愧,也让记者看到了差距和追赶的目标。哦,还有一枚纪念章不能不提,那就是 2014 年 11 月 8 日记者节当天,由中华全国新闻工作者协会负责人在北京京西宾馆向记者颁发的"从事新闻工作 30 年纪念章"。这个纪念章,同样是我所珍视的,它证明我在新闻采访第一线干了 30 多年,而像我这样在经济文化相对落后地区一直当一名普通记者的,也许并不很多。也许,这枚纪念章与我此前获得的 3 枚奖章还有点关联呢,因此,我同样把它看作是一种荣誉。

因为获得的奖章太少,所以我从中看到了差距,找到了努力的方向。当然,我永远都不会把多获奖章作为奋斗的目标。

把该戴的奖章都戴上,戴得越多越光荣!

(原载 2015 年 4 月 29 日《光明日报》)

感受劳模的温馨

"把你的奖章戴上,自治区领导要接见、合影。"2015 年 4 月中旬,宁夏总工会一位工作人员给我打来电话,通知我参加今年的自治区劳动模范和先进工作者表彰大会。

我并不是今年评选出的劳模。获得"宁夏先进工作者"和"全国先进工作者"称号已是 5 年前的往事了。按说,今年的劳模表彰活动,与我没有多大关系。出人意料,自治区总工会在会前通知我:你被确定为"特邀代表",不但要参加宁夏的劳模表彰会,而且要和新当选的全国劳模一起到北京参加表彰活动。

这等于是又给了我一个荣誉,又让我体会一次当劳模的温馨。

自 2010 年被评为全国先进工作者以来,我已经多次体会到这种温馨了。当年,在北京参加表彰活动时,国家新闻出版总署特意请几位新闻出版界的获奖者到机关座谈并给予亲切的慰问,车接车送,非常热情。那一年在上海举办的世博会,是许多人都很向往的,但因为参观人数太多,许多人都把时间耗在了排队上。

其间,全国总工会组织了"劳模看世博"活动,我也因此有幸一睹世博会的风采。在去之前,我也曾因排长队而发憷,但由于有时任上海市市委书记俞正声的亲自协调,劳模们便借助"绿色通道",免去了部分排队之苦。2011年1月,自治区总工会在春节前夕召开劳模座谈会,有关领导不仅亲切接见了我们,而且让我代表全国劳模在会上发言。2014年,宁夏举行春节团拜会,主办者将我选作劳模代表安排在主桌就座,不仅让我与自治区党政军主要领导同席,而且向领导们提供了介绍我的文字资料。自治区党委书记李建华、自治区主席刘慧还对我和其他几位英模代表表示了慰问。2015年年初,自治区总工会副主席拓兆功和经济部部长常洪海、副部长赵永刚一起来到我的办公室,对我进行了慰问。

自被评为全国先进工作者以来,我多次参加总工会组织的劳模疗养活动,先后到江苏、福建、安徽等地疗养,还参加了自治区总工会为劳模组织的体检。银川市也为全国劳模、国务院津贴获得者办理了免费公交卡,我也因此享受到了免费乘坐公交车的待遇。所有这一切,都让我一次又一次感受到了党和政府对劳模的关怀和尊重。

当然,我也知道,党和人民的这些关爱,都不是针对我个人的,而是针对劳模这一特殊群体的,而我本人只是其中普通的一员。

反观我自己,并没有什么突出的业绩,本不该得到这些待遇,因而,我总感到受之有愧、诚惶诚恐。我能做的,只有不懈努力、更加严格要求自己。

4月28日,2015年庆祝五一国际劳动节暨全国劳动模范先进工作者表彰大会在北京人民大会堂隆重举行。我像5年前那样再次走进那庄严的会场,也再次亲耳聆听了党中央总书记的声音,见证了那终生难忘的历史时刻。

(原载2015年《宁夏工运》杂志第六期)

别开生面的颁奖

在近日举行的宁夏师范学院建校40周年庆典上,记者看到了一场别开生面、令人耳目一新的颁奖活动。

走过40年曲折、艰辛的办学历程,成功实现学历教育的"三级跳",宁夏师范学院的功臣不少,借校庆之际评功摆好、论功行赏也是顺理成章,表彰功臣,树立榜样,激发斗志,对未来的发展都是有益的。经过广泛的征集和充分的评议,最终评选出 10 名"卓越贡献奖"、20 名"杰出校友奖"、227 名"园丁奖",所有获奖者都获得了一枚奖章。

记者注意到,获得"卓越贡献奖"的 10 人中,除了老校长古彦刚、曾任总务处处长的白四喜和几位教学科研成果丰硕的老教授外,还有两位特别引人注目:一位是名叫王维国的司机,另一位是名叫刘治明的编外人员。主持庆典的宁夏师范学院院长李静,在大会上简要介绍了这 10 人的事迹,在介绍司机王维国时,说他在校工作 34 年,先烧锅炉、后开校车,一直兢兢业业,任劳任怨,安全行车百万公里,广受好评。对属于编制外的刘治明,李静院长更是赞赏有加:他先当厨师,后改电工,任劳任怨地为学生服务了 37 年,如今虽然年近六旬,仍然毫无怨言地肩扛梯架、怀揣工具,在教室、宿舍里跳上跳下,修电器、换灯具。这两个人获得"卓越贡献奖",既在人们的意料之外,又在情理之中,充分体现学校师生对后勤服务人员的尊重。

在挑选颁奖嘉宾方面,学校也动了一些心思:颁发"园丁奖"的嘉宾,是学校精心挑选出来的、在某些方面表现突出的优秀学生,在他们登台时,主持人对他们分别做了介绍,引来阵阵掌声和欢呼声。这也让人们想到,他们所取得的成绩与老师们的培养密不可分。为"杰出校友奖"颁奖的是已经不在任的历届校领导,这也让他们一起重叙友情、重温过去的岁月。直到颁发"卓越贡献奖"时,才"用"到坐在主席台上的自治区领导。

宁夏师范学院纪委书记周运生告诉记者,这些安排,都是有寓意的。它改变了以往许多活动只有领导才能颁奖的模式。我们希望这样的颁奖活动既起到表彰、鼓励作用,又起到激励、促进作用。

李静院长在大会上表示,我们向所有获得奖章的同志致敬,也向所有没有获得奖章的同志致谢。

(原载 2015 年 10 月 18 日光明网)

"给天才和偏才一条光明路"

——石嘴山市光明中学见闻

高考成绩揭晓后,许多学校都在校门口晒出自己的"战绩":最高分是谁,上一本线的有多少。走进宁夏石嘴山市光明中学,记者也看到他们在校门口的电子屏上公布了本校的高考成绩单。与一些高中过分突出个别高分考生有所不同,他们突出的是集体的成绩,并没有列出哪个人的名字。在电子屏上,记者看到这样的文字:美术上线 100 人,上线率达 88%;音乐上线 46 人,上线率 84%;体育上线 4人,单招 17 人。一本、二本、三本总上线率 95.5%。

一所普通中学何以会有这么多人上线、有这么高的上线率?记者真的要刮目相看了。

走进校园,走进教室,走进画室,走进练琴房,走进书画作品展室,看见楼道两侧挂满的书画习作,处处都能感受到浓郁的艺术气息。记者看到,每一个琴房都是独立的一间,都摆放着钢琴,可以同时接纳几十人练琴,互不相扰。走在校园,记者仿佛走进一个艺术院校,根本无法想象这里居然是一所普通中学。

记者还饶有兴趣地参观了学生们的绘画、书法、工艺作品,有些作品已经达到相当的水平,参加过多种比赛和展览,其水平之高常常让人怀疑是否出自中学生之手。

光明中学何以如此重视艺术教育?学校负责人告诉记者,光明中学是由石嘴山市回民高级中学、第七中学、第十一中学、第二十中学高中部等 5 所学校合并组成的新校,原来的学校参差不齐,许多学科更是根本无法与市内的老牌名校石嘴山一中、三中相比,所以每年中考之后,高分考生多被一中、三中等重点中学抢先录取,光明中学只能"捡剩"。其录取新生的文化课成绩一般都比较低,高考竞争也与重点中学不在同一起跑线上,老师学生对此常常无可奈何。一种自卑心理,曾笼罩在部分师生的心头。

光明中学的出路在哪里?学校审时度势,决定以长补短,另辟蹊径,充分利用校内美术、音乐、体育师资力量比较雄厚的优势,大力发展艺术、体育教育。

学校负责人告诉记者,经过合校,学校的美术教师、音乐教师、体育教师都比较多,有的学科甚至达到十几个人,不论是数量还是质量,都超过一般中学。其中有的教师还获得过国家级大奖,在宁夏也是颇有影响的人物。学校看到了这个办学优势,便在硬件和软件两个方面为这些学有所长的教师创造条件、提供施展才华的舞台。不仅如此,他们还与石嘴山市体育局、宁夏艺术院校开展多方面的合作交流:与体育局联合举办体育班,同办业余体校;与宁夏大学联合举办音乐、美术班,将自己变成宁夏大学艺术人才培养基地,聘请专家、教授到校讲课,指导教学。到了节假日,他们就与石嘴山乃至宁夏的运动队、艺术社团进行广泛地交流,不断强化自己的艺体特色,学校还开设了体育特长班、音乐特长班和美术特长班,充分培养学生的特长,为学生进一步发展特长创造空间。

光明中学"人文见长、艺体特色、全面发展"的办学理念,在办学竞争中独树一帜,也取得了骄人的业绩:他们的毕业生不仅走进了清华、人大、西安交大、中央民族大学、中山大学等综合性大学,而且让中央音乐学院、中央美术学院、四川美术学院等全国著名的艺术类院校向他们频频伸出橄榄枝。每年录取的艺术、体育特长生都特别多,颇为引人注目。

记者去采访时看到,一些艺术特长生正在与自己的老师商量如何填报志愿,人人充满着对新生活的向往,个个脸上洋溢着喜悦。当记者惊叹他们的特长生上线率很高时,几位老师纷纷告诉记者,你看到的数字,并不是最后的数字,那个数字还不包括本区院校将要录取的人数。

采访时间有限,来不及做更多的采访。在离开光明中学时,记者猛然看见大门里面有一条很醒目的标语,便随手记了下来:"给天才和偏才一条光明路",这,也许就是他们办学的目标吧? 看来,他们就是这样做的,也基本做到了。现在,我把它用作本文的标题,也想进一步弘扬这种理念。

(原载 2015 年 7 月 24 日《光明日报》)

"宁夏人民不会忘记他!"

——"张贤亮——文学与西部大地研讨会"侧记

2015 年 12 月 8 日,是已故作家张贤亮 79 岁诞辰日。文艺界人士借张贤亮纪念馆开馆之机聚会在张贤亮创办的镇北堡西部影城,研讨"张贤亮——文学与西部大地"的关系,共同分享这位文学大师的文学遗产,缅怀他为宁夏、为文学事业所做出的特殊贡献。

"张贤亮虽然已经离开我们一年多了,但宁夏人民没有忘记他,全国文艺界也没有忘记他,人们不会忘记他的特殊贡献!"研讨会上,许多发言者都表达了这个意思。

中国作协副主席陈琦嵘、曾担任《文艺报》负责人的沈阳师范大学教授贺绍俊、《长篇小说选刊》主编顾建平、《文艺报》艺术评论部主任高小立也远道而来并做了精彩的发言。

"张贤亮已将自己融入西部大地,因而他笔下的人物都有生活的温度和自然的芳香。张贤亮的文学遗产是丰富而博大的,值得我们好好学习、继承!"宁夏师范学院副院长、著名文学评论家郎伟在主旨发言中这样说。

文艺评论家贺绍俊说,张贤亮将磨难变成财富,表现出没有人能够超越的卓越才华。他不仅属于宁夏,而且属于中国、属于世界,属于当代文学!

"张贤亮创造了一个文学奇迹! 他也是我熟悉的老编辑们经常提到的一个传奇人物!"与张贤亮不属于一代人的《长篇小说选刊》主编顾建平虽然没有与张贤亮有过直接接触,但他还是以自己的视角评价了他心中十分敬仰的张贤亮。

长期关注电影文学的高小立认为,张贤亮有那么多小说被改编成电影,简直是个奇迹。那些电影的思想性、艺术性,至今仍然很难超越。

年近八旬的回族老作家马知遥说到张贤亮几度哽咽。它以读者、朋友、哥儿们的身份极为真诚地评述了他眼中的张贤亮。他说,张贤亮摆脱了平庸,以自己的作品证明自己不是一个普通的人,是新时期文学绕不过去的高峰。

宁夏评论家白草说,张贤亮的文学作品博大、真诚、厚重,是一座令人仰望的高山,研究当代文学,就不能绕开张贤亮!

研讨会即将结束时,中国作协副主席陈琦嵘发来了刚刚为张贤亮纪念馆而写的诗:"初冬大漠朔风寒,塞上江南换景观。时代虽移春树绿,斯翁已逝马群欢。寻踪道路成奇著,顿悟人生立泰山。亘古文章评判异,丰碑原在众心间。"引来一片掌声。

张贤亮对文学、对宁夏、对电影事业的贡献是巨大而独特的。记者了解到,张贤亮的小说,被翻译成 33 种文字,在世界各国出版发行,其中有 9 部被拍成了电影,在他创办的镇北堡西部影城里拍摄的电影、电视剧已经达到 130 部了,这样的贡献,不仅是巨大的,而且是独特的。

我们应该感谢他,记住他,纪念他!

（原载 2015 年 12 月 13 日《光明日报》）

遗憾与欣慰

——吴忠市红寺堡区重点项目集中开工仪式侧记

这是记者在"走基层"中的一次偶遇。这次偶遇,让记者的心情经历了一次由期待到遗憾最后又变为欣慰的过程。

2015 年,宁夏吴忠市红寺堡区有一大批重点项目开工,仅当年的投资就超过了 80 亿元。这么多的项目,这么大的投资,对这个建区只有 16 年历史的全国最大的移民开发区来说,具有不同寻常的意义,也会产生深远的影响。为此举行个仪式,适当庆祝一下、好好宣传一下,也在情理之中。

3 月 20 日,当地为这些引起广泛关注的重点项目、重点工程举行集中开工仪式,记者闻讯兴致勃勃地前去采访。

开工仪式原定上午 10 点整举行。因为还有一段时间,记者便先到不远处的宁夏天源良种羊繁育养殖公司采访,然后按时赶往举行开工仪式的地方。没想到,因为绕了路没能准时到达。10:05 赶到现场看到的竟是另一番景象:几台装载机、推土机正在作业,却没有集会的人群,也没有一个彩球、一面彩旗、一盆鲜花、一片鞭炮纸屑,更没有仪仗队、秧歌队、锣鼓队的身影,几乎看不到开工仪式的踪影,仿佛这里什么事也没有发生过。

"怎么回事? 开工仪式改地点了吗?"记者满脸诧异。

尚未撤离的红寺堡区建设和环境保护局局长张致强很平静地告诉记者:"开工仪式已经举行完了,前来参加活动的人都散了。"

"开工仪式怎么这么快就完了?"记者为未看到"盛况"而感到遗憾。

张致强局长告诉记者:"开工仪式是提前 20 分钟举行的。原计划用半小时,结果只用 10 分钟,就全部结束了。"

"10 分钟就搞定有这么多单位参加的开工仪式?"记者还是有点半信半疑。

张致强向记者"细说端详":"开工仪式开门见山、直奔主题,没有剪彩、没有奠基、没有燃放鞭炮,也省去了不必要的繁文缛节,整个仪式只有三项议程:通报开工情况、建设单位代表表态发言、区委书记讲话。整个仪式,没有一句废话,没有一个多余环节,所以就比预定的时间又缩短了不少。所以,就让你们几位记者错过了。"说到这里,他轻松一笑。

足以令许多人劳心劳神的"大活动",就这样轻轻松松、"随随便便"地结束了。

记者扭头看到,有两辆大卡车尾尾相接,面向工地停在路边,开工仪式的横幅就挂在两辆车的车厢上,并没有搭建主席台,也没有摆放一桌一椅,做出其他布置。

说话间,记者看到有人摘下了横幅,两辆车随即也开走了。

张致强局长透露:往年举办类似的仪式,要提前好几天准备,花费往往要超过10万元,就是精心筹备,也常常担心哪个环节出纰漏。今年这个仪式,我们准备的时间只提前了几十分钟,总共花费也没有超过100元。张局长说到的这笔开支,指的就是书写横幅的费用,除此之外,他竟想不起还有别的开销了。

虽然没有赶上开工仪式,也没有看到与以往活动相类似的景象,但我听完这些介绍,原来心中的遗憾都烟消云散了,一丝欣慰倒油然而生。如果读者想想此前的一些类似活动,就会理解我的这种欣慰了。无论是在工地现场,还是在电视新闻的报道中,我们都可以看到许多盛大的场面,都可以看到,各级领导云集,各种车辆汇聚,各样彩球飘舞,各类活动亮相,其结果是铺张浪费、劳民伤财、于事无补,除了造造声势外,并没有多少实际意义。所以,像红寺堡这样的开工仪式,让我感到新鲜、感到欣慰,我才欣然命笔。

(原载 2015 年 3 月 21 日光明网)

"贫瘠的土地上也可以产生富有的文学!"

——中国作协宁夏调研座谈会侧记

"不是我们送来了什么,而是我们收获了什么。到宁夏来,我们是受益者。我们是吸氧来了,宁夏虽然还比较贫困,但这块土地却有滋养文学的'氧气'!"这是5月16日上午中国作协主席铁凝在宁夏文联七楼会议室里举行的调研座谈会上说的一番话。

铁凝的这番话,是针对此前宁夏多位作家表达的感激之情做出的回应。这次,中国作家协会把他们精心筹划的全民公益大讲坛首场放在宁夏一个偏远的穷困县,而且向那里赠送了一批宝贵的文学书籍,组织了一系列有益的活动,确实给宁夏吹来一股清新的文学之风,也让那些出生在贫困山区、生活在基层的文学爱好者备受鼓舞,坚定了他们在文学路上继续探索的信心。

通过实地走访,铁凝一行有另一番感受。座谈会上,她向与会者讲述了西吉县农民女作家单小花的故事:这位有 3 个孩子、被生活负担压得喘不过来气的农村妇女,是在安排好老人和孩子之后,在半夜爬起来悄悄写作的,她常常被人误解,一度丧失了活下去的信心。后来,她拿着自己的作品找到西吉县文联,得到了鼓励,重拾生活的勇气,从此文学便为她的生活抹上了亮丽的色彩。单小花充满深情地说,在我饱受磨难、陷入绝望时,是文学挽救了我!

在宁夏,特别是在南部山区,农民作家已经形成群落。至今还在广阔天地辛勤耕耘、靠种地养活一家人的"绿色散文"作家刘汉斌,把每天的劳作都当作采访学习、体验生活的机会,他把劳动的间隙都用来写作,作品也从发表在家乡的刊物开始,逐渐走出宁夏、走向全国,他也有幸成为鲁艺学员,作品也获得了全国大奖。

有刘汉斌这样经历的人,在宁夏还有不少。铁凝深有感触地说:"文学是西吉县大地上生长得最好的庄稼!""文学之乡,名不虚传! 已经、还将继续有大批有影响的作家从这块贫瘠的土地上走出来,他们不仅属于西海固,也不仅属于宁夏,他们在国际文坛上都会产生影响! 这些人内心明亮、甘于清贫、不屈不挠、不懈追求,正是文学的基础和希望。"

与宁夏基层文学爱好者的广泛接触,也让铁凝亲身感受到了他们对文学的热爱和对作家的尊重。有位农民女作者,早早等在女厕所,就是为了和铁凝说几句知心话。

"土地的贫瘠,可能很难改变,但贫瘠的土地上也可以产生富有的文学!"这是铁凝到宁夏演讲、调研的感受,也正与本报几年前对此报道的题目《贫困掩不住的富有》相契合,说明铁凝一行到宁夏真的不虚此行,吸到了文学之氧。

(原载 2016 年 5 月 17 日《光明日报》)

"这里有一只有魔力的巨手!"

——神华宁煤集团煤炭间接液化厂区见闻

12月28日下午3:25,两排油罐车排着整齐的队伍,浩浩荡荡地驶出宁夏宁东煤化工基地的神华宁煤集团煤炭间接液化厂区,奔向祖国四面八方。

说到这些新炼出的成品油的"前世今生",真是令人啧啧称奇:因为这些既可以用作化工原料,又可以用作飞机、汽车燃料,基本不含杂质的清洁能源,其"前世"竟然是黑乎乎、脏兮兮、不太招人待见的煤炭!

记者虽然没有目睹煤炭间接液化投料、运行、出产品的全过程,但还是看到了其中神奇的变化,仿佛看到了一只有魔力的巨手。

在神华宁煤集团专门为生产出合格油品、首批产品装车发运举行的新闻发布会现场,记者看到了几个透明的大玻璃瓶。那里面有纯净如水的甲醇,有透明无色的柴油,有白如牛乳的硫酸铵,有酷似酸奶的稳定蜡,有状如黄豆的硫黄。一打听,原来它们都是煤炭间接液化的产品,它们都拥有一个共同的母亲——煤炭。

记者惊叹:原来黑得不能再黑的"母亲",怎么能生出这些或白,或黄,或无色的子孙呢? 母亲通体的黑色,怎么一点都没有"遗传"给它的后代呢? 原来的黑色,又消失到了哪里了呢? 记者就此发问,但身边的人没有谁能说得清。

记者确信,这里确实有一只有巨大魔力的手。

能将煤变成油、将黑的变成白的、将原来的固体变成液体,这魔力确实非常了得,也让人不得不服;一年可把2036万吨煤炭变成405万吨成品油,堪称巨手! 而这样的巨手,目前在全世界都堪称最大:这只"巨手"总桩基3.6万根,浇筑混凝土173万方,使用钢结构27万吨,上面有动静设备1.3万台,仪表设备11万台,电气设备1.5万台,3728公里长的管道,1.8万公里的电气、仪表电缆,堪称密如织网,正是这些仪器、管道、支架、电缆构成了这只"巨手"的骨架和筋脉,使其显示出旺盛的生命力。

为建造这只"巨手",国家投资550亿元,这相当于青藏铁路投资的1.7倍,比三峡大坝枢纽工程静态投资还多50亿元,当然,它所产生的经济效益、社会效益、环保效益也是巨大的。对于我们这样一个缺油、少气、富媒，原油对国外的依存度已经超过 60% 的国家来说，煤制油更具有战略意义。

驱车在煤炭间接液化厂区，只见厂区道路两侧管道交织，钢架纵横，罐、塔、仓星罗棋布。工作人员告诉记者：这条道路有 1.4 公里长，分布着 28 台汽化炉，煤炭就是通过这些管道和塔、罐最终变成合格的成品油的。

"社会主义是干出来的！"记者在厂区内多处都看到今年 7 月习近平总书记到这里视察时即兴说出的这句名言。如此规模的煤制油项目，就是最好的证明。

（原载 2016 年 12 月 27 日光明网）

落花时节又逢君

——"自治区六十年感动宁夏人物"颁奖活动见闻

"那不是获得南丁格尔奖的张水华吗？穿戴那么齐整，站得那么笔直，虽然白发苍苍，但精气神很足，哪里像是 85 岁的老人？"在宁夏回族自治区成立 60 周年庆典前夕，"自治区六十年感动宁夏人物"评选揭晓了，9 月 14 日下午，在宁夏电视台演播大厅的颁奖彩排现场，有人发出这样的赞叹。

在张水华老人走台结束时，我迎上前去并自报家门。没想到，老人不仅记得我，而且记得 1993 年她获得南丁格尔奖后我对她的报道，此外还特别提到了我最近在网上发出的相关报道。

我为此感到兴奋：既为老人的健康和良好的记忆力而高兴，也为自己曾经报道过她而感到欣慰。

一个多月前，这个名单在网上公示并接受公众投票时，有位记者就在微信圈里写道："我发现，这里面有好几个人，是庄电一老师报道过的！"

此后，我也留意了一下这个名单：在当选的 60 个个人和集体中，我专门报道过的就有 15 人和 3 个集体；在 40 个提名奖中，也有 5 个人被我专门报道过，如果加上间接报道和在稿件中提过名的，人数还要多。

正是江南好风景，落花时节又逢君。在欢庆自治区成立 60 周年的美好时刻，我见到了许多多年不见的老朋友，特别是曾经报道过的对象，并与他们获得同样的奖项,这种兴奋是别人难以理解的。

在彩排现场,我见到孔繁元、王有德、王志洪、张水华、白春兰、吴忠礼、张晓炜、杜勇、杨宁国等许多熟人,更是倍感亲切,因为他们几乎都被我报道过,我与他们的交谈,也格外热络。

宁夏话剧团原团长王志洪与我坐在一起,深情地回忆起20世纪八九十年代剧团改革的艰难岁月,也清晰地记得二十七八年前我在《光明日报》头版对他们报道的题目:《〈中国第一车〉演"天下第一难"》,为此,他衷心感谢《光明日报》对他们的鼓舞和激励。

原籍浙江,从北京来到宁夏的张水华,到宁夏已经60多年了,见证了宁夏医疗事业的发展进步,她有很多感慨。

今年整整80岁的孔繁元也来自南方,在卸任宁夏医学院院长之后,他仍然坚持看门诊、查病房,还应总医院之邀负责监督医疗质量。

孔繁元、张水华还一起向我讲述了他们当年在陈树兰(时任内科主任、后来曾任宁夏医学院院长多年,也是本次评选的入选者)的领导下,在基础很差的条件下,从零做起,甚至手把手地指导当地医护人员的工作经历。

听到这里,我感慨万千:没有这些支宁人的无私奉献,就没有宁夏的今天,宁夏人民应该永远记住他们的贡献!

在彩排现场的所见所闻足以让我感动,我相信到正式颁奖时,还会见到更多的熟人,听到更多、更感人的故事。

(原载 2018 年 9 月 15 日光明网)

西去的列车,载着多少人的创业理想和奉献情怀?

——音乐诗剧"西去列车的窗口"演出侧记

"在九曲黄河的上游,在西去列车的窗口……你可曾看见:那些年轻人闪亮的眼睛,在遥望六盘山高耸的峰头?"10月25日晚上,宁夏大剧院响起著名诗人贺敬之的诗句,背景上一列火车鸣着汽笛自远处驶来,从列车上走下一群朝气蓬勃的支宁青年,热情饱满地抒发着理想,他们,从此将在陌生的宁夏,开启一段铭心刻骨的奉献历程——音乐诗剧《西去列车的窗口》就此拉开帷幕,青春的梦想,创业的情怀,奉献的豪情,弥漫了整个剧场,拨动了每个人的心弦。

1958年10月25日,宁夏回族自治区宣告成立,到2018年已经走过60年的光辉历程。这台精心筹划、精心创作、精心编排的文艺晚会,也特意选在这个纪念日演出(60周年"大庆"的主要活动,都已提前到9月举行完毕)。60年来,宁夏发生了翻天覆地的变化,奉献在各行各业的"支宁人"和"支二代"功不可没。整台晚会为这些奉献者唱出了动人的赞歌。20世纪五六十年代上海、江浙等地的支宁人,近二三十年对口帮扶的福建人和刚刚评出的"自治区六十年感动宁夏人物",都成为晚会吟咏歌颂的对象。诗朗诵《岁月作证,青春无悔》《爸爸的名字叫建宁》《八闽六盘的交响》《大地不会忘记你——向"自治区六十年感动宁夏人物"致敬》、舞蹈《洒下一片深情》等精彩节目,都在现场激起强烈的共鸣,引发热烈的掌声。

自治区九届政协主席项宗西是作为杭州支宁青年来到宁夏的,对宁夏有一份特殊的感情。因此,他不仅参与了晚会诗歌的创作,而且到现场观看了演出。原自治区文联副主席、宁夏朗诵艺术学会会长、晚会总撰稿、二代"支宁人"哈若蕙,对这台晚会更是投入了极大的热情。据介绍,这台晚会在筹划、创作、排练时,还没有经费,整个团队都不计较个人得失,表现出一种可贵的奉献精神。此后,自治区党委宣传部等相关部门从多方面给予了支持,晚会也得以以精彩、绚丽、动人的面貌呈现出来。

整台晚会洋溢着满满的正能量。"山河不会忘记你,大地不会忘记你,因为你曾在这里洒下一片深情。"在欢庆自治区成立60周年的美好时刻,人民没有忘记那些为宁夏发展做出杰出贡献的人们,他们的业绩将永载史册,这台晚会就充分表达了宁夏人民的这种心声。

(原载2018年10月26日光明网)

消　息

好新闻都是"抢眼"的

　　这里收录的都是"本报讯",也就是在报刊上常见的消息,是与通讯并列的新闻体裁。消息,虽然是媒体,特别是平面媒体的主角,但却不被许多记者重视,也很少有人下功夫研究它的写法。这种状况,在历年的新闻评奖中都有反映,推荐并入选的好消息总是少之又少。

　　"本报讯"好写吗?有人说好写,因为写"本报讯"不需要多大的学问,只要有一定的文字基础就可以写,并不需要多么高深的学问;有人说难写,因为一篇消息不但要吸引人读下去且能让人读得津津有味、留下深刻印象,那可不是一件容易的事。我是赞同后一种观点的。在我看来,一篇好的"本报讯",基本要求就是三条:第一,一定要抓住最"抢眼"的新闻,没有抓住"新闻"或没有抓住"抢眼"的"新闻",那全篇就立不起来,直白一点说,就是失败了;第二,把该写的都写到,来龙去脉都要交代得清清楚楚,回答读者的所有关切;第三,不该写的,一个字也不多写,主题明确、主线集中,不枝不蔓,干净利落,不拖泥带水。这就需要作者要有沙里淘金的本事,既要有慧眼识珠的能力,又要有提炼概括的能力,而这样的能力不是每一个作者都具备的,也不是短期内就能修炼成的。

　　这里收录的都是我近期采写的、随意挑选出来的一些新闻作品,有的是对某些活动的报道,有的是对某个会议的报道,有的是从某个事件中提炼出来的新闻,有的有背景材料和新闻通稿,有的全凭现场观察和采访记录。这些稿件篇幅都不是很长,所写的也不是很大的事件,在写作上也不是都很讲究,但我每篇都力图捕捉新闻的"内核",抓住最能引起读者关注的东西,最能给读者留下一点印象的东西,不仅希望给读者提供一些有价值的信息,而且希望引导舆论。

在《盐池县境内的长城已有多人认领》中，我一开篇就写道："宁夏盐池县境内的部分长城有'主'了！有人愿意出钱出力以尽保护之责"，揭示出认领长城这个新闻的"主体"，然后又对这个做法给予充分肯定，称此举对长城保护是个福音，"在全国具有示范意义"。在新闻的结尾，我在交代了此举背景的基础上，又发出近乎"号召"的引导："目前，盐池县境内得到认领的长城及其他古迹还只是一小部分。盐池县长城保护学会负责人希望有更多的企业、社会团体和有识之士参与进来，不论是本地的还是外地的均欢迎。"这样不仅前后呼应，而且强化了新闻的主题。

《宁夏在全国率先实现"三证合一"》是一篇很短的消息，但基本要素齐全，也没有多余的话。开篇就写道："章子盖来盖去、群众跑来跑去、事情拖来拖去的现象，在宁夏将得到根本的改变"，也就是讲明了这项改革的背景和意义，语气连贯，构成一定的气势，那么，是如何改变的呢？紧接着，做出解释性交代：从今天开始实施的"三证合一、一照一码"登记制度改革，将企业登记实现"一表申请""一口受理""一家发照"，原来的营业执照、组织机构代码证、税务登记证从此将合并到一个"照"上。随后，再借有关负责人之口阐明此举的意义，最后再通过一组数据说明改革的必要性，全篇就完整了。

宁夏评选"书香之家"，是个规模不大的活动，中央媒体报道有难度。所以，我不是一般性地报道程序，而是报道它的意义和影响，也具有鲜明的价值导向。我在导语中写道："读书不仅可以增长知识、陶冶情操，而且还是一件很光荣、很令人尊敬的事""一批身披红色绶带的人吸引着人们敬佩的目光，他们不是英雄模范，也没有惊天动地的事迹，却因爱读书、藏书多而在'书香宁夏·文化强区全民阅读'活动启动仪式上受到表彰"。全篇力图跳出一般消息写作的窠臼。

限于篇幅，对以下各篇不再具体分析，如果有人有兴趣，可以自己揣摩，想一想如果自己面对这个题材将如何写。我不敢说自己这样写就算写好了，但细心的人会发现，我写的每篇稿件，都"用心良苦"，而不是随心所欲、漫不经心的。

动员社会各界关心长城、保护长城
盐池县境内的长城已有多人认领

宁夏盐池县境内的部分长城有"主"了！有人愿意出钱出力以尽保护之责：8月7日，盐池县举行古长城认领保护仪式，到会的300名企业家和社会各界人士郑重地在保护条幅上签了名，其中有20多个单位、30多名个人率先领到了"认领证"，有4900米长城、3个烽火台从此"名花有主"，将得到精心呵护。动员社会各界参与长城保护、为保护长城出资出力，这一创造性的做法，在全国具有示范意义，对面临各种破坏、至今尚未得到有效保护的长城区段，也是一个福音。

位于毛乌素沙地边缘的盐池县，曾被誉为"中国长城博物馆"，259公里隋明长城、3座大城、19座古城堡、180多个烽火墩堠和长城关、八步战台等明代军事防御要隘，充分显示了盐池县独有的历史和不可多得的文物价值。但这些历史遗迹经历了自然的和人为的长期破坏，损毁已经相当严重，保护已经迫在眉睫，但当地政府人力、财力都十分有限，常常力不从心、鞭长莫及，这就需要动员全社会的各种力量，通过各种手段、各种途径参与保护。今年4月29日，盐池县公布了全国首个《长城认领保护暂行办法》，发出了长城认领保护倡议书。

曾在几个月前专门到银川参加《长城认领保护暂行办法》新闻发布会，这次又参加认领长城启动仪式的中国长城学会副会长、长城保护基金管理委员会主任董耀会对此给予高度评价："如果全国的长城保护都能像盐池这样，那将构建起保护长城的'长城'。盐池在全国开了好头，盐池的做法值得在全国推广。"

为了宣传保护长城的意义，盐池还在长城边缘举行了徒步穿越活动，让人们近距离感受长城的壮美，增强保护长城的意识。

目前，盐池县境内得到认领的长城及其他古迹还只是一小部分。盐池县长城保护学会负责人希望有更多的企业、社会团体和有识之士参与进来，不论是本地的还是外地的均欢迎。

（原载2015年8月11日《光明日报》）

工商企业办证将更加简化、更加便捷
宁夏在全国率先实现"三证合一"

章子盖来盖去、群众跑来跑去、事情拖来拖去的现象,在宁夏将得到根本的改变:从今天开始实施的"三证合一、一照一码"登记制度改革,将企业登记实现"一表申请""一口受理""一家发照",原来的营业执照、组织机构代码证、税务登记证从此将合并到一个"照"上。宁夏此举比中央有关部门的要求提前了一个月。

自治区工商管理局局长马汉文在启动仪式上说,此举将进一步释放改革红利、增强市场活力,在更大程度、更宽范围、更广领域为企业和各类创业者带来便利。

据介绍,宁夏近年来的改革,极大地激发了投资者的创业热情,目前,宁夏平均每天诞生创客 300 多户,市场主体已达到 40 多万户,其中新登记的就占 12.7 万户,全自治区已经形成了大众创业、万众创新的良好局面。

(原载 2015 年 9 月 4 日《光明日报》)

宁夏"八朵云"有望在近期"呱呱坠地"

9 月 10 日下午,在宁夏国际会堂举行的中国—阿拉伯国家博览会"网上丝绸之路论坛"上,宁夏回族自治区党委书记李建华向与会的中外嘉宾透露:宁夏正在建设"八朵云",构建网上丝绸之路,努力将网上丝绸之路打造成向西开放的窗口,进而造福于丝路沿线国家。

李建华书记所说的"八朵云",是指政务云、社保云、卫生云、教育云、商务云、民政云、旅游云、家庭云,"八朵云"建成后,将满足人民的各种需求,极大地方便群众的生产生活,进而推动经济社会的发展。

互联网正改变着人们的生产生活。随着国内外知名互联网企业的入驻,宁夏人的生活也在不知不觉中发生了巨大的变化。有资料显示,银川 iBi 育成中心去年一年的网上交易额就达到了 4600 多亿元,今年还有大幅度增长的趋势。有个立足宁夏的电子商务企业响亮地提出自己的发展目标,他们要"买全国、卖全国",下一步还要"买世界、卖世界"。

网上丝绸之路,将在中阿经贸文化交流合作中起到越来越重要的作用。习近平总书记在共建"一带一路"的倡议中提出,"一带一路"沿线各国要实现政策沟通、设施联通、贸易畅通、资金融通、民心相通,丰富了古丝绸之路的时代内涵,也成为网上丝绸之路建设的历史使命。

李建华对建好网上丝绸之路充满信心。他说,宁夏有条件,也有能力建设好网上丝绸之路,为丝绸之路沿线国家、地区和企业提供更好的服务。他表示,宁夏将主动融入"一带一路"倡议,充分运用宁夏内陆开放型经济先行区的政策优势,大力推进大数据、云计算等技术创新,加大跨境电子商务的金融支持和政务服务,让网上丝绸之路成为中国向西开放的窗口、中阿商务的平台、信息汇集的中心,使丝路沿线国家互联互通、互惠互利、共同发展。

(原载 2015 年 9 月 16 日《光明日报》,全国有上百家网站转发)

宁夏评选出 60 个"书香之家"

读书不仅可以增长知识、陶冶情操,而且还是一件很光荣、很令人尊敬的事:4月 21 日,在银川市的光明广场,一批身披红色绶带的人吸引着人们敬佩的目光,他们不是英雄模范,也没有惊天动地的事迹,却因爱读书、藏书多而在"书香宁夏·文化强区全民阅读"活动启动仪式上受到表彰。专程到会的国家新闻出版广电总局副局长阎晓宏和蔡国英、郝林海等自治区领导一起为他们颁发了"书香之家"的牌匾和证书。

在评选"书香之家"的基础上,宁夏还将评选"书香之乡""书香之镇""书香街道",开拓手机阅读、网上阅读等新兴阅读模式。

2015 年"书香银川·银川书香"全民阅读活动也在同一天正式启动。

银川市是一个爱读书的城市。倡导全民阅读、开展各类读书活动,在银川已持续多年。今年,银川市将要开展 4 大系列、65 项读书活动。读书学习,也成为人们的自觉追求和常态化的生活方式。

"书香银川—漂流书亭"是银川一项颇有创意的活动。按照安排,相关部门将在全市各大公园、广场、BRT 公交车站、社区、商业广场等人流量大、便利性强的地方设立漂流书亭,借以提高图书的阅读率和利用率。

银川市还将在每年的 9 月 1 日至 15 日举办"银川阅读节",在每月的最后一个星期六举办"银川读书日"活动。以"读书为荣,读书为乐"的社会风尚,也因一些富有创意的活动而逐步形成。

(原载 2015 年 4 月 23 日《光明日报》)

宁夏文艺界新春诗会以诗迎春

写诗的、诵诗的、唱诗的,在这里共同演奏出诗的和鸣;迎春的、报春的、贺春的,在这里吟诵出春的颂歌:2 月 9 日举行的宁夏文艺界新春诗会"从春天出发",让"诗"成为众人追捧的明星,让"春"成为各种艺术表现的主题,让与会者获得了一次诗的洗礼、春的陶冶。

曾几何时,我们这个诗的国度居然冷落了诗歌,但爱诗的种子从没有在人们的心中泯灭。"从春天出发"新春诗会,以很强的艺术感染力又一次唤起人们对诗的情感和对诗的热爱,特别是宁夏本土诗人创作的吟咏家乡、赞美宁夏的新诗和宁夏草根诗人抒发情怀的佳作,更让人感到亲切,也更易引起共鸣。《千红万紫报春光》《春天啊,请在中国落户》《以春天的名义》《不老是乡愁》《美丽宁夏"新十景"诗词集锦》《乡土里站起的文学方阵》等诗歌都有令人击节赞叹的佳句。在朗诵的诗中,既有千年传颂的经典古诗,又有新锐诗人的得意之作;既有童声的朗诵,又有名家的演唱;既有朗诵他人名篇的,又有吟咏自己力作的。整个诗会,洋溢着甜甜的诗意、诗韵、诗魂,透射出浓浓的春意、春情、春恋。

诗会结束了,很多人还沉醉其中,意犹未尽,边退场边议论。大家一致认为:这台诗会,高雅,大气,有感染力,今后就应该多举办类似的诗会,用高雅的艺术陶冶人们的情操!

(原载 2015 年 2 月 11 日《光明日报》,被《宁夏文艺家》等刊物转载)

全国劳模表彰大会特邀代表名人多

在 4 月 28 日举行的 2015 年全国劳动模范和先进工作者表彰大会上,许多人看到了耳熟能详、闻名全国、也敬仰已久的老劳模、老典型,他们都是以"特邀代表"的身份参会的。记者在表彰大会的名册上发现,其中不乏如雷贯耳的人物:山西省的申纪兰、郭凤莲,上海的包起帆,湖北省的陈刚毅、王涛,陕西省的窦铁成、石光银,江苏省的张云泉、赵亚夫,重庆市的沈铁梅,都是曾被媒体广泛宣传、拥有很多"粉丝"的著名人物,其中有的人物记者还有过接触。宁夏劳模团的四位"特邀代表",有两位被中宣部列为中央主要媒体宣传的典型,其中一位是全国人大代表、2005 年的全国先进工作者优秀教师吕新萍,另一位是作为全国优秀农民工代表的张晓炜,他在被评为全国劳模之后,又获得中国青年"五四奖章",受到国家副主席李源潮的亲切接见,而全国为数不多的女法警陈莉,在 2010 年成为全国先进工作者之后,又被评为全国十位最美警察之一并且当选为十八大党代表,对张晓炜和陈莉,记者都做过长篇报道,这次在劳模表彰大会上相见,彼此也感到格外亲切。

宁夏总工会有关负责人对记者说,让老劳模作为"特邀代表"参加新一届劳模表彰大会,是有深刻寓意的。这表明,党和人民是没有忘记老劳模的历史贡献的,而各项事业今天取得的成就,更是离不开老劳模的贡献。尤其可贵的是,许多劳模在取得荣誉称号之后,并没有在已有的成绩之中陶醉,而是继续做出新的贡献。有些劳模多次获得同一奖项,就对此做出了最好的说明。

(原载 2015 年 4 月 29 日《光明日报》)

"要用我们的'辛苦指数'换取群众的'幸福指数'"
吴忠市"三证合一"提高政务效率

"老百姓只需填一张表,剩下的事都由我们来做!"这是宁夏吴忠市在推行"三证合一"登记制度改革中做出的庄严承诺。结果,他们用自己的"辛苦指数"换来了群众的"幸福指数",用自己工作的"加法",换取了工商企业的"减法"和综合效益的"乘法",全市工商企业的登记注册数在今年一度出现了井喷式增长,新增工商户、新增注册资金、新增从业人员的增长幅度都很大。

在经济下行的压力下,吴忠市政府在转变政府职能、提升服务水平、解决企业发展难题、规范市场秩序、营造创业环境方面做出了不懈的努力。他们把群众跑路少、登记程序简、发放执照快、办事便利化,看作是为民、便民、利民的具体体现,在每个能够改革的环节上都进行了改革,进而实现了一个窗口受理、一份表格申请、一个部门审核、一次办结三证,信息共享共用,档案互认互用,一个执照通行天下,以信息的多"跑路"取代了群众的多跑路。

这些改革取得了看得见摸得着的实效:办事程序进一步简化了,办事时间进一步缩短了,申请表格大幅度减少了,部门信息全都互通了,群众办事更加快捷了,携带证件也更方便了,社会监督进一步透明了。

吴忠市市委书记赵永清在近日召开的会议上透露:下一步,吴忠市将进行更深层次的的改革,由目前的"三证合一"推进到"多证合一""多规合一",进而实现政府工作的"瘦身"和"转身",进一步激发经济的活力和社会的创造力。

(原载 2015 年 12 月 1 日《光明日报》)

《中国回族文学通史》填补回族文学一项空白

"这不仅是回族文化史上的大事,而且是中国文化史上的大事。"4 月 2 日,在专门为《中国回族文学通史》出版举行的研讨会上,来自北京、甘肃、宁夏等地的专家学者对这部全面展示回族自古至今口头文学和书面文学成果、反映回族人民精神风貌的皇皇巨著给予很高的评价。

早在 1958 年,中共中央宣传部就提出过编写各少数民族文学史的计划,回族文学史也被确定为首批编写之列。但由于种种原因,编写工作并没有展开。此后,宁夏曾出版了《回族古代文学史》《民间文学史》等相关书籍,而经过 60 多年的积累、30 多年的搜集整理和 4 年的精心编写才完成的《中国回族文学通史》,则实现了几代回族文化工作者的夙愿。

据主编杨继国介绍,《中国回族文学通史》分为古代卷、近现代卷、当代卷、民间文学卷,共有四卷五册320万字,内容涉及各个时期、各个地区、各个文学门类,是百科全书式的著作。读者通过此书不仅可以了解回族文学的发展历程,而且可以走进回族的心灵世界和精神世界。

这部由黄河出版传媒集团阳光出版社出版的著作,是宁夏第一个获得国家出版基金资助的项目,也纳入了国家"十二五"重点图书出版规划。该书的编写工作,还获得了国家有关部门的通报表扬。

(原载 2015 年 4 月 7 日《光明日报》)

让首都的医疗资源直接造福宁夏各族群众

北京与宁夏签订医疗卫生精准帮扶与技术合作框架协议

宁夏的老百姓不用离开宁夏,在家门口就可以得到北京医生的诊治了!按照北京与宁夏日前在北京签署的 2016~2020 年医疗卫生精准帮扶与技术合作框架协议,北京市 3 家三级甲等医院将对宁夏吴忠、固原、中卫的 3 家三级医院进行对口帮扶。今后,高水平的首都医生到宁夏进行巡诊、义诊、培训医疗人才的活动将会越来越多。

北京与宁夏的医疗合作酝酿已久。早在 2012 年,双方就谋划过中医药的合作。第二年,双方就建立了中医药人才培养协作机制。不久前,宁夏回族自治区党委书记李建华与北京市市委书记郭金龙就医疗对口帮扶等问题做了进一步协商。为了落实两位领导会谈的精神,北京市卫生计生委于今年 2 月专门派出考察组,深入到宁夏吴忠、固原、中卫的医疗机构进行考察,了解当地医疗卫生的状况,为医疗卫生精准扶贫确定方向。

3 月 16 日,北京市市长王安顺和宁夏回族自治区主席刘慧在京共同签署了合作框架协议。郭金龙和李建华都在签字仪式上讲了话。郭金龙说,北京将针对民族地区特定的医疗卫生需求,用心、用情、用力开展工作,让首都的医疗卫生资源更多地参与、融入到宁夏经济社会发展中,为全面建成小康社会做出首都人民的贡献。

(原载 2016 年 3 月 27 日《光明日报》)

到处有景　随处可游：宁夏大力推动全域旅游

到处有景、随处可游的宁夏，将推动全域旅游，力争将旅游业打造成开放宁夏的先导产业、富裕宁夏的支柱产业、和谐宁夏的富民产业、美丽宁夏的绿色产业。这是自治区党委、政府在 7 月 28 日联合召开的全域旅游发展推进大会上传出的信息。自治区党委书记李建华和专程到会的国家旅游局副局长李世宏在大会上为刚刚成立的宁夏旅游发展委员会揭牌。宁夏旅游局调整为宁夏旅游委员会后，将由政府直属机构改为政府组成部门，这表明宁夏将旅游业提升到了前所未有的地位。

陆地面积只占全国 0.69%、旅游资源类型却占 48.4% 的宁夏，被誉为"中国旅游的微缩盆景"，到处有景，随处可游，具有极为丰富的旅游资源，具有发展全域旅游的独特优势：在自然方面，大山、河流、沙漠、森林、湿地、峡谷、草原、黄土高坡、丹霞地貌，宁夏一应俱全；在人文方面，西夏文化、丝路文化、黄河文化、红色文化，在宁夏交汇融合。宁夏的旅游资源的独特和优势，在全国也是不多见的。国家旅游局副局长李世宏在大会上说，宁夏的沙漠旅游、黄河旅游等已经成为中国旅游的重要品牌。他称赞宁夏旅游在特色化、差异化发展方面已经取得显著成就，在体制创新、营销推广、智慧旅游等方面也走在了全国前列。

自治区代主席咸辉在讲话中说，宁夏发展全域旅游是形势所需、正当其时、大有可为。要把宁夏作为一个大景区来规划建设，实现景区、景点全覆盖，按照全域化的要求配置旅游资源、规划旅游布局、推进景区建设、融合产业发展，密切资源联动，推动整体开发，打破部门分割、区域分割、景区分割，有效解决"半年闲、留客难、购物难、娱乐少"等问题，进而在景区间、地区间、产业间取得"一加一大于二"的倍增效应，共同唱响"塞上江南·神奇宁夏"的品牌。

（原载 2016 年 8 月 4 日《光明日报》）

"文化进万家——文化精准扶贫慰问演出"走进石嘴山

由著名相声表演艺术家冯巩率领的中国广播艺术团跨越千山万水,于9月26日来到宁夏石嘴山平罗县红崖子乡的移民新村红瑞村,举行"我们的中国梦·文化进万家——文化精准扶贫慰问演出",以此落实中央提出的文化精准扶贫精神。

位于黄河东岸的红崖子乡红瑞村,是个纯回民村,全部村民都来自宁夏南部的西吉县,虽然搬迁的时间不长,但生活却在短时间内发生了很大的变化。"十二五"期间,石嘴山市投资16亿元,为山区移民新建1万余套住房,安置了4.5万移民,实施了"四项脱贫计划"和"五项助力行动",扶贫攻坚取得了重要进展。

这次,中国广播艺术团的慰问演出给山区移民送来了欢乐,让他们喜出望外。慰问演出安排在了村部露天广场。记者看到,兴奋的村民早早就从四面八方赶来,整个广场人满满的。冯巩、刘全利、刘全和、杨子一、朱杰、冯敬雅、周澎、邹芮、周宇轩、王小莹、随风、王彤、高晓攀、尤宪超等艺术家纷纷登台,表演了相声、歌舞、幽默小品等节目,当地演员也表演了极富地方特色的"宁夏坐唱"等节目。整台节目欢声笑语不断,台上台下互动交流,气氛十分活跃。尤其令当地群众感到亲切的是,相声《为您放歌》等节目是专门为这场演出创作、编排的,北京艺术家的嘴里竟然蹦出了当地地道的方言、俗语,他们不仅猜出了当地的地名,而且说出了当地的人名,让当地群众看出他们是下了一番功夫、做了精心准备的。

演出结束时,记者听到一位移民群众说,在家门口看到这么精彩的节目,真是太过瘾了!

(原载2016年9月27日《光明日报》)

长征题材成为隆德县文艺创作的宝贵资源

"长征红军不仅给这里留下了精神财富,而且为这里留下了一种文化资源!"这是宁夏隆德县文化馆原副馆长张国勤在接受记者采访时说的话,也是记者实地采访后的深切感受。

最近,记者参加中宣部组织的"重走长征路"采访活动,来到位于六盘山下的隆德县,亲身感受到了那里浓郁的红色文化。

隆德县是全国有名的文化之乡,书法、绘画、剪纸、泥塑、刺绣都有良好的基础,有的已经达到相当高的水准,形成了对当地经济社会各方面都有重要影响的文化产业。1935 年 10 月,毛泽东率领中央红军在宁夏度过了五天四夜,在翻越六盘山时还写下了气壮山河的诗篇《清平乐·六盘山》。在此前后,红二十五军和西征红军也曾在邻近的西吉县、同心县、盐池县等地进行过许多革命活动。所有这些,怎么能不在文艺作品中有所反映呢? 记者确信:长征会在这里留下印记,这些印记也会在艺术作品上反映出来!

那天傍晚,记者在白天的辛苦采访之后又到隆德县县城街头观察,希望有点意外收获。果然,没走多远就看见许多专门以书画为业的店铺。虽然当时天色已晚,但仍有店铺在营业。记者随意走进一家经营书画的店铺,果然看到了以红军长征为题材的书画作品,这些作品在店内占有很大的比例。毛泽东等领导人的画像、毛泽东在长征中写下的几首诗词都被制作成了书画艺术品,都达到了很高的艺术水平,其中,毛泽东、周恩来等十几位领袖人物的形象尤其逼真。最令记者赞叹的是,有两幅挂轴上面除了绘有毛泽东青年时期的肖像外,还醒目地写着:"大力弘扬不到长城非好汉的宁夏精神"。之所以让记者感到惊奇,是因为把不到长城非好汉确定为宁夏精神,只是两三个月前的事,而在这偏远的山城,就有人及时捕捉到了这个信息并把它制作成艺术品了。是谁这么有眼光且有这么高的艺术造诣? 店内营业员告诉记者:这些作品均出自 62 岁、退休不久的隆德县文化馆副馆长张国勤之手!

张国勤? 就是那位在 2000 年 5 月至 2001 年 5 月用一年多时间骑着摩托重走长征路的人? 记者还在《光明日报》上报道过他当年的壮举呢! 应记者要求,张国勤从家里赶到店内,介绍了他的心路历程和创作轨迹。张国勤对记者说,红军长征经过六盘山,给当地留下了宝贵的红色文化资源,很值得深入挖掘。为此,他曾创作了大量书法、绘画和剪纸作品。在一个偶然的机会,他发现了在当地独有但已灭绝的"染色剪纸"艺术。这种艺术,将剪纸与绘画结合起来,可以解决剪纸作品掉色和难登大雅之堂等问题。经过反复试验,他终于复活了这门早已失传的艺术,还借助这种艺术创作了大量以红军长征为题材的作品。令人欣喜的是,这类作品不论在当地还是在外地都很受欢迎。一幅作品,可以卖到千元。张国勤告诉记者,有一位来自西安的客人在他的店里看中了一幅以长征为题材的"染色剪纸"画,先后来了 3 次,非要买走不可,最后以 1800 元成交。

张国勤向记者透露:隆德县的书画家、雕塑家、剪纸艺术家多,以长征为题材创作的各类文艺作品也多。其中,民俗文化村杨家店已经形成了规模。

据张国勤介绍,最早挖掘长征红色文化资源且卓有成就的是已故的民间剪纸艺术家张伟(2007 年 2 月 7 日《光明日报》上曾有专门报道),他创作的红色作品有几十幅,其中《毛泽东过六盘》《毛泽东在回民家中做客》《六盘山之战》《小战士和老百姓》等反映长征的作品就有 12 幅,已经形成了系列。这些红色作品,也让张伟一年就有五六万元的收入,其中一幅《毛泽东过六盘》就卖了 1400 元。可惜,这位极富创造力的"非物质文化遗产传承人"未到 70 岁就去世了。老人走了,但仍有许多隆德人沿着他的道路继续挖掘红色文化资源,继续创作红色艺术作品,继续发展红色文化产业。

红色文化产业,在隆德县已经形成气候,初具规模。张国勤告诉记者,他准备在适当时候举办一个以红色文化为主题的书画、剪纸、雕塑艺术展。

(原载 2016 年 11 月 26 日《固原日报》)

彭阳县宋金时期砖室墓中发现百余幅精美砖画
墓中的美人鱼浮雕和"风花雪月"题字尤为引人注目

一座基本完整的砖室墓中竟然有百余幅砖画,而面对墓道的墓壁上方居然有耐人寻味的"风花雪月"草书,这是宁夏考古人员在抢救性发掘彭阳县罗洼乡张湾村一座古墓中的发现。

彭阳县是宁夏南部山区的一个贫困县。古墓位于彭阳县县城东北约 60 公里的一个小沟里,遗迹是在整理农田时被发现的。据参与此次清理发掘的宁夏文物考古研究所副所长朱存世和彭阳县文管所所长杨宁国介绍,这座穹隆顶砖室墓,上圆下方,高约 3 米,墓壁、墓门、墓道均用青砖砌成,也基本完整,没有塌陷,墓内并排摆放着两具人骨骨架，但棺木已经荡然无存，陪葬的器物很少，仅一个陶罐、一个陶碗而已，也没有发现墓志，所以墓主人身份和埋葬年代，都难以做出准确的判断，但从随葬器物和丧葬特点来看，它应该是宋金时期的墓葬，墓主人应该是个比较富裕的汉族平民，古墓曾被盗过。

尽管如此，这座砖室墓仍然值得关注，它的考古价值主要体现在内壁四面的砖画上。这些或压模，或雕刻在青砖上的图案，既有植物，又有动物，还有宣传孝道和教育子女的传说故事，其中植物图案有莲花、菊花、葵花，动物图案有飞禽走兽，其中有几幅罕见的图案颇为引人注目。那种被称作美人鱼的图案，头部为我国古代妇女的形象，而身子却与鱼没有区别，应该就是古人说的"鲛人"，据说，这种图案在考古中还是第一次发现。而长翅的天马做奔跑状，颇有动感。此外，砖画上还有"卧冰求鱼""哭竹生笋"等传说故事。所有图案的线条都很细，但却十分清晰，具有较高的艺术性。

一座仅有 4 平方米的砖室墓中，居然有 100 多幅砖画，这在考古中极为罕见，而将"风花雪月"四个字写在墓壁上方，究竟是何用意，也令人费解。

（原载 2016 年 4 月 29 日《光明日报》）

宁夏给乡村教师"吃偏饭"

"在乡村任教不吃亏！""乡村教师被高看一眼！"这是新近出台的《宁夏回族自治区乡村教师支持计划（2015—2020 年）实施办法》（以下简称《实施办法》）给人的突出印象。宁夏将从 8 个方面、采取 30 多条措施提高乡村教师的待遇和素质，解决乡村教师的一系列问题，进而盘活教育资源。最近，自治区教育厅专门就此举行了新闻通气会。

基础教育在乡村的比例一直较大，随着撤点并校，乡村学校减少较多，但在宁夏仍然有 27% 的初中、41% 的小学、30% 的幼儿园在乡村，乡村学校办学条件差、教师待遇低是个老问题。如何让乡村教师"下得去、留得住、教得好"？宁夏结合本地实际，决定从 8 个方面采取 30 多条措施来解决这些问题，具体包括思想政治素质、师德水平、培养补充、待遇保障、编制标准、职称倾斜、教师交流、专业发展、荣誉表彰等方面,乡村教师的待遇、编制、职称、轮岗、社会保障等方面的规定也都有所调整,其中有些新规定还是很有"力度"的。按照这个《实施办法》,宁夏将全面提高义务教育阶段农村学校教师的补贴标准,山区人均每月由200元提高到500元,川区人均每月由120元提高到300元,加上乡镇工作者补贴,每月最高可以拿到1100元。在职称评聘方面,对乡村教师也将放宽,不再对外语成绩(外语教师除外)、发表论文提出刚性要求,而是把考察的重点放在师德素养、工作业绩、一线实践经历方面。对长期在乡村学校任教且仍在农村、连续工作15年晋升中级职称、连续工作25年晋升副高级及以上职称且历年年度考核均为合格的,可不受专业技术岗位结构比例限制,直接参加专业资格评审。为了鼓励城市教师下乡支教,宁夏规定城市中小学教师晋升中高级教师职称,应有在乡村学校或薄弱学校任教1年以上的经历。对自愿到乡村学校支教的退休特级教师、高级教师,由各市、县(区)财政按照每人每年20000元的标准予以补助,严禁任何部门和单位以任何理由、任何形式占用或变相占用乡村中小学教职工编制。

有关负责人表示,这些措施实施后,宁夏乡村教师的资源配置将有明显改善,教育教学水平也将稳步提升,农村学校的吸引力和办学实力也将明显增强。

(原载2016年5月14日《光明日报》)

韶华虽然逝去　深情依然难忘
杭州老"知青"回宁夏演出大型组歌《情系宁夏川》

来自杭州的近百名70岁上下的老人,最近回到了他们50年前洒下汗水、留下足迹和青春记忆的宁夏,并于昨晚在宁夏大剧院奉献了他们自编、自导、自演的大型组歌《情系宁夏川》,让那些曾经与他们相熟的宁夏乡亲和有过类似经历的人一次次热泪盈眶。

这是一批下乡较早、支边时间较长、留守比例也较高的知青。1965年、1966年、1968年,总共1011名杭州市初中、高中毕业生相继来到位于宁夏首府银川近郊的永宁县和条件更为艰苦的固原山区插队落户。虽然他们中的多数人后来陆续回到了原籍,但他们在宁夏劳动的时间平均超过了15年,其中有50余人连同他们的后代在宁夏扎根,还有数十个年轻的生命定格在了宁夏。艰苦的环境磨炼了他们的意志,也让他们茁壮成长。后来成为人民教师、科技人员、文艺工作者的都不在少数,一直留在宁夏的小麦育种专家裘志新就是他们当中一位杰出的代表。有不少人担任了从基层到高层的领导职务,其中担任省级领导职务的就有两位。具体策划这台大型组歌的吴宣文,就曾担任过永宁县县委书记、银川市市委副书记、宁夏人民出版社社长等重要领导职务。

"你是我人生的起程,你是我青春的记忆。"整台组歌由《塞上重逢》《理想的诗篇,青春的梦》《四季劳动歌》《岁月见证》《不要问我青春悔不悔》《情系宁夏川》等11个节目组成,真实地表现了这批已经进入古稀之年的老知青的理想信念和内心情感。尤其令人感动的是,作词谱曲,演唱伴舞,舞美制作,排练设计,均由他们自己完成,组歌从创意到演出历时5年时间,先后几易其稿,参加演出的,最大的已经74岁,最小的也有66岁了。在杭州排练时,他们从四面八方赶往排练场,风雨无阻,倒几次公交车者都大有人在,有人甚至从上海、嘉兴远道赶去参加排练,许多经费都由他们自己筹集,有些演出服装则是他们自己动手缝制,所有参与者都表现出极高的热情。

尽管这组节目的水平与国内大型歌舞节目还有一定差距,但昨晚的演出还是吸引了包括自治区政协主席齐同生,自治区党委常委、宣传部部长蔡国英,自治区副主席姚爱兴在内的千余名观众,许多人甚至从几十公里外的永宁县赶来观看,直到谢幕后很多观众还不肯离去。

(原载 2016 年光明网)

吴忠市提前一年"晒"出权力清单和责任清单

"让有权力的人知道该干什么、不该干什么,让老百姓知道办事该找谁、如何办!"记者日前从吴忠市专门举办的新闻发布会上获悉:经过严肃认真、艰苦细致的工作,吴忠市比国务院规定提前一年、比自治区规定提前半年率先向社会公布了自己的权力清单和责任清单。

有权必有责,责权相匹配,用权受监督,失责要追究:权力清单和责任清单起到的就是这些作用。在编制权力清单和责任清单过程中,吴忠市有关部门对全市 28 个部门、10 类职权的 2446 项行政权力的法律依据进行详细审核,使权力与责任落实到条、细化到款,最终暂停 87 项没有管理对象或多年不发生的职权,删除 216 项重复或非本部门的职权;将属于内部管理、初审预审的 394 项权力不再列入权力清单,将 211 项权力下放到县区,结果共减少行政职权 1188 项,减幅近 1/3。在此基础上,他们编制了权力清单和责任清单,进而实现隐性责任显性化、宽泛责任具体化,消除了权力设租寻租的空间,强化了权力运行的制约和监督,像一面镜子和一个金箍,约束了有权者的言行,进而有效地预防各类腐败事件的发生。

(原载 2016 年 1 月 3 日《光明日报》)

“准备之冬”积蓄能量　“建设之春”热火朝天　“发展之夏”快速推进
银川新“四季歌”越唱越响亮

位于贺兰县境内的宁夏生态纺织产业示范园区最近传来好消息:这个被称为自治区“二号工程”园区,在先期工程建成投产的基础上,今年新建的 15 万平方米标准厂房、研发中心等项目都在顺利进行,与浙江、山东、福建、广东及自治区内企业的对接也取得了重要进展,一批科技含量高、投入多、产出大的项目有望在园区落地。与此同时,一大批新项目正在银川大地上如火如荼、有条不紊地推进。

在经历了“准备之冬”和“建设之春”之后,银川所辖各县市区都迎来了快速推进的“发展之夏”,进而以饱满的工作热情和工作业绩迎接“收获之秋”,银川也以稳健的步伐周而复始地唱响新的“四季歌”,让一年四季的工作一环套一环、一环接一环,有准备、有规划、有条不紊地推进。如此久久为功,带来的是经济的发展,社会的进步,城市风貌的变化。

地处西北内陆的银川,冬季较长,许多建设项目只好停工待时,有的只好推到来年。为了让未来有个更好的发展,银川市充分利用冬季这段宝贵时间进行思想动员、洽谈项目、沟通协调、筹集资金。由于有了精心的准备,就能做到蓄势待发,一旦具备条件,立即就能转入“建设之春”,而“建设之春”开局良好,就为此后的

"发展之夏"奠定良好的基础。自治区党委常委、市委书记徐广国和市长白尚成不仅亲自安排部署,而且亲自下基层督促检查。在严峻复杂的经济形势下,银川市超前谋划,及早启动相关项目。继银川市的366个重点项目集中开工之后,各县市区的项目也相继开工建设。

市委、市政府领导始终牵挂着那些重点项目。3月中旬,从外地对接项目、洽谈合作返回银川的徐广国书记,一下飞机就直奔重点项目建设现场,查看项目建设进度,对工作提出要求。他说,全市上下要统一行动,形成合力,全面推进"建设之春"和城乡环境综合治理春季行动,确保首季开门红,为全年奠定基础。市长白尚成也要求全市上下主动适应新常态、积极引领新常态、科学把握新常态,综合分析研判,准确把握面临的问题和有利时机,保持"建设之春"的良好势头,进而赢得"发展之夏"的先机,加快推进银川开放内涵式发展。

"适应新常态,必须要在状态。新常态要有新思想、新思维、新思路,要以全新的思维方式认识和把握经济发展的新变化。"这是市委书记徐广国对全市提出的要求,现已变成了全市上下的努力方向。

"准备之冬"充分,"建设之春"得力,"发展之夏"就有了保障。银川市今年的建设项目普遍启动快、开端好、后劲足。对于上半年准备复工续建的项目、新开工的项目和重点项目,银川市有关部门还采取现场督导、定期汇报、责任追究、配合协动、限时督办等措施来确保落实。而前期准备更加充分、相关服务更加优化,更是为这些建设项目的顺利实施创造了条件。

最近,年产3000万件如意纺高档衬衫、300万套如意纺高档西装项目刚刚落地。目前,银川市已经建成了灵武市、贺兰县、滨河新区等纺织加工园区,羊绒纺织、棉纺、麻纺、化纤混纺产业集聚群业已形成。

4月29日,宁夏新丝路上首个大型单体工程——银川滨河黄河大桥提前建成通车,与此同时,银川北京路向东延伸工程也全线竣工,这标志着银川已经将黄河揽入自己的怀抱,原来一直在城外悄悄流过的黄河也因此变成了银川的"城内河"。

为了建设"大银川"、推动经济社会全面发展、更好地发挥区域中心城市作用,银川市制定了重心东移、跨黄河发展战略,在黄河东岸建设了滨河新区,进而实现黄河两岸同荣、两岸同兴,进一步放大黄河的综合效应,为"全域银川"建设开辟空间,改变银川平原延续千年的"单核"城建格局,而滨河黄河大桥的通车,在很大程度上优化了银川市路网结构,拉大了城市框架,形成了"银榆鄂"区间快速通道,带动了银川周边城市、乡镇的同城化发展。黄河不仅变成了银川的"城内河",而且变成银川发展的轴心,而黄河东岸的崛起,将使银川成为名副其实的"大银川"。

人们有理由相信,在接下来的"发展之夏"之后,银川市一定能够赢得"收获之秋",经济社会发展的"四季歌"也将越唱越嘹亮。

(原载 2016 年 6 月 29 日《光明日报》头版报眼,《银川日报》在头版转载)

最新考古发现和研究表明:
东西方交流早在三四千年前就已开始了

在西汉张骞出使西域从而大规模进行持续的、官民结合的东西方文化交流之前,就有零星的、小规模的、时断时续的东西方文化交流了,这种交流甚至可以追溯到新石器时代和商周时期:这是日前在银川召开的"早期丝绸之路与东西文化交流"国际学术研讨会上透露出的信息。

"丝绸之路"这一概念,是德国地理学家李希霍芬在 130 多年前提出来的,但丝绸之路的历史至少可以追溯到 2000 多年前的西汉时期,人们也普遍认为是汉武帝派遣张骞出使西域后才掀开东西方交流的新篇章,张骞的历史功绩也彪炳史册。近年来的考古发现,虽然不能否定张骞的历史功绩,却用丰富的实物一次又一次证明:我国古代中原地区与西域及西域以西地区的交流很早就已经发生了,这样的实物在北京、甘肃、青海、新疆、内蒙古均有发现,其中既有粮食作物,也有青铜武器、青铜工具和西亚玻璃器皿,这个发现显示出早期东西方商品交换、物种引进、技术传播、民俗影响的历史印记。当然,这种交流的规模、影响和作用都远非张骞出使西域之后"丝绸之路"的真正形成可比。

本次国际学术研讨会讨论的主要议题有:早期丝绸之路上的考古新发现与新认识,早期丝绸之路上的古代文化、生态与环境,汉代以前东西方文化的交流与互动,东西方文明起源的比较研究,宁夏地区在早期东西方文化交流中的地位与作用。吉林大学边疆考古研究中心林沄、台湾中央研究院王明珂、北京大学李零、日本奈良县立橿原考古学研究所菅谷文则做了主题发言。

（原载 2016 年 9 月 24 日光明网）

为"文学之乡"再添文学气息
铁凝在西吉县讲"文学照亮生活"

500 多名很少走出大山、也很难见到文化名人的西吉县文学爱好者,5 月 13 日在自己的家门口见到了中国作协主席铁凝并亲耳聆听了她"文学照亮生活"的精彩演讲。文学的种子,将在他们的心里发芽、生根、结果。据悉,这是中国作协全民公益大讲堂百场演讲中的第一讲。

中国作协之所以将地处六盘山区的西吉县作为全民公益大讲堂的"首讲",在很大程度上是因为西吉县有广泛的文学基础。据悉,成立于 2001 年的西吉县文联已拥有 8 个协会、300 多名会员,其中,文学创作更是成就斐然。西吉县有关部门创办的《葫芦河》文学季刊、"西吉文学艺术网"为广大文学爱好者提供了创作园地,不少机关、村镇、学校也有自己的文学社团。目前,有 13 位西吉籍作家被吸纳为中国作协会员,有 40 多人成为宁夏作协会员,有 50 余人出版了个人专著,有 80 人的作品被国家、省、市有关部门收入各类选集中,获得国家级文学奖励的有 20 多项。正因为如此,2011 年,西吉县被授予我国第一个"文学之乡"称号。

这次"大讲堂"活动,在这个穷乡僻壤进一步展示了文学的魅力。演讲结束后,铁凝一行还参观了"文学之乡"展室,捐赠了一批文学书籍,参观了西吉中学的《月窗》文学社,看望了农民作家单小花、马建国、王雪怡并与基层作家座谈,听取了马金莲、单小花、康鹏飞、高丽君、牛红旗等当地作家的发言。所有活动,都让这些文学爱好者兴奋不已,心满意足。

（原载 2016 年 5 月 16 日《光明日报》）

宁夏博物馆文创设计大赛"复活"了馆藏文物

西夏陵出土的鸱吻、妙音鸟、镏金铜牛,战国时期的虎噬驴透雕铜牌,唐代墓门上雕刻的胡旋舞,雕凿在贺兰山上的神秘岩画……宁夏博物馆这些极具代表性的珍贵文物,不仅极大地激发了宁夏及全国各地艺术家的创作灵感,而且借助正在举行的宁夏博物馆文创设计大赛纷纷"复活",变成了一幅幅精美的设计图案,进而有望在近期变成承载宁夏历史文化的生活用品、学习用品和颇具观赏性的工艺品:鼠标、U盘、钱包、时钟、摆件、挂件、胸针、台灯、香炉、屏风、茶具、厨具、书签、书架……琳琅满目的设计,充分反映了设计者的聪明才智。

宁夏举办的这次文化创意竞赛活动,是由宁夏博物馆和宁夏朔方博雅文化科技有限公司具体承办的,共征集到区内外263套设计图案,所有作品都以宁夏博物馆馆藏的、具有代表性的文物为基本设计元素,设计图案包括数码产品、家居饰品、生活用品、服饰箱包、办公文具、旅游纪念品、茶饮器具、西夏瓷(复制品、仿制品)、艺术品等9大类,充分反映了宁夏及全国当代艺术的创作实力。

这些设计图案一旦形成产品,将具有较高的实用价值和欣赏价值,可以成为宁夏乃至全国各界人士,特别是来自国内外的游客喜闻乐见的学习用品、生活用品和把玩欣赏的艺术品。这项活动,也将对弘扬宁夏的民族、地域文化,提升宁夏文化的软实力,推动宁夏经济,特别是旅游业的发展产生积极的作用。

(原载 2017 年 5 月 21 日《光明日报》)

中卫发现记载境内沙漠绿洲丝绸之路全程的珍贵资料

为研究沙漠绿洲丝绸之路驿置名称、地名、道里的沿革提供了不可多得的珍贵资料,弥补了以往发现的史料的不足

详细记载自中宁县石空寺堡至新疆库车丝绸之路"柒千零捌里"驿程内105个驿站及相关情况的文献资料,最近在宁夏中卫被发现。日前,曾任宁夏博物馆

馆长、宁夏文物局副局长、现年 77 岁的文史专家周兴华兴奋地对记者说,这个现世仅存的孤本,为研究沙漠绿洲丝绸之路驿置名称、地名、道里的沿革变化,恢复丝绸之路历史原貌提供了不可多得的珍贵资料。这也是丝绸之路文献的一次重要发现,在很大程度上弥补了居延汉简等资料对丝绸之路记载的不足,进而破解沙漠绿洲丝绸之路的许多难解之谜。

周兴华向记者详细介绍了相关情况:居延汉简的"驿置道里簿"中对丝绸之路驿站曾有专门记载,对从长安通往西域的沙漠绿洲丝绸之路中长安至高平(今宁夏固原)段驿站道里都记载齐全,但对高平驿以后至媪围驿的路段却没有记载,这也导致学术界对这一段丝绸之路的走向长期存在争议。而这次发现的资料,详细记载了其间的 105 个驿站,充分说明从洛阳、长安出发的沙漠绿洲丝绸之路,在经过高平驿后,是沿清水河沿线的萧关道、灵州道北上的,然后在清水河入黄河处的"宁安堡"渡河西行,经"柒千零捌里"驿程抵达西域库车(今新疆阿克苏地区东端库车县)。

据周兴华介绍,新发现的这个文献资料,没有书名,也不知作者姓名、何时出版的,因书内文首有"石空寺堡至庫車程途"句,周兴华便以《石空寺堡至库车程途》为之命名。此书系四眼线装古旧书籍,封面、封底均为贴背纸本,破损陈旧,封底内素外蓝。内页为发黄白棉纸,有蓝色界行。全书加封面封底 20 页共 764 字,文字系手书墨写,楷书工整,无一字之错讹涂改。五张内页字行上各盖有朱色圆形印一方,末页上盖有朱色圆形印三方,应该是丝绸之路古代典籍中的绝世孤本。

周兴华告诉记者,居延汉简"驿置道里簿"记载的驿置地名只有 30 个,而这次新发现资料记载的驿站有 105 个之多,这就弥补了相关史料的不足。书中不仅一一记载了每个驿站及相关地名,而且注明了驿站之间相距的里程。其中,今宁夏境内的驿站有 11 个,今甘肃境内的驿站有 50 个,今新疆境内的驿站有 44 个,作者还在最后一页以楷书标注:"以上共计程柒千零捌里。"

据历史文献记载:东汉建武八年(32 年)夏,东汉光武帝刘秀曾率领大军沿着其中部分路段征伐割据在今宁夏固原、甘肃天水一带的反叛势力。东汉大将窦融也曾从河西五郡(敦煌、酒泉、张掖、武威、金城)率领数万大军及 5000 多乘辎重沿河西走廊东进,南渡黄河,沿清水河谷进入萧关道、高平道抵达固原。

周兴华认为,《石空寺堡至库车程途》的发现,为研究沙漠绿洲丝绸之路驿置名称、地名、道里的沿革、变迁,为研究、复原沙漠绿洲丝绸之路提供了真凭实据,为弘扬、保护存世的丝路古道提供了重要的文献依据,也证实沙漠绿洲丝绸之路的前身,就是先秦时期开拓的河西走廊交通大道。

(原载 2019 年 4 月 18 日《宁夏日报》三版头条)

通 讯

文不出彩不罢休

通讯,有很多种分法,也有很多种写法,是可以灵活运用各种表现手法的一种文体,当然也可以展现记者多种能力,所以历来被记者们所重视。但是,要真正写好一篇通讯并不是一件容易的事。

文学创作要"抓典型",要突出个性,写好"这一个",新闻通讯,也要有鲜明的特点。无论是人物通讯,还是事件通讯,都要有自己的鲜明个性,无论是题材还是主题,都要有别于同类作品,题材要新鲜,主题要新颖,内涵要丰富,满载信息量,只有这样,才有发表的价值,才能引起读者阅读的兴趣。

通讯,虽然没有篇幅的限制,也不像消息那样要求短小精悍,但也要惜字如金,不能汪洋恣肆,信马由缰,想怎么写就怎么写、想写多长就写多长。因为,几乎所有刊物都有版面限制,所有读者都不喜欢看长稿。阅读,对读者来说,也是一种投入,因为所有阅读都会耗费时间、耗费精力,谁也不愿意花费很多时间去阅读自己不感兴趣、对自己没有帮助、与自己不相干的东西。这就要求每一位作者换位思考,切切实实站在读者的角度上来思考、写作。有话则长,无话则短,不说废话,不写套话,点到为止。

通讯虽然能够展示记者的多种能力,但却不是记者展示才华的载体,记者不能为展示才华而写稿,而应在写稿中流露才华,如果过分追求华丽的色彩、展示自己的能力,那就本末倒置、以文害义了。

将台堡会师纪念碑是如何兴建的？

中国工农红军历尽千辛万苦，最终取得长征胜利，是个重大的历史事件，我国逢十都会举行隆重的纪念活动。从纪念长征胜利 60 周年起，纪念大会的日期便改在了 10 月 22 日，因为这一天是长征将台堡会师纪念日。红一、二方面军的这次会师，是红军长征的最后一次会师，它和十几天前的红一、四方面军会宁会师一起实现了三军会师，标志着长征的胜利结束。

说到长征胜利，许多人会想到中央红军长征最先到达的陕北吴旗（今吴起）和红军长征第七次胜利会师的甘肃会宁，提到将台堡的人还不多。二十多年前是如此，到了二十多年后的今天，虽然了解这段历史的人数有所增加，但仍然有人对将台堡这个地名很陌生，就连一些媒体也常常搞错，有的不提将台堡会师，有的则把将台堡"划归"甘肃、"划给"别的县。这也难怪，将台堡会师纪念碑是 1996 年才落成的，比会宁会师纪念塔的落成整整晚了 10 年。

新中国成立后，在红军长征沿线陆续兴建了很多纪念标志，每个会师地点都有纪念建筑。其中，1986 年落成、由邓小平题写塔名的会宁会师纪念塔尤其引人注目，但最后一次会师，也就是将台堡会师，却很少有人提起，也很少有人关注，更不要说有什么纪念标志、举办什么纪念活动了。

其实，将台堡会师并不是什么秘密，当地许多群众都知道这件事，许多珍贵资料都有案可查，党史、军史也都有清晰记载，有的甚至明确指出是将台堡会师结束了伟大的长征，但令人遗憾的是，这么重要的事件似乎被许多人"疏忽"了。

当然，造成这种状况也有许多客观原因。当年，红军长征到达将台堡时，将台堡还隶属于甘肃省隆德县，还没有"西吉县"这个地名。1942 年，西吉县在隆德县、海原县之间成立，将台堡便被划入西吉县，但仍属于甘肃省；1958 年，宁夏回族自治区成立，包括西吉县、海原县在内的固原地区都划给了宁夏，将台堡也成为宁夏西吉县的一个乡。这种区划调整，让外界一时搞不清将台堡到底在哪里。

与将台堡会师有关的资料，当地有关人员很早就注意收集了，时任西吉县县委书记还在查阅大量资料的基础上写出了论文《将台会师考》。1994年,我到西吉县采访时,这位书记专门向我介绍了相关情况和他的研究成果,我随即写了一篇内参,投寄给《人民日报》。《人民日报》内参《情况反映》刊登后,引起有关方面的高度关注。在此期间,西吉县向自治区上报了《关于申请修建长征结束纪念亭的报告》。自治区党委党史研究室对此明确表示支持并进一步收集史料,考证史实。时任自治区党委宣传部常务副部长张怀武、自治区党史研究室副主任邵予奋及有关人员为此付出了大量心血,邵予奋、李耀华等人还利用到北京开会的机会向中央党史研究室、军事科学院军事历史研究部的领导请示汇报、寻求支持。

1995年8月14日,自治区党委向中宣部上报了《关于在宁夏西吉县将台堡修建革命遗址纪念标志的请示》,我所写的内参作为附件一并上报。当年12月19日,中宣部正式复函同意在将台堡修建中国工农红军长征将台堡会师纪念亭。1996年8月9日,将台堡会师纪念碑奠基。9月1日,时任中共中央总书记、国家主席、中央军委主席江泽民为"中国工农红军长征将台堡会师纪念碑"题写了碑名。10月22日,自治区党委、政府和宁夏军区在将台堡举行纪念红军长征胜利60周年大会,同时为将台堡会师纪念碑揭碑,毛泽东的多位亲属也应邀到场祝贺。我应邀前往并对纪念活动做了及时报道。也是在这一天,在首都北京举行了同样内容的纪念大会,江泽民总书记发表了重要讲话。

2006年,红军长征胜利70周年,首都再次集会纪念,还是选在10月22日这一天,时任中共中央总书记胡锦涛在纪念大会发表重要讲话。

2016年7月18日,中共中央总书记习近平到宁夏考察,从北京直飞固原,然后又驱车70多公里冒雨向将台会师纪念碑敬献花篮,并参观了将台堡"三军会师纪念馆"。将台堡会师的历史地位,再次得到肯定,将台堡也为更多的人所知晓。

前来参观、学习、采访的人也越来越多。

在纪念长征胜利80周年之际,年届八旬的邵予奋再次撰写题为《再论将台堡会师的历史地位》的文章,进一步阐述了这次会师的伟大意义。

将台堡会师纪念碑,是最晚落成的长征纪念碑,但这丝毫也不影响它的历史地位。

(原载2016年10月13日《宁夏日报》)

《清平乐·六盘山》究竟几易其稿?

在纪念中国工农红军长征胜利80周年之际,许多人情不自禁地吟咏起毛泽东气壮山河的诗篇:《清平乐·六盘山》。一些纪念长征的活动,也少不了要演唱它。但许多人未必知道,这首堪称绝唱的名篇,是脱胎于作者在攀登六盘山时随口吟出的《长征谣》,现在广为流传的版本也经过了多次修改。

《长征谣》写于1935年10月7日。那一天,到达宁夏的中央红军刚刚在青石嘴一带毙敌200多人,缴获了大量战利品。毛泽东登上六盘山的高峰时心情很好,诗兴大发。在一块石头上休息时,他对身边的人说,这里真是个好地方,天高云淡,红旗漫卷,大雁南飞,六盘山的景色多好啊。他随即吟出了《长征谣》:"天高云淡,望断南飞雁,不到长城非好汉! 同志们,屈指行程已二万! 同志们,屈指行程已二万! 六盘山呀山高峰,赤旗漫卷西风。今日得着长缨,同志们,何时缚住苍龙? 同志们,何时缚住苍龙?"当时在场的张闻天、王稼祥、彭德怀都说是首好诗。

毛泽东的这首《长征谣》,有碑文为证——当地已在六盘山景区内的和尚铺为此立了碑,书写了全文。在六盘山红军长征纪念馆里,对《长征谣》也有明确展示。记者多次前往参观,基本可以做到"倒背如流"。对外界许多不了解情况的人来说,他们不知道还有这个《长征谣》,而它才是《清平乐·六盘山》的原始版本。更不知道,从《长征谣》到最终定稿的《清平乐·六盘山》经历了8次修改。

有资料显示:那天,毛泽东下山后,便在固原阳洼村一个回民居住的窑洞里记下了《长征谣》。两个月后,毛泽东在陕北瓦窑堡用铅笔做了修改。1941年12月5日,地下党主办、在上海出版的文学刊物《奔流新集之二·横眉》刊载了毛泽东的这篇《长征谣》,题目是《毛泽东先生词(长征时作)》。1942年8月1日,新四军主办的《淮海报》副刊《文艺习作》再次刊登,题目仍然是《长征谣》,但用的是"清平乐"的词牌。1949年8月1日在《解放日报》上发表时,毛泽东做了较大改动,正式定名为《清平乐·六盘山》。《清平乐·六盘山》与最初写下的《长征谣》相比,内容虽然没有多大变化,但却将原来的歌谣体变为规范的诗词。1957年1月,《诗刊》再次发表《清平乐·六盘山》,毛泽东又对个别词语进行了修改。其中,将"旄头漫卷西风"改为"红旗漫卷西风",但这还不是作者的最后一次修改。

《清平乐·六盘山》的最后一次修改,是在1961年9月8日。

人民大会堂建成后,宁夏在布置宁夏厅时便想把毛泽东在宁夏写的这首词放进去。时任自治区人民政府秘书长黑伯理(20世纪80年代曾任自治区主席)便写信给老一辈无产阶级革命家、国家副主席董必武,希望他代为转达宁夏人民的这个愿望。1961年9月8日,在庐山召开的一次重要会议间隙,毛泽东对这首词又一次,也是最后一次修改,然后重新抄写,请董必武转交给了宁夏。在落款处,毛泽东不仅写明了年月日,而且注明"应宁夏同志嘱书"等字样。毛泽东为此还给董必武写了一封短信:"必武同志:遵嘱写了六盘山一词,如以为可用,请转付宁夏同志。如不可用,可以再写。顺祝健康!"(《毛泽东书信选集》中有载)。毛泽东的手迹传到宁夏后,宁夏人民欢欣鼓舞。1961年9月30日,《宁夏日报》在头版套红刊发了诗词手迹,同时配发了《不到长城非好汉》的社论。

2016年7月,习近平总书记在宁夏视察工作时提出宁夏要发扬"不到长城非好汉"的精神,走好新的长征路。7月27日,自治区党委十一届八次全委会将"不到长城非好汉"正式确定为宁夏精神,毛泽东的这首词也被赋予了新的意义。

(原载2016年11月4日《光明日报》)

陈育宁:在政坛、杏坛、书案间的从容转换

陈育宁是个传奇。他的传奇,既有经历方面的,也有学术方面的。

如今,陈育宁不再是银川市市委书记了,不再是自治区政协副主席了,也不再是宁夏大学党委书记兼校长了:在近10年里,他相继向自己担任过的官职一一告别,完成了由官到民的转换,虽然年逾古稀了,但他并没有像许许多多在官场上打拼的官员那样,自此就"无官一身轻"了,也没有像普通老百姓那样,颐养天年、含饴弄孙,更没有像许多人那样周游世界、饱览大好河山,因为他还是宁夏大学教授、博士生导师,还在一些学会中发挥作用,在许多学术活动和重要场合,人们还能看到他的身影。在一些学术报告的发言席上,人们也还能听到他精彩的发言。

前面提到的,只是他担任过的部分职务,如果再往前追溯,他还担任过内蒙古

社科院副院长、宁夏社科院院长、宁夏回族自治区人民政府副秘书长兼办公厅主任等重要职务。

如此传奇经历,如此精彩人生,不仅在宁夏是独一无二的,就是在全国也不多见。

这位在政坛、杏坛、书案间轻松自如地转换,在内蒙古、宁夏两地辗转,从基层到高层,又由高层回到基层,从中学教师当到大学教师,乃至成为博士生导师,在工作的各个岗位、在人生的各个阶段、在历史的各个时期都交出优秀答卷的人,就是 1945 年 1 月出生的陈育宁。尽管早就过了退休的年龄,也退出了领导职务,但他退而不休,继续奉献着自己的光和热。

最近,他主编的《中国民族史学理论新探索》由中国社会科学出版社出版,由他带领 6 个博士完成的国家社科基金项目、宁夏大学"211 工程"学科建设重点课题也就此圆满收官,他也继 1994 年出版《中华民族凝聚力的历史探索》、2001 年出版《民族史学概论》之后又进行了更深入的探索,进而完成了自己民族史学理论的"三部曲",使自己的民族史学理论更加系统、更加完善,也更具有指导意义和现实意义。日前,宁夏大学为这个非同一般的研究成果举行了座谈会,与会专家学者不仅对这个研究成果给予高度评价,而且对陈育宁的学术思想和精彩人生表示了由衷的赞扬,尤其对他在政界、学术界、教育界游刃有余地转换、在退出高位之后还能在学术界有新的、重要的建树表示钦敬。

专家学者对陈育宁的评价,让在场采访的记者深受感动,驱使记者记下了许多专家的发言,也禁不住要向读者介绍一下这位学者型官员的传奇人生。

陈育宁自青少年时就有优异的表现。1962 年,他以 17 岁的年龄和宁夏高考文科状元的成绩,穿着父亲脱下来的一件旧上衣跨入北京大学历史系的大门,享受到了最好的教育,成为品学兼优的学生,但因为赶上"文化大革命",他出人意料地先是到内蒙古巴彦淖尔盟一个边远的部队农场"接受再教育",后又被分配到伊克昭盟鄂托克旗一所刚刚创办的中学任教。

陈育宁的职业生涯,就是从这个既边远又荒凉、既寂寞又冷清的环境开始的。面临眼前的这一切,他没有灰心失望。凭着扎实的功底和认真的工作态度,他很快就成为一名深受学生尊敬的好老师。没过多久,他就因受到当地领导的赏识而成为旗委宣传部的干部,随即又被任命为副部长,完成了他职业生涯的第一次转换:从教育界进入政界。也就在这时,他利用自己的专业特长,以极大的热情投入到对当地历史、地理的考察和研究,并于1986年在《中国社会科学》杂志上发表了他的考察成果《鄂尔多斯地区沙漠化的形成与发展述论》,也初步奠定了他在地方历史研究中的学术地位。

在鄂尔多斯工作了10年之后,陈育宁奉调内蒙古社科院,3年后被任命为副院长。在内蒙古社科院的7年,让陈育宁打下了扎实的学术功底。1987年,陈育宁调回自己的出生地,在宁夏社科院先后担任副院长、院长。在这里,他更是如鱼得水,主持、参与了许多重大科研课题并取得多项成果,其中,他独自完成的《中华民族凝聚力的历史探索》还获得了中宣部"五个一工程奖"。如果不是工作变动的话,他完全可以在自己的研究领域一路高歌。出人预料的是,1993年,他又从学术界转入政界,平调到自治区政府,出任副秘书长兼办公厅主任。从社科学者变成行政官员,这对陈育宁来说,无疑是个不小的挑战。记者无从知晓他当时对这项任命的态度,但却看见他又以满腔的热情投入新的工作。仅仅过去2年,他就得到了进一步的重用:1995年5月,他被任命为自治区首府银川市市委书记。一个历史学家出任市委书记,这是个不小的新闻!记者当即在《光明日报》上做出了报道。到首府任职时,陈育宁刚好50岁,但他不是来镀金的,更不是过渡性人物,他这一干就干了6年。2001年,他凭着自己的政绩,获得提升,在届中被增补为自治区政协副主席。这时,他已经56岁,似乎也可以放松一下了,但就在出任政协副主席不久,他又接受了一项新的任命:宁夏大学党委书记兼校长,党政一肩挑。

如果说几年前任命他为市委书记,曾让一些人感到吃惊的话,那么,这个任命就更让人感到意外了,就连陈育宁本人也说完全没有思想准备,感到了前所未有的压力。从教育界起步,经历了许多周折,又回到教育界,但这次回归,意义完全不同,所承担的使命也完全不同。

宁夏大学的书记兼校长,可不是好当的。当时,宁夏还没有一所"211大学",宁夏大学义不容辞地承担起了争创"211大学"的历史使命。经过不懈努力,宁夏大学终于在建校50周年之际,跨入"211大学"的行列,消除了宁夏的一个空白,而此时陈育宁已经离任了,但陈育宁的独特贡献和突出表现有目共睹,也得到了如实的评价:2002年,他获得北京大学杰出校友奖;2008年年初,也就是在他即将从领导岗位上卸任时,他荣获了"中国十大教育英才"称号,这也成为他主持宁夏大学工作 7 年的最好评价,而获得这项殊荣的,宁夏至今还只有他一人。

从社科院院长到政府办公厅主任,再到市委书记、大学党委书记、自治区政协副主席,会使人离学术研究渐行渐远,繁重的工作也不便于再搞什么学术研究了。在现实生活中,几乎所有从政的专家学者都就此脱离了学术,曾经游刃有余、驾轻就熟的专业知识,在荒疏了几年之后,再也不能拿得起、放得下了,但陈育宁是个例外。记者就曾亲眼见到他在繁忙的行政事务之余参加一些重要的学术活动,有时还要发表演讲、作学术报告。由他主持、担任主编或独立完成的许多学术成果,也是在他担任要职或退出领导岗位之后完成的。其中,具有广泛影响、堪称扛鼎之作的《宁夏百科全书》《宁夏通史》《中国回族文物》《西夏艺术史》《鄂尔多斯学概论》都是在 1998 年至 2010 年之间出版问世的。当然,这里面有她的爱人,也是他北京大学的同学、韬奋出版奖获得者汤晓芳编审的重要贡献。

他说,几十年来,我虽然一直担任领导职务,但我在思想上、时间上始终给学术研究保留一定的位置,这一点从未动摇过。

陈育宁曾在《我的小书斋》中描述了自己学习、研究的状况。他满怀温馨地写道:"我和爱妻已经出版的几本著作和发表的论文,大都是在这个小书斋里写出来的。每当进行一个题目的时候,书桌上,旁边的茶几、沙发上,堆满了书、卡片及各种资料。白天去上班,这些东西依然摊开着,谁也不许动,晚上接着干,直到这个题目做完,才将书桌收拾干净。但不久,随着下一个题目的开展,又重新堆满了各种资料。有时候,和妻子分工使用小书斋,白天她用,晚上我用,各自的资料各自收拾,互不干扰。""小书斋也是我和妻子酝酿、讨论、构思论文的地方。我俩常合作写论文,题目确定后,各自去看书、思考,拟出提纲,打出腹稿,然后安排一个晚上,打开录音机,共同商讨,逐段推敲。经过一两个晚上的交流,论文的框架基本形成,然后妻子再依据录音整理成初稿,由我反复修改,一篇论文就诞生了。"

他最大的财富是书,家里摆放最多的也是书,除了几个"顶天立地"的大书架被书挤满外,就连吊柜、地面、写字台上也都堆满了书。所有这些藏书,都明白无误地昭示着主人的身份:本色是学者,而不是官员。

也许正因为在任何时候都没有疏远学术、都没有丢弃教书育人的职责,陈育宁在告别官职之后才如愿以偿地回归学术、重返讲坛,轻松而自然地成为宁夏大学的博士生导师,在短短几年时间就培养出了 6 名颇有发展潜力的博士毕业生,推出了一批重要研究成果。

2012 年批准立项、2014 年年底结题、2015 年被全国社科规划办鉴定为优秀、最近刚刚出版的《中国民族史学理论新探索》，就是陈育宁近年来耗费心血最多的一部具有现实意义的著作。在近日专门为此召开的座谈会上，陈育宁培育的博士生谢海涛副教授作为课题组的代表，向与会者透露了成书的秘密："这本厚重的著作，倾注了陈老师大量心血，也耗费了他大量精力，从整体构架的设计，到写作大纲的编订，再到重要资料的收集，再到统稿和审定，陈老师都亲力亲为，一丝不苟。从酝酿到收尾，整整经历了 6 年时间，其中陈老师亲自主持召开的课题组会议就有十多次，和我们面谈、电话、邮件交流做重要指示、提供参考资料则不计其数。其实，本书 80% 的内容在头两年就完成了，但陈老师并没有草草收兵，而是借鉴近年来涌现出来的新成果不断增添新内容。大样出来后，陈老师又用一年多的时间统稿，逐字逐句地修改。书中的学术创见，都是陈老师的个人成果，我们几个博士生只是协助导师收集整理了一些资料……"

座谈会上，宁夏社科联主席杨占武、宁夏大学西夏学研究院院长杜建录、宁夏大学教授王银春等人都众口一词，对陈育宁始终不放弃学术研究且不断推出新的研究成果表示钦佩，对他能在政坛、杏坛、书案之间潇洒转换表示赞赏，对他的为教之道和人格魅力表示敬仰，称"永远值得学习"。

这就是陈育宁：在有官职时兼顾学问，在无官职时专心学问，而能够做到这一点且能做到这个程度的人，在宁夏，乃至全国又有几人呢？

（原载 2016 年 5 月 5 日《光明日报》十版头条，配发三幅图片）

点亮一盏灯，照亮一大片

——宁夏农村文化大院侧记

这里是许多村民都向往的地方：到这里可以满足求富、求知、求乐、求美的愿望。这里是许多村民经常聚集的地方：到这里可以阅读多种书籍报刊，可以圆一次业余书画家的梦，可以登台客串一回草根"歌唱家"，可以探究剪纸、刺绣的技巧。这里是许多村民乘兴而来满意而归的地方：在这里可以爱我所爱、乐我所乐，完全凭着个人的兴趣参加自己喜欢的活动,并且从中获得精神的洗礼和艺术的熏陶。这里有学习的园地,这里有致富的秘籍,这里有娱乐的舞台,这里有竞技的赛场:这个地方,就是在宁夏农村正如雨后春笋般崛起的文化大院。

记者曾不止一次走进文化大院,也不止一次写过文化大院。在固原市原州区、银川市兴庆区、吴忠市利通区、红寺堡移民开发区和盐池县,记者都看到了文化大院繁荣兴旺的喜人景象,也感受到了文化大院的独特魅力。那里有图书,有乐器,有文房四宝,有体育器材,有排练厅和表演舞台,有农民创作的各类艺术品,那里就像磁铁一样吸引着本村和邻村的群众。

在盐池县的移民新村盈德村,记者看到,那里的农民随便就可以组织一台像模像样的节目,全县定期举办的"百姓大舞台,想秀你就来"活动,让许多一身泥土、一手老茧的农民找到了一试身手的机会和当明星的感觉。

在吴忠市红寺堡移民开发区农民李忠勤家里,记者看到了常年不撤的书案和挂满墙壁的书画,前来学习书法的村民和登门求字的络绎不绝,48岁的李忠勤每年仅此一项就有2万元的收入。李忠勤的家,也众望所归地成为村里的文化大院。

宁夏文化大院的数字,在近期被多次改写:位于宁夏最南端的隆德县,是个文化传统深厚的地方,那里的文化大院已达到22个;地处宁夏东部的灵武市,十分重视文化建设,文化大院已有28个;地理位置优越的中宁县,为文化大院建设不遗余力,将文化大院的数额增加到39个……尤其令人赞叹的是,自然条件较差、经济也相对落后的固原市原州区,在文化大院建设方面居然走在了全自治区的前头,50家文化大院已覆盖到了那里的每一个乡镇。其中,有的文化大院已有相当的规模。退休教师王永红创办的文化大院有800平方米,内设活动室、图书室、书画室、刺绣室、化妆室、乒乓球室和小型舞台,可以满足群众多种文化娱乐需求。

截至目前,宁夏的文化大院已经发展到了730家。

这些文化大院,利用农闲时间和传统节日,组织开展多种群众喜闻乐见、适合当地人口味、内容也积极健康的活动,极大地丰富了群众的文化生活。读书看报、排练演出、练舞健身、研习书画……群众在那里可以各取所需,学得满足,玩得尽兴。

有些文化大院还搞出了名堂、创出了品牌:有"六盘山下'花儿王'"之誉的马志学,不仅带出了 50 多个徒弟,而且把舞台搬到了兰州、西安和周边的许多市县,每年有上百场演出,创造了可观的经济收入。中宁县新堡镇"夕阳红"文化大院,曾组团到香港、上海、北京等地演出,去年 5 月代表中国到韩国参加第十一届世界中老年"首尔杯"合唱、舞蹈、服饰风采大赛,荣获大赛最高奖——"木槿花奖",为宁夏,也为中国争了光。

办好一个文化大院,就像点亮一盏明灯,照亮一片天空。有的文化大院,不仅在本村有很强的吸引力,对邻近村庄也有辐射力,赶几里山路专程看演出、学歌舞的,在各地都不乏其人。

文化大院不仅丰富了农民的业余生活,而且提高了他们的生活情趣和生活品位。凡是有文化大院的地方,赌博、酗酒、吸毒等不文明行为都看不到了,寻衅滋事、夫妻斗气、父子反目的现象也减少了,有的甚至完全销声匿迹了。经常出入文化大院的人,自我管理意识增强了,看问题的眼光长远了,追求高雅生活的愿望也更强烈了。

宁夏农村的文化大院,有许多是由当地热爱文艺的能人和热心公益事业、不求回报的热心人创办的,其中有许多人最初甚至是自找场地、自筹资金、自购器材,自愿为周边群众服务的。但是,如果没有党和政府的引导和扶持,有的可能就会自生自灭,也很难步入良性发展的轨道。为此,宁夏各级党委、政府相继出台了许多扶持政策,给予必要的扶持。现在,自治区政府已将扶持文化大院列入"为民办实事"的民生工程,投资 800 多万元为 410 个文化大院配送了音响、乐器、服装、电脑、书柜、图书,各市县也通过多种形式对文化大院给予了扶持。

文化大院就像一盏点亮的明灯,在宁夏农村发出夺目的光彩。它把公共文化服务传递到基层,打通了公共文化服务的"最后一公里",也催生了农村文化的生机与活力,在许多方面都发挥了不可替代的作用。

现在,被宁夏各级党委、政府不断添油的这盏灯越来越亮,聚集在这盏灯下的人也越来越多了。

(原载 2015 年 9 月 7 日《光明日报》)

擦亮这盏灯！

——再访固原市原州区庙湾村文化大院

还是原来那个农家院落,还是农耕博物馆那些收藏,还是文艺活动那些道具,还是那些散发着乡土气息的艺术品,当记者再次走进宁夏固原市原州区中河乡庙湾村的"梁云文化大院"时,看到了上次采访时的这些景物,感到十分亲切。

文化大院似乎没有什么变化,但一拉开话匣子,记者发现,这里静悄悄的变化还真不少呢,其中许多事都令人鼓舞。

那次采访之后,本报在3月28日以《庙湾村的文化大院》为题在头版做出了报道,引起各界关注。7月9日,中共中央政治局常委、书记处书记刘云山同志兴致勃勃地前来考察。文化大院的女主人朱彩霞至今还记得当时的情景,她告诉记者,那天,刘云山一行是下午3点40分到的。他们不仅仔细看了文化大院收藏的各类藏品,而且看了当地村民的书法、绘画、剪纸作品,还欣赏了村民自编自演的秦腔,给予很多鼓励。刘云山一行原计划在这里只停留20分钟,结果竟超过了1小时。本来,他还准备再观看一个节目,在工作人员的一再提醒后才不得不离开。

中央领导同志的视察,给庙湾村文化大院的梁云、朱彩霞及其乡亲们巨大的鼓舞,也让原州区、固原市,乃至自治区宣传、文化系统的工作人员备受鼓舞。

原州区委常委、宣传部部长郑宜成告诉记者,梁云的文化大院,正发挥良好的样板、示范作用,周边乡村纷纷前来参观、学习、取经。来参观农耕博物馆的中小学生,也络绎不绝。有关部门因势利导,让文化大院在点上开花、线上出彩、面上结果。

梁云的文化大院更活跃了,新创作、排练、演出的节目更多了,对周边村庄的吸引力也更大了。在文化大院的排练厅记者看到有两个会标还没有撤掉,一个是"2015固原市群艺馆送戏下乡演出",一个是"非物质文化遗产——皮影"讲座,那都是刚刚举行的活动。就在记者去采访的前两天,村民在这里还表演了快板、小品和眉户戏,村里的"铁杆演员"也达到二十八九个,此外还有一些临时演员。

附近村民对文化大院的活动,充满着期待。经常有人来问:今天有活动吗?

近期有什么安排？一听说有活动，就欢天喜地地早早到场。

现在，那里每个月都能组织四五次活动，农闲时则会更多，最多时能来100多人。学剪纸、学刺绣、学绘画的，都有几十人。文化局也看上了这块"风水宝地"，常把"非遗"培训班办到这里。有时，人来得太多，大厅坐不下，他们就撤掉桌椅，站着观看演出，而跳舞的则转移到室外。

朱彩霞告诉记者，中河乡有11个村，来这里观看文艺演出、学习剪纸、刺绣、书画的就有6个村的村民，许多人都能乘兴而来满意而归，有人在这里学习后，参加固原市妇联、自治区妇联组织的比赛还获了奖呢。

曾当过生产队队长的梁云，不仅多才多艺，而且是个致富能手，为了搞文化大院及农耕博物馆，他把前些年挣到手的40多万元都贴进去了，但他并不后悔。现在，文化大院走向正轨，开支也减少了，但为了让来演出的农民演员有饭吃、有车坐，他们每年还是要贴补1万多元。经费吃紧，他们就向子女要。要的次数多了，子女也有了微词。今年小儿子结婚，贷款买房，仅首付就是30万元，经济压力大。他也不好意思再向儿女要了。看来，总是靠儿女资助恐怕难以为继。

怎么解决场地狭小、经费不足的问题，进而让文化大院步入良性循环？梁云、朱彩霞在家门外的一块空地上建个乡村大舞台，同时借用亲戚不用的老住宅办个农家乐，以农家乐的收入来弥补活动的开支，也让外来者在欣赏乡土文化的同时品尝那里的乡间美食。

这是个一举多得的想法！这个想法，得到了有关部门的支持。自治区文化厅很快答应拨款10万元，支持兴建乡村大舞台，固原市和原州区也决定给予相应支持。

在朱彩霞的引导下，记者来到她家门外的小广场，只见那里已经平整好，就等着动工了。朱彩霞信心十足地对记者说，有中央领导同志的关心、有相关部门的支持，我们更有信心了。我们准备在今年封冻前就把戏台先搭起来，明年开办农家乐。

点亮一盏灯，照亮一大片。擦亮乡村文化大院这盏灯，可以产生很大的辐射作用，可以让文明之花在农村开得更鲜艳，可以让他们在"富口袋"的同时"富脑袋"。

郑宜成部长告诉记者，原州区的文化大院已达50家，已经覆盖了全区13个乡镇，经常参加演出的已有5000人。这真是一组不简单的数字。

等记者下一次来采访时,这里可能就是另一番景象了。那时,乡村大舞台会上演各种节目,自娱自乐的人会更多,文化大院的人气也会更旺。

下次采访,令人期待。

(原载 2015 年 11 月 3 日《光明日报》)

校内"育苗",校外"育树"
北方民族大学形成大学生自主创业孵化链条

校内"育种""育苗",校外"育树""育果",在北方民族大学,有 2 个大学生创业孵化园区。经过学校的精心培育,创业的种子先在校内的园区萌发,创业的幼苗在校内园区长大,然后再"移栽"到校外的园区,浇水施肥,让创业的"大树"枝繁叶茂,最终让创业的硕果挂满枝头——这就是他们"双驱动"+"双三位一体"的创新创业型人才培养模式。

最近,记者随自治区政协调研组来到北方民族大学创业孵化基地,看到在近 40000 平方米的 2 个孵化园区里,许多大学生在那里都如鱼得水,激情迸发。据说,有些人一入校门就有了创业意识,未出校门就有了创业本领,一出校门就能从容地创业,出校门不久就能够捞到一桶金了。

目前,我国各地都面临严峻的就业压力。在失业人群中,大学毕业生占有不小的比例,其中一个重要原因是许多毕业生缺少创业意识、缺乏创业本领。

就像工厂不能忽视产品销路一样,大学也不能不关注学生就业问题。就业状况,也是衡量一所大学办学质量的重要标志。

北方民族大学党委书记任维桢告诉记者,北民大是唯一建在少数民族自治区、面向全国 31 个省(自治区、直辖市)招生的部属综合性民族大学,现有 56 个民族的 2 万余名在校生。培育学生创业意识和创业能力,被学校列为培育人才的主要目标。2011 年,学校秉承"以创新带动创业,以创业带动就业"的育人理念,专门成立了创新创业学院。2012 年,又创办了宁夏首家高校大学生创业孵化示范园区。

记者看到,在北方民族大学内,有一栋为创业孵化园而建的大楼,每一层楼里都有学生在做各种实验、演示,每个人都是那么专注、情绪饱满,已经形成数量可观的创新创业团队。而在校门外附近由废弃厂房改造而成的孵化园区,正孕育着一个个前景看好的企业,其中有的已有成熟的产品问世了。

北方民族大学创新创业学院院长王福平告诉记者,学校的孵化园区包括电子商务、科技创新、创意设计、文化传媒、商业服务、综合共计六大类企业。近 5 年来,学校先后投入 2000 万元改善硬件条件、购置设备,还创建了 32000 平方米的创新工作室和创业工作坊。

在这里,新生一入学就可以感受到浓郁的创业氛围,可以跨学科自由申报创业团队和兴趣小组,有 200 多个团队或小组可供他们选择。在植物标本室,记者看到有十几名脸上还挂着孩子稚气的女生在饶有兴趣地围着老师听讲解,一问,她们果然是刚刚入学的新生,正准备加入创新团队呢。

北方民族大学在培育学生创新能力方面,可谓煞费苦心、不遗余力。据王福平院长介绍,孵化园的创业孵化,一环套一环,环环相扣:"育种"园区,进行创新能力的训练和创业意识的培养,从学生的学习过程中发现、筛选、培育出具有创业潜质"种子",给予必要的资助。5 年来,学校资助创新创业项目已有 2000 多项,总计已有 500 多万元。发现了好"种子",紧接着就是精心"育苗",育出好苗子。在认真评选的基础上,将具有良好创业潜质的"种子"选入创业"育苗"的"苗圃区"。而"苗圃区"由创客空间和必胜咖啡组成,为有创业项目但还没有注册者提供一个模拟创业的实践平台,不仅给予创业经费支持,而且配备校内和校外创业导师给予指导。对具有良好前景的,则为其注册创业企业。现在,每年由"育苗区"进入"育树区"的团队有 20 家左右,注册企业已达 100 余家,学校也拥有了 5000 多名队员的 42 个创新创业团队,每年申报获批专利或著作权近 30 项。对设在校外的创业"育树"园区和"育果"园区,则提供创业项目及园区入驻评审、政策咨询、注册办理、提供风险投资、创业贷款等多项服务,让他们尽快长成参天大树并开花结果。

占地 3000 平方米的"育树"园区,现已聚集了 40 多家企业,不仅带动 1000 余人就业,而且可以安排校内大批学生实习,年营业额也突破了 5000 万元。

孵化园区的孵化功能是阶段性的,最终的目的是让他们走出园区、独立成长。现在,这个目标在北方民族大学正一步步实现。经过创业"育树"园区的两年培育,已有二十多家走出孵化园区,走向社会,成为名副其实的企业,为地方经济做着不容忽视的贡献。

由创新工作室"育种",到创业苗圃区"育苗",再到创业孵化园区"育树",最终找到自己的立足之地,成为服务社会的重要力量,北方民族大学也由此形成了具有鲜明特色的创新创业教育模式。

看着自制的机器人翩翩起舞,看着各种装置按照人的意志运行,看着富有创意的产品成批问世,制作者、参观者都很兴奋。全国各地高校前来参观、学习的人络绎不绝。

北方民族大学的创新创业教育,极大地激发了学生们的参与热情。王福平院长欣喜地告诉记者,许多加入创新创业团队的学生,都到了废寝忘食的程度,许多人完不成实验不吃饭,不达目的不罢休。有时,个别学生甚至深夜也不回宿舍,困了就在创业工作坊里打地铺。

走进校门时,一无所知;走出校门时,怀揣绝技:北方民族大学正朝着这个育人方向阔步迈进。

(原载 2016 年 11 月 9 日《光明日报》)

"扶贫状元"龙治普和沙边子村

春节前夕,龙治普又来到沙边子村看望乡亲们。同以往一样,他一进村,就受到热烈的欢迎和热情的接待:这个请他到炕头上拉家常,那个请他到家里喝酒,还有要杀鸡宰羊请他的……彼此都像亲人一样亲密。

身兼宁夏扶贫与环境改造中心主任、宁夏东方惠民小额贷款公司董事长、盐池县外援项目办主任等多个职务的龙治普,与花马池镇沙边子村有什么渊源?何以会与那里的乡亲有那么深的感情?

沙边子村党支部书记白峰向记者揭开了其中的秘密:原来,龙治普当年组织农村合作社、力推小额贷款、调整产业结构都是从沙边子村起步的。那时,他走西家串东家,对每一家的情况都摸得门儿清,乡亲们便亲切地称他为"龙头"。

沙边子村的历史只有短短 30 多年,到 20 世纪 80 年代初才正式建村。那里地处毛乌素沙地边缘,沙边子也因此得名。原来那里"一年一场风,从春刮到冬",风沙弥漫、环境恶劣,根本不适合人类居住。因为那里曾经有过一棵树,便被人称作"一棵树"。经过30多年不懈地治理、不停地绿化,如今那里不仅有了成片的树林,而且有了5个自然村187户人家,总人口也达到528人。

1984年从宁夏农学院畜牧专业毕业的龙治普,在回到家乡筹建良种繁殖场并担任场长等职务之后,于1992年来到沙边子村,担任了中科院兰州沙漠所沙漠化土地综合整治研究基地的主任。此后,他视野不断扩大,职务不断增多,贡献也不断加大。

记者是春节前夕在他的办公室里采访他的。他的办公室不大,但贴在墙上的中国地图却很大,几乎覆盖了一面墙,两者对比很强烈。这是否体现主人胸怀祖国的志向,记者不得而知。说起他与沙边子村群众的感情和他回村受到欢迎的场景,竟与沙边子村党支部书记白峰的描述基本一致。

因为出身农家,龙治普对农民有一种特殊的感情。而从事多年的扶贫工作,与中外专家广泛接触,又让他对扶贫多了一些深层的思考,也更注意在具体工作中吸取经验教训。

龙治普毫不隐讳地对记者说:"简单的注入式扶贫,很容易造成资源分配不均:得到支持的,就有发展;得不到支持的,就难以发展,极易造成冷热不均,有些群众因此还产生了依赖思想。"为此,他在扶贫工作中,将"替代式"变为"参与式",在大量走访、召开一系列座谈会的基础上,充分了解每一个贫困户的状况、想法和需求,然后根据每个村、每个户的具体情况制定对策、编制规划、组织产业协会,充分调动每一个人脱贫致富的积极性。

10年前,龙治普将"小额贷款"项目引入盐池并成立了我国西北地区唯一一家非营利性扶贫机构——宁夏扶贫与环境改造中心,让国际上行之有效的"小额贷款"在盐池县实现"本土化",龙治普和他领导的团队将公益的理念和扶贫工作紧密结合,充分满足了人们的本性和需求,进而实现了精准扶贫,其扶贫资金的精准率也超过了50%。

沙边子村为龙治普精准扶贫、"小额贷款"创造了成功的经验,也成为各项扶贫举措受益较多的地方。那里,不仅涌现了白春兰、李玉芬等闻名全国的治沙英雄,而且涌现了许多借助小额贷款而走向富裕的农村妇女,人均收入也跃居全县的前列。47 岁的杨维祖现在养猪 200 多头、养羊 600 余只,成为令人羡慕的富裕户,而 40 岁的张金繁在自然环境改善之后种植了 100 多亩流转土地,全部采用节水滴灌技术和机械化作业,每年都有可观的收入。

最让人兴奋的还是自然环境的改善。村党支部书记白峰告诉记者,现在的沙边子村,生态恢复了,环境改善了,看不见明沙丘了,也很少发生沙尘暴了。过去,村北边因为沙丘大,人很难走进去;现在,则是因为花棒、杨柴等固沙植物长得过于密集而难以插足。近两年,时常有人从县城,甚至从更远的银川到这里旅游观光。

龙治普的精准扶贫范围也不断扩大,公司的扶贫实力更是不断增强。其小额贷款从最初的 200 万元自有资金起步,迅速覆盖到 12 个行政村,客户很快就超过了 1.8 万户,其中 97% 为农村妇女,贷款回收率始终保持在 99.6% 以上。公司的总资产也达到 3.8 亿元,信贷余额则有 3.4 亿元。有 22 人获得了“中国微型创业奖”并到北京领奖,51 岁的农村妇女王淑兰还获得了“全球最佳社会影响奖”,专程到法国领奖。

现在,他们的业务已经跨出了盐池县,扩展到被列为全国 14 个贫困片区之一的六盘山地区,并在那里的 8 个县设立了营业部。龙治普开创的以地缘为纽带的社区互助型和以业缘为纽带的产业合作型扶贫模式,推广面越来越大,受益人群越来越多,显示了美好的前景,自治区党委书记李建华要求在宁夏南部贫困地区迅速推广。龙治普信心满满地对记者说,5 年后,受益者将超过 15 万户。

盐池县的扶贫经验引起外界的高度关注。有 1000 多人前来参观,仅在盐池县召开的全国性研讨会就有 2 次。龙治普本人也先后获得了首届中国消除贫困奖(十大扶贫状元)、自治区劳模、中国小额信贷特色贡献奖等多种荣誉称号。

而真正让龙治普感到充实的,还不是所获得的这些奖项,而是 20 多年的扶贫工作让他有了越来越多的成就感和获得感。他对记者说:“我从没有想当老板、发大财的念头。我的工作能够惠及这么多家庭,让那么多没有脱贫信心和脱贫能力的人摆脱贫困,我感到很充实、很快乐、很满足,自己也更加淡定。”

(原载 2016 年 2 月 7 日《光明日报》)

六盘山下的扶贫大会战

在六盘山下,宁夏摆开了扶贫攻坚的主战场。

这场战役,参战的"部队"很多,但"敌人"只有一个,那就是"贫困"。而这场战斗,颇有不达目的不收兵之势。

"苦瘠甲天下"的西海固,是国家确定的 14 个集中连片的特困地区之一,也是宁夏脱贫攻坚的主战场。多年来,从中央到地方,各级党委、政府在扶贫政策、资金、项目等方面给予大力支持和倾斜,累计投入专项扶贫资金 100 多亿元、移民资金 155 亿元,累计减少贫困人口 290 万,那里的生产、生活条件得到了很大的改善,走出了一条"造血式"扶贫的新路。截至 2015 年年底,建档立卡的贫困人口已从 2011 年的 101.5 万人下降到了 58 万人,贫困发生率由 25.6% 下降到 14.5% ,农民人均可支配收入达到 6818 元,扶贫开发实现了从单点扶贫向整体推进、从大水漫灌向精准滴灌、从单打独斗向协同作战的历史性转变。

扶贫,已进入决战决胜阶段。

虽然宁夏西海固的贫困人口只剩下 58 万人,但对于扶贫攻坚战役来说,这却是越来越难啃的骨头、最难攻克的堡垒。

这是扶贫的攻坚战,也是扶贫的大决战。

为了摸清"敌情",当地政府通过倒排队和"县不漏乡、乡不漏村、村不漏户、户不漏人"的方式,确定贫困人群,为扶贫对象建档立卡,完成了精准识别核查和"扶贫云"数据采集,理清了每个贫困户的家庭现状、致贫原因、发展需求、帮扶责任人和致富措施,进而全面提升脱贫攻坚的精准度。

为了"一颗子弹消灭一个敌人",有关部门为每个村都制定一个脱贫规划,"发放"了项目包、产业包、培训包,向贫困村贫困户精准聚焦、帮扶力量也向贫困对象精准聚合,逐村逐户落实项目和扶持产业,分别确定了发展生产脱贫、易地搬迁脱贫、生态补偿脱贫、教育扶贫脱贫、社会保障兜底脱贫的指标和人数。

产业,在脱贫攻坚中至关重要。没有可持续发展的好产业,贫困群众就无法从根本上摆脱贫困。为此,西海固地区的各个县区都采取了"普惠+特惠"政策叠加的方式将扶助措施直接到户,一县一业、一乡一品、一村一特色、一户一策,大力发展富民增收的特色产业,各地也先后涌现出许多依托优势产业脱贫的新模式。

在这场扶贫攻坚的大会战中,除了各级政府率领的"正规军"之外,还有积极、主动"参战"的"民兵"和"游击队"。

电商,就是其中一支不容忽视的力量。2015年,自治区有关部门在贫困地区启动了千村电商工程,现已实现清真牛羊肉、胡麻油、小杂粮、鲜薯、珍珠鸡、黑山羊、中药材、蜂蜜等农产品和芹菜汁、羊肉酱、三粉、白酒等工业品及刺绣等手工艺品上线销售,建成341个村级电子商务服务站点,乡镇物流快递覆盖率超过80%,电子商务也覆盖了217万人,固原市原州区润农电商公司,通过线上线下渠道,年销售蔬菜、果品、杂粮等农产品1500万元,盐池县引进知名电商企业,通过大宗产品交易与产品深加工相结合,共同开发甘草产业。西吉县依托本地电商平台,培育电商品牌,对刺绣、小杂粮、土豆深加工产品进行开发,形成一批适合电子商务销售的产品。固原市除了在5个县区分别建立了5个电商运营中心、6个电子商务平台和262个农村电商服务站外,还引进了京东、"农村淘宝"等国内领先的电子商务运营企业,一些贫困村、贫困户也因此踏上了脱贫之路。

社会扶贫,已经成为扶贫攻坚战役的有生力量。在西海固,国家部委、闽宁协作、部门单位、企业商会、慈善组织、军警部队、民营企业和机关干部的主动参与,让社会扶贫体系和帮扶机制更加完善,进而形成了对"贫困"之敌的围堵聚歼之势。西吉县等地还形成了"驻村帮扶""金融扶贫""能人引领""龙头带动""科技支撑""休闲旅游""托管种养""全赠半返""红利反哺""劳务创收"等多种扶贫模式。有资料显示,固原市共有624个帮扶单位、2.3万名干部结对帮扶7万个贫困户的26.7万人,社会帮扶的资金也达到了2145万元。

将"贫困"之敌消灭干净,一场空前的大决战即将进入尾声;彻底消灭"贫困"之敌,已经为期不远了。

(原载2016年9月28日《光明日报》)

红寺堡：干旱带上的绿色奇迹

"共产党好，黄河水甜"，这是20万红寺堡人耳熟能详的话，也是发自他们心底的话。走在这座在荒原上崛起的新城，到处都能看到这个标语，到处都能听到有人在不经意间说出这句话。

几乎每次前往，我对此都有很深的感受。最近，光明日报一位年轻记者在那里采访后来到银川，见到我时兴奋地谈起这方面的观感，也对"共产党好，黄河水甜"这句话有深刻印象。

在宁夏，如果有人问：哪里的人对黄河最有感情？有人就会告诉你：那一定是红寺堡人！因为如果没有引来黄河水，就没有他们今天的一切。是"远道而来"的黄河水，将这片千古荒原"染"成了绿洲，才有他们的新家园。

在红寺堡，如果有人问起当地的历史和家庭发展的历程，当地人都会有无限的感慨：因为他们都是移民，没有一个是"坐地户"，也没有一个是当地土生土长的人，因为20年前那里基本就没有人。

红寺堡移民开发区有个颇具特色的移民博物馆。在这个2013年建成开放的博物馆里，人们可以了解宁夏的移民文化、了解红寺堡移民的民风民俗，了解红寺堡开发20年来的建设成就。几乎所有参观者都会在惊讶之余产生许多感慨。

看到红寺堡如今五谷丰登、六畜兴旺、人民安居乐业的景象，许多人都不会相信：20年前这里还是寸草难生、人迹罕至的不毛之地，是个绝大多数生物都不愿意光顾的千古荒原。

地域开阔，地势平坦的红寺堡，怎么会被动物、植物长久冷落，被人类长期忽视呢？

"天上无飞鸟，地上沙石跑"，是红寺堡昔日的景象。而年均降水200毫米、蒸发却超过2000毫米的自然条件，足以让所有动物望而却步。干旱少雨，则寸草不生，则人迹罕至，"秋月春风等闲度"，千古荒原也就在年复一年中"依然如故"。

红寺堡面貌的改变，是从一次事先没有设定的考察开始的。20世纪90年代,全国政协副主席、著名水利专家钱正英率队到宁夏考察水利时,在偶然中发现了这块宝地,随即与宁夏党委、政府达成共识,进而向中央提出了重点开发的建议,结果得到多位中央领导同志的支持。经过科学考察和科学论证,党和政府决定利用红寺堡的土地和光热资源,兴建扶贫扬黄灌溉工程,进而将那些在南部山区自然环境极为恶劣条件下生活的贫困群众搬迁过来,在红寺堡进行大规模移民开发。

要把千古荒原变成水草丰美的绿洲,谈何容易? 不解决水的问题,一切都无从谈起。而那里无天上水可用,无地下水可采,只能借用外来水,唯一能够索取的只有母亲河黄河。黄河虽然距此不远,但母亲河的乳汁却难以哺育这片干渴的土地,因为红寺堡"高高在上",比黄河河面高出了近 300 米! 水往低处流,岂能往高处走? 要让水按照人的意志流动,只有借助电力,通过多级扬水,才能让这片饥渴得快要冒烟的大地得到滋润,而这必然会增加用水的成本,必须要有大量的投入,而维持运行还要有足够的资金支撑。

我们的政府是人民的政府,人民的冷暖始终是党和政府的牵挂。为了把千古荒原变成绿洲,为了拓展新的生存空间,为了给群众开辟一个新家园,为了让那些贫困群众早日撤离不适宜生存的地方,党中央决定兴建这个具有社会效益、经济效益、生态效益的工程。

1995 年,国务院批准宁夏扬黄扶贫灌溉工程立项。

1996 年 5 月 11 日,宁夏扶贫扬黄灌溉工程在红寺堡举行奠基典礼,国务院副总理邹家华、全国政协副主席杨汝岱和国务院有关部委领导都亲临现场。

1998 年 9 月 16 日,红寺堡灌区一泵站首次试水,整个工程全面开工。很快,这里就安置了 20 万贫困群众,吸引了 3 万多自发移民,进而形成 2 个镇、2 个乡、47 个建制村、2 个城镇社区。

2009 年,国务院正式批复设立吴忠市红寺堡区,红寺堡也成为宁夏最年轻的县级行政区。

我在红寺堡采访时看到,甘甜的黄河水,经过多级扬水,远途跋涉,最终流入红寺堡干渴的土地,很快就带来了生机和活力,大地也很快改变了颜色。黄河水流到哪里,哪里就焕然一新。昔日只有一种颜色的大地,现在变得五彩缤纷:绿的庄稼、紫的葡萄、红的枸杞、黄的肉牛、白的绵羊,把大地装扮得多姿多彩,也呈现出一片繁荣兴旺的景象。

红寺堡自开发建设以来,已开辟出 40 万亩旱涝保收的水浇地,拥有 10 余万亩葡萄、10 余万亩经果林。在红寺堡酿造的葡萄酒,也成为越叫越响的品牌。红寺堡农民的人均收入更是成倍增长,小康已经向他们频频招手了。

社会效益、经济效益、生态效益,在红寺堡已经充分显现出来了。随着进一步开放,这些效益将越来越突出。

在红寺堡实地参观之后,每个人都会确信:"共产党好,黄河水甜"这句话,真是发自红寺堡人内心的。

(原载 2016 年 9 月 2 日《光明日报》)

"民族团结,在宁夏根深叶茂!"

——来自红军长征结束地的故事

"宁夏的民族团结堪称典范!""民族团结是宁夏一张亮丽的名片!"这是一位中央领导同志的评价,也是宁夏 660 万各族群众的共识。

宁夏的民族团结工作怎么会做得这么好、得到如此之高的评价? 记者曾为此做过多方探寻。最近,记者在中宣部组织的重走长征路采访活动中发现:宁夏的民族团结可谓源远流长。民族团结的种子,是红军在长征时播下的,而毛泽东就是其中一位重要的播种人。

在西吉县将台堡红军长征会师纪念馆和六盘山红军长征纪念馆参观时,有一面红色的锦旗和一组生动的雕塑引起记者的关注,因为那是民族团结的证明,也是我党民族团结工作的成果。

锦旗是红二十五军军长程子华在 1935 年 8 月赠送给西吉县兴隆镇南大寺的,上书 8 个大字:"回汉兄弟亲如一家",那是工农红军第一次来到兴隆镇、单家集一带进行革命活动后留下的,锦旗的背后则是红军与当地回族群众精诚团结、密切合作的故事。

雕塑表现的是毛泽东 1935 年 10 月 5 日率领中央红军长征夜宿兴隆镇单家集,在陕义堂清真寺北厢房与当地知名人士马德海盘腿而坐、促膝长谈的情景,场面十分温馨。当年,回族群众用当地回民待客的最高礼节"九碗席"招待毛泽东等领导人。当晚,在一个土炕上,毛泽东一边喝着盖碗茶,一边向马德海等人宣传党的民族宗教政策,两人谈得十分投机,不时发出开怀的笑声。这就是著名的"单家集夜话",而这个"夜话"成为当地流传很久的佳话,也成为党的领袖与民主人士亲密接触、共同促进民族团结的成功范例。

长征精神一直在滋润着宁夏大地。红军长征在宁夏大地播下的民族团结的种子,现已根深叶茂了。

在整个西海固地区,我们都看到了民族团结的成果。在西吉县兴隆镇单家集采访,我们都听到了许多民族团结的感人故事。

说到民族团结的故事,单家集村党支部书记单云、村主任边旭荣和许多村民便拉开了话匣子,每个人似乎都有讲不完的故事,许多故事让记者都记不胜记了。

拥有 510 户人家的单家集,回族人口占 95%,汉族只有十几户。这里的回汉团结那可是远近闻名的,回族村支书和汉族村主任更是团结得像一个人一样。这里,回族在养殖方面有特长,汉族在种植方面有优势,正好实现优势互补。村主任边旭荣是个带头致富的能人,便吸纳 6 个回民贫困户入社,只用两年时间就让他们全部脱贫了。曾当过赤脚医生的边万荣开始买不起耕牛,周边几户回民便帮助他耕种。后来,他买了一头牛,还是难以耕种,回族村民哈文和便把自己的一头牛牵过来与他合耕,这一合作就持续了六年,也让边万荣感激至今。曾经多次接受过专业培训并取得行医资格的边万忠要开个诊所,回族群众便有钱出钱有力出力,让他的诊所很快就开了业。边万忠服务附近回汉群众,随叫随到。他的医疗服务收费低,有些项目甚至不收费,回族群众看病没有钱或者忘记带钱,他照看不误,看病赊账是常有的事,而他从不上门索要,至今赊账已经超过万元,他也因此在回族群众中赢得良好的口碑。至于回汉之间相互尊重、相互信任的故事,那简直可以车载斗量:汉族家里办喜事,特意请回族过来欢聚,专门请人来做清真餐;回族家里嫁女娶媳,汉族也会前来祝贺;回族封斋时,汉族家长都告诉自己的孩子不要在回族面前吃东西;打架骂仗的事,几乎没有在回汉之间发生过……在采访中,记者听到有人激动地说,在我们这里,回族和汉族一直都是亲如一家!

回汉亲如一家,如果追根溯源的话,就可以追溯到 80 多年前了。当年,红二十五军首次来到单家集时,就做出了尊重回族宗教信仰与风俗习惯的"三大禁令、四项注意",而今天的一切只是其延续而已。

民族团结,为单家集奠定了良好的发展基础。牛羊屠宰加工、三粉加工、运输、餐饮等产业在单家集迅速崛起,单家集也因此成为宁夏南部山区有名的富裕村。就连单家集所在的兴隆镇人均收入也达到 7697 元,高于全县的平均水平。单家集先后荣获了"全国民族团结先进集体""全国农村精神文明示范点""全国文明村镇"等多种荣誉称号,村里还出过两位全国人大代表和多位全国劳模、自治区劳模。去年,西吉县评选民族团结进步十大人物,单家集及所在的兴隆镇就有两位。目前,西吉县正在积极创建自治区民族团结进步模范县。

镇党委副书记李学智高兴地对记者说,所有这些成绩,都与民族团结有关,都是民族团结的结果! 其实,不止是单家集,不止是兴隆镇,也不止是西吉县,整个宁夏所取得的进步,都与民族团结有关,都是民族团结的结果。

短评:兄弟同心　其利断金

"这些进步和成绩,都是民族团结的结果!"西吉县有关负责人说出了许多当地人的心里话,单家集的发展成就也为此提供了佐证。的确,如果没有民族团结,如果相互纷争,如果没有安定团结的局面,一切都无从谈起。

俗话说,兄弟同心,其利断金。同心同德的力量是不可估量的,也是可以创造奇迹的。我国 56 个民族亲如兄弟,是一种宝贵的财富,也是我国人民齐心协力奔小康的最有利的条件。我们一定要像爱护眼珠一样珍惜民族团结的大好局面,团结各个民族共同构建和谐进步的美好社会。

(原载 2016 年 10 月 29 日《光明日报》)

盐池县的患者是如何实现回流的?

——医疗支付制度改革引导分级诊疗侧记

一个时期以来,医疗方面有两个问题在全国各地都比较突出:一是看病不方便、药价太贵,群众负担沉重;一是大医院人满为患、门庭若市,而基层医疗单位却冷冷清清、门可罗雀,医疗资源闲置浪费严重。

地处毛乌素沙地边缘的盐池县,过去也存在同样的问题。许多群众生了病,不论是大病还是小病,多往吴忠市、银川市的医院跑,劳神费力,耗费钱财。如今,这种状况已发生根本性的变化。

不久前,记者到盐池县的黎明村采访,正赶上马儿庄的村医吕红忠到黎明村里为乡亲们做免费体检。吕红忠告诉记者,现在,许多小病在村卫生室就看了,许多医疗服务都是免费的。这样,就很少有人再往城里跑了。从出生到死亡的医疗服务都有人管,对老年人的健康体检,更是密集到一月一次,村卫生室的工作量也不断加大。

同村卫生室的工作量不断加大一样,乡镇卫生院也越来越忙碌了,因为门诊、住院的病人都有大幅度增加。同样的情况,也出现在盐池县医院。能在盐池县救治的患者,也不再远赴吴忠、银川了,县医院的门诊量和住院率均有较大幅度的提升,医务人员的工作热情也越来越高了。

患者回流的可喜现象,在盐池县普遍出现了;大医院人满为患、基层医疗单位门可罗雀的局面也改变了。能在村卫生室看的病,就不去乡镇卫生院;能在乡镇卫生院医治,就不往县城赶;能在县内就诊就不往大城市跑,能在门诊治疗的就不住院——这不仅是盐池县群众达成的共识,而且是一种普遍现象。

据统计,盐池县在村卫生室看病的比例,已由2009年的20.5%增至2015年的52%,在乡村两级医疗机构看门诊的人次则由2009年的5.3万增加到2015年的30万,而到县外医院住院的患者,则由2012年的34%下降到了现在的9.8%。

伴随着门诊量和住院病人的增加,医务人员的经济收入、工作积极性和成就感也在增加。拥有大专学历、已有23年从医经历的马儿庄村医吕红忠告诉记者,过去,当地村医的年收入一般只有2000多元,现在则提高到了2万多元。这个村医,我干得越来越有劲了!

当然,最受惠的还是基层的老百姓:他们看病方便了,不用多跑路了,看病的负担也减轻了。

盐池县的变化,源自于他们创新了支付制度、推行了先住院后付费诊疗服务模式、破除了以药养医的束缚,彰显了公益性医疗的优势,进而蹚过了医改的"深水区"。

早在2010年,盐池县就进行"创新支付方式,提高卫生效率"的改革,改变了以往新农合以保住院为主的报销政策,不仅对住院费用采取不同的报销比例,而且对门诊也有报销差别:将原来在村卫生室就诊不报销改为报销70%;将在乡镇卫生院就诊报销35%提高到报销60%;将在县医院门诊的报销比例提高到35%。

调整门诊报销比例及相应的医改措施,收到了立竿见影的效果:小病不出村,常见病不出乡,大病在县里,疑难杂症县内难以处置才转到县外。这一"新政"实施了3年,县乡村两级门诊量提高了459%,此后也一直维持这种局面。

仅仅让患者回流还不够,如果医疗水平不提高,这种回流也难以巩固。为此,盐池县特别注意改善硬件条件和软件环境。近5年,他们投资2.1亿元迁建、改建了县医院、县中医院,并成功地将县医院创建为二级甲等医院。与此同时,将全县的乡村卫生院(卫生室)都进行了改扩建,大量购置医疗设备,全部实现了标准化,仅去年一年就为此投入2300万元。此外,他们每年还拿出150万元,对公立医院重点专科发展、骨干人员培训给予资助。每年安排50万元聘请区内外专家、学者来盐池帮带、坐诊、讲学。为了提高医疗水平,他们还与区内外多家医疗机构建立了对口支援协作关系。他们还在宁夏率先提高村医待遇,将乡村医疗机构经费纳入财政预算,稳定了基层医疗队伍。所有这些措施,不仅提高了当地的医疗水平,而且巩固了患者回流的成果。

"兼顾供需双方、理性防病就医、突出便民惠民"的医改模式,给盐池县群众带来了实惠,也实现了因贫未就医人口、个人就医负担、住院费用增幅、基金运行风险"四个下降"的目标。

(原载 2016 年 9 月 16 日《光明日报》,9 月 17 日《宁夏日报》头版转载)

键盘敲出的西部"智谷"

——银川 iBi 育成中心打造"宁夏的中关村"侧记

8月13日至15日,由银川市主办的2016中阿国际动漫文化节在银川举行。银川iBi(iBi是信息技术、生物科技、知识产权转化三个英文首字母)育成中心作为文化节的协办方,具体组织、策划了文化节的各项活动。

记者在现场看到,动漫文化节热闹非凡:场内展示了国内动漫文化的最新成果,推出了很多富有创意,也颇有吸引力的活动,不仅吸引中央新闻、文化单位和国内著名动漫产业的负责人、漫画家前来,而且有埃及、苏丹、叙利亚、巴基斯坦等阿拉伯国家的媒体官员、影视制作公司董事长远道而来。

在银川举办动漫艺术节,何以会有这么大的影响力?银川 iBi 育成中心又有什么实力承办、策划这样的国际盛会?记者在艺术节期间采访了银川 iBi 育成中心管理办公室综合部部长、本届艺术节"总执行"赵华。

银川 iBi 育成中心是银川市在银川高新技术开发区创办的。以前提到它,很多人还缺乏了解,现在人们对它都不再陌生了,它诞生还不到 3 年时间,却以超出常规的速度成长为一个小巨人了。

这个以全新的理念在银川城南兴建的园区,自 2013 年 9 月份开园运营以来就以"键盘敲出新经济,网络引领新产业",积极开发云计算、大数据、物联网、电子商务、卫星应用、互联网金融、生物科技、文化创意、知识产权成果转化等新兴业态,全力打造"宁夏第一、西北一流、中国特色"的新经济业态示范园区。

园区有一个颇有特色的"几"字形建筑,那便是最早兴建的创业楼。如今,其周边的空地几乎都被各类建筑所填满。记者此前曾随团到那里调研、考察过,对那里新技术、新信息、高科技扑面而来、令人眼花缭乱、目不暇接的景象留下很深的印象。

银川 iBi 育成中心充满着朝气。一批批怀揣着梦想的大学生来到这里创业,很快便扎下了根。在这里,既有仅有中专、大专学历的毕业生,也有知识渊博的博士后,平均年龄只有 27 岁。

赵华部长告诉记者,开园时,入驻的企业只有 41 家,现在已有近 600 家;开园时,每平方米办公区主营业务收入为 9000 元,现在已经达到 3 万元!

别看银川 iBi 育成中心占地仅有 1 平方公里,但它的总产出却在短短 3 年就达到了 30 亿元,有不少人从一文不名变成腰缠万贯。而人均产值过百万元的业绩,是任何实体经济都无法比拟的。

尤其令人赞叹的是,开园只有 3 年,就培育十余家企业上市,让许多没有创业经验的人成为成功的创业者,他们也因此获得了国家科技企业孵化器、国家创业孵化示范基地等 10 项国家级荣誉称号。在第十四届中国国际软件和信息服务大会上,他们获得了"中国软件和信息最具推动力服务平台奖"等13项大奖,而蝉联的"领军人物奖""最具推动力平台奖",更是引起业内人士的普遍关注。

银川 iBi 育成中心已成为宁夏经济结构调整和产业转型升级的前沿阵地和"互联网+"创新创业孵化重地,成为宁夏内生式产业发展的"硅谷"。在大众创业、万人创新中,也发挥着越来越突出的作用。而基本没有污染,也很少消耗资源的增长方式,更是倡导了先进的生产理念,代表了未来经济发展的方向。

银川 iBi 育成中心取得的骄人业绩,引起中央高层和社会各界的关注,先后有多个中央部委领导人前来考察调研。工信部部长苗圩在调研时说:"银川作为一个内陆城市,能有这样的新产业,能做得这样有声有色,真是了不起!"国家发改委主任徐绍史称这里是全国的一大亮点。科技部有 5 位部级领导先后前来考察,随后便要求全国各地学习、借鉴。iBi 育成中心,很快便在全国各地如雨后春笋迅速崛起。

银川 iBi 育成中心何以能在如此之短的时间取得如此突飞猛进的发展呢?赵华部长在向记者分析原因时,用 16 个字做出概括:定位准确,需求广泛,模式先进,政策给力。

赵华为此做了进一步说明:我们只培育信息技术、生物科技、知识产权转化 3 个产业,且要市场前景好、科技含量高、项目有特色、具有增长点、避免同质化的,也就是抢占科技前沿阵地,让键盘敲出新经济,让数字引领新产业。所开发的产业,不仅在宁夏而且在全国都有广泛的需求,具有良好的发展前景。

记者了解到,银川 iBi 育成中心的主要功能在对新兴产业的培育、在对中小科技企业的孵化。而这种培育和孵化是竭尽所能、无微不至的。育成中心为入园企业所提供的服务,是极为优厚的,也是全方位的,在宁夏乃至全国都堪称最佳。

在这里,入园企业可以"拎包入住",不出园区就可以得到购物、休闲、娱乐、物业、饮食等方面的周到服务,可以免费使用园区内所有网络,免费使用园区公共服务设施。缺资金了,有人会对接金融服务,找银行想办法,吸纳风险投资;需要办理相关认证,足不出户就可以解决;需要打知识产权官司,园区提供免费法律服务……只有企业没想到的,没有园区没做到的。赵华对记者说,我们提供的是有针对性的、企业所需要的精准服务。

如此周到的服务，怎能不产生强大的吸引力？

那么，什么样的人、什么样的企业才有资格入驻呢？赵华告诉记者：我们没有预设过高的门槛。只要有想法、有思路，符合园区产业要求，就可以进来，我们的要求是：企业每平方米的主营业务收入当年要不低于1万元，在3年之内要达到5万元。经过绩效考核，再对房租实行不同比例的优惠：每平方米主营业务收入达到1万元的，七折；达到3万元的，5折；达到5万元的，全免！相关扶持政策，也随时跟进，优胜劣汰，干得好的，会越干越好，干得不好的，则淘汰出局。

这种动态管理，营造了入园企业奋发向上的浓厚氛围。现在，年收入超过百万的也不乏其人，而真正被淘汰或自感不适主动退出的尚不足3%。

赵华向记者透露：银川iBi育成中心一期建设的15万平方米创业大楼，已全部投入使用了。2015年7月，二期建设的13万平方米建筑，也全部投入使用。2015年9月，三期工程又动工了，将在2017年上半年交付使用。届时，园区就可以拥有80万平方米的科技研发办公场所了。

如此建设速度，如此建设规模，还是供不应求。据说，目前还有上百家企业排队等着入驻呢。

现在，银川iBi育成中心的自主知识产权已有750项，承揽了银川智慧城市建设80%的业务，工作方向也从搭建平台转向培育产业上来。外省企业和外国企业也纷纷进入园区，已占总数的30%。到2017年，最初建成的15万平方米的创业基地，就可以创造60亿元主营业务收入，许多经济指标都有望超过预期。赵华十分自信地对记者说，到2018年，银川iBi育成中心有望达到北京中关村的发展水平。最终，入驻企业可达2000家，主营收入有望达到2000亿元，线上交易将达到20000亿元。

赵华随即又补充了一句："宁夏的马云，也会在我们这里诞生！"

银川iBi育成中心将来会成为"宁夏的中关村"吗？有关负责人对此深信不疑。

短评：用先进的理念孵化科技人才、科技企业

鼠标点击智慧，键盘改变世界。银川 iBi 育成中心用数字敲击着创新经济的大门，打响了资源优势配置、产业优势延展的第一枪。新产业、新业态，有望将银川带出国门，让银川在"一带一路"中扮演重要的角色。

银川 iBi 育成中心何以能在不沿边、不靠海的西部内陆城市迅速崛起？分析一下它的发展历程，我们可以得到许多启发。

我们注意到，银川 iBi 育成中心获得了许多奖项，其中，最值得关注的是"国家科技企业孵化器""国家创业孵化示范基地"两个称号，因为这两个称号既是对银川 iBi 育成中心的准确定位，又是对银川 iBi 育成中心工作的充分肯定。

幼苗，经过培育，才能健康成长，进而长成参天大树；鸟蛋，经过孵化，小鸟才能破壳而出，进而展翅蓝天。同样，任何初出茅庐的人才、任何白手起家的企业，都需要孵化、培养、帮助，这在他们成长的初期更是至关重要的。银川 iBi 育成中心的职能，重在"育"，功在"成"，他们以崭新的理念、创造性的工作，"育成"了大批有前途的人才和有前景的企业，其中一个重要原因是他们为这些人才、这些企业创造了成长的良好条件，提供了周到、精准的服务，而这些服务都是这些人才、这些企业所急需的，他们的服务也因此实现了效益最大化。

我们常常说，领导就是服务，政府的职能也是服务，服务得好了，工作也就到位了。现在我们都需要问问自己：我们的服务是否及时、到位，是否真正落地，是否是被服务者所急需的？如果人家需要的服务我们没有，我们提供的服务不是人家需要的、对人家是无关痛痒的，那么，我们所提供的服务就难以达到希望的结果。看来，如何让我们的服务更有实用性、更有针对性、更能产生实际效果，是值得深入探索的。而银川 iBi 育成中心的做法，对我们是有借鉴意义的。

（原载 2016 年 9 月 23 日《光明日报》头版头条）

这里的藏品包罗万象,应有尽有:衣食住行,三教九流,五行八作,从生产劳动到学习娱乐,从物质生活到精神世界,十余万件琳琅满目的民俗文物洋洋大观,足可以打造一座中国独一无二的"中华民俗文化园",进而以前所未有的规模展现、传承、弘扬传统文化,让各界人士了解中华民族发展的历史,感受各民族祖先的聪明才智,让乡愁有实实在在的载体而不再虚无缥缈,也可以让无法直观感知先辈生活状态的后世子孙看清中华民族的来龙去脉,找到自己的根系,进而知道自己从哪里来、该到哪里去——

这里有座亟待开发的民俗文化宝库

——记民俗文物收藏家高小山收藏的文物

惊奇,震撼,赞叹,这是所有参观者在参观时的共同反应。就连走南闯北、参观过各式各样博物馆、看过古今中外许多文物、自认为也算见多识广的记者,也同样被惊到了、震到了,情不自禁要为之点个大大的赞。

被包括记者在内的所有参观者所点赞,也让人眼界大开的,是民俗文物收藏家高小山积 30 年心血和上亿元投资收藏的十余万件民俗文物。

藏品数量之多,令人叹为观止

如果不是身临其境、亲眼所见,就很难相信:一个民间收藏家仅靠一己之力就收集到如此之多的藏品,达到令人惊叹的规模。

六盘山下的隆德县,位于宁夏的南端。隆德县城有一座废弃的学校,那里现在没有一个老师,也没有一个学生,却因存放着高小山收藏的民俗文物,吸引不少人慕名前往。几乎每个人在看过之后,都会兴奋地向亲朋好友描述自己所看到的一切。

近日,记者兴致勃勃地专程前去采访。穿过两道大门,映入记者眼帘的是令人目不暇接的各类藏品:二战时期的"老爷车",我国最早的"红旗轿车","长命百岁"的马车,古色古香的门楼,光怪陆离的旧民居,仿佛把人带入遥远的年代。楼房内,操场上,过道间,整个校园几乎找不到空地,都被这些实物填满了。有的藏品大致分了类,有的藏品还没有拆包。有些藏品被分门别类地放进了教室,有的则放在临时搭建的大棚里,有些藏品因为体积较大,只好露天摆放,而更多的藏品因为来不及处理而杂乱堆放。

高小山向记者透露:他自1989年开始搞收藏,一直没有间断过,其中2000年、2008年、2012年是收藏的三个高峰,最多时有100多人参与其中。近两年,他开始将收藏品集中。有一段时间,几乎每天都有拉运藏品的货车从全国各地开进来,总共已有200多车。而隆德县的藏品只是其中的2/3,还有1/3的藏品分别存放在山西、江西、重庆、四川、陕西和宁夏首府银川的库房里,因为运输成本高,那些藏品只能暂时存放,每年支付的租金和看管费就有100多万元。

藏品类别之全,令人难以说清

记者走进一间间教室、一个个库房,对所见的藏品都感到新奇。这里有反映农耕文明的各类农具,可以系统展示灌溉、耕种、加工、储存、运输、贩卖的各个环节;这里有各类生活用品,可以再现先辈衣食住行的各个方面;这里有数量惊人的砖雕、石雕、木雕,可以复原明清时期的许多建筑;这里有大大小小的月饼、糕点模具,可以做出各种图案的月饼、糕点;这里有加工中药的各种工具和容器,可以演示制作中药的全过程;这里有秤盘只有婴儿手掌大小、称重精确到钱的戥子,也有秤杆超过2米、可称千斤货物的大秤,可以满足多种商贸活动的需求;这里有3000多件婚书(结婚证、离婚证均有),可以系统了解明清、民国、解放初期到"文革"前后婚俗的发展和演变;这里有婚轿、婚服、嫁妆、礼盒,可以再现旧时代迎亲、娶亲的场面;这里有极富特色的加工工具,可以展现酒坊、油坊、豆腐坊、造纸坊生产加工的过程;这里有科举会试、乡试的试卷,有民国时期的作文、课本和毕业证书,可以窥视我国教育发展的历程;这里有文房四宝、印章、印刷实物,可以了解先辈的学习生活状况;这里有跨度长达二三百年的地契和契约,可以研究一个地区、一个家族发展的历史……一般人能想到的,这里都有;一般人想不到的,这里也有,而且还不止一件两件。

记者请高小山"盘点"一下他的收藏。高小山将近30年收藏的十余万件藏品分为 28 个大类:古碑亭、古牌坊、古戏台、古四合院,有 200 多套;砖雕、木雕、石雕,有 2 万多件;石碾、石磨,有 1 万余件;石槽、石缸、柱础石、拴马桩、门当户对,有 2 万件;犁、耙、耧、杈、锄、簸箕、筐箩、铡刀、水车、风车,有 1 万件;各类模具,有 1 万多件;官帽、围脖、肚兜、头箍、耳套、香包等刺绣作品,有 2 万件;烟具、茶具、烟标,有 3 万件;契约、文书,有 1 万件;民国时期的诉状、布告、证词、通缉令、判决书,有 1 万件,此外还有数量可观的家谱、药方、医书、牌匾……几乎所有上了"年岁"的老物件,都在高小山收藏的视野之内。几乎每件藏品,都有一个故事,都承载一段历史。根据这些藏品,民俗画家可以画出一幅幅风俗画,作家可以写出社会百态文,而这样的画作和文章是现代和后代人都渴望看到而又不易看到的。

藏品之奇,令人刮目相看

高小山的藏品数量惊人。同类、相同的藏品,有的有几百件,乃至上万件,差不多可以申报吉尼斯纪录了。而真正打动记者的,并不是藏品数量大、品种多,而是许多难得一见的珍品。

在这所废弃的校园里,记者看到一个临时搭建的大棚里摆满了清朝和民国时期的牌匾,在牌匾上记者看到了林则徐、李鸿章、慈禧、张之洞、黎元洪等历史人物的名字。这些牌匾,有的曾镶嵌在住宅上的,有的曾悬挂在商铺上的,有的曾摆在药铺里的,有题款的,也有无题款的,有自己题写的,也有别人赠送的,有祝寿的,有祝贺的,有致谢的,也有答谢的,还有朝廷旌表的,有用墨题写上去的,也有阴刻、阳刻上去的。每块牌匾都字体硕大,以行书和楷书为主,每块牌匾都是独一无二的,都堪称精美的艺术品。其中,最大的一块是张之洞题写的,长 4.5 米,宽 1.8米。就在记者表示惊叹时,陪同人员告诉记者,这里看到的只是一部分,还有更多的牌匾不在这里存放。果然,记者第二天便在一个更大的库房里看到了更多的牌匾。透过这些牌匾,可以看到一些家庭的家风、家教、理想信念和人生追求。据统计,收藏在这里的牌匾总共有 3000 多块,是研究牌匾文化极为珍贵的实物资料。

同样引起记者关注的,还有 3000 多册家谱和上万件地契。这些家谱,既有印刷品,又有手抄件,总共收录了 100 多个姓氏,总字数在一百万字以上,其中既有百家姓中常见的大姓,也有不在百家姓内也不常见的小姓。尤其珍贵是,有的家谱中不仅记载着家训,还绘有画像、宅院图、风水图,显得尤为珍贵。与这些家谱相伴的,还有300多幅祖先画像。这些画像,有双人的夫妻画像,也有多人的"合影",有穿官服的,也有不穿官服的。特别值得一提的是,这些老人像都是按照他们本人的容貌画出来的,并没有刻意美化。更具研究价值的,是明、清、民国和解放区的各类地契。其中有的地契五联粘贴,时间长达二三百年,也跨越了几个朝代,有的地契还反映了家庭财产分割的状况,是研究家族史和社会发展史的重要资料。

更被记者看重的,是5000多册古代医书和20万个古代医方。这些古代医书,有官方的,有民间的,有雕版印刷的,有活字印刷的,也有用毛笔抄写的,有的还用蓝布书函精心包裹,有的医书则用两块木板夹着,用两道线绳捆扎,将书页保护得十分妥帖,有的医书具有长期翻阅的痕迹,一看就让人觉得年代久远。因为没有进行任何整理、分析,其真正的价值目前还难以判断。记者随手打开几个书函,发现其中就有对张仲景经典医书《伤寒杂病论》进行分析、阐发的书籍。也许,这里面会有存世的孤本,有济世救人的良方。

值得重视的还有大革命时期的各种函件和长沙会战的战表,那些文件都是唯一的。

收藏过程之难,令人难以想象

高小山的收藏品来自黄河两岸、大江南北,且都分散于民间,这也就决定其所有收藏都历尽艰辛。

岁月沧桑,许多古民居都岌岌可危了,而拆旧房盖新房又使一些老建筑无影无踪,有些堪称艺术精品的雕梁画栋居然被砍作劈柴烧掉。承载传统文化的"老物件",也是越来越少,许多民间工匠转行、失业、离世,传统工艺也因此失传,出自民间工匠之手的物品,更是消失殆尽。看到这种状况,高小山十分惋惜、痛心、焦虑,一种责任感、使命感和紧迫感驱使他走乡串户登门收购这些被遗弃的"老物件"。与此同时,他也特别注意捕捉这方面的信息。哪里的古民居要拆除,他便立即前往,将那些承载传统文化的建筑材料买下来,然后一一编号,运回来重新搭建。他告诉记者,有一个被拆除的六角亭,因为部件太多,就被编了1万多个号。由于工作做得细致,所以这些运回来的构件都可以再现昔日建筑的风貌。

有一次,高小山在湖南省常德市一个山寨看到有3种字体、5万多字的木活字印刷实物和制作工具,感到很有价值,便想买下来,但因能够做主的人外出打工未归,他便在那里等了一个多月。但是,等外出的人回来却不肯卖了,甚至连加价都不能打动他们。直到高小山说出了自己的真实想法,他们才被感动,最终以友情价转让。

近30年的收藏经历,高小山也有许多遗憾。他告诉记者,有一次,他看中了一个因为被打了200多个锯钉而"破瓷重圆"的瓷壶,对方居然叫出了3000元的高价,而且没有商量的余地。高小山说自己想考虑一下。什么样的瓷壶,值得打200多个锯钉来修补?这不正是瓷器修复传统工艺的好标本吗?他决定照价收购,但等他再次登门时,人家已经脱手了。

藏家拳拳之心,令人肃然起敬

全国目前有8000多万人在搞收藏,以收藏、贩卖各种古玩为业。据分析,其中有95%左右的人是以营利、保值、增值为目的,还有5%左右的人搞收藏不是为了赚钱,纯粹是个人爱好。只有不到1%的人是出于社会责任感、坚守某种信念,为了抢救、保护、传承、发掘其文化价值,尽一个炎黄子孙的义务。高小山的所作所为让人相信,他就是这极少数人中的一员。

原籍甘肃、年逾五旬的高小山是学化工机械的。历史的机遇让他在矿业开发中获取了可观的收入,但他不抽烟、不喝酒、不追求物质享受,却热衷于收藏。他从收藏各种型号的老爷车起步,逐步转向收藏民俗文物。随着民俗文物越来越少,他抢救、保护的意识越来越强烈,收藏的目标也越来越明确,而对那些保值、增值潜力大,多数藏家也普遍热衷的古铜器、古玉器、古瓷器、名人字画,他倒没有兴趣,也基本不收藏,而是把大部分精力和财力投入到民俗文物的收藏中来。因为收藏占去了大量的时间和精力,他对原来经营的项目也越来越疏远。到了2012年,他便将自己所有的产业都压缩、转让了,一门心思当他的"民俗文物收藏家"。

近30年的收藏,让高小山花去了大部分积蓄。记者问他:这么多的收藏,花去了多少钱?他笑着说,没有统计过,应该在亿元以上了。就在收藏经费捉襟见肘时,他前些年购买的一片鱼塘被政府征用了,这也为他继续收藏注入了资金。好在全家人都支持他这项事业,有些亲属甚至直接参与进来,这也成为他继续坚持的一个动力。即使在经费紧张时,他也没有卖过一件藏品。他说,我的藏品,是供展现、鉴赏、研究、活态传承传统文化的,不是为了卖钱,所以,我的藏品只进不出,一件也不卖。

高小山有自己的想法。

高小山有个雄心勃勃的计划。他要建一个建筑面积至少达到10万平方米的"中华民俗文化园",让这个文化园成为最具吸引力的文化景点,成为国外游客到中国必看的地方,成为国内参观者了解历史、回忆历史、记住乡愁的最佳去处。他希望这个文化园能在省会城市落地。对他来说,地处偏远、交通不便的隆德县县城,难以承载如此浩大的文化工程,而这里只是这些民俗文物的临时存放点。因此,他渴望有条件的城市能够向他伸出"橄榄枝"。

值得一提的是,高小山目前收藏的十余万件民俗文物,连基本家底还没有完全摸清,几乎所有实物资料还没有建档,有的包装还没有开封,更不要说深入研究。因此,他希望有识之士能够助他一臂之力,也希望相关专家能对这些实物和资料进行深入研究,揭示其历史、文化价值,进而揭开历史之谜,而这些需要方方面面的专家相互配合,他和他领导的团队愿意为这些研究提供便利,进而将自己的藏品变成社会共有的财富。

中华民俗文化园!中国太需要这样一个展现、传承、弘扬中国文明的载体了!尽管我国各地已有大量博物馆,对民俗文物也有一些零星的收藏和展示,但系统的、全面的、文化内涵丰富、可以综合反映中国几千年文明史的民俗文化园目前还没有,而这正是高小山追求的目标。他说,目前,很多发达国家都建有自己的民俗博物馆,而有5000年文明史的泱泱大国,却没有一座具有相当规模的民俗博物馆,这确实令人尴尬。近年来,也有政协委员就此提交提案、发出呼吁,但却没有付诸实施,也没有哪个地区、哪个机构能够整合这方面的资源。他说,民俗文物,深藏于民间,由哪一个地区、哪一个机构来征集都有难度,必须对此要有足够认识的热心人来做,我只是一个先行者而已,但仅靠我个人的力量是远远不够的,我渴望得到政府的支持,也渴望得到专家的支持。

我们有极为丰富的传统文化,我们的历史是劳动人民创造的,我们的祖国是伟大的,我们的祖先是了不起的!这就是高小山想通过他的藏品告诉世人的。

希望他这个愿望早日实现。

(原载 2016 年 4 月 26 日《光明日报》,见报时有压缩)

贫困村里访贫困

2015 年 11 月 28 日,党中央吹响了脱贫的号角,要求全国所有贫困地区和贫困群众都要在 2020 年摆脱贫困,与全国人民一道迈入全面小康社会。

宁夏贫困群众贫困的原因何在?能否如期脱贫?带着这些人们关心的问题,记者于春节期间来到盐池县贫困人口比较集中的大水坑镇新泉井村。

在村口一个农户家中,几个贫困户如约而至,与记者无拘无束地拉起了家常。已经当过 11 年村干部的村党支部书记张廷才告诉记者,新泉井村共有 586 户 2074 人,其中在 2014 年建档立卡的贫困户共有 127 户,他们年均收入都在 4000 元以下,个别的低于 3000 元。

因为大水坑镇及其附近都是靠天吃饭,而那里年均降水量只有 100 多毫米且多为无效降水,许多农田都是广种薄收,亩产一般只有几十斤,有时甚至连种子都收不回来。62 岁的王志广名下虽然有八九十亩耕地,但他每年耕种的只有二三十亩,大部分土地都因没有雨水无法下种,只好撂荒,这种现象被当地人称作"晒地"。老王忧心忡忡地告诉记者,去年,他种了 20 亩荞麦,亩产只有二三十斤,总共才收了五六百斤。另外,他还种了 200 亩土豆,亩产也只有 200 斤。眼睁睁着种什么都收不回来,就想外出打工,但因为年龄大没人要,日子也越过越紧巴。

55 岁的贺吉东与王志广的情况类似:3 个孩子都成家另过了,家里只剩下老两口,基本丧失了劳动能力,也没有别的生财之道。

而 45 岁的高向兵则是因为误判市场行情而陷入贫困的。他在 2013 年花高价大量买羊,每只羊收购价高达 1360 元。这不仅让他投入了自己的全部积蓄,而且他还贷了 7 万元款。孰料,近两年行情大变,每只羊由 1000 多元跌到 500 多元,每斤羊肉则由 26 元左右降到 15 元左右。从前,一张羊皮曾经卖到 100 多元,现在每张羊皮只值 10 元钱。越养越亏,贷款无法偿还,他倍感焦虑。是把羊只处理掉,还是继续维持现状?高向兵很纠结。

贫困有各种原因,扶贫应有各种对策。

2014 年,新泉井村根据上级要求对全村所有贫困户建档立卡,并召开村民大会,广泛征求意见,然后根据村民的意见调整扶贫对象和扶贫策略,在摸清情况的基础上因人施策,制定不同的帮扶计划。每个贫困户的基本情况、致贫原因、帮扶策略、帮扶责任人都张榜公示,让人一目了然。

村党支部书记张廷才告诉记者,对王志广,村里决定鼓励他用贷款养几头市场行情好的土猪;对贺吉东,鼓励他搞适销对路的家庭副业;对高向兵,村里则提供富农卡和互助资金,通过多种办法帮他渡过暂时的难关,重新树立市场信心。对他养羊的储草池将给予补贴,帮他进一步提高饲草利用率、降低养殖成本。

采访中,记者还见到了在 2015 年刚刚摘掉贫困帽子的冯国平。这位 48 岁的农民,不仅种植有一套,养殖也有一套,农忙时种地,农闲时打工,收入很可观。去年,他还花十几万元热热闹闹地为儿子娶了媳妇。他的脱贫经验,让很多人深受启发。

适合什么,就干什么,扶贫没有一成不变的模式。张廷才书记向记者透露:他们将充分利用本地条件,鼓励多种种植,组织劳务输出,还要建一个小杂粮加工厂。他信心满满地对记者说,我们还要多想办法、多方努力,确保在 2017 年如期实现脱贫目标,绝不拖盐池县的后腿、绝不拖宁夏的后腿!

你一言我一语,采访的气氛很热烈。不知不觉中,天已经完全黑了。等到八点多钟挥手告别时,记者也与他们一样对脱贫充满了信心。

记者在采访中了解到,堪称甘泉的黄河水,已经引到了距新泉井村只有十几公里的地方。如果能够再向前延伸,引到大水坑、引到新泉井村,就有黄河水的滋润了,那里农作物的产量将成倍增长,撂荒的五六万亩荒地也会变成绿洲,那里的生态环境和贫困面貌也将得到极大的改善。记者就此事的可行性咨询了当地有关负责人,得到的答复是:如果真能把黄河水引过来,那对当地老百姓来说,则是一个莫大的福音!

当地人对此有期待,记者对此也有期待。

（原载 2016 年 2 月 20 日《光明日报》）

张国勤：三十年不变的"长征情结"

　　我是在 2016 年的"重走长征路"采访中见到张国勤的。对他的采访也属"计划外"，事先并没有想见他，更没有想采访他。我是先欣赏了他的作品，然后才想见他，见了他才有采访的想法，采访完之后才有写稿冲动的。

　　六盘山是中央红军长征翻越的最后一座高山，毛泽东在攀登六盘山时曾写下了著名的诗篇《清平乐·六盘山》。隆德县就在六盘山脚下，是全国有名的书画之乡，此前我曾对此做过采访报道。这次我参加"重走长征路"采访活动，除了完成"规定动作"，还想搞点"自选动作"，便在吃过晚饭之后走上隆德县城街头寻找线索，想吃点"野食"。看见一家经营书画的店铺依然亮着灯光，便走了进去。一进门，我就被悬挂在墙上的书画作品吸引住了，因为这些以长征为题材的书法、绘画、剪纸作品都达到了很高的艺术水准。女营业员见我对这些红色题材的艺术品感兴趣，又热情地带我到二楼观赏。没想到，二楼的红色题材的作品比一楼的更多也更精彩，在征得同意之后我兴奋地拿出手机拍照，然后急切地询问这些艺术品出自哪位高手。女营业员说出一个人名，并称这些作品均出自他一人之手。由于口音的影响，我连问两次才听清，此人名叫张国勤。张国勤？就是那位一个人骑着摩托车花一年时间重走长征路的张国勤？当年，他在银川出发时，我还在《光明日报》上报道过啊，想见他的心情也因此更急迫了。

　　虽然天色已晚又时隔多年，但张国勤一听说是我要见他，还是立即从家里赶了过来。这是老朋友的重逢，谈话自然也十分轻松。从他创作的红色题材的作品，自然引到他 2000 年单骑重走长征路的壮举。

　　虽然重走长征路已是十五六年前的往事了，但他提起往事仍然那么激动，记忆仍然那么清晰，仿佛是在诉说刚刚发生的事。

　　在交谈中，记者发现：他居然有 30 年不变的"长征情结"！

　　重走长征路的起因，也得从 30 多年前说起。

　　1980 年，张国勤从固原师范美术专业毕业，到基层当了一年教师后，便因为爱好绘画、摄影而被调入隆德县文化馆。很快，他就被任命为美术组组长。几年后，宁夏决定在红军长征五十周年之际在六盘山上兴建长征纪念亭并请时任总书记胡耀邦题写亭名。张国勤参与了纪念亭的兴建工作,对长征有了较深的了解,也因此有了"长征情结"。

有关部门把布展的任务交给了张国勤,有位领导充满信任地对他说:给你这个大厅,你来布置!

领导的信任,却让张国勤犯难了:这么大的大厅,需要多少长征的资料啊!而手头掌握的资料实在少得可怜,难以撑起偌大的展厅。也就是从那时候开始,他萌发了重走长征路、收集整理长征资料的想法。他注意到,在此之前,虽然有人重走过长征路,也写下了许多文字,但还没有人系统地拍摄、搜集、整理长征的资料,而这些实物和资料随时都有可能消失,必须及时搜集、拍摄、录制下来。

张国勤考虑再三,决定承担起这个历史使命。为此,他专门给上级打了报告,但隆德县有关部门有种种顾虑,不太支持。好在时任的县委书记、县长都表示支持。虽然隆德县是个贫困县,实在难以在经费上给予多大支持,但还是决定给他1万元补贴(由于某种原因,他实际只拿到5000元)。

重走长征路,可不是一件简单的事。这点补贴是杯水车薪,张国勤决定把家里值钱的东西卖掉。好在他收藏了不少名人字画,为了实现重走长征路的夙愿,他决定卖掉名人字画补贴差旅费用。因为急等钱用,只好全部低价卖出。结果,这些现在可以卖上100多万元的名人字画,当时只卖了6万元,有位朋友闻讯给了他8000元的资助。有了这些钱,张国勤就买了摩托车、照相机、录像机。为了完成这个壮举,张国勤几乎是倾家荡产,很快就变得一贫如洗。

远在浙江温岭的钱江摩托车厂负责人,听说张国勤要骑着他们生产的摩托车重走长征路很感动,随即做出决定:如果张国勤能够完成这个壮举,他们将免费为他更换一辆新摩托车,型号由他自己挑选,非但如此,他们还将在沿线为他提供免费维修服务!因为有人不相信他真的能够走完全程,便提出一个附加条件:每到一地,要发一张照片给他们。

2000年5月4日,张国勤来到银川准备出发。自治区党委宣传部、文化厅、银川摩托车协会闻讯,决定为他搞一个隆重的出发仪式,并要求他回去再做准备。

5月13日,张国勤重走长征路出发仪式在银川光明广场举行,摩托车队一直将他护送到吴忠。然后,他就沿着中央红军长征的线路逆向行进,由延安直奔江西瑞金。

当时,我及时作出了报道,题为:《宁夏张国勤单骑走访长征路》。我在报道中写道:"今天(2000年5月13日)上午,50辆摩托车在银川市光明广场一齐鸣笛,为只身骑摩托车走访长征路的宁夏隆德县文化馆副馆长张国勤壮行,然后,摩托车队护送张国勤出城。现年45岁的张国勤出生在红军长征经过的六盘山下,有绘画、书法、摄影等方面特长。他决定独自一人骑摩托车走访红军长征路,拍摄、整理有关红军长征的逸闻逸事,结合采风、写生再现长征路的风土人情及改革开放后的巨大变化,创作百米山水画长卷《今日长征路》。"

这是一次充满艰辛、充满危险、充满挑战的旅行,随时都要面对体力、意志、修养、能力的考验。张国勤多次面临险境,也曾摔下山冈,摔得遍体鳞伤,但稍稍包扎就继续上路;他多次走到荒无人烟之地,孤身闯险,忍饥挨饿;他多次因摔坏摩托车而无法前行,呼叫求援;他常常风餐露宿,一天只吃一顿饭。为了节省经费,他常常借住路边小店,甚至投宿在老乡家。他常常是胡子拉碴,衣衫不整。好在每次出现故障,都有人前来为他免费维修,每次遇到难题,都有人无私地提供帮助。为了节省时间,他常常利用晚上赶路,留出白天时间采访、拍照、录像,到当地宣传部、党史办收集资料,请知情人介绍历史情况,确定下一个目标。

2011年5月13日,历尽千辛万苦的张国勤终于来到瑞金。张国勤至今还记得当时的情景,并以激动的语言向记者讲述了当时的心情。那天,他赶到瑞金县城时,太阳已快落山了,他以朝圣的心情骑着摩托车走遍了瑞金的大街小巷,心情久久不能平静。第二天,他赶往福建连城住了一夜,经福州一口气赶到浙江温岭。

让他没想到的是,当他赶到钱江摩托车厂时,厂长组织全厂职工在大门口欢迎他凯旋,一时间鞭炮齐鸣。张国勤应邀讲话:"这辆摩托就像我的兄弟,我是两个人一起走完长征路的!"

摩托车厂兑现了承诺,让他任选一辆新摩托车,却没有让他直接骑走,而是为他购买了飞往西安的机票。到了西安,一下飞机,他就接到了厂家的电话,请他去选摩托车。更没想到,在西安,他也受了英雄凯旋般的欢迎,有二三十人自发地围住他,请他介绍所见所闻、亲身感受,热情地请他吃饭,表达敬佩和羡慕之情。当他骑着崭新的摩托车返回家乡时,包括隆德县领导和张国勤父母在内的数百人一起登上六盘山,为他举行隆重的欢迎仪式,人们纷纷上前与他热烈拥抱,这个情景令他无比激动,终生难忘。

15年后,张国勤向我复述这段经历时,仍然难掩激动。他说,我看到的情景、了解到的故事、学习到的精神,一直留在我的记忆里,永远也不会抹掉。

让我感到意外的是,对一路上的艰辛和遇到的困难,他很少提及,似乎所经历的艰难困苦都不值一提,为此的所有付出都是值得的,因为他实现了多年的夙愿,也完成了人生的一个壮举。其间,他走访了12个省市自治区、220多个县,总行程22400公里,历时376天。

张国勤也创造了自己的"丰收时刻",为人民交上了一份优异的答卷:他在一年时间里,走访了500多个长征遗址和纪念地,在沿途搜集到了200多册宝贵资料,拍摄了360多卷胶卷,录制了60多盘录像带,几乎对长征中所有会师、会议、战役、宿营的遗址都拍了照,仅精选出来的图片就有3400多张。

为了让自己调查的成果早日面世,张国勤又一次发扬了重走长征路的精神,克服了各种难题,在领导、朋友的鼓励和资助下,他贷款7万元,赶在2006年纪念红军长征胜利70周年之际出版了自己单骑走访长征路的纪实摄影集《追逐红飘带》,真实地再现了红军长征的动人画卷及沿线的风土人情。随后,他又在银川、石嘴山、固原等地及宁夏大学等单位举行了长征摄影展,宣传长征精神。

回到原单位后,张国勤仍然以长征精神激励自己,任劳任怨地投入工作。他长期致力于非物质文化遗产的挖掘、整理和传承。经过反复试验、揣摩,复活了已在当地失传多年的"染色剪纸"技艺,并通过举办培训班无偿地传授给当地爱好书画、剪纸的群众。其中,2013年举办的一期培训班就有60多人。2009年,他所在的文化馆成为宁夏被文化部表彰的唯一单位,他本人也成为宁夏被文化部表彰的三个人中的一个。

为了进一步挖掘长征文化、弘扬长征精神,他借助"染色剪纸"技艺创作了大量书画、剪纸作品,我在店铺内看到的,就是其中的代表作。他创作的两幅"红色"作品,还获得了自治区一项大赛的金奖。为了从事自己喜爱的工作,他多次放弃提升的机会,文化馆的副馆长从1992年一直当到2016年4月。为了工作,他直到62岁才算真正退休。

在工作中、生活中,他也遇到过许多困难,但他不气馁、不抱怨,努力克服。他对记者说,我能这样做,都与我重走长征路、学习长征精神的经历有关。天下还有什么事会比长征更艰难呢? 那么难走的长征路我也走过了,这点困难又算什么呢?

现在,他虽然退休了,但还在挖掘长征精神、弘扬长征文化。他向我透露:准备在条件成熟的时候专门举办一个"红色"作品展,还要把在职时未能做好的事做好。

这真是一个有长征情结的人! 而这个情结,给他注入了多少能量啊。

这是一个多么"牢固"的情结,30 年都没有改变! 看来,他是不想,也不会改变了。

(原载 2017 年 11 月 20 日《光明日报》,2019 年,经有关部门策划,张国勤再走长征路,并据此拍摄了长达 100 分钟的纪录片《重走来时路》,2019 年 11 月在中央电视台《纪录频道》分两次播出)

文化可惠民,也可富民

——宁夏文化扶贫工作侧记

扶贫,应该包括物资扶贫和精神扶贫两个层面,在扶贫中绝不能缺少文化扶贫;扶贫,文化系统不但不能游离其外,而且要主动参与、积极作为。文化,既可以惠民,又可以富民,文化扶贫,也有助于经济脱贫:宁夏的实践为此做出了明确的回答。

文化惠民,一直被宁夏回族自治区党委、政府放在突出位置。今年 4 月,宁夏便在南部集中连片的贫困地区召开了文化扶贫誓师大会。随后,自治区八部委厅局又联合制定并下发了《"十三五"时期贫困地区公共文化服务体系建设规划纲要实施方案》。为了进一步推进文化扶贫工作,宁夏将于今年 10 月召开全自治区文化扶贫项目推进大会。

宁夏是经济文化相对落后地区,其中南部山区的贫困更是集中连片,在公共文化服务方面,普遍存在基础设施不完善、财政投入欠账较多、基层文化人才缺乏、自身无力改变现状等问题。在不利条件下,宁夏各级党委、政府及宣传文化单位创造性地开展工作,建起了 25 个公共图书馆、26 个文化馆、237 个乡镇(街道)

文化站、2146 个村级(社区)文化活动室、730 个农民文化大院,民间文艺团队也达到 1136 个,文化志愿者和乡土文化能人有 11887 人。这些机构、团体和人才极大地活跃了城乡群众的文化生活,在文化惠民、文化扶贫方面发挥了重要作用。"清凉宁夏"广场文化演出、"欢乐宁夏"群众文艺会演、"新春乐"社火大赛、"我为乡村送戏来"等富有特色的活动,已经形成颇具吸引力的文化品牌,吸引着越来越多的城乡群众。基层文艺人才每年都创作、排演了大量贴近生活、贴近实际、贴近群众的文艺节目,"群众演、演群众、演给群众看"已经实现常态化。与此同时,宁夏还在贫困地区举办文化业务培训班,组织相关人才到外面考察学习,建立文化帮扶基地,大幅度提高基层文化工作者和乡土人才的文化技能,其中,由自治区扶持的 62 个非遗项目传承基地发挥了重要作用。

文化扶贫,不仅活跃了基层群众的文化生活,改变了他们的生活方式和传统观念,而且也给他们带来实实在在的经济收益。有许多人就是依靠文化产业、发展传统技艺而摆脱贫困,进而走上了富裕的道路,有些人甚至让自己的作品登上大雅之堂,让自己的演出走上了大城市的大舞台,他们自己也住上了高楼、开上了名车。有些人就是靠剪纸、刺绣、泥塑等民间技艺取得了可观的收益并带着乡亲们一起致富,说起这方面的杰出人物,宁夏文化厅公共文化与非遗处副处长万亚平如数家珍,一口气说出了不少在宁夏乃至全国都有很高知名度的名字。

万亚平向记者透露:今后,宁夏将借中宣部在贫困地区实施的"百县万村"综合文化服务中心示范工程的东风,着力实施文化脱贫行动计划,进一步促进公共文化服务的标准化、均等化,补齐基层公共文化设施的"短板",对 606 个还没有文化服务中心的村每村给予 10 万元补贴,彻底消灭空白村,让县级公共图书馆、文化馆和乡镇(街道)综合文化站设施达标率、行政村(社区)综合文化服务中心覆盖率、公共电子阅览室覆盖率都达到 100%。

文化扶贫,是惠民工程,也是富民工程。文化扶贫的效益将会日益显现出来。

(原载 2016 年 9 月 26 日《光明日报》四版头条)

银川长城花园社区有六个"家园"

走进安静、整洁、美观的长城花园社区,首先映入记者眼帘的是雷锋铜像和以雷锋命名的"雷锋广场",而"为人民服务"几个大字更是格外醒目。

"这里怎么会有雷锋的铜像?"记者对此表示了诧异。

长城花园社区隶属于宁夏银川市金凤区长城中路街道办事处,居住着6000多户1.5万人。社区党总支书记兼居委会主任赵耐香告诉记者:这个雷锋广场,是今年4月27日才落成的。

"把雷锋'请'过来,让居民天天都能看到他,人人都能自觉践行社会主义核心价值观!"这是辖区居民的愿望,也是社区构建"红色家园"的一个举措。

把社区打造成"红色家园"? 这是个新鲜事! 赵耐香主任告诉记者,她2007年担任社区党支部书记时,全社区党员只有五六十人。如何才能增强党组织的凝聚力、更好地为党员服务? 他们有针对性地开展了丰富多彩、深受党员欢迎的活动。活动的吸引力提高了,参加活动的党员也增多了,转到社区的党员也越来越多,社区便成立了下设4个支部的党总支。因为活动有魅力,有些辖区外的党员也跑过来过组织生活。一些经常参加文艺活动的党员,干脆成立了一个"曲艺党支部",其中既有辖区内的党员,也有辖区外的党员。现在,这里的每个支部每月都能在固定的日子召开学习会,党总支每月还定期召开中心组学习会,社区则在每个季度召开一次全体党员大会,党组织则通过为每个党员"挂红旗"的方式记录在案,到年底评星定格。这样一来,许多党员都期待、盼望参加组织生活,一到日子早早就赶来了,根本用不着通知。

记者看到,长城花园社区的公共场所很宽敞,使用面积也很大。那里不仅有图书阅览室、党群活动室、党员电教室,还有信息中心、服务中心等设施。

为了更好地开展活动,长城花园社区还在辖区成立了联合党委,充分调动各单位共建"红色家园"的积极性。由于组织有力、活动出彩,他们得到了许多支持。

"红色家园",只是长城花园社区打造的一个"家园"。除此之外,这里还是"温馨家园""快乐家园""关爱家园""和谐家园""文化家园"。

记者走进位于社区活动室二楼的大厅。当时,在那里参加活动的人刚刚散去。记者看见墙上有个"排列表",上面列着每周每天上午、下午的活动内容和使用单位,居然没有一个空当。赵耐香自豪地告诉记者,别看就是一个社区,我们有8个艺术团呢!"阳光艺术团","长城艺术团","秦腔艺术团","豫剧艺术团","合唱团",秧歌,健身操,记者都有点记不过。赵耐香说,经常参加活动的骨干就有200多人,因为活动太多,大厅都有点安排不过来了。

记者注意到,大厅的地板都被磨去了光泽,有些已经松动、翘起。赵耐香向记者做出了解释:这已经是大厅交付使用以来更新过的地板,因为使用过于频繁,没过多久就磨成了这个样子。

这个社区,现在是天天有排练、周周有展示、月月有演出,他们也多次在街道、金凤区、银川市组织的比赛中获奖,而歌舞比赛、亲子运动休闲赛、社区欢乐大舞台更是成为他们的"保留节目"。

不仅文艺骨干异常活跃,前来读书学习、练习书画的也大有人在。记者看到,摆在社区的图书、报刊都不少,而练习书法、绘画的还有专门的房间,所需笔墨纸张也都由社区提供。

这里的所见所闻,让记者感叹:"文化家园"真是名不虚传啊!

岂止是"文化家园"名不虚传,"温馨家园""快乐家园""关爱家园""和谐家园"也都有许多有力的"证明":这里有1600多名志愿者,有由50名党员、225名楼长和300名热心居民组成,专门为独居、空巢、高龄老人服务的"社区为老服务队",他们定期到老人家中打扫卫生、理发、送医送药、送米送面,居家养老的老人们每天在社区参加完自己喜爱的活动之后,还可以在社区饭堂里享用一次可口、优惠的午餐;社区有"四点半爱心教室"和心理辅导室,可以确保青少年健康成长,有课外学习娱乐场所,可提供免费辅导、心理疏导、课外培训服务,这就解决了孩子放学后无人监管的问题;社区摸清了辖区弱势群体的状况,为17个小区430多名待业失业人员建立了"服务供求信息"台账,对他们给予特别的关爱,定期组织劳动技能培训,积极举荐辖区失业人员就近就业,使再就业率达到82%;社区有矛盾纠纷排查及"邻里说和"志愿服务队,营造团结友善的和谐家园,"邻里纠纷劝一劝、贫困家庭帮一帮、老弱病残扶一扶",家教互助,保姆互助,邻里互助,都渐成风气,"一对一"结对结成了122对,在调处矛盾纠纷、解决信访问题,消除安全隐患等方面都发挥了重要作用,社区连续两年保持零发案率……针对城市普遍存在的邻里近在咫尺却互不往来的状况,他们创造性地开展了"把门打开"活动,让住对门的居民一起吃"AA制邻里亲情饭",密切了邻里关系。

赵耐香拿出一本印刷精美、类似名片夹的"网格服务百宝箱"给记者看。只见这个"百宝箱"分为"联系篇""服务篇""共享篇""展示篇"四个部分,几乎涵盖了社区精神文明、生活服务的所有方面,居民的所有需求都可以借助这个"百宝箱"得到满足。赵耐香告诉记者,这个"百宝箱"要发放到辖区的每个家庭,群众有什么事要帮忙,一个电话就可以解决。

所有这一切都表明:长城花园社区已将思想工作和生活服务融入到每个环节,让人充分感受到了社区大家庭的温暖和社会主义制度的优越性。

长城花园社区,现在拥有5个全国表彰的奖牌,自治区级的、市级的、区级的奖牌、奖状就更多了,其中去年获得的"全国和谐社区"奖牌和金凤区唯一评出的四星级社区称号,更让他们格外珍惜。有些奖牌就被他们镶嵌在刚刚落成的"雷锋广场",这在很大程度上又增强了社区居民的荣誉感。赵耐香对记者说:我们的下一个目标,就是争取成为"全国先进基层党组织"。

采访结束时,记者看到一个年轻姑娘正领着几个孩子从附近的小学返回社区。原来,那是一位志愿者,今天轮到她到学校接孩子并在社区辅导他们学习。派一个志愿者到学校统一接孩子并组织他们学习,这也是一个创造,因为此举不仅解决了家长们的后顾之忧,而且缓解了因为接送孩子的家长过多而造成学校门口的拥挤,可谓一举多得。

这个社区很温馨,生活在这里很幸福啊!这是记者采访后的突出感受。

（原载 2016 年 5 月 22 日《光明日报》）

"长征红军留下的是无价之宝!"

——记宁夏西吉县传播长征精神志愿者拜富贵

　　75 岁的拜富贵,已经是宁夏的名人了。这位土生土长的回族老人,因为当年红军三次来到他的家乡而在 23 年里心甘情愿地干了一件事:义务讲解红色文化,介绍毛泽东在此留宿的往事和西征红军的事迹,他也因此出名了,几乎每一个前来参观的人都听过他那充满激情、生动感人的讲解。

　　记不清头一次见到他是什么时候了,只记得 2006 年去西吉县采访时见过他,2008 年自治区五十大庆前夕也采访过他。这次,记者参加重走长征路采访活动,很希望再见到他。结果,到单家集一下车就惊喜地看到了他的身影。老朋友相见自然十分高兴,同上一次相见相比,他的变化并不大,只是飘洒的胡须全白了。

　　这么多年过去了,他还坚持在这里,还在义务传播长征精神! 记者突然萌发写写他的念头。在他绘声绘色讲解的间隙,记者对他进行了采访。

　　记者问:"您当这个红色文化义务讲解员有多少年了?"老人自豪地告诉记者:"23 年了! 从 1993 年至今,就没有间断过! 最近一个时期,来的人尤其多,有学习参观的,有采访、调研的,有重走长征路的,还有到这里举行新党员宣誓的,往往是整车整车地来,既有机关干部,又有中小学生,还有全国各地的新闻记者,最多时一次就来 200 多人,最少时也有几十人。每次来人,都是我出面讲解。最多时一天要讲六七场,最少也要讲两三场。"

　　通过拜富贵的讲解,前来参观的人知道了单家集发展的历史,也了解了红军三过单家集的历史:

　　1935 年 8 月,程子华、吴焕先、徐海东率领红二十五军从鄂豫陕边区冲破重重阻挠进入宁夏,首次来到单家集。由于此前的反动宣传和对红军缺乏了解,许多村民听说红军来了都逃跑了,是红军的民族政策、严明的纪律和爱民的表现,赢得了回族群众的信任和拥护,让那些逃跑的人返回家中。红二十五军的工作为中央红军再来单家集奠定了良好的群众基础。

1935年10月5日，毛泽东、张闻天、王稼祥、博古等与中央红军一起进入单家集，回族群众兴高采烈地在村里举行了欢迎仪式，马德海阿訇用回族的最高礼仪"九碗席"招待了红军领导人。毛泽东当晚还与马德海阿訇促膝交谈、了解回族风俗、讲解革命道理，然后留宿在"陕义堂"清真寺寺管会成员、回族农民拜文海（拜富贵之父，1991年去世）家中。拜文海听说主席睡不惯土炕，当即卸下自家一块门板垫在炕上。第二天，国民党飞机前来轰炸，投放了7枚炸弹，旧门板上的弹孔至今清晰可见。

　　1936年10月，由徐海东率领的工农红军第三次驻扎在单家集，驻扎时间长达42天。这次，他们不仅帮助当地建立了苏维埃政府，而且组建了120多人的游击队。

　　记者的这些转述，远没有拜富贵的讲解生动。

　　拜富贵的讲解，不仅让人了解了红军三到单家集的清晰脉络，而且让人感受到了令人敬仰的红军精神。而这些故事和这种精神，不仅都装在拜富贵的脑子里，而且都融在他的血液中。正是不朽的红军精神，鼓舞、激励着他乐此不疲地当这个义务讲解员。

　　拜富贵告诉记者：他家就在附近，当讲解员完全是义务的，并没有报酬。

　　拜富贵向记者透露：当年，单家集回族群众热情接待了毛泽东等中共领导人，但具体接待了谁人们并不清楚。直到1976年10月毛泽东当年的警卫员陈昌奉再访单家集，才透露了这个秘密。好在毛泽东当年住过的房屋、用过的物品都在，也被完整地保存了下来。而拜富贵掌握的情况，多是他的老父亲和村里的其他老人口耳相传的。

　　拜富贵开始做这个讲解员也很偶然。1993年，武警总部一位副司令前来参观，村里没有人能够说清子丑寅卯，因为他就住在隔壁，便被喊了过来临时充当讲解员。谁知，这一讲就讲到了现在，再也停不下来了。

　　拜富贵毫不掩饰地对记者说，因为自己读过几年书，又住在附近，一叫就能过来，就很自然地当起了讲解员。开始，自己的方言太重，有些问题自己说不清，别人也听不清。只能说"在这里吃了""在那里住了"等极简单的情况。为了取得更好的讲解效果，他学习了普通话，努力改变自己的方言，还查阅了历史资料，学习了相关知识，对有些内容则完整地背诵了下来，这对于一个年事已高的老人来说，可不是一件容易的事。谁知道,他为此耗费了多少心血!

闻听至此,记者真的对他肃然起敬了。

拜富贵说,红军留给单家集的是无价之宝,是取之不尽的精神财富,我们一定要把它传承下去!

临别时,许多记者都满怀敬意要与老人合影留念。记者也忍不住走上前去,继 2008 年之后再次与他合影,并衷心祝他健康长寿,希望下一次再来时还能见到他,还能听到他的演讲。

短评:为长征精神传播者点赞

长征胜利已经 80 周年了,亲历长征的人越来越少了,就连他们的下一代也老了,有的甚至已不在人世,但长征的精神不会老,作为一笔宝贵的精神财富,它永远不会过时,需要我们继续传承、发扬光大。要传承长征精神,就需要有像拜富贵这样的长征精神的传播者和宣传员,他们应该得到社会的广泛尊重。纪念长征胜利 80 周年的活动基本结束了,我们"重走长征路"的报道也告一段落了,我们希望到纪念长征胜利 90 周年的时候,能有更多的人了解长征、宣传长征、理解长征、弘扬长征精神。

(原载 2016 年 10 月 31 日《光明日报》,本篇是《光明日报》"重走长征路"主题采访活动的"收官之作",与韩业庭合写)

珍惜同心县红色资源　挖掘同心县红色文化

同心县是宁夏红色遗迹最多的县,也是宁夏历史名人踏足最多的县,更是宁夏红色文化最丰富的县。同心县的红色资源值得我们格外珍惜,同心县的红色文化值得我们深入挖掘,同心县的红色文化也应该在两个文明的建设中发挥重要作用。

在红色资源相对较少的宁夏,还没有几个地方能与同心县的红色资源相提并论。这个判断基于以下事实:一、在同心县诞生了我党第一个县级回族自治政权,尽管这个政权存在还不到一年时间,但它却开创了我国民族区域自治的先河,为我国制定民族区域自治政策提供了宝贵的经验,尤其值得我们珍视的是,当年陕甘宁省豫海县回民自治政府成立时的所在地,同时也被列为全国重点文物保护单位的同心清真大寺,依然完好无损地保存至今;二、继中国工农红军在甘肃会宁、宁夏将台堡会师之后不久,刚刚完成长征的红军又与西征的红军在同心县实现了会师,参加会师的高级将领和著名人物很多,会师的人数也超过了前两次,这次会师的意义值得深入研究,这次会师的亲历者、开国上将萧克曾在1996年8月13日提笔专门书写了"红军长征陕甘宁,三军会聚同心城"14个大字;三、同心县是红二十五军西征的主要活动区域之一,也是红军西征取得重要战果的地区之一,在这里发生过许多历史事件,至今仍然可以看到许多革命遗迹;四、同心县是美国记者斯诺采访的重点区域、逗留时间较长的地区之一,《西行漫记》中四分之一的篇幅都与同心县有关,堪称经典的彭德怀骑战马、小号手吹号、多位高级将领合影的照片均拍摄于同心县;五、同心县是许多重要历史人物踏足较多的地区之一,除了朱德、彭德怀、贺龙、刘伯承、徐向前、聂荣臻、萧克、关向应、陈昌浩、徐海东、王首道、唐天际等200多位开国将帅和著名历史人物之外,还有斯诺、马海德等国际友人也在同心县留下了许多佳话,许多红色资源,不论是在宁夏,还是在全国都是绝无仅有的。

这么宝贵的红色资源,值得我们好好珍惜,也值得我们好好保护,更值得我们深入挖掘、系统研究、大力弘扬,这也是我们这一代人的历史责任和神圣使命。

现在,有些历史问题还没有完全搞清,有些事件还存在很大争议,有些遗迹还需要加强保护,总之,需要我们做的工作还有很多。对争议较大的问题,我们不要急于下结论,要通过进一步挖掘整理历史资料来寻找新的证据,尽可能用证据说话,尽量减少主观臆断和盲目推测。例如,三军会聚同心城,是有确凿证据的历史事件,毋庸置疑,但确有许多问题值得探讨:这个"会聚"是什么性质的"会聚",是有目的的军事行动,还是一般意义的军民联欢? 这个"会聚"与长征是什么关系,是否是长征不可分割的组成部分,是长征的拓展、延续,还是与长征毫不搭界? 这个"会聚"对西征产生了什么影响? 对巩固红色政权有什么作用? 这个"会聚"做出了什么战略部署、有什么重大意义? 所有这些问题都需要本着实事求是、严肃认真的态度进行研究,这些研究都是有重要意义的,需要中央和地方党史专家进行深入而系统的研究。

建议有关部门进一步组织相关部门对同心县的红色文化资源进行梳理,摸清同心县红色资源的家底,进行有效的保护;进一步组织党史专家对同心县的党史资料进行整理研究,分门别类地进行研究;定期举办学术研讨会,以各种形式交流党史研究的新成果。

几年前,记者曾经对同心县的红色文化资源进行过调查,也踏访了老一辈革命家留下的历史遗迹,在《光明日报》上做出专门的报道。记者深深地感到,同心县确实是一片红得耀眼的地方,是进行革命传统教育的课堂,是值得党史专家深入挖掘的宝库。然而,令人稍感遗憾的是,这里还没有像有的革命老区那样享有很高的知名度,也没有引起全社会足够的重视,其影响力也比延安、井冈山、西柏坡等红色遗迹要小很多,而这种状况与它的历史地位是很不相称的。

同心,是个值得历史铭记的地方;同心,是值得我们永远珍视的精神家园。

(原载 2016 年 10 月 26 日《光明日报》)

一场值得期待的演出

"现在的日子这么好,大家怎能不想法子欢乐?"2016 年春节前夕,记者来到宁夏盐池县花马池镇北塘新村。一进村,村党支部书记张生龙就告诉记者:村里的群众正欢天喜地、信心十足地准备欢庆春节的文艺活动呢。

说他们"欢天喜地""信心十足",那可是有历史背景和现实依据的。

原来,北塘新村是 2012 年才建立的新村,村里的 550 户 1459 人都是从 100 多公里外的麻黄山搬迁过来的,他们就此告别了山大沟深、靠天吃饭的恶劣环境,也摆脱了吃水难、就医难、上学难、信息闭塞的困扰,聚集到了一个水、电、路通畅,设施配套、功能完备的新农庄,人均收入也大幅度增加。

说起生活的变化,他们个个眉飞色舞,记者觉得仅用"欢天喜地"4 个字已经不足以表达他们现在的心情了。

说村民对将在春节前举行的文艺表演活动"信心十足",也是有充分理由的。61 岁的退休小学教师冯德林告诉记者,去年 10 月 18 日,由他策划的北塘新村首届群众文艺晚会就办得非常成功,不仅北塘新村的男女老少都出动了,就连周边农村和县城里的不少居民都来观看,到场的观众有上千人。那次演出也发现、培养了一批文艺骨干。这次春节文艺演出,还是由冯德林担任策划,那些刚刚崭露头角的文艺骨干仍然加盟,演出质量也有充分保障。

冯德林告诉记者,有了前面的演出,不仅这些业余演员们对即将举行的演出情绪更高,就是普通村民对观赏也很期待。许多人白天在外面打工,晚上就加紧排练。约定傍晚7:30开练,要演出的人不到7点就到了。左润娟、苏彩玲、许瑞瑞等年轻妇女,因为孩子幼小无人看管,就带着孩子到排练场,一边排练,一边照看孩子。

记者在节目单中看到,整台演出以歌舞为主,真可谓是"手舞足蹈迎新春"。看到快板《夸咱新北塘》和小品《走出大山》两个节目均由一个名叫潘自更的人创作,记者便很想认识一下这位民间高手,但等真的见到潘自更时,记者却大感意外:原来,这竟是一位72岁的老人,只有小学文化程度!老人告诉记者,他原来的生活非常艰难,在他30岁时,妻子就因病去世了,留下4个嗷嗷待哺的孩子,他直到44岁时才又找了个老伴。让他感到自豪的是,孩子们都很争气!大儿子和大儿媳现在在西安的一所大学里分别担任教务处处长和教授,小儿子、小儿媳则在本地的中学里当教师,一个孙子还考上了研究生。现在,他每月都能按时领到养老金,加上儿女们给的生活费,日子过得很滋润。因为衣食无忧、心情舒畅,就有了歌唱美好新生活的愿望,平时爱说顺口溜的特长也就派上了用场。

老人告诉记者,这两个节目是他用一整天的时间写成的,他是想一句、写一句,写好一句,再想下一句,回头还要看看是否押韵。写完交给村干部审查,没想到竟然顺利通过了,基本没有修改。老人严肃地对记者说,我所写的都是真人真事、实情实景,没有一点吹嘘!既符合党的政策,又符合村里的实际!

老人还向记者透露,这是他创作的节目第一次被搬上舞台,这让他很兴奋,也为他提振了信心。他说,今后会更加留心身边的好人好事,积累更多的素材,争取写出更多、更好的东西。

看来,随着生活水平的提高,人们求乐、求美、追求高雅生活的愿望也在不断提高。

北塘新村村主任何三存告诉记者,春节文艺演出时,还要在现场举行农民书法、绘画、剪纸、刺绣、手工编织作品展和农具展,有些书画爱好者还要现场写字、画画呢！所有这些都令人期待。

（原载 2016 年 2 月 2 日《中国文化报》）

中国人游世界面面观

如果说"中国人站起来了""中国人富起来了"是有目共睹的事实的话，那么，我们今天完全可以说："中国人游起来了"！

继"中国人站起来了""中国人富起来了"之后，我们伟大的祖国如今正兴起一股势头强劲的"旅游热"：不论是在中国，还是在全世界，几乎所有著名景点都有中国人的身影；在许多景点里，中国游客都毫不谦让地成为旅游市场的主导。"中国人游起来了！""游"得潇洒、"游"得酣畅淋漓、"游"得令世界瞩目——这番感受源自于我最近的一次出游。

"看，都是中国人！""中国游客怎么这么多？""怎么到处都有中国人？"这是我以普通游客的身份到俄罗斯旅游听到的议论。节假日，出游人满为患自不待言，就连平时出游的人也是比肩接踵。我在俄罗斯常常听到人们情不自禁地为此发出的议论。各个旅游团的人碰到一起，也会相互询问来自何处，彼此发出会心的微笑。有时，无须询问，只要一听口音，就知道对方来自哪里。

在莫斯科、圣彼得堡和伊尔库茨克，我好奇地向导游询问相关的情况。莫斯科、圣彼得堡的导游都告诉我，在各国游客中，中国游客人数是最多的，约占游客总人数的 60% 以上。而在伊尔库茨克，曾在中国黑龙江省佳木斯市专门学习过汉语的俄罗斯导游巴沙告诉我：到贝加尔湖旅游的游客，每年都有 100 多万人，其中80% 以上是中国人，而美国人、德国人、韩国人、日本人加在一起也只有 20%。

这种状况，在新马泰、在韩国、在日本，甚至在遥远的非洲、南北美洲都同样存在。从全国各地旅游景点和世界各国旅游景点反馈回来的信息表明：中国游客，正成为全世界旅游大军的主力和生力军！中国人真正"游"起来了！

中国人，不仅要游遍自己的祖国，而且要游遍全世界！这不是一句口号，正有越来越多的人把这种愿望付诸行动。旅游大军也在日益壮大：从城市扩展到乡村，从经济发达地区扩展到经济相对落后地区，从青壮年拓展到中老年。

30 多年前,我曾不止一次听到从国外回来的人讲述自己的遭遇:在国外,有许多人会问:你们是日本人吗？是台湾人吗？当听说他们来自中国内地时,许多人都表示惊讶,也充满着好奇,因为那时中国内地的游客还少之又少。

如今,再提起这段往事,已经没有多少人会相信了。因为中国大陆出境游的游客,超过了世界上任何一个国家。现在,热衷于旅游的中国人越来越多,旅游也不再是城里人的“专利”,几天前脚上还沾满泥土的农民,一转身就变成跨洋越海的游客。我曾多次到地处毛乌素沙地边缘的黎明村采访,每次去都能听到他们到各地旅游的消息,都能分享到他们旅游的快乐,他们旅游的足迹,也由近及远、由国内到国外,走过的地方也越来越多。

在当今中国,如果说人人都是游客,可能有点夸张,但许多地方,确实找不到多少从没有旅游过的成年人了。

我乘坐的飞机,是从银川飞往俄罗斯的伊尔库茨克的,整架飞机上坐的全是来自银川的游客,没有一个空位。在与同行者的接触中,我发现,他们中间,既有机关退休干部,事业单位的科技人员,又有农村学校的教师,还有普通的农民,几乎都有多次旅游的经历,有的人已经游览了很多个国家。这次,他们有的是全家出动,有的是夫妻同行,有的是母女结伴,有的是朋友相约,单独前往的只有一个人,而这个人的爱人此前已经来过了,他是来“补课”的。到了俄罗斯,银川游客兵分两路,一部分人在贝加尔湖游览,一部分再去莫斯科、圣彼得堡。我所在的旅行团有 45 人之多,以往带这么大的旅行团,统计人数都很费神、费力、费时、费事,但富有经验的俄罗斯导游,“创造性”地将所有游客都按家庭和朋友圈编号,将我们这个 45 人的大团编为 15 个号,每到一个景点,导游只需喊个号就可以了,既简便又省事。住宿,按编号安排;就餐,也按编号就座,管理起来井井有条。这也透露出一个信息:像这样以家庭或朋友为单元的旅游已经成为一种趋势,而导游早就积累了接待的经验,能够应付自如了。

中国游客,在许多地方、许多景点都得到了重视,中文标识随处可见。在圣彼得堡机场,我惊奇地听到了汉语广播,这是除俄语、英语外的第三种语言。与导游交流更是很顺畅,莫斯科、圣彼得堡的导游都是在俄罗斯留学的中国人,伊尔库茨克的导游巴沙虽然是当地人,但因为曾在中国学习过 3 年,也能说一口流利的汉语,沟通起来毫无障碍。在许多购物点,许多店主都能听懂或会说简单的汉语。

许多中国餐馆,都开到了城市的黄金地段。在俄罗斯走过的几个地方,我们都能吃到地道的汉餐,品味到家乡的味道,而这一切甚至让人产生还在国内的错觉。

中国有近14亿人,如果有1/10的人去旅游、如果每个人游历了不止一个国家,那将是一个惊人的数字、一个巨大的商机,可以带动许多产业的发展。在圣彼得堡一家中国人开的餐馆,中国老板自豪地说:中国游客一年要为当地带来7亿元人民币的收入,大大拉动了当地经济!

这么庞大的旅游市场、这么有购买力的顾客,哪个国家会不欢迎?哪个经营者会不重视?

旅游业的作用是巨大的,中国游客带来的影响是多方面的。在贝加尔湖畔只有2000多名居民的利斯特温卡镇,我问导游巴沙:在你们这里,会说汉语的只有你一个人吧?这个机智幽默、常常逗人发笑的小伙子告诉我:这里来的中国游客多,会说汉语的人自然也多。

我们在有400年历史的塔利茨木制民族博物馆参观时,碰到正为另一个旅游团服务的俄罗斯女导游,她的汉语似乎比巴沙说得还好。她微笑着和我们打招呼,先说"你好",随即又笑着纠正道:"不,是你们好!"一句问候的更改,透露出她对汉语的驾驭能力。

巴沙对我们说:我知道,在你们国家里,过去学习俄语的人很多;现在有点倒过来了,在我们国家学习汉语的人越来越多。这都是发展的需要!旅游,让两国人民的联系更密切了!

中国人从站起来到富起来,再到今天的游起来,只有短短几十年时间,并没有经历漫长的历程。我发现,从站起来到富起来了,再到游起来了,是有内在联系的,也是有因果关系的:前者是后者的基础和条件,后者是前者引出的结果。没有站起来,就不可能富起来;没有富起来,也不可能游起来!中国人如果没有站起来,就没有走出去的底气;中国人如果没有富起来,就没有走出去的实力!这也正是漫卷全国的"旅游热"折射出的重要信息。

近14亿人口的大国兴起的旅游热,已经形成巨大的冲击波。这个经久不衰的冲击波,把无限的商机带给了世界,也激活了世界的旅游市场,促进了世界经贸文化的交流,而游客们在旅游中加深了对外面世界的了解,感受到了世界各地的多彩文化,带回了许多新知识、新信息、新理念,其作用是巨大的,影响是深远的。

当然,我们也应该看到,在这股日益强劲的"旅游热"中,还有许多问题亟待解决:许多人的旅游还带有一定的盲目性,许多旅游还是浅层次的旅游,许多旅游活动没有达到预期效果,短期行为和恶性竞争正扼杀人们旅游的热情,有些旅游还停留在看热闹的层面,不少游客的知识储备和文明素质都有待提高。"下车尿尿,上车睡觉,景点拍照,回来什么也不知道"仍然是不少游客旅游的真实写照,从"玩得起"到"玩得好",从"看热闹"到"看门道",从"看得见"到"看得懂",从"看入眼"到"看入心",从"游有所乐"到"游有所获",从"野蛮游客"到"文明游客",从维护自身形象到维护国家形象,我们都还有很长的路要走。不解决好这些问题,旅游业就不能健康发展,人们在旅游中的幸福感、获得感就会大打折扣。

这么大的旅游人群,这么大的旅游市场,这么大的旅游潜力,无论怎样重视都不为过。对于游客"输出国"来说,如何做好提前预测,如何做好提前规划,如何提前做出预案,如何提高游客素质,都是十分紧迫的问题。

中国人游起来了! 各国为之欢呼,世界旅游因此活跃。

中国人游世界带来的冲击波,还会继续,久久荡漾,一直传播到远方。

(原载 2017 年《宁夏旅游》杂志第二期)

见证民生　分享幸福

2017 年 1 月,我作为新闻出版界的自治区政协委员,参加了宁夏十届政协第五次会议,会上,我第九次拿到了自治区政府提交"两会"审议的民生报告。

在"两会"上审议"民生报告"始于 2009 年。作为连任两届的政协委员,我最早接触并审议了"民生报告";作为光明日报记者,我最早报道了这个创举;作为长期生活在宁夏的普通市民,我更感受到了"民生计划"带给老百姓的实惠。

那一次,我是以欣喜和赞赏的语气来报道此事的:"与以往不同,出席十届宁夏人大二次会议的人大代表和出席九届宁夏政协二次会议的政协委员的文件袋里都多了一份文件:《关于 2008 年民生计划执行情况与 2009 年民生计划草案的报告》。审议'民生报告',也成为本次会议增加的内容和亮点。"

自此以后,我便以政协委员和新闻记者的双重身份关注宁夏的"民生计划"。

我了解到,自治区政府每年都是先通过报纸、电视、网络向社会各界公开征集民生计划的内容,充分采纳各方面报送的意见和建议。在此基础上,按照急事急办、雪中送炭、量力而行、尽力而为的原则,以科学、积极、慎重的态度将这些意见和建议整理、分类、提炼,最终确定能够办得到、办得好的实事。

宁夏把民生改善作为政府最重要的工作在抓。除了分管副主席牵头落实外,历届主席更是亲自过问、督办。年初建账,年中查账,年底交账,办理过程还要接受人大代表、政协委员和群众的监督。如此制定、落实,如此审议、监督,如此透明、公开,充分体现了党委、政府的拳拳爱民之心。

脱贫攻坚,人饮解困,教育均衡,卫生惠民,支农惠农,扶弱助困,文体下乡,危窑危房改造……这些民生工程,有效地缓解了上学难、看病难、养老难、饮水难、居住难、出行难等难题,因而都引来一片赞誉之声。

曾主编过《民生宁夏系列丛书》的人民日报社记者刘峰,这次在宁夏日报等媒体的支持下,又组织精兵强将采写、编辑了这部专辑,很有意义。他们只用短短 20 多天就收集、采写了 40 余篇调研报告和长篇通讯,从上千幅照片中精选出百张有代表性的精品,采写、修改、审校、剪辑、编排,每一个环节都一丝不苟,表现出良好的敬业精神,为了抢时间、赶进度,他们全力以赴,夜以继日,这种忘我精神和宣传民生工程的热情,尤其令人感佩。

宁夏的"民生计划"与"民生实事",还在年复一年地实施。我们有理由对这项暖心工程、德政工程继续关注并热切期待。

(原载 2018 年《人民日报·民生周刊》增刊首篇)

煤制油的环保效益值得期待

一个多月前,位于银川黄河东岸的宁东能源化工基地传出好消息:神华宁煤集团年产 400 万吨煤炭间接液化项目,一次试车成功、打通全流程,并产出各类合格的油品及相关产品。原来黑乎乎的煤炭,在转瞬间就变成了晶莹透明的油品和其他色彩艳丽的产品。

记者在采访中了解到,煤制油在我国具有重大战略意义,对确保我国的能源安全将产生重大作用。然而,其重大意义还不止于此,由此产生的环保效益同样值得我们关注和期待。

神华宁煤集团因为生产出了清洁的能源并将扮演清洁能源供应商的角色,有望成为我国节能环保的领跑企业。而他们自主研发的、可以"消化"各种煤炭的"神宁炉",还被国家能源局列入煤炭安全绿色开发、清洁高效利用先进技术与装备的推荐目录。

神华宁煤集团煤炭间接液化生产出来的合格油品,与我们目前大量使用的、由石油炼成的各种标号的汽油、柴油相比,具有许多优良品性:煤制油的油品,因为在转化过程中已将硫黄等许多成分提取、分析出来,所以便具有超低硫(接近于零)、低芳烃、低灰粉、高十六烷值的优点,不仅是优质的汽车用油,而且可以满足航空、舰船等特殊需要。如果改用这些油品,就可以减少二氧化硫、氮氧化物、碳氢化合物和颗粒物的排放,进而在很大程度上降低空气的污染。

近年来,北京、上海、天津等大城市的空气污染问题,引起越来越广泛的关注,驱之不散的雾霾所造成的危害越来越严重,治理雾霾、减轻污染的呼声也越来越强烈。而治理环境、降低污染的途径不外乎两个方面:一方面,要通过各种限制措施减少污染的排放,另一方面,就是从源头着手,从所消耗的能源上找出路,用清洁能源替代容易造成污染的能源,也只有这样,才能从根本上解决问题。如果目前车辆过多、污染过重的城市都能普遍使用煤制油的清洁能源,那么,汽车尾气污染及由其他能源过度使用所带来的雾霾,都将"烟消云散",天空也会变得清澈湛蓝。

煤制油,为我们展示了一幅净化空气的美好前景,它将产生的环保效益,值得我们期待,也值得我们为之"推波助澜"。

(原载 2017 年 2 月 8 日《光明日报》)

民间收藏传承文明,应该给予必要扶持

盛世收藏。自改革开放以来,我国各地民间的收藏热方兴未艾,热度不减。即使在相对偏僻的宁夏,也有为数众多的民间收藏家,热衷于古董收藏的人越来越多。有什么东西都收的,也有只收某种器物的。其中,有收藏名人字画的,有收藏陶器、瓷器、石器、玉器的,也有收藏各类民俗文物的,票据、烟盒、秤砣、证照、文书、档案、唱片、海报,都有许多有心人在收藏。有些收藏琳琅满目,难得一见,其规模和价值也远远超出人们的想象,其中有些收藏颇具文物价值、历史价值和观赏价值,是进行爱国主义教育、历史文化知识普及的活教材。有一位热心收藏各式古灯的收藏家,在二三十年中已经收集了许多不可多得的珍品,收藏的石灯几乎将全国的石灯一网打尽。有一位专门收藏照相机的收藏家,收藏已有两三千架之多,可以完整展现照相机发展的历程,凭着这些藏品就可以开设一个照相机博物馆了。

在这些民间收藏家中,有一部分人是为了牟利,让藏品保值升值的,但也有一些是出于一种社会责任感,也不以营利为目的的,就是为了个人爱好、为了供人欣赏、为了保护和弘扬传统文化。有人为了收藏自己认为有价值、有意义的器物,陶醉其间,甚至到了痴迷忘我的程度,有人甚至为此不惜血本,即使倾家荡产也在所不惜,表现出令人敬佩的精神境界。

然而,这些自发的民间收藏,普遍面临各种困境。让许多人焦虑、无奈的,不是收藏文物之艰,不是收藏资金之困,也不是鉴别真伪之难,而是没有得到政府的支持、认可和应有的扶持。有人的藏品甚至连存放、展览的场地都没有,更不要说妥善地保管和维护了。有些藏品只能长期在收藏家的家里堆放,无法与公众见面,无法让人欣赏,"养在深闺人未识"。

记者在采访中发现,许多民间收藏承载着中国的历史和文明,具有不可多得的宝贵价值,甚至在很大程度上弥补了国家收藏的不足。如果政府能够提供必要的支持、集中展出这些收藏,不仅可以传播相关知识、弘扬传统文化,而且可以增加当地的文化内涵,为当地旅游创造新的景点。

有识之士建议,尽快组织人员对民间收藏进行调查摸底,了解并掌握民间收藏的基本状况,分析其中存在的困难和问题。采取有效措施保护民间收藏的藏品,保护民间收藏家的积极性。有关部门要与民间收藏家广泛接触,充分征求他们的意见,协商解决保存、展出中的各种问题,提供必要的场地,尽早分门别类地展出这些民间收藏藏品。各地应在全面掌握民间收藏的基础上,选择适当时间、适当地段,兴建民俗文物博物馆,展出各类藏品,使它们发挥应有作用。

(原载 2017 年 2 月 5 日《光明日报》)

沙尘暴"遗忘"了宁夏

4月17至4月19日,宁夏北部出现沙尘天气,部分地区在短时间内能见度不足1公里。这是银川人今年以来感受最明显的沙尘天气。以往"不请自到"的沙尘暴,今年还没有发生过一次,似乎把宁夏给忘了。而这少见的沙尘天气,也不是宁夏"土生土长"的。

科学观测表明:这个沙尘天气并非起源于宁夏,它来自于更遥远的西北地区,而宁夏只是它一个"不太顺畅"的通道而已。沙尘暴,特别是来势凶猛的强沙尘暴,已经好久没有"光顾"宁夏了。

以往的春季,沙尘暴都会成为宁夏的"不速之客",频频光顾西部这块历尽沧桑的大地。这也难怪,宁夏地处大西北,三面环沙,且降雨偏少、植被稀疏。这就是沙尘暴的"物质基础",是沙尘暴形成的条件。但是,近年来人们意外地发现:不但沙尘暴很少光顾了,就连扬沙、浮尘的天气也不多了。今年的春季都过去了,很多地方还没有出现过扬沙、浮尘天气,更不要说曾让人"谈虎色变"的沙尘暴了。

沙尘暴真的要"告别"宁夏大地了吗? 最近,我在宁夏气象局了解到:去冬今春以来,1月25日观测到了宁夏第一次扬尘天气,只在位于风口的中卫市沙坡头区和中宁县,出现了短时、轻微的沙尘暴。而4月份中下旬的沙尘天气,则是它的第三次"发作",虽然范围有所扩大,但与以往相比,强度大大减弱,已经不那么可怕了。

沙尘暴是风与沙相互作用形成的灾害天气:风是动力,沙是基础,没有风,沙就不会"兴风作浪";没有沙,风也就没有多大能量。沙尘暴的形成,既有自然的因素,也有人为的因素,而人为因素往往会起到更重要的作用。

宁夏气象局高级工程师王素艳提供了一组详细的数据。这些数据表明:扬沙、浮尘、沙尘暴天气在宁夏已呈现减少的趋势。20世纪60年代,宁夏的沙尘天气每年平均达到60天,70年代甚至达到79.2天,而近几年扬沙、浮尘天气一般都减少到了几天。至于沙尘暴,就更是"稀罕物"了,2015年,宁夏一次都没有出现过,2016年,也只在位于腾格里沙漠边缘的中卫市局部地区出现过一次!

因为沙尘暴很久没有"驾临"了，许多宁夏人居然忘了沙尘暴降临时的恐怖场面。在银川问一问七八岁的小学生，许多人竟不知道沙尘暴为何物，因为他们很少，甚至没有见过沙尘暴。

莫非是沙尘暴真把宁夏"遗忘"了？

二三十年前，沙尘暴还是宁夏的"常客"啊。那时，沙尘暴一来就遮天蔽日、摧枯拉朽、封堵道路、吞没农田，甚至吹折电杆，掀翻屋顶，刮散羊群，呛人咽喉，夺人性命，导致航班延误，造成经济损失，让人呼吸困难、烦躁不安。作为记者，我当年曾多次报道沙尘暴的危害和惨状，也一次次发出环保警示，至今对沙尘暴降临时的景象都记忆犹新。

仿佛是在转眼之间，宁夏的生态环境就变了，沙尘暴来的次数越来越少，对宁夏的危害也越来越小了。

这个变化是如何发生的？是什么让沙尘暴"疏远"了宁夏？这可不是大自然对宁夏的恩赐，也不是沙尘暴发了"善心"。沙尘暴的面貌是狰狞的，大自然对不爱惜家园的人也是很苛刻的。

也许，我们可以从这些变化中找到一些端倪：以往，脆弱的草场上到处都有苦苦觅食但仍然饥肠辘辘的羔羊，现在所有的羊只都被圈进了羊圈，除了出栏和宰杀之外再也不出圈舍，舍饲养殖取代了野外放牧；以往，挖甘草、抓发菜、铲草皮的大军比肩接踵，对草原构成一次次浩劫，将原本就绿意稀缺的草场变成昏黄的焦土，现在，几乎所有草场都恢复了宁静：挖甘草的，挂了锹；抓发菜的，收了工具；铲草皮的，收了手；人为的破坏越来越少、越来越轻。各类施工工地，因为采取了遮盖表土、洒水降尘、封闭运输等防尘措施，从源头上控制了起沙扬尘，而年复一年植树造林，更是绿化了山川，遏制了风沙……当然，强对流天气减少、强冷空气南下频率降低，也是重要因素。

权威专家此前对大西北考察风沙源时，做出了科学的判定：现在的宁夏，只是沙尘暴的通道，而不是沙尘暴的源头！就是这个"通道"，如今也不那么畅通了，因为农田防护林及其他日益繁茂的植被，对起源于新疆、甘肃和内蒙古西部部分地区的沙尘暴构成了不小的阻力，沙尘暴不再畅通无阻，也不能为所欲为了。

尊重自然，顺应自然，保护自然！

宁夏近年来实施的五大"生态工程"，有效地遏制了荒漠化、沙化的势头，荒漠化土地和沙化土地都有大幅度缩减,荒漠化和沙化程度则由极重度、重度、中度向轻度转变:极重度、重度荒漠化、沙化土地都在减少,而中度、轻度的荒漠化、沙化土地却在增加,有些沙化、荒漠化严重的地方,现在已变成绿洲了。

最近,自治区政府又提出,要把生态文明建设融入经济社会发展的全过程,坚守土地、资源、环境的底线,走生产发展、生活富裕、生态良好的发展之路,进而把宁夏建设成为全国生态文明的示范区。

生态环境好了,沙尘暴就难有容身之地,也抖不起威风,自然就"躲开"宁夏,也渐渐把宁夏遗忘了。

沙尘暴"忘"了宁夏,那可是宁夏人求之不得的好事。当然,要让沙尘暴彻底"忘掉"宁夏,宁夏人还有很多事要做,现在还不是过于乐观的时候。

(原载 2017 年 3 月 18 日《光明日报》)

我见证了这个小荒村的"沧海桑田"

绿草如茵,花团锦簇,林木茂盛,天蓝水净,空气清新,没有沙暴侵袭,没有污染骚扰,没有浮尘包抄,这是人人都向往的生活环境,也有越来越多的人生活在这样的环境中。如今,生态文明被提到前所未有的高度,其建设成果也正惠及越来越多的人民。

许多人没有看到,我国生态环境在一些地方曾经恶化的程度;有些亲历者已经淡忘,生态恶化曾逼得人们无法正常生活;更有人把以往的教训抛于脑后,置大自然的警告于不顾。

大自然的警钟,曾经不止一次为人类敲响,我们再也不能视而不见,听而不闻了。

在我国北方,分布着许多沙漠和已经沙化的土地。有的沙漠,区域辽阔,一望无垠,不见一丝绿色,被人们称为"死亡之海",令人望而生畏。在鄂尔多斯与黄土高原之间,在陕西、宁夏、内蒙古交界地带,有个算不上很辽阔的沙漠——毛乌素沙漠,因与一般意义上的沙漠有区别,又被称为毛乌素沙地。宁夏的盐池县,因地处毛乌素沙地边缘曾长期饱受风沙侵袭之苦。这个县有个以往鲜为人知的黎明村,因被风沙逼得无法安居而不得不四处搬家以避风沙,居然在几个月内就四分五裂了。这个小荒村的不幸遭遇,令人震惊,令人遗憾,也令人警醒,它也因此有了一定的知名度。

风沙真逼得人无法生存、让人不得不像逃避灾难一样溃散吗?对于远离风沙、生活环境优越的人来说,这是难以置信的。20年前,我第一次听到这个情况,也很惊讶,甚至是半信半疑的。

虽然以前从一些资料上看到有些历史古城毁于风沙,但那毕竟是很久远的事,也不是亲眼所见。所以,在初次奔向黎明村的路上我还在想:这样的悲剧,怎么会发生在当下、发生在自己生活的周围?风沙的危害,真的大到让人无法生活、非得搬家躲避不可吗?

虽然已经过去20年了,但我至今清晰地记得1998年初次踏访黎明村的情景。那天,虽然只有四五级风,但风沙还是一个劲地往我的脸上打、往我的嘴里吹、往我的采访包里灌。由于黄沙封锁了村中的道路,吉普车无法前行,我只好步行进村。呈现在我面前的,是尚有彩绘的断垣残壁,是连绵不断的沙浪,是随处可见的沙丘。我看到,黄沙正一点一点地蚕食着墙壁上的白灰和彩绘,就连村中饮羊的水槽都被黄沙填满了。这个饱受风沙侵害的自然村,当时已被风沙逼得无法生存,仿佛是在顷刻之间,就土崩瓦解了:由一个完整的村,分裂成遥遥相望、相距约1公里的4个小庄点。这个仅有四五十户居民的小村庄,像逃避瘟疫一样搬到原来没有人居住的"南梁""北梁""东梁",形成了新的村落,而留在原地的只有两户人家。

风沙逼得人无法生存、让人避之唯恐不及,这是个值得高度关注的事件!

那次,我怀着沉重的心情走进一户尚未搬走的人家。提起风沙的危害,黎明村人都有倒不完的苦水。在此后的几次踏访中,也都绕不开这个话题:那时的黎明村,黄沙几乎无处不在、无孔不入。每天早晨起床,被褥上都有一层黄沙,锅碗瓢盆都成了黄沙的"落脚之地"。一场大风刮来,村中的道路就被一道道沙梁封堵,各家各户院内院外都堆满了黄沙,一连几天都清理不完。在那些日子里,人们普遍担心:迟早有一天,风沙会吞噬这个地处低洼地的村庄的!

那段时间,黎明村人常常聚在一起,谈论的几乎是一个话题:何时搬家?往哪里搬?跟谁搬到一起住?很快,大家就达成了共识:黎明村再也不能住了,只有搬家一条出路！于是,就像逃晚了就要遭受灭顶之灾一样,搬家的人比肩接踵,黎明村仅仅几个月就七零八落了。

以搬家来躲避风沙,对黎明村人来说,确实是无奈之举。但搬家只给他们带来片刻的安宁:因为风沙如影随形,并没有被他们甩远:他们搬到哪,风沙就跟到哪,没过几天,新家的院落、墙角就又有成堆的黄沙。

冰冻三尺非一日之寒。黎明村走到这个地步,也不是一朝一夕的。

黎明村也曾有过安宁、快乐、无忧无虑、无烦无恼的时候,但随着人口的增长和对大自然毫无节制地索取,生态环境也随之迅速恶化。而这种恶化,从清朝就已经开始了。到了20世纪六七十年代以后,恶化的速度更是明显加快。

在黎明村乃至整个盐池县,危害环境的主要有两大行为:一是过度放牧,一是滥采乱挖。放牧,曾是这个半农半牧县的主要生产方式和重要经济来源,但超出草原承载能力的养殖和放牧,严重地摧残了本已脆弱的草原,加剧了草原沙化的进程。而滥采乱挖则是雪上加霜。作为优质甘草的产地,盐池县具有得天独厚的优势,但这个特产在产生了经济效益的同时,也引来了一拨又一拨"入侵者"。年复一年的挖甘草大会战,对大自然无节制地掠夺,酿成了一场又一场生态劫难,也制造了一起又一起流血冲突,盐池草场也因此被挖得千疮百孔、寸草难生。

与这些人为的破坏相比,当时对生态环境的治理却严重滞后。那时,当地群众只能眼睁睁地看着草原一天天沙化,大地上的绿色越来越少,而风沙则越刮越大、持续时间越来越长。

第一次去黎明村时,我在村里只看见三四株沙枣树,再也见不到别的树木。因为难得见到绿草,整个大地都呈现出令人望而生畏的黄色。2000年,我二访黎明村,留在原地的只剩了一户。我为此写了一篇警示性的报道:《是谁毁了我们的家园?》。2002年,我三访黎明村,那里的环境还在恶化,我又做了深入的"探究":《人类的退路在哪里?》。也就是在这一年的8月,自治区党委、政府在盐池县召开了"宁夏中部干旱带生态建设工作会议",时任自治区党委书记陈建国在大会上宣布:从2003年5月1日起,在宁夏全境禁牧!我为此兴奋地在《光明日报》做出报道:《宁夏将不再有牧羊人!》。而饱受过度放牧之苦的盐池县,没有"耐心"等到第二年,随即做出决定:将本县禁牧的时间提前到当年的11月。与此同时,各级政府采取了有力措施,果断地禁止了滥采乱挖。

脆弱的草原,得到了休养生息。2006 年,我四访黎明村时,虽然听到了最后一户人家也已搬走、旧庄点完全消失的"不幸"消息,但也欣喜地看到了黎明村的"黎明":原来,盐池县借中央和自治区重视林业建设的东风,大范围植树造林、飞播造林、封山育林,生态环境已发生可喜的变化,黎明村周边的树木也渐渐多了起来。

生态环境改善了,黎明村人又有了重新聚合的愿望,因为居住分散不仅疏远了乡亲们的亲情,而且带来有许多难以解决的问题。于是,这个饱经磨难、曾一分为四的自然村,出现了戏剧性的变化:在最后两户搬离老黎明村之后,当年仓促搬到"南梁"的 12 户人家,于 2011 年又二次搬迁,搬到了人口较多的"北梁",黎明村也因此"三合为二"了。到了 2012 年,在当地党委、政府的指导和支持下,经过整合的黎明村"再进一步":合二为一。短短十几年时间,黎明村由四分五裂又走向"统一",完成了一个令人惊叹的"轮回",也经历了一次沧海桑田般的变化,但新黎明村已非旧黎明村。2012 年,我完成了对黎明村的"七访",在《光明日报》头版突出位置发表了长篇通讯《一个小荒村的聚散兴衰》。

封山禁牧了,原来以放牧为主的畜牧业,是否就此"寿终正寝"了? 以养羊为主要经济来源的农牧户,是否有"断炊"之忧? 在当地党委、政府的引导和支持下,农牧民变放牧为舍饲,完成了养殖方式的一次革命,既维持了畜牧业的发展,又未破坏草场植被。

人们担心的情况并没有出现:封山禁牧后,黎明村乃至整个盐池县的畜牧业,不但没有萧条,反而有了飞跃,养殖数量不降反增,养殖收益也大幅度提高。原来废弃的庄稼秸秆和柠条、花棒等固沙植物都成了好饲料。以柠条、苜蓿、玉米秸秆为原料的饲料加工厂,在黎明村附近的马儿庄村应运而生,为养殖户源源不断地提供饲草饲料。舍饲养羊,带来了畜牧业的繁荣,黎明村不仅建起了养殖园区,而且成立了养殖合作社,一跃成为远近闻名的养殖专业村,所产羊肉也远销北京、银川等地。一门心思想离开黎明村的人不走了,在外面闯荡多年的青年人回村了,富裕起来的黎明村人也过上了与城里人相同的生活,一有空闲,便天南地北地游览祖国大好河山。

黎明村,从一个令人厌恶的村庄,变成一个令人留恋、令人向往、魅力四射的村庄。2014 年 12 月,我对黎明村的"九访",就是以《黎明村的魅力》为题写出最新报道的。

曾有人问:黎明村的环境还会恶化吗?还会因风沙逼迫而迁徙吗?2016年5月,我在十访黎明村时也向村民提出了这个问题,在长篇通讯《物换星移几度秋》中对此也做出了报道。

黎明村人用非常肯定的语气说:那样的事,再也不会发生了!

黎明村人为什么会如此肯定,他们的底气又来自哪里?原来,经历了这么多年的磨难之后,村民的环保意识普遍提高了,他们再也不会干自毁家园的蠢事了。

此前,我在采访时了解到,盐池县涌现出一批治沙大户。原来一些挖甘草的能手,不但自己收起铁锹不挖甘草了,而且自发地投巨资治理沙漠,进而成为治沙的功臣。而更多的盐池人,非但自己不挖了,而且在外地人前来挖甘草时,还自发地组织起来,保护家园、驱逐"入侵者"。

宁夏全境封山禁牧后在个别地方曾出现过反弹,有人甚至一次次乘机"偷牧",但这种状况在盐池县基本没有,在黎明村更是彻底绝迹了。

现在,黎明村人都有了强烈的爱绿、植绿、护绿意识。有些村民甚至花钱购买多种树苗,自觉地在自家房前屋后大量植树。2016年,我十访黎明村时看到,黎明村里那些成排的白杨都已长得比成人小腿还粗。

环保意识的提高,是黎明村人最重要的收获,是对黎明村影响深远的因素,也是确保黎明村不再重蹈覆辙的关键。

提高了环保意识的,不仅是黎明村的村民,还有盐池县的各级干部和广大群众。环保意识的提高,促进了环境的改善:有资料显示,沙化面积曾经达到539万亩的盐池县,现在林木保存面积达到了385万亩,200多万亩沙化土地全部披上了绿装,100亩以上的明沙丘基本消除,全县实现了沙地披绿、人进沙退的历史性转变,沙尘暴和扬沙天气也大幅度减少。

黎明村,是盐池县发展变化的缩影,也是整个宁夏,乃至我国北方地区近二三十年的缩影。黎明村为我们提供的经验和教训也具有警示意义。

我很庆幸,在30多年的职业生涯中,用20年时间关注过这个小荒村,用10次踏访的经历和近10万字的报道,见证并反映了它沧海桑田般的变化,也为人们解剖了这个由破坏生态到改善生态,进而实现人与自然和谐共处的活标本。

(原载2018年6月16日《光明日报》)

来自宁夏退耕还林一线的报道之一：

冬季里的绿色诗篇

　　一株株杨柳，一排排柠条，一簇簇山桃，一墩墩山杏，一枝枝沙棘，一棵棵云杉，都把自己的根系深深扎进山坡，每一个枝条都长得粗壮有力。昔日一览无余的黄土地，都被这些植株所覆盖——这是记者近日在素以干旱少雨、环境恶劣、水土流失严重而闻名全国的宁夏南部山区见到的喜人景象。

　　"山是和尚头，有沟没水流""天上无飞鸟，地上沙子跑"这些昔日描述当地景象的句子，在现实中很难找到踪影了。

　　虽然是数九隆冬，宁夏大地已草木凋零，但记者在这里分明看到了勃勃生机，也感受不到萧瑟、肃杀之气。乔木，灌木，针叶林，阔叶林，混交林，生态林，经果林，在这里描绘了一幅多姿多彩的壮美图景，演奏了一曲生态文明的大合唱。有的地方，云杉、侧柏、油松、樟子松、落叶松组成可观的阵容，为大地抹上一片浓浓的绿色，以致让人一时忘了这里还是冬季。

　　这一切，都是退耕还林的杰作，都是 2000 年之后才有的景象。

　　退耕还林，是迄今为止我国实施的政策性最强、投资量最大、涉及面最广、群众参与程度最高的生态建设工程，也是全国最大的强农、惠农项目。这项浩大工程涉及全国 25 个省区和新疆生产建设兵团。仅中央为第一轮工程的投入就超过 4300 多亿元，全国受益农民 1.24 亿多人。宁夏第一轮完成了 1305.5 万亩，其中，退耕地 471 万亩、荒山荒地造林 766.5 万亩、封山育林 68 万亩。

　　退耕还林，带给当地农民的，是实实在在的利益；带给生态脆弱土地的，是真真切切的改善。

　　在西吉县吉强镇套子湾村和红耀乡井湾村海拔 1900 多米、年均降水量只有 400 毫米的陡坡上，记者看到，那里的柠条、山桃、山杏、杨柳已经牢牢地把持住了水土，山顶、山腰、阳坡、阴坡都栽植了适宜的树种，构成了水土保持的立体防护网。

　　站在隆德县神林乡神林村南山的一个山坡上，退耕还林十多年的成果尽收眼底。林草茁壮，地表已经形成一层保存水土的苔藓。记者看到，南北两山上分别镶嵌了两行大字:"治理水土流失","加强生态保护",12个大字格外醒目,展示了当地人民的壮志豪情。

登上彭阳县的麻喇湾,记者饶有兴趣地"欣赏"了他们退耕还林的"杰作",在那里几乎看不到裸露的黄土,原来光秃秃的荒山已经变成绿色的海洋。远近的山坡被各种树木严严实实地覆盖。

尽管不是看景的季节,也不是为赏景而来,但记者还是在处处欣赏到了美景。而在这些美景中,或高或矮、或大或小、或灌或乔的各类树木,都当仁不让地唱起了主角。驱车在崇山峻岭、黄土丘陵、河谷川地之间,扑入眼帘的都是树木。看近处,十几岁的生态林,都有十米高了,直径也有十多厘米了。就是一些长不高的灌木,也又粗又壮,摇曳多姿;望远方,密如蜂巢的"鱼鳞坑"将山坡填得满满当当,每一个"鱼鳞坑"里都有一株亭亭玉立的树木,山坡也不再是一成不变的"黄色的脸"。

退耕还林保持住了极易流失的水土,显现出难能可贵的生态效益。

西吉县林业局负责人告诉记者,过去,这里水土流失严重。一下雨便泥沙俱下,甚至摧毁农田、冲断道路,形成一道道难以逾越的冲沟。现在,山坡上栽上了树,修建了多道拦泥坝,基本达到了水不下山、泥不出沟的治理水平。

在西吉县境内,有一条时断时续的"烂泥河"。过去,一下雨,便形成一眼望不到头的烂泥潭,泛滥起来更是令人苦不堪言。现在,烂泥河河床还在,只是难得再见烂泥了。也许,烂泥河有一天会改名吧?

在彭阳县古城乡高甸村,当地将退耕还林与小流域综合治理有机结合,对荒山、荒坡、荒沟进行全流域治理,形成了乔木灌木配套、针叶阔叶结合、有近10个树种的万亩混交林。

记者看到,那里的每个山头都修建了一道道水平沟,所有山坡上都是密密麻麻的鱼鳞坑。韩志琦局长对记者说:"彭阳县的降雨虽然稀少,但都得到了充分利用:小雨,留在鱼鳞坑里;大雨,拦在了水平沟里。由于雨水都被拦截了,地表也就形不成径流了,自然也就没有水土流失了。"

在隆德县神林乡南山,记者看到,2003年栽植的云杉已经有4米多高了。县林业局的负责人告诉记者,那里的林草覆盖率已经达到85%以上。长达47公里的渝河,已由季节河变成了不断流的河流。不仅如此,县境内发源于六盘山的7

条河流也都由季节河变成了长流河。过去很少见到的野鸡、豹子、豹猫和许多鸟类纷纷到这里安家落户,种群数量也在迅速增加。

记者在走访的几个县,都听到多位乡亲讲述二三十年前铲草皮、挖树根的经历。西吉县红耀乡蔡廊坪村 65 岁的王发祥至今还清晰地记得当时的情景:那时,十年九旱,地里没有收成,牲口没有吃的了,家里没有柴草做饭、取暖了,就上山铲草皮,几乎家家户户都有人上山铲草皮。铲下来的草皮,好的喂牲口,不好的就留下来做饭烧炕。近处的草皮被铲光了,就到远处去铲,最远要走十来里路,花上大半天时间。结果,山上的草越来越少,环境越来越差,风沙越来越大,一下雨就成灾。隆德县沙塘镇新民村 51 岁的张军仁也有同样的记忆:那时,家里一没柴烧了,就上山铲草皮,两三天就得去一次。铲到最后,许多山坡上都无草可铲,费了半天劲也只能铲到一小堆。由于无草可食,许多山坡都无法放牧。如今,生态环境好转了,农民也用上了太阳能、煤气等清洁能源,上山铲草皮的事再也没有发生,过去的噩梦也一去不复返了。

已经在隆德县沙塘镇新民村当了 16 年村支书的李佐弼兴奋地对记者说,现在,村周边的树长起来了,草也长起来了,风沙也小多了,我们的日子也越过越兴旺了! 西吉县红耀乡蔡廊坪村 65 岁的王发祥说,现在的环境,是近 30 年最好的。每年春季,山花开满山,景色特别好看!

彭阳县林业局局长韩志琦也对记者说,你来的不是时候,现在看到的也不是最美的风景。彭阳县最好看的季节在四五月份,那时,桃花、杏花、刺槐花、柠条花漫山遍野地开放,山上山下都变成了花海。近几年举办的山花节,前来赏花的人一年比一年多,有许多人甚至从北京、上海远道而来,去年游客就已经达到 100 万人,估计以后还会有突破。生态旅游,已成为一个炙手可热的新产业了!

几天的采访,让记者强烈地感到:以保护和改善生态环境而实施的退耕还林工程,在宁夏已经落地生根,产生了巨大的成效,也基本达到了预期的效果。

退耕还林,是改造自然、造福人民的千秋伟业,为我国的生态文明建设书写了浓墨重彩的一笔。而宁夏作为生态脆弱地区,更是为此做出了可贵的贡献。

(原载 2018 年 1 月 17 日《光明日报》)

来自宁夏退耕还林一线的报道之二：

不重蹈退耕还林的历史覆辙

退耕还林，会不会在完成验收、停止补贴之后重新毁林开荒、尽弃前功，重蹈30年前发生的历史覆辙？这是记者此次实地采访要重点了解的。

这里提到的"历史覆辙"，是1982年至1986年联合国粮食计划署和我国有关部门在宁夏贫困山区西吉县联合实施的"2605项目"。实施这个项目的目的，就是通过退耕、造林、种草来遏制水土流失，进而改善生态环境，促进相关行业的发展。为了推进这个项目，联合国粮食计划署无偿地向当地提供了小麦、干面条、牛肉干、牛肉罐头、椰枣等食品。这个具有试验特点的项目很成功，有关部门的验收表明：项目完成后，林草覆盖面积大幅度上升，土壤侵蚀总量大幅度减少，生态环境显著改善，当地燃料奇缺的状况也有所缓解，而这些成效也充分说明生态环境恶化的趋势并非是不可逆转的。1988年8月18日，记者在《光明日报》上以《宁夏西吉防护林建设工程通过验收》为题，报道了"2605项目"取得的成果。然而，令人始料不及的是，还没等项目继续发挥生态效益，就遭受了毁灭性的破坏：大片大片的退耕地又被毁林复耕了，几年退耕还林的成果和科研取得的数据以及据此取得的经验都毁于一旦。

这次，记者随机采访走进西吉县大堡村，就见到了当年"2605项目"的亲历者何汉忠。53岁的何汉忠，当年还是20岁出头的小伙子，他对当年的往事至今还有清晰的记忆：由于他家的耕地也被列入"2605项目"，所以他也吃到了联合国粮农组织提供的椰枣、空心面和牛肉罐头。项目完成时，栽的树都有两米高了，长得好的都可以当椽材了。项目验收后不久的一天晚上，听说村里有人上山砍树了，全村人就都上山了，几乎没落下一家。也有人前去阻挡，但挡都挡不住，只一夜工夫，承包地里的树就全被砍光了。何汉忠也与村里其他人一样，将原来自家3亩地上的树全部砍下来、拉回来当柴烧了。没过多久，全村五六百亩一度林草茂盛的山坡地就种上了庄稼，又恢复了几年前的面貌。

像大堡村这样一夜毁掉几年退耕成果的悲剧，几乎在西吉县各地同时上演。

"2605 项目"通过验收了,原来的援助也停止了,退耕农民的衣食马上就成为最现实的问题。没有生活出路的农民,又打起原来退耕地的主意,零打碎敲蚕食退耕的成果。据几位村干部介绍,先是割草,后是毁林,先是偷偷摸摸地挖,后是大张旗鼓地砍。县上迅速成立"林草管护办",组织大量人力分头阻止各种破坏,但鞭长莫及,力不从心。结果,除了国有林场和部分集体林场的退耕林地外,农民承包的 30 多万亩退耕地全部"复辟"了——又变成靠天吃饭、收成微薄的耕地。

如今说起这段往事,何汉忠还是一脸无奈:"没办法,我们这里条件太差了。没有补贴了,我们就要断顿,还得从土里刨食。"

"2605 项目"的教训太深刻了,历史的悲剧不能重演!

1999 年开始试点、2002 年在全国大规模实施的退耕还林工程,与 20 世纪 80 年代在西吉县实施的"2605 项目"颇为相似,某些方面简直就是"2605 项目"的翻版。那么,退耕还林工程会不会重蹈"2605 项目"的覆辙? 一旦停止补贴,退耕农民会不会再向退耕地"开刀"? 记者带着这些疑问,于 2005 年年底深入到宁夏退耕还林最集中的南部山区进行了深入采访。

之所以选择在那个时间节点采访,是因为当时我国确定的退耕还林工程的周期是 8 年,各项补贴也将在 8 年后完全停止,也没有做出进一步退耕的计划。眼看工程再有两三年就到期了,社会各界都在观望:退耕还林取得了哪些成效? 国家的补贴还能延续吗? 如果停止了补贴会出现什么问题? 退耕农民、社会各界和有关部门对此都很关心。作为记者,我们觉得有必要回答这些关切。

2006 年年初,《光明日报》和《宁夏日报》在突出位置相继刊登了我和宁夏日报记者合写的报道《退耕还林:补贴到期之后怎么办》《"2605 项目"的悲剧会重演吗?》,引起国家有关部门和社会各界的高度关注(其中,《退耕还林:补贴到期之后怎么办》还获得了全国"关注森林奖"一等奖)。国家林业局和国家发改委就此先后派人到宁夏考察,其中,时任国家林业局副局长李育材专程赶到西吉县调研(记者当时也应邀随行),称在宁夏、在西吉取到了真经,可以为中央决策提供重要参考。随后,国务院决定,将退耕还林补助再延长一个周期,以巩固退耕还林成果。

一转眼,又过去了十多年。记者带着心中的牵挂再一次远途奔波,对退耕还林进行了专门采访。

在采访中,记者欣喜地发现:原来人们普遍担心的毁林开荒在所有地方都没有出现,退耕还林工程也没有重蹈"2605 项目"的覆辙。原因何在? 记者在各处采访都对此"刨根问底",基本摸到了其中的奥秘。

原来,不再重蹈历史覆辙的原因有很多:国家对退耕还林的补贴,又延续了一个周期,不仅确保退耕农民在一个时期内衣食无忧,而且为他们成规模地劳务输出、培植后续产业、积蓄发展后劲创造了良好的机遇和条件,也让农民有了一定的经济基础;部分地区的退耕还林,在发挥生态效益的同时,也在产生经济效益;各种扶持政策和"输血""造血"措施,大幅度地提高了农民的收入,农民人均收入比十几年前翻了几番;大规模的生态移民,减轻了人口对环境的压力,让脆弱的土地得以休养生息;除了土里刨食,当地挣钱的路子也越来越多,就是外出打工也比耕种贫瘠土地收入高得多,人们对开荒的兴趣越来越小了;太阳能、电磁炉、煤气灶等新型能源的广泛使用,无须再上山砍柴做饭、取暖了;更为重要的是,许多农民理解了国家退耕还林的初衷,对退耕还林的意义有了认识,也不想再干自毁家园的蠢事了。

西吉县大堡村的何汉忠、牛生永在回答记者的询问时,以十分肯定的语气说:毁林开荒的事,再不会出现了! 我们不敢再毁林,也没有必要再毁林了! 我们这里的生态环境只能越来越好,不会越来越坏!

这对宁夏南部山区是个福音,对宁夏、对全国也同样是个福音。

为我国生态环境恶化而忧心忡忡的人们,可以舒展眉头了。

(原载 2018 年 1 月 18 日《光明日报》)

来自宁夏退耕还林一线的报道之三:

这篇大文章还没有"收笔"

退耕还林工程,是生态文明建设的大手笔。对于生态环境来说,那是由破坏向保护的转变,从水土流失向水土保持的跨越,构建生态安全的巨大屏障,也可以称得上是千秋伟业;对于退耕农民来说,那是改变他们生活状况、提高他们生活水平、改变他们生产方式的德政工程。

有证据表明:宁夏退耕地区的植被正快速恢复,植被覆盖率明显提高,水土流失面积大幅减少,就连冰雹、沙尘暴等灾害性天气也在减少。正因为退耕还林产生了如此显著的生态效益,国家在完成 21 世纪初启动的退耕还林工程之后,又在 2015 年开始了新一轮的退耕还林。

退耕还林工程,涉及宁夏 153 万农村居民,涵盖了宁夏大部分贫困人群,退耕补贴款也成为他们最稳定的收入,人均享受的补贴总共已近 5000 元。退耕后的前 8 年,退耕补贴居然占这些农户家庭总收入的 14.6% ~ 25.4%。还有 10% 以上的退耕农户,主要依靠这些补贴生活,退耕补贴居然占到家庭总收入的 80% 以上!此后,随着其他收入的增加,退耕补贴所占比例虽然有所下降,但仍然稳定在 8% 以上。

西吉县红耀乡林业站站长刘宝明告诉记者,全乡在十几年实施的第一轮退耕还林工程中总共退了 33760 亩,新一轮退耕还林工程,全乡在 2015 年退了 7606 亩的基础上,于 2016 年又退了 4686 亩,退耕涉及全乡 95% 的农户,退得多的有 80 亩,少的仅一两亩,大部分坡耕地都退耕了。

红耀乡蔡廓坪村 45 岁农民李炳新家的 52 亩山坡地全退了,两年的补贴就拿了 2.6 万元。他将剩余的 6 亩地全部种上了马铃薯,又承包了别人的 30 亩农田,靠制作水泥板又收入 1 万多元,这样一来,他家在 2016 年就脱贫"销号"了。

与李炳新同在一个村的王发荣,近两年拿到手的退耕补贴款就有 2.7 万元。5 年工期结束后,补贴款可以拿到 4 万多元。有人当场替他算了一笔账,这个补贴款,相当于他 8 ~ 10 年种地的总收入。

许多人向记者证实:许多山地十分贫瘠,耕种的收入,还没有国家给的退耕补贴款多!

退耕还林,也解放了农村的生产力。65 岁的王发祥退了 44.3 亩山坡地,家里也腾出了两个劳动力。他家在耕种剩余的 10 亩地之余,又养了 9 头牛,儿子、媳妇都在县城打工,全家也过上了让村里人羡慕的日子。

大堡村村民何汉忠对退耕还林"一往情深"。他说:"如果没有退耕还林,我家不仅吃饭成问题,孩子上学也愁人,更不能外出打工!"

退耕还林,有这么多好处、这么大作用,难怪大家都持欢迎的态度。"人心思退"、盼望多退,也成为当地的主流民意。

退耕农户已由最初的被动退变成主动要求退。隆德县沙塘镇新民村村支书李佐弼告诉记者,农村许多工作都有很大难度,而抓退耕对他来说,是最容易推动的工作。

退耕指标成了"香饽饽",各县、各乡、各村、各户都希望多拿到一点退耕指标。李佐弼向记者透露:第二轮退耕,本没有他们村的份,经过他积极争取,有关部门给他们下达了1000亩的退耕指标,结果,他们村一下子就退了1600亩,除此之外,还有一个自然村的400亩坡地等着退呢!

据沙塘镇林业站站长曹向国介绍,全镇还有4000亩山地可以退耕。

当然,没有指标,就没有补贴。有些地方,先造成"既成事实",然后再争取指标。当年不行,就争取下一年的指标。

僧多粥少。到处都要退耕指标,而指标就是那么多,主管部门也感到为难,他们希望国家和自治区能进一步加快退耕还林的步伐。

记者在采访中了解到,许多耕地虽然没有列入退耕还林的范围,但实际上已经"退耕"了,也就是说被农民毫不可惜地弃耕了。因为这些广种薄收的山地,收入太可怜,已经激不起农民耕种的热情了。有关人员认为,与其这样撂荒,还不如就此退耕还林!

退耕还林,还需要突破某些政策的限定和束缚。比如,有些算不上陡峭的山坡地,虽然没有达到规定的坡度,但实际上没有多少耕种价值,也应该纳入退耕还林工程的范围,不必拘泥于有关规定。还有一些山坡地,虽然纳入到了基本农田保护区,但并没有多大"保护"价值,条件差、产量低、距离远、耕种难度大,也应该退耕还林,退耕还林的综合效益也要大于耕种效益,那些缺少劳力的农户尤其希望尽早退耕,但是,因为已经列入到了保护范围,就不能"轻举妄动"了,这就需要有关部门拿出行之有效的方案破解这些难题。

"希望把该退的坡地都退下来!""工程到期了,能不能延长补贴,再给一些补贴?""补贴标准能不能再提高一点?""如果到期不再补贴了,能否将退耕地纳入生态补偿范围,并适当提高补贴标准? 现行的补贴标准,不足以维护生态建设的需要。"这是退耕农民和林业工作者的愿望,也是记者在采访中多次听到的呼声,而所有这些愿望和呼声,都需要有关部门的关注和回应。

记者注意到,宁夏的退耕还林工程,注重的是生态效益,所选的也基本是耐旱树种,很难产生经济效益。其中,经果林尚不足1%,由此带来的经济收入很有限。

西吉县的山桃核虽然可以加工挂帘、沙发垫等工艺品,但很难作为一个产业来开发,收入也很有限。隆德县神林乡南山的山桃,在2017年取得丰收,平均亩产达到500公斤,每亩可有四五百元的收入,但并没有形成规模,也没有创造可观的经济效益,尤其值得注意的是,无论是退耕农户,还是相关部门,利用退耕还林成果创收的意识还不够强,创收的路子还没有开拓出来。

最令人看好,也令记者振奋的是彭阳县的红梅杏,去年每斤卖到10元钱,全县仅此一项收入就超过了5000万元,展示了经济林发展的美好前景,也给同类地区有益的启示。林业局局长韩志琦说,经果林兼顾了生态效益和经济效益,在有条件的地方应该引进适宜的树种,进一步扩大经果林面积,逐步由以生态效益为主向生态、经济两个效益并重方面转化。

要实现生态效益、经济效益齐头并进,还有许多文章要做。

有数据显示,随着农村经济的迅速发展、退耕补贴的调整降低、补助资金陆续到期,退耕农户的收入与宁夏农村平均收入的差距正逐渐拉大,形势将越来越严峻。这个问题,必须高度重视,采取有效措施,及时解决。

问题一个个地解决,又一个个地出现,这就需要不断地解决下去,而要解决这些问题,则需要理论创新、观念创新、思路创新、举措创新。

退耕还林这篇大文章,还要继续做下去,现在还不是"收笔"的时候。

(原载 2018 年 1 月 20 日《光明日报》)

来自宁夏退耕还林一线的报道之四:

鼠患不除,树无宁日

"一棵有胳膊粗的树不知为何枯黄了,人们过去轻轻一提就连根拔起。原来,它已经没有多少根了,大部分树根都被啃光了。"

"我们在有的地方刚栽活的树苗,可没几天就莫名其妙地看不到了。在附近一挖,在土洞里居然找到许多摆放整齐的树苗,原来它们神不知鬼不觉地被从地下抽走了。"

这是记者最近在宁夏南部山区采访退耕还林时多次听到的奇闻逸事,而讲述这些怪事的,虽然不是一个地方的人,但所讲情节却大同小异。

是谁有这么大的神通、能够如此"暗度陈仓",就是当"小偷"也当得这么"潇洒""高明"? 当地人不无忧虑地向记者报上了它的大名:鼢鼠。如果要说出全名,它就是"中华鼢鼠"和"甘肃鼢鼠"。如果要问它们的俗名,当地人则称之为"瞎瞎"。这两种鼢鼠,都是我国黄土高原上特有的物种,在其他国家则很少发现。

最近,记者到固原市的西吉县、隆德县、彭阳县的林业部门采访,各县林业局负责人不约而同地向记者谈起了鼢鼠对造林成果的侵害,忧心忡忡,表情严肃。记者看得出来,他们对鼢鼠是既厌恶又头疼。他们希望记者就此发出呼吁,呼吁有关部门尽快采取有效措施,进一步加大防治力度。

其实,宁夏南部山区爆发鼢鼠灾害,已经不算是新闻了。早在 2004 年 7 月 4 日记者就以《岂容野兔、鼢鼠如此肆虐?》为题做出过报道,反映了西吉县在几个月内灭鼠 25 万只、又受到灭鼠经费不足困扰的状况。

事实上,鼢鼠从来没有远离这块土地,近年来种群更是进一步扩大,灾害程度也有加大的趋势。

鼠害,是令全世界都头疼的灾害。在我国北方黄土高原,鼢鼠的危害又超过了其他任何一种鼠害。有资料显示,陕北黄土高原鼠害的发生面积达 200 万亩,每年损失的牧草有上百万吨,每年因鼠害减产和储存不当而损失的粮食达 5000 万公斤。宁夏固原地区地处黄土高原,也是鼢鼠十分活跃地区,所造成的灾害也相当严重。鼢鼠,怕光,主要在地下活动,多以树根、草根、农作物根为食,不但对各类林木构成危害,对耕地、草原也有很大的危害。近年来,由于大面积退耕还林还草,许多土地不再耕作,也不再深翻,前往劳动、踏查的人也大为减少,鼢鼠在那里的生活也因此更加安逸,加之当地天敌越来越少,鼢鼠生儿育女、繁衍后代也就更加肆无忌惮了。

那么,宁夏固原地区的鼢鼠到底有多少"常住居民"? 至今也没有一个权威的数据,当然,这也不好统计,只能根据局地的密度做出大致的估计。西吉县林业局负责人向记者报出了一个"保守"的数字:全县境内,现在至少有上百万只鼢鼠!

这些常年生活在地下的生灵,每一对每年就可以繁殖 4 窝,将 2 只变成 20 只。这么多鼢鼠每天要吃要喝,得有多少树根、草根、农作物供其消费啊!

据悉,隆德县、彭阳县及邻近地区的鼠害,也不比西吉县小。

为了防治鼠害,国家林业局于 2016 年 4 月在陕西延安专门召开了现场交流会。国家林业局负责人称林业鼠害形势十分严峻,一些地方植树形成了"边栽边吃、常补常缺"的严重局面。

2017 年 12 月下旬,宁夏彭阳县林业和生态经济局、农牧局专门组织 6 名技术人员到延安市的安塞区、延川县考察,了解、学习当地的鼠害防治技术。为此,他们专门向彭阳县政府提交了考察报告,介绍了延安市防治鼠害的情况和当地常用的 6 种防治技术,提出了本县的防治措施。

在新栽树苗根部加装铁丝网套,就是其中一种防范技术。为了隔离鼢鼠的侵害,他们在新栽树苗的根部都套上了网孔在 1.5 厘米以下的铁丝网,然后与树根包土一起埋入地下。这个密度足以阻挡鼢鼠的"伶牙俐齿",预防效果可以达到 98% ,有效期也可以达到 8 年。等到 8 年以后,树也长得又粗又壮了,鼢鼠也就不能奈何它了。

这个办法好像是消极防御,看起来也显得笨拙、费事,但却不失为一种行之有效的好办法。彭阳县林业和生态经济局局长韩志琦告诉记者,这个防鼠隔离网,每个成本是 1.5 元,如果普遍使用就是一大笔开支。目前,全县不仅制作了五六十万个这样的网套,而且在新栽的树苗中普遍采用了这项技术。虽然这需要大量经费,也会增加植树成本和额外劳动,但为了确保树木成活,也就在所不惜了。

有关人员对记者表示,如果防患于未然,如果鼢鼠数量较少,如果鼠害没有这么严重,这些开支和这些额外劳动就可以避免了。

防治鼢鼠,确实有很大难度:人类在明处,它们在暗处,捕杀、诱杀常常无从下手,而它们却与人类玩起了"地道战","遁逃战"。它祸害你时,让你防不胜防,你找它时,却不知它藏身何处。2004 年,西吉县灭鼠采取的是"人海战术",打的是"人民战争",布下的也是天罗地网,全县临时组建了 151 支专业灭鼠队,有 3 万人加入其中。虽然在短时间内就取得了灭鼠 25 万只的"辉煌战果",但那仅是全县鼢鼠总量的 1/4,大量鼢鼠最后逃过一劫,继续"潜伏"下来,而灭鼠经费却在此时用完了。"见机行事"的鼢鼠,又开始大量培养"接班人"了。

有关人员呼吁各地、各有关部门认清鼠害的危害性,高度重视鼢鼠的防治工作,尽快采取有效措施,将鼢鼠的密度降下来,将鼠害灾情减下来。各地应该按照安全、经济、有效、简易的原则,综合利用化学、物理、农业手段,捕杀、诱杀、设套、趋避、设防,十八般武器一起上,尽快将鼠害控制在"有鼠不成灾"的程度,确保生态安全。

鼠患不除,树无宁日,民无宁日,国无宁日!

(原载 2018 年 1 月 25 日《光明日报》)

红寺堡:精准扶贫创奇迹

"红寺堡是我的联系点,那里是精准扶贫的典型!"在记者动身去红寺堡采访之前,自治区党委常委、宣传部部长赵永清热心地向记者介绍了红寺堡的有关情况。

精准扶贫是中央对扶贫工作的基本要求。到了红寺堡,记者对那里的精准扶贫有了深刻的印象。

红寺堡,这个在二三十年前还不为人知的地方,现在不仅在宁夏,而且在全国都是"大名鼎鼎"的,因为那里有全国最大的移民开发区,有成千上万的人在那里摆脱了贫困,建起了幸福的家园,实现了祖祖辈辈都未能实现的梦想!

红寺堡,曾因干旱少雨、环境恶劣而被长期遗弃,也曾因荒无人烟、人迹罕至而变成部队靶场。如今,那里是五谷丰登、六畜兴旺、人民安居乐业的乐园。

都说自治区成立 60 周年,特别是改革开放 40 年来宁夏发生了翻天覆地的变化,但要说哪里变化最大,恐怕哪里也比不上红寺堡:20 多年前,红寺堡还荒无人烟,也没有一条像样的路,连一只飞鸟都看不到。因为没树,拉过去的牲口都没处拴。

20 世纪 90 年代后期,在党中央、国务院的大力支持下,宁夏在这块荒原上实施了"1236 工程"。1996 年,宁夏扶贫扬黄灌溉工程奠基。此后,黄河水便被一级一级地"扬"上去,最终"扬"到了高于黄河水面 300 米的高地。

党中央、国务院引来的甘泉,滋润着这片原来寸草难生的荒原,也滋润着贫困群众的心田,唤起他们对美好生活的憧憬。1998 年,来自宁夏南部山区 8 个贫困县最为贫困的数万名群众最先来到这里,白手起家,艰苦创业,陆续建起了 8 个移民新村,也树起了摆脱贫困的信念。此后,来自"全国贫困之冠"的移民,一批批地到这里重建家园,在荒滩上开发出了 70 多万亩耕地,人口也很快达到 20 万的规模,进而拥有 2 个镇、3 个乡、65 个建制村和 1 个街道、5 个社区。2009 年,经国务院批准,红寺堡正式成为吴忠市的市辖区。

搬迁到红寺堡的移民,都是山区贫困村的贫困户,没有一个富裕户,脱贫的任务十分艰巨。

红寺堡区区委副书记杨海峰告诉记者,20 年来,红寺堡因地制宜、精准扶贫,已形成了独具特色的产业:红寺堡的酿酒葡萄,已达 10.6 万亩,葡萄酒产值也达到 4.5 亿元,酿酒葡萄集中的红寺堡镇,有了"中国葡萄酒第一镇"的美誉;黄花菜种植面积达到 6.5 万亩,太阳山镇因为黄花菜面积大、品质好,成为"中国黄花菜明星产区",镇党委书记杨云被称为"花书记";枸杞从无到有,已超过 5 万亩,其发展速度让距此不远的"中国枸杞之乡"中宁惊叹不已;养殖业也是异军突起,肉牛存栏突破 7 万头,羊只存栏达到 78 万只。红寺堡的人均可支配收入因此迅速提高,由搬迁前的不足 500 元提高到近 8000 元。

精准扶贫,收到了显著的成效,有越来越多的人走上致富路。红寺堡的移民到底富裕到什么程度? 记者冒着瓢泼大雨来到太阳山镇兴民村,那里黄花菜种植面积已达 4200 亩。到了采摘旺季,每天天不亮就人头攒动,有人甚至戴着矿灯采摘,村旁的 10 公里公路都晒满了黄花菜,"村在黄花中,黄花在村中",上门收购的商贩络绎不绝。村主任乔德义告诉记者,他家有 4 口人、21 亩黄花菜,今年卖了 15.6 万元,而像他这样靠种植黄花菜致富的,在村里不在少数。

许多移民早就脱贫致富了,年收入十几万,甚至更多的农户也大有人在,有的人家,嫌原来的住宅不上档次,便建起了第三代、第四代新居,所开的车辆,也换了好几个档次。

柳泉乡永新村正在探索民宿旅游+精准扶贫模式。记者随精明能干的村党支部书记李文斌到各家各户查看,既新奇,又震撼。只见这些被列为"智慧民宿"的农户,全都装饰一新,一尘不染,不仅会让像记者这样的城里人"嫉妒",就是对全国各地的游客,也颇具吸引力,开业没几天,就有几拨人前来入住了。

回族村民杨生虎告诉记者,他今年 50 岁了,是十七八年前从山大沟深的海原县搬迁到这里的。最早全家只有两间土房,现在的瓷砖贴面砖瓦房,是花十几万元建成的。记者看到这个漂亮的新居,还建有瞭望台,除了自家居住外,还有好几间可以接待游客。他家还养了300只鸽子,供游客食用。记者注意到,他家有两个车库,一辆崭新的尼桑轿车静静地停在里面。说起现在的富裕生活,这位饱经沧桑的农民,竟然表现得十分谦虚,一再说他家没有什么特别的,收入只能算个中等。

千古荒原变成了绿洲,勤劳智慧的红寺堡人在20年间创造了一个个令人瞩目的奇迹:生态改观了,经济发展了,群众富裕了,文化生活丰富了,人们的精神面貌也今非昔比了。

红寺堡移民开发的实践,积累了宝贵的经验,也进一步坚定了宁夏人民以生态移民的方式实现精准扶贫的信心。就在先期移民大部分解决了温饱的时候,自治区党委、政府在中央的支持下,自2011年起又启动了新一轮生态移民工程,将极度贫困的35万各族群众安置到近水、沿路、靠城、打工近、上学近、就医近、吃水近、具备小村合并、大村扩容的地方。以有限的水土资源养活了20万人,已经趋于饱和的红寺堡区,又无条件地接纳了3万名新移民。现在,这3万人正成为红寺堡精准扶贫的重中之重。

红寺堡区上下齐心,脱贫的步伐在不断加快。2017年一年,就有15个村脱贫销号,全区尚未脱贫销号的村只剩下10个。今年,有5个村有望销号。最后5个村,也将在明年摘下贫困帽子,全区的贫困人口有望降到3%以内。

目前,红寺堡区的深度贫困村主要集中在鲁家窑、马渠两个片区。记者走进鲁家窑采访,只见100多名农村妇女,正在投产不久的服装厂里加工准备出口中东地区的服装。经理蔡军告诉记者,目前已经生产7万套了。这个建在村旁的服装厂,可以让附近的农村妇女都能在家门口就业,让她们既能挣钱又能就近照顾家庭。

鲁家窑片区已经没有多少土地可供开发了,针对这种情况,当地把精准扶贫定位在劳务输出上。驻鲁家窑扶贫工作队队长白占玉告诉记者,鲁家窑附近就是弘德工业园区,富阳、乾煌、汇达、红隆、永进几大公司在当地扶贫政策的感召下都在此投资建厂,所有农民工也就都可以就近就业。由于有这么多引进的企业,那里已没有多少剩余劳动力了。务工,也成为这些贫困户的主要经济来源。

32岁清华大学研究生毕业的王忠强,只用几年时间就从一名普通科员成长为镇党委书记,在这里投资建厂的企业,就有他引进来的。在精准扶贫方面,他已经有了成熟的思路和规划。他说,在我们这里,只要肯干,就能脱贫!我对这里如期脱贫充满信心!

几天的采访,让记者深切感到:红寺堡的扶贫,对整个贫困群体,是精准的;对各家各户的扶贫,也是精准的。正因为如此,这个贫困人群最集中的地方,才能在20年间发生如此巨大的变化!

以有限的水土资源,建成全国最大的移民开发区,以创造性的工作,将20多万人带离贫困线,走上脱贫致富的康庄大道:这就是红寺堡创造的奇迹,也是他们为我们树立的精准扶贫样板。

(原载 2018 年 9 月 11 日《光明日报》四版头条)

移民"移"出来的新景象

黄河水,不仅滋润了这片干渴的土地,而且滋润了这片土地上的文化;不仅让这里生活的移民告别了贫困,而且让文化在这里根深叶茂、硕果累累。

位于宁夏中部干旱带、不显山不露水的红寺堡,因兴建扬黄扶贫灌溉工程而日益兴旺。最近,那里出了个文化名人:读完初中就辍学的马慧娟,在田间炕头、劳作之余用拇指在手机上写作,写出了上百万字的散文、随笔,按坏了七八部手机。2016 年 7 月,她登上北京电视台"我是演说家"的讲台,讲述自己生活、写作的经历,语惊四座,她也因此被人称为"拇指作家"。许多人很快记住了她:一个有两个孩子的普通农村回族妇女。而更令人兴奋的"新闻"还在后面:2017 年 12 月,马慧娟被所在的红寺堡镇聘为文化站站长;2018 年年初,她又当选为全国人大代表!

马慧娟是 1999 年从自然条件很差的泾源县移民到红寺堡的,也是在那边读完初中的,贫困让她过早辍了学。生态移民,改变了她的命运。她用手机写作,也是在生活改善、基本解决温饱之后的事。2008 年,她有了第一部手机,而用手机写作则是从 2010 年开始的。自此以后,手机在她手里便从通信工具变成了写作工具。

作为镇文化站站长,马慧娟现在承担着重要的责任和使命。她对记者说,现在,乡亲们吃饱了,生活也稳定了,就要引导他们接触文化,了解外面的世界。今年 4 月 28 日,她在玉池村办起了"泥土书香读书社"、组建了 4 支文艺队,一下子就吸引村里47个农村妇女参加。经过学习,有几位原来不识字的妇女,已能认识三四百个字并可以用手机接发简单的短信了。

像马慧娟这样,搬迁到红寺堡、解决了温饱之后,充分发挥自身优势、自觉弘扬优秀文化,也提高了自己的文化修养、进而成为文化使者的,在红寺堡还有很多。他们移民到红寺堡时,除了带来全部家当,自身还携带了文化的种子和基因。有了红寺堡这块合适的土壤,这些种子很快就萌芽、长大,落地生根。

这些带着"文化"的移民,在生活基本稳定、解决基本温饱之后,马上显露出了文化的"光彩",而这种"光彩"很快就照亮了周围一大片。

我为此采访了几位有代表性的人物。

来自于同心县刺绣世家的赵秀兰,是2000年跟当教师的丈夫一起到红寺堡的。与其他移民不同,她属于工作调动。当时,她在粮库上班,刺绣对她来说还仅仅是业余爱好。2005年,她下岗了,在很长一段时间,她都很迷茫、很纠结,为了生活她甚至在街上开过服装店。就在此时,她重拾刺绣技艺,通过刻苦钻研,远赴浙江学习,她达到了很高的艺术境界。她的刺绣作品,被人交口称赞,多次代表自治区参加各种展览,多次获奖,她本人也因而成为赵氏刺绣第六代传承人、红寺堡境内刺绣方面唯一的自治区级非物质文化遗产传承人。在红寺堡,她不仅创建了刺绣公司,而且创立了刺绣培训基地,把自己的技艺毫无保留地传授给移民群众,培训妇女和残疾人达6200多人次,有许多人因为学到这门技艺而走上了脱贫致富路。她对记者说,我在红寺堡不仅实现了人生理想,而且充分发挥了自我价值!

大河乡香园村55岁的村主任郭锐,是红寺堡最早开发时从传统文化相当浓厚的隆德县搬迁过来的。搬迁20年,他当村干部也近20年。虽然自小就喜欢耍社火,也了解高台社火的制作工艺,但在老家时还只能算是个小小的玩家。为了吃饱穿暖,他几乎耗去了全部的精力,无暇顾及其他。到了红寺堡,家庭收入迅速增加,到2008年就解决了温饱。郭锐的个人爱好也有了施展的舞台。他先是自带乐器拉起一支自娱自乐班,没有戏服、道具,他便自掏腰包4万元购买。第二年,又购置锣鼓,搞起了高台社火,把全村10个队的人全部调动起来。短短几年,郭锐为此投入已有40万元。高台社火,经他手焕发出更加诱人的光彩,他也因此成为自治区"非遗"传承人。

到红寺堡摆脱了贫困之后,52 岁的李忠勤自己设计建造了一套 150 平方米的住宅,除了两间卧室外,其余 120 平方米他都用来做书房。记者在那里看到,几面墙上,挂满了他的书法作品。两张长长的书案,占据了室内大部分空间,他就是在那里伏案挥毫、辅导学生学习书法的。几乎每一个走进这里的人都难以相信,主人只是一个普通的农民,只能靠打工维持生计。在隆德县老家时,因为买不起纸,他曾蘸水在地上练字。现在有条件了,他的书法水平也日益成熟,便免费教附近的青少年学书法,每年,仅买纸一项就花去 6000 多元。小小一支毛笔,凝结着他矢志不渝的信念和追求,传统文化也因此得以弘扬。

像马慧娟那样因为有文化和有专业特长而得到关怀、鼓励、扶持的,在红寺堡还有很多人。赵秀兰、郭锐、李忠勤都被红寺堡区委、区政府看作是具有带动作用的"文化能人"、当作是倍加珍惜的宝贵人才,得到了特别的关爱。赵秀兰被请进区文化馆搞创作,文化馆免费为她提供了工作室,让她在舒适的条件下安心传授刺绣技艺。郭锐的高台社火,几乎每年都能把头奖揽入怀中,有关部门常常以奖代补,尽量补偿他的高额投入;李忠勤也多次被请到文化馆讲授书法、为乡亲们书写春联,有关部门在经费紧缺的情况下以不低的标准为他发放误工费。对他书法创作的进程,各级干部也都了如指掌。

红寺堡重视文化建设,并没有把目光局限在几个"文化能人"身上,而是在注重发挥"文化能人"作用的同时,以更大的精力发掘、扶持、弘扬群众文化,以吸引更多的群众加入其中。

红寺堡是由宁夏南部山区 8 个县区的移民汇聚组成的。红寺堡人认为,这些县区都有各自不同的传统文化和民间艺术,在红寺堡都应该得到传承、延续、发展,而传承、延续、发展这些传统文化,对红寺堡来说具有特别的作用和意义。

移民,不能只"移"人而丢下文化。带着"文化"的移民,会有另一种精神风貌、另一番作为,也会在有条件时弘扬文化,红寺堡区以创造性的工作为此提供了充分的证明。现在,高台社火制作文化大院,剪纸文化大院,书法绘画文化大院,手工扎制花灯文化大院,都成为当地耳熟能详的文化品牌了。

红寺堡区重视文化建设是长期的、一贯的,独具特色的"移民文化"已经形成。在红寺堡正式设区不久,有关部门就开始筹建宁夏移民博物馆了。2013 年,移民博物馆在红寺堡落成并向游客开放。移民博物馆再现了红寺堡开发的全过程,展示了独特的移民文化,介绍了移民开发中可歌可泣的人物和事迹,留下了一笔宝贵的精神财富。现在,它已成为红寺堡的地标建筑和文化名片。

移民带着"文化"来,"文化"随着移民"走",移民"移"出了"大文化"。

生态移民,让红寺堡人摆脱了贫困;带着文化搬迁,文化在新的土壤里生根、发芽、长大、结果,移民因此过上了越来越有品位的生活。人们的腰包鼓了,大脑也"鼓"了,昔日单调的生活也变得丰富多彩了。

(原载 2018 年 10 月 6 日《光明日报》三版头条)

一道五彩斑斓的风景线

"2018 年,是宁夏回族自治区成立 60 周年,是改革开放 40 周年,也是千古荒原红寺堡开发 20 周年!"对这三个"周年",红寺堡人都特别在意,也都知道这三个时间节点的特别意义:没有改革开放,国家不可能、宁夏也没能力开发红寺堡;开发红寺堡,印证了改革开放的实力;红寺堡的变化,又是宁夏的一个缩影。

从 1998 年开始,国家在宁夏中部干旱带兴建了扶贫扬黄灌溉工程,黄河水按照人的意志滋润了红寺堡高地。从贫困地区搬迁过来的 20 万人,在人迹罕至的不毛之地上营造了新家园。

开发 20 年,红寺堡经历了翻天覆地的变化,而其中最大的变化则是颜色的变化。20 多年前,红寺堡只有一种颜色:黄沙、黄土,构成了那里昏黄的世界;荒凉、荒芜,成为千古不变的主色调。天上看不到飞鸟飞,地上见不到兔子跑。偶尔看见的几株蒿草,也是无精打采地伏在地面,年复一年,从没有长高过,似乎是在告诉人们:这里没有生机、没有希望,也没有开发利用价值。

单调的色彩,足以让人产生视觉疲劳、昏昏欲睡。

如今的红寺堡,黄色已悄悄隐退,色彩不再单调;荒凉已成为历史,生机重回大地。呈现在世人面前的是五彩缤纷、生机勃勃、神奇而多情的土地:红寺堡的红,红得耀眼;红寺堡的绿,绿得滴翠;红寺堡的白,白得纯净;红寺堡的紫,紫得深沉;红寺堡的黄,黄得泛金……无论是在地面行走,还是在空中鸟瞰,人们都会因这绚丽的色彩而惊喜,为红寺堡的沧桑巨变而赞叹。

红寺堡的绿:由一片黄变成一片绿

20年前,在红寺堡想找一棵拴毛驴的树都找不到,现在,在红寺堡的任何地方都能看到树,树成为大地上的主角。20年前,红寺堡境内见不到水,现在,因引黄河水灌溉之利,红寺堡不仅有了几十万亩水浇地,而且在城镇周边有了4个装满水的湖,空气也因此变得湿润了。

登上红寺堡镇北侧人工堆积的小土山,近处的紫光湖波光粼粼,远处的林带、苗圃尽收眼底。举目远眺,原来缺林少绿的罗山已被浓密的深绿所覆盖。由松树、红杉、红柳、白杨、花棒构成的林网,已将昔日漫天飞舞的黄沙牢牢地"锁"在了脚下。

自开发以来,红寺堡每年都大规模植树,森林覆盖率由开发之初的零,提高到了现在的10.35%。而城区绿地率、绿化覆盖率则分别达到了35%、39%,全区林地面积已达到124万亩。主干道路、渠道农田,是生态林的"一统天下";村庄巷道、房前屋后,农家庭院则是经果林的"领地"。

荒原绿化,显示出了明显的生态效益、经济效益和社会效益:2005年以前,黄沙还时常掩盖红寺堡城区道路的路牙子。2007年以后,生态环境越来越好,黄沙也逃得无影无踪了。

红寺堡的黄:黄牛和黄花菜唱"双黄"

降服了黄沙,改变了地貌,红寺堡并非就此与黄色绝缘。"黄",仍然是红寺堡人喜爱的颜色。不过,此"黄"非彼"黄",如今在红寺堡"大行其道"的"黄",一是增值显著的黄牛,一是正在撑鼓农民腰包的黄花菜。

目前,红寺堡肉牛存栏已经达到7万头。肉牛,自然是以黄牛唱主角,但其中也不乏杂色牛。记者饶有兴趣参观了宁夏壹加壹农牧公司。那里,肉牛年存栏已超过两万头,养殖规模已在全国排在前10位。董事长王振和告诉记者,他们不仅建成了年产25万吨的饲料加工厂,而且建成了年屠宰20万头的肉牛加工厂,他们加工的肥牛卷、牛肉丸、牛排畅销多地,仅在广东一地就开了60多个门店,产值已达四五亿元,将有30个养牛合作社加盟。

与黄牛同样"黄"得可爱的,还有面积正迅速扩大的黄花菜。地处偏僻的太阳山镇,现有4.5万亩水浇地,其中2.5万亩都改种了黄花菜。红寺堡的黄花菜,品级高、价位好、规模大,不仅吸引广东、福建、湖南等地的客商纷至沓来,而且让中国农业大学、中国中医药大学等高校和科研单位"高看一眼",中国农业大学在这里设立了"富硒黄花菜研发中心",从育苗、品种选育、栽培、深加工等方面给予大力支持。红寺堡成功地举行了"中国·红寺堡富硒黄花菜科技高峰论坛",到会企业、媒体各有五六十家,红寺堡也一跃成为"中国黄花菜明星产区"。

农民苏秉荣,整合村里的土地种植了30亩黄花菜,今年纯收入超过20万元,仅为采摘付出的报酬就有6万元。种黄花菜让他迅速致富,不久他就花20多万元建造了高档新房,将自家的长安汽车无偿送给亲戚,自己则花27万元买了新奥迪。

太阳山镇兴民村的4200亩地,全部种上了黄花菜。"村在黄花中,黄花在村中"已成为那里独特的景观。

靠黄花菜致富的,在红寺堡不止一户,也不止一村。

太阳山镇人均收入高于红寺堡区,靠的就是黄花菜。红寺堡的黄花菜现已达到6.7万亩,且有进一步扩大的趋势。

黄牛与黄花菜这出"双黄"大戏,让人看得拍手称快。

红寺堡的紫:葡萄酒香飘到海内外

红寺堡地处贺兰山东麓,是国际公认的酿酒葡萄最佳产区,但开发之初那里却连一棵葡萄都没有。是节水灌溉和结构调整,催生出红寺堡的葡萄和葡萄酒产业。

作为扬黄灌区,红寺堡最宝贵、最稀缺的资源就是水,在生产成本中占比最高的也是水。节水,是他们永远面对的问题。与许多农作物比较,滴灌的葡萄差不多是最节水的。

从2005年开始,各种名贵葡萄相继到红寺堡安家落户,短短十几年时间就达到10.6万亩,葡萄酒厂纷纷上马,葡萄酒庄从无到有,仅建成投产的就有13家,2014年成立的葡萄酒协会,已拥有28个会员单位。红寺堡酿造的葡萄酒声名鹊起,产品不仅销往海内外,而且多次拿下国际大奖。2015年,红寺堡镇捧回了"中国葡萄酒第一镇"的金字牌匾。

成行成列、葡萄满枝的葡萄架,成为红寺堡大地上耀眼的景观;晶莹剔透、"红得发紫"的葡萄,成为农民美好生活的新憧憬;有规模、有档次的酒窖,琳琅满目的葡萄酒,让人喜不自禁。

葡萄酒产业,已成为红寺堡最有前途的产业。

红寺堡的红:枸杞红透半边天

与葡萄同样"色彩艳丽"的是枸杞。枸杞,是宁夏最负盛名的特产。独享"枸杞之乡"美誉的中宁县,不仅与红寺堡接壤,而且有一部分土地就划给了红寺堡。发展枸杞产业,红寺堡同样具有优越的条件。现在,红寺堡的枸杞已发展到5万多亩。枸杞的种植、采摘、加工、销售,已成为红寺堡红红火火的产业。

红寺堡的白:羊羔咩咩唤财富

与养牛业齐头并进的是养羊业,红寺堡全区羊只存栏已达到78万只,人均养殖超过3只。令许多人诧异的是,这么大的养殖规模,居然看不见放牧的羊群:舍饲养殖,让所有羊只都不必到野外觅食,在羊圈里过上了"饭来张口"的"悠闲生活"。畜牧业发展了,生态环境却没有遭受破坏,红寺堡的畜牧业实现了"双赢"。

红寺堡的绿、黄、紫、红、白,都是一片片的,一块块的,每一片、每一块都不一样大,也有不一样的色彩,因为各乡、各村的产业各有侧重,也各具特色。

红寺堡大地上的颜色,越变越好看,色彩也越来越艳丽。与这种变化相呼应,红寺堡人的精神面貌也在变。以往的愁容,变成了笑容,以往的拘谨,变成了开朗。他们越来越健谈,表情也越来越丰富。

现在的红寺堡,已闻不到空气中的土腥味,也很难找到荒芜的土地。红寺堡的旧房子越来越少,家里有小轿车的越来越多。红寺堡的景物在变,变得越来越好看;红寺堡的人在变,变得越来越自信。

改革开放,不仅改变了红寺堡的颜色,而且改变了红寺堡的人。

(原载 2018 年 11 月 17 日《黄河报》)

"大地不会忘记你,因为你曾在这洒下一片深情!"

宁夏回族自治区走过了60年的光辉历程。

宁夏60年的建设成就,离不开各行各业人士的无私奉献。60年,涌现出多少令人感动的人物!正因为如此,自治区党委宣传部、组织部、统战部、政法委、文明办等14个部委在大庆前夕联合组织了"自治区60年感动宁夏人物"评选活动。

在自治区成立60周年的喜庆气氛中,历时近5个月,经过民主推荐、组织审核、网络投票、评委会评议、组委会审定等多道评选程序,最终从各地区、各系统推荐的110位候选人中评出了60位当选者、40位提名奖获得者。

60年!世事沧桑,许多人不在岗了,有的人七老八十,早已淡出人们的视线了,有的人因见义勇为或疾病离世很久了。但是,宁夏人民并没有忘记他们,依然记着他们的贡献!

记者注意到,当选的60人中,有17人已经不在人世了,其中就包括前几年去世的著名作家张贤亮、著名法学家吴家麟、百岁回族女画家曾杏绯、著名儿童音乐作曲家潘振声等全国知名的人物,还有一生奉献的老红军赖清林,为保护群众、三次放弃跳伞求生机会的飞行员李剑英,有见义勇为、勇斗歹徒、壮烈牺牲的卢雪鹏。

入选者中,现年60岁以上的有20人,其中,80岁以上的就有10人,年龄最大的是著名水利专家礼荣勋,现年已经102岁了。此外,参加过辽沈战役、平津战役和抗美援朝,身上留下20多处伤疤的老英雄王清义也已96岁了,著名医学家陈树兰、著名西夏学家李范文、宁夏首位"南丁格尔奖"获得者张水华和宁夏农垦事业开拓者柳登旺,都超过了85岁,宁夏唯一的中国工程院院士何季麟,也有73岁了。虽然有的人已是深居简出、很少抛头露面,但他们的历史功绩,将永远记在宁夏发展的史册上。

尤其难能可贵的是,有些老专家虽然年事已高,但仍然在"余热发电"、奉献许多人不具有的聪明才智:已经87岁高龄的心脑血管病专家陈树兰,在年过八旬之后还坚持上门诊;77 岁的话剧艺术家王志洪,近年来创作、导演的主旋律话剧一部接一部,好评就没有间断过;小麦育种专家裘志新,退而不休,对科研仍然孜孜不倦;被称为"春蕾奶奶"、长期为失学女童献爱心的姜丽娟已经 86 岁了,还在关心贫困女童的教育和成长;1940 年出生、本次获得提名奖的戈敢,曾担任过宁夏农林科学院院长,在退休后又在自治区老科技工作者协会担任会长多年,至今还担任名誉会长和自治区技术咨询专家组组长,仍然在奉献光和热……

"没有老一辈的贡献,就没有宁夏的今天,我们永远不能忘记他们!"这是许多宁夏人的心声:在欢庆自治区成立 60 周年的时候,更应该记住这些曾经以自己不凡的业绩和可贵的精神感动了宁夏的人物,应该更好地继承他们开创的事业,以实际行动弘扬他们的精神!

当然,本次评选把目光更多地投给了那些在各条战线上仍然做着可贵贡献且年富力强的一代人。记者注意到,这里面有连续多次被评为"中国十大慈善家"的党彦宝、有枸杞专家曹有龙、有煤化工专家姚敏、有兽药专家杨奇、有从农民工成长起来的电气工程师张晓炜……真是名人荟萃,星光灿烂!他们不但应该得到关注,更应该得到关爱和激励。

这个评选,既是表彰,又是激励,既展示了正能量,又弘扬了正能量。这种正能量越聚越多,宁夏的明天就会越来越美好!

"山河不会忘记你,大地不会忘记你,因为你曾在这里洒下一片深情。"这是一首著名歌曲中的歌词,它比较准确地反映了宁夏人民的心声:那些为宁夏发展建设、文明和谐做出杰出贡献的人,是不会被人们遗忘的!

(原载 2018 年 9 月 17 日光明网)

值得高看一眼的彭阳县博物馆

彭阳县建成博物馆了？这可是个不小的新闻！因为宁夏目前建成的县博物馆还很少,更何况彭阳县地处南部贫困山区,目前还是脱贫攻坚的重点县,而它建县的历史只有 30 多年。一个贫困县率先建成了博物馆,这里面一定蕴藏着不少"新闻"。所以,在 2017 年 12 月 28 日正式开馆的当天下午,记者就远途奔波、兴致勃勃地前去参观,颇有一点"先睹为快"的想法。

果然,彭阳县博物馆没有让记者失望。记者在"贪婪"地浏览了馆内所有展品之后,非但没有失望,反而要刮目相看。记者听到有人兴奋地对馆长杨宁国表示:这个博物馆,是应该高看一眼的!

建筑面积达 11200 平方米的彭阳县博物馆,是一座集文物收藏、展览、研究为一体的综合性博物馆,目前开设了 6 个展厅,展出的文物有 2000 多件,其藏品却有 7000 余件。杨宁国馆长自豪地对记者说,无论是建筑规模,还是馆藏文物,彭阳县博物馆在宁夏都是数得着的。除了宁夏博物馆、固原博物馆两家省级博物馆之外,第三个就要数到它了。在固原市,除了固原博物馆,它可以排第二,而在宁夏县级博物馆中,它就可以当之无愧地排第一了! 这也充分反映出当地政府对文化工作的支持和对文化传承的重视。

兴建如此规模的博物馆,是有充分的理由和依据的,是与当地极为丰富、极为珍贵的历史资源和出土文物相匹配的。

在彭阳,几乎有一部基本完整的通史。从远古到明清,再到民国,从历史文化到红色文化,几乎都有颇具代表性的文物,几乎没有断裂,也基本没有缺环。

应该高看一眼的,还有当地的历史和文化。别看彭阳在 1983 年从原来的固原县(今原州区)分出来单独设县的历史只有 30 多年,但彭阳县发展的历史却相当悠久了,可以追溯到遥远的时代。

记者了解到,彭阳县不仅发现了距今数千万年前的古脊椎动物化石,而且发现了距今 3 万年前的旧石器时代石器。至于新石器时代遗址那就更多了,仅已经发现的就有四五十处之多,且都发现了那一时期的遗物。在彭阳县发现的距今几千年人类居住的窑洞式房屋,依然保存了坚硬、光洁、平整的白灰墙裙,真实地反映了当时人类的生存状态。最近在彭阳县姚河塬发现的西周时期诸侯王级的墓葬群及大量出土文物,更是颠覆了"周文化未过陇山"的结论,证实早在西周早期,周人就已经翻越了六盘山。而到了春秋战国时期,秦惠文王消灭了长期驻扎在彭阳一带的义渠,彭阳及周边地区就正式纳入中原的版图。至今,战国时期修筑的秦长城,还横卧在彭阳的大地上。彭阳还是历史名人荟萃之地,有资料显示,秦始皇、汉武帝、唐太宗、成吉思汗、忽必烈等都曾到过彭阳一带,东汉史学家班彪所作的《北征赋》,也记述了他亲临彭阳的经历和感慨,赋中也点出了"彭阳"这一地名。

三国西晋时期著名医学家、史学家、有针灸鼻祖之誉的皇甫谧,就出生在彭阳县。唐宋元明清时期,彭阳县的经济、文化都得到了发展。汉代城郭、北魏造像、北宋石窟、明清驿道,都在这里留下遗迹,丰富了彭阳的文化内涵。到了当代,彭阳县又孕育了比较丰富的红色文化。中国工农红军长征曾经过这里,毛泽东夜宿彭阳县古城镇下岔沟乔家渠的农家,并在当晚记下并修改了在六盘山上吟咏的《长征谣》(即《清平乐·六盘山》的初稿),尤其值得珍视的是,当地至今还保存着新中国成立之前的一些革命遗迹。

当然,同样令人高看一眼,也能给人带来更直观印象的还是在博物馆展出的、在别的地方也难得一见的珍贵文物。其中,属于国家一级文物的,就有 12 件,二三级文物则多达 560 件。

彭阳县博物馆现在开设了"茹水遗珍""红色记忆""今我彭阳"等 6 个展厅。其中,"茹水遗珍"分为史前、先秦、秦汉、北朝隋唐、宋金元、明清 6 个单元。记者看到,这里有远古时代的古生物化石,有新石器时代的玉琮、石器、彩陶罐,有春秋战国时期的铜短剑,有战国时期刻有铭文的铜戈,有夯筑长城的木夯,有汉代的三足两耳圆鼎,有与彭阳建县历史有关的汉代朝那(读作 zhū nuó)鼎,有西汉时期精美的人驼纹牌饰,有北魏时期的一佛二菩萨石造像,有唐代双鸾瑞兽花鸟铜镜,有北宋的刻花梅瓶,有在当地出土、可作为中西交流物证的波斯银币……其中,石器、玉器、铜器都有相当的存量。

最令记者感到意外的是,这里居然陈列着距今数千年的葡萄种子。那是专业人员在彭阳县打石沟新石器时代遗址的发现。那一次,共发现了 25 种已经炭化的植物种子,其中就有葡萄,这可以说明,早在几千年前,彭阳一带就已经栽植葡萄了。据文献记载,葡萄引进到我国古代中原地区有两种说法,一种说法是汉代贰师将军李广利在伐大宛时带回来的,一种说法是张骞出使西域后带回来的,有人据此断定,引进葡萄的时间不会早于公元前 119 年,而彭阳县出土的葡萄种子,可能要为这些说法打上一个问号。

博物馆的许多展品,都令人眼前一亮,驻足细品。

1999 年,我到彭阳县采访,抽空看了当时还放在库房的文物,便为他们珍藏的许多珍品"惊艳"了一回,也以《偏远穷县藏奇珍——宁夏彭阳县出土文物参观记》为题在《宁夏日报》上做了报道(载 1999 年 12 月 13 日),并就他们建一座博物馆的愿望在报上发出了呼吁。没想到,此后,他们的重要考古发现一个接着一个,出土文物也从 2000 多件增加到 7000 多件,而有档次、有品位、有内涵的博物馆也真的建成并向公众开放了。

这确实是一件可喜可贺的事,也是颇有新闻价值的事。

(原载 2018 年 1 月 9 日《光明日报》十版头条)

异地采风

写在前面的话
带着双手去，不能空手归

这里收录的都是我近几年到外地疗养或参观、旅游时写下的文字。

外出参观、旅游、疗养，一般都没有写稿任务，也不会有人提出这方面的要求，但我觉得，既然看到了有意思的人和事，也有了新奇的感受，就应该写下来，发布出去，进而让那些未到现场的读者与自己同喜同乐，同样有所领悟，这也是一名记者的职责。

2000 年，我被评为宁夏先进工作者，在 10 年中都没有参加过疗养活动。2010 年被评为宁夏先进工作者和全国先进工作者之后，参加的疗养活动很多。这是党和政府对劳模的关心和爱护，每一次参加疗养活动，我都感到很幸福、很振奋，对接待单位热情、周到的服务也很感激，同时也感到受之有愧，所以总以感激的心情写点什么，自认为这是我以记者身份参加活动应有的本分，就留下了这些文字。当然，我是去疗养的，不是去采访的，客观条件也不允许我做深入的采访，这也就使我所写的这些以见闻为主的稿件流于表面、缺乏深度和感人的细节。我是带着对接待单位的感激之情来写这些文字的，也希望以此回报他们，弘扬他们的精神。应该说，这个目的基本达到了，有一些接待单位看到了我写的文字后立即做出反馈，表达感激之情，这也让我很激动。

当然，这些在外地采写的稿件不限于此。江苏省的蒋巷村，将一个村庄变成旅游景点，让我很意外，也很振奋，他们的经验和理念，在全国都有借鉴意义，也就有新闻价值，我觉得自己有责任把它写出来。

在疗养中观察劳模、了解劳模，发现了他们身上可贵的精神和品质，记者就应该发挥专长，以文字弘扬他们的精神和品质，有了这个念头，就有了《劳模就是模范!》这篇通讯。

米易，是四川省攀枝花市下属的一个县，那里丰富的物产和独特的旅游资源，还不为外界所知，我在疗养中了解到了、感受到了，自认为有责任、有义务助一臂之力。《初识米易》就是在这种想法的驱使下写出来的。果然，当地立即做出积极的反应，将我的文章配图转发。

我将这些文字收入本书，是想表达这样的观点：可写的题材很多，只要想写，处处留心，就可以写，甚至可以写出不错的文章来。

带着双手去，不能空手归！这是我一直坚守的信念。

劳模就该受到这样的尊重！

——厦门劳动模范疗休养中心见闻

一走进全国总工会设在厦门的劳模疗休养中心，我就被一种"尊重知识、尊重劳模"的气氛所笼罩。一种荣誉感、自豪感油然而生。

其实，这种荣誉感、自豪感在我出机场时就感受到了。同以往参加一般的会议和活动不同，我们刚刚坐上接机的汽车，专程前来迎接我们的工作人员就把房间分好了，并且提早把房卡交到了我们的手上，每个劳模都享受了单间的待遇。原来，他们早早就掌握了所有前来疗养劳模的名单。虽然我们到疗养中心时已经过了饭点，但餐厅仍然为我们提供了热乎乎的饭菜。

厦门劳模疗休养中心，对外又称杏林湾大酒店。走进建筑风格颇似福建土楼的楼群，就看见院内悬挂了许多"向劳模学习、向劳模致敬""学习劳模、争当劳模"的标语，尤其让人感动、激动。劳模们下车时，疗养中心主任率领工作人员列队欢迎。平时在疗养中心院内见到工作人员，他们都无一例外地微笑着主动与我们打招呼、问好，对劳模的各种要求他们也总是尽力给予满足。

疗养中心要求，每个劳模在疗养期间都要佩戴"劳模疗养证"，因为它是就餐、参观、健身、参加各类活动的唯一凭证，而这也让劳模们充满荣誉感。前来参加疗养的劳模们也确实都有强烈的荣誉感和自豪感。我注意到，在全体劳模合影时，许多劳模都戴上了珍藏已久的各式各样的奖章，有的竟有十几枚之多，惹得身旁的人啧啧赞叹。

我参加的是今年的第七期疗养。参加这一期疗养的全国劳模、全国五一劳动奖章获得者分别来自江西、湖南、四川、宁夏、山东、吉林6个省区,总共有200多人。其中,宁夏共有18人参加了疗养。疗养中心为前来疗养的劳模安排了丰富多彩的活动,除了参观、考察活动之外,还安排了健康讲座、文艺欣赏、购物等活动,使这些远道而来的劳模在短短7天时间内,就对当地有了比较全面的了解,得到良好的休养,增长许多文史地理知识。

一转眼,为期一周的疗养结束了。疗养中心专门举办了欢送晚会。来自各地的劳模纷纷上台表演节目,尽情抒发激动的心声,表达对党和政府的感激之情。

全国总工会为劳模的疗养做了精心的安排,专门向各地发出了通知,明确了参加疗养的对象,要求全国劳模、全国先进工作者的比例不能小于60%。

全国总工会厦门劳模疗休养中心副主任贺国栋、于庆峰告诉大家:这个疗养中心是2011年12月才建成开业的,其建筑标准在厦门也是数得着的,但它又不同于一般的宾馆酒店,不仅具有休养的功能,而且是劳模们培训、交流、互动、学习的场所。按照全国总工会的安排,这里疗养的规模也在不断扩大。接待人数由前年的200人增加到去年的1500人,再增加到今年的2000人。在我们这一批之后,疗养中心还将接待第八批劳模。

许多参加疗养的劳模都很激动。他们纷纷表示,感谢党和人民的培养,要继续努力,争取做出新贡献。

(原载 2013 年 11 月光明网)

"劳模就是模范!"

——全国总工会庐山工人休养院见闻

谦虚,感恩,好学,善良,不懈努力,乐于助人,不居功自傲,始终把自己看得很平凡:这些劳模身上特有的品质,让记者又一次看到了。最近,记者参加了全国总工会组织的劳模休养活动,与北京、宁夏、西藏的劳模同时来到江西庐山,再次目睹了劳模的风采,也感受到了他们身上的闪光点。

记者发现,前来休养的每个劳模身上都有闪光点,都创造过不凡的业绩:北京市轨道交通建设管理有限公司总工程师牛英明和她的团队,打破了国外的技术垄断,平均每公里地铁为国家节约了 300 多万元投资;曾名列全国"最美警察"第五名的法医陈莉,能让死人"说话",为破案提供了许多极有价值的线索;曾长期奋战在采煤一线的陈井山有 6 枚令他自豪的奖章,早在 1986 年他就获得了全国五一劳动奖章;北京大明眼镜公司的蔡占起,现在的身份虽然还是验光师,但他已在这个领域成为著名的专家,还应邀担任几所大学的讲师;来自六盘山下的小学校长陈明,在基础教育岗位上默默奉献了 30 年;来自银川市动物卫生监督所的监督员田金柱,每天都在别人睡觉时上班,确保了上百万人肉食的安全;由刘淑叶任主席的北京市海淀区妇联,在 15 年里创造了"五连冠"的业绩,让"双拥模范区"的称号长久归属于海淀区,现在她虽然 64 岁了,还在积极为边疆贫困地区的老人献爱心。

　　"我是一名修脚工。这次来休养,随身带着修脚工具。你们谁想修脚,可以随时来找我。"来自北京的全国五一劳动奖章获得者李金明多次诚恳地做出这样的表示。他不仅对来自北京的劳模这样说,对来自宁夏、西藏的劳模也这样说。

　　无独有偶。来自北京的刘继凤也是一名修脚工,她为出生 7 天的婴儿修过脚,也为百岁老人服务过,让千千万万的患者解除了病痛。多位老一辈革命家和文化名人,都曾是她的服务对象。如今 63 岁了,她还没有放下修脚刀,更不想享清闲。为了将自己的绝技传承下去,她培养了 100 多名徒弟。到庐山来疗养,她还想着为他人服务。她在座谈会上的话也同样打动人心:"我也带着修脚刀。你们谁想修脚,就到 2015 号房间找我!"

　　"一接到让我来庐山疗养的电话,我就哭了!"今年 64 岁的全国劳模王淑贞,原是北京海淀区的一名售货员,也曾练就了张秉贵"一把准"的功夫。在劳模座谈会上,她说起了自己:"我 2001 年就退休了,没想到组织上还没有忘记我!我虽然有病,但认为自己还不算老,还可以为社会做一点有益的事。所以,我退休后主动照顾社区里的老幼病残,当楼长、当支委、当志愿者,我也年年被街道评为优秀党员。我还可以做很多事。"

　　这是一个有感恩的心、有报恩的情,而且仍在不断报恩的人。

　　每个人都有一段故事,每个人都是一面旗帜。座谈会上,记着听到最多的词语是"感谢""感动""学习""努力"和"希望",谈到自己,说得最多的是"平凡""普通""不足""继续努力"和"向其他劳模学习"。难怪,连多次接待过劳模、见多识广的疗养院领导也被劳模们的发言和行为感动了。

来自银川市公安局的张晓虎是全国优秀共产党员,他冒着生命危险远赴外地追捕、押解逃犯,在胜利归来的抢救中虽然保住了生命,但也落下了行动不便的后遗症。记者看到,许多劳模在外出时都自觉自愿地搀扶他、照顾他,那情景十分感人。

劳模就是劳模!劳动模范,不仅是劳动的模范,在很多方面也能称为模范!在庐山疗养期间,记者就亲眼见到了劳模之间相互谦让、相互照顾、相互交流、相互学习的动人场面。

劳模疗养,不仅让劳模得到了疗养,而且给他们提供了学习交流的机会,为他们鼓了劲,让他们的精神也得到一次洗礼。

"劳模学习劳模,可以成为更优秀的劳模!"有人对此深信不疑。

(原载 2015 年 9 月 30 日《光明日报》)

庐山工人休养院的温馨

在全国总工会庐山工人休养院休养期间,记者听到很多劳模都称休养院是"劳模之家"。在多次感受到那里的温馨之后,记者不禁感叹:"劳模之家"真是名不虚传啊。

9 月 19 日,我们的飞机从银川起飞,在西安经停,经过了 4 个小时,到南昌昌北机场时已是下午 4:30 以后了,而赶往庐山还需要 2 个多小时。因为飞机上没有提供午餐,大家没下飞机就已经饥肠辘辘了,每个人都希望尽快吃点东西,但谁也没有提出这样的要求。虽然谁都没有说什么,但前来接站的欧阳木兰小姐有意安排我们在途中的农家乐吃饭,吃完饭再上山。结果,那顿饭许多人都吃得狼吞虎咽。等劳模们吃饱喝足赶到位于山上的休养院时,已是晚上 7:30 以后了,天上正下小雨。让我们没有想到的是,休养院的院长和职工一直等着迎候我们。我们一下车,他们就用雨伞搭成一个"伞墙",不仅把人一个个接到大厅,而且替我们把行李一件件提进大厅。这时,站立在门厅两旁、身穿统一服装的十几个人打起了腰鼓,劳模们便在热烈的气氛中进入大厅。这个架势,弄得很多人一时不太适应,也很不好意思,一种当劳模的荣誉感、自豪感油然而生。

入住第二天,休养院的领导们与劳模们合影留念,现场摆出了一大袋红花,每个劳模都按要求戴上了大红花,光荣感顿时写到了劳模们的脸上。有位老劳模激动地说,这让我又一次体会到了当劳模的光荣!

9月22日傍晚,劳模们一走进餐厅,就看见一张餐桌上摆着一个大蛋糕,一群人正围着餐桌齐唱"祝你生日快乐"。原来,这一天是北京团一位劳模的生日。休养院的同志从身份证上获取了这个信息,便提前预订了大蛋糕。

好事成双!这一天也是宁夏劳模团全国五一劳动奖章获得者陈红明的50岁生日。记者看到,在另一张餐桌上,也摆着一个大蛋糕。不一会,桌前就聚集了很多人,也响起了"祝你生日快乐"的歌声。陈红明激动地告诉大家,他中午一回到房间,就看到了一束专门送给自己的鲜花,心里顿时感觉很温暖。他说,今年这个生日,是他最难忘的!

休养院的工作人员始终把劳模们的安全、冷暖、需求挂在心上。到休养院的第二天,他们就不厌其烦地把所有注意事项都一一告诉大家。劳模们每次外出,不仅有工作人员在前面引导,休养院的领导也亲自陪同,确保不发生任何事故。为了确保接待质量,全国总工会专门派来了督察人员,并请劳模们为休养院的接待工作打分、提出意见和建议。

9月25日清晨,宁夏团和北京团踏上了返程。其中,宁夏团凌晨4:30起床,5:00就要赶往机场。休养院的欧阳木兰不仅很早就起来,而且把大家送到了机场,还非常细心地为每个人准备了早餐。

庐山工人休养院带给劳模的温馨,还有很多。难怪有些劳模说:庐山的美景,是难忘的;劳模之家的温馨,同样是难忘的。

(原载2014年9月28日光明网)

"以劳模精神服务劳模!"

——桂林工人疗养院见闻

"以劳模精神服务劳模!"这是中华全国总工会桂林工人疗养院内随处可见的标语,也是疗养院院长王建对全院职工的要求。最近,记者参加全国总工会组织的全国劳模疗休养活动来到这里,对此有了亲身感受:他们真的做到了"以劳模精神服务劳模"!难怪,连见过许多大场面的劳模们都表示要向他们学习呢。

前来疗休养的劳模们,一踏进疗养院的大门,就得到了疗养院的周到细致的服务,感受到了疗养院精心营造的温馨氛围。接机的大轿车还没有开到主楼,疗养院工作人员就站成两排早早迎候在那里了。劳模们一下车,手持红花的工作人员便迎上前去,为他们一一戴上大红花,王建院长热情洋溢地致了欢迎词。记者看到,此情此景让好几位劳模都很激动。有位老劳模激动地说:"想不到,时隔多年,我又'光荣'了一回!"

走进客房放下行李,只见一杯热茶、一盘水果已经摆放在那里了。喝上一口略带甜味的热茶,心里顿时感到甜蜜。

记者所在的劳模团赶到疗养院时已是下午两点多了,按说已经过了吃饭时间,但疗养院考虑到劳模们在飞机上没有吃好,还是特意安排了饭。听说劳模团里有几位回族同胞,他们又安排了清真餐。为了让回民劳模吃得放心,他们还特意让回民劳模查看了食材和灶具。

记者在疗养院内看到一幅标语:"尊重劳模,关爱劳模,学习劳模,争当劳模。"这幅标语,也许就是疗养院的宗旨,而这在许多细节上都体现出来了:劳模们在院内散步,工作人员都会微笑着主动打招呼;还没到吃饭时间,工作人员就站在餐厅门口微笑欢迎;劳模们在餐厅进餐,服务人员会主动推荐当地富有特色的菜肴并热情地端到餐桌上;劳模们入住不久,医务人员就走进每一个房间问诊;劳模外出活动,副院长和医务人员都要随行以防不测,还有专人用相机记录劳模们活动的精彩瞬间,然后精心布展;外出回来晚了,疗养院还为每个人准备一份夜宵……

为了让来自全国各地的劳模们能够得到很好的疗养,桂林工人疗养院做了多方努力。医务人员不仅为劳模们进行常规体检和亚健康检查,还提供了富有特色的康复理疗。每天早晨,都有专家在大堂门前教劳模们做经络拍打操。院长王建更是登台传授保健知识,为了让劳模们都有健康的身体和健康的心态,他语重心长,甚至现身说法……为了不影响白天的活动,健康体检和康复理疗都安排在了晚上。医务人员便放弃休息时间为劳模们服务,每天回到家中都已很晚。

一转眼7天过去了,劳模们该返程了。记者听到有劳模说,如果再不走,就舍不得走。跟这里的感情越来越深,说不定还要流泪呢!也有好几位劳模表示,自己做的贡献太少,党和人民给予的太多。今后要加倍努力,回报人民!这次到桂林疗养,等于又进了一次加油站!

这也正是疗养院的希望。王建院长说,希望你们通过这次疗养拂去往日的疲劳,为再创佳绩积蓄能量!

记者所在的劳模团七点多要赶往机场,疗养院提早为大家准备好了早餐。吃过早饭,天刚蒙蒙亮,劳模们来到大堂前乘车,看见很早就从家里赶来的工作人员又站成一排前来欢送,不禁心头一热。更让劳模们感动的是,大轿车开动了,王建院长又登上车,叮咛劳模们一定要注意身体、保持健康。

"再见了,桂林工人疗养院!感谢你们的热情接待,我们一定会加倍努力,回报社会的!"记者分明听到了许多劳模的心声。

(原载 2016 年 11 月 11 日光明网,被当地多家报刊、网站转载)

初识米易

有"城在山中、水在城中、行在绿中、居在园中",可以"春赏花、夏避暑、秋品果、冬暖阳"的地方吗?那一定是令人陶醉、难以寻觅的仙境。在我国四川省南部,居然真有这样的地方!兼具这些优势和特色的,就是攀枝花市下属的米易县。2018 年 11 月中旬,我到那里疗养,对这个独具魅力的山水园林城,算是有了初步的,却是深刻的认识。

米易?米易!我真是孤陋寡闻,在此之前,只知道攀枝花是三线建设的重点城市,那里有个体量很大的攀钢,但却没有听说过它管辖下的米易县。到了米易,了解了它独特的资源、领略了它深厚的文化、感受了它优美的环境、品尝了它香甜的瓜果，便有了相见恨晚之感。

有资料显示，拥有 23 万人 26 个民族的米易县，不仅具有钒钛等丰富矿产资源，而且具有得天独厚的农业优势。米易人充分挖掘这些资源和优势，已创造了不凡的业绩。近年来，他们已先后将全国卫生县城、全国文化先进县、全国生态旅游百强县、国家南菜北调基地、国家现代农业示范区、省级生态示范区、省级环境保护模范县、四川省首批环境优美示范县城、省级绿化模范县、省级乡村旅游示范县、国家园林县城等难以计数的"桂冠"戴在了头上。

在米易，我常常为自己的意外发现而惊讶，也常常为它的优势和业绩而赞叹。

米易的历史很悠久。早在西汉时期，米易那里就已建县了。米易古称迷易，所以，1951 年正式设县时也称迷易，隶属于此后撤销的西康省，此后将迷易改为米易。1955 年划归四川省，1978 年划入由渡口市改名的攀枝花市。

如果再往前追溯，米易的历史就更悠久了。中华民族的先祖、三皇五帝中的第二帝——颛顼就诞生于此，所以，米易又被称为颛顼故里。境内 3A 级风景旅游区颛顼洞就是以颛顼命名的。这个溶洞内居然有 2 个水量充沛的飞瀑，堪称溶洞奇观，是难得一见的。

"原来我国冬季皮划艇训练基地在这里！"这是我在米易的另一个意外发现。

风光旖旎的米易县县城，就坐落在水流湍急的安宁河河畔。作为雅砻江的一大支流，安宁河两岸群山环绕，那里极为有限的平地，都被充分开发利用了。安宁河一进入县城，就被分流，其中被引入渠中的水流，远远高于河流的水位，形成一级一级落差，也被建设成为不可多得的皮划艇训练场地。据说，这个皮划艇激流回旋训练基地，各方面条件都是世界一流的。

在训练基地，我看到水面上悬挂了许多标志杆，十几位男女皮划艇运动员正在激流中搏击水浪，备战下一场国际大赛。看他们个个身手不凡、训练有素、顽强拼搏，我完全相信：新的世界冠军，有可能诞生在他们中间！

安宁河带给米易县的还有很多。当地政府沿安宁河修建了总长超过 8 公里的高标准健身步道，在沿线还兴建了颇具特色的景点，可健身，可休闲，可娱乐，具有很强的吸引力。我们在米易逗留期间，也像当地人一样喜欢上了这条步道，每天早晚都要上去走一走，每次都能看见络绎不绝的人流。

米易的阳光明媚,空气清新,温暖宜人,也是我没有料到的。

当我国北方寒气袭人、千里冰封、人们都已"全副武装"的时候,米易的气温还在六七摄氏度至二十五六摄氏度之间徘徊,早晨加一件外套,中午穿一件衬衣,就感觉很舒适了。

知道南方雨多,我特意带了一把雨伞,结果一次都没有用上。原来,米易海拔平均 1000 多米,属亚热带干热河谷立体气候,年均气温达 20.5 摄氏度,年均降水也只有 1000 多毫米,一年中有 300 多天都是阳光普照,是四川省阳光资源最丰富的地方。

得天独厚的土地资源和气候条件,孕育了米易特有的优势和产业。

我们在米易下榻的合美壹家酒店里,有幸品尝到了当地出产的脐橙、释迦、葡萄、火龙果等多种水果,其中,又大、又甜、又新鲜且熟得恰到好处的芒果尤其令人喜爱,是许多北方人很难吃得到的。据介绍,米易原来不产芒果,引进的时间也不长,但很快便形成产业优势,成为当地的当家水果之一。当地人对我们说,你们来得正是时候。国内其他地方的芒果,此时大都下市了,而具有地理和气候优势的米易芒果,则刚好进入成熟期,恰好填补这个市场空档。

因为喜爱这里的芒果,与我一起休养的许多人都买了芒果带回去,其中有人还成箱成箱地买,托运或寄给远方的亲朋好友。

就在我为在最佳时节品尝到这么芳香、甜美的水果而庆幸时,当地人又告诉我们,你们来的不是时候,因为当地盛产的早熟枇杷,还要两三个月才能上市。枇杷,也是米易抢占市场先机的"好手"。米易的枇杷很有名,也有很好的销路。我在一个宣传片中看到,在枇杷成熟季节,果农们把挑选出来的枇杷都精心包装,仔仔细细地摆放在纸箱里,一辆辆大货车把满车的枇杷运往祖国的四面八方。那丰收的画面,那欢快的场景,很有感染力,也很令人羡慕。

晚熟的芒果,晚得恰到好处;早熟的枇杷,也熟得适逢其时。占据了有利的时间节点,米易的芒果、枇杷都十分俏销,带来可观的收益。

除了枇杷、芒果,米易还盛产樱桃、葡萄、雪梨、草莓、脐橙、释迦、石榴、核桃、甘蔗、红心火龙果、黄心猕猴桃等特产。充足的光照和昼夜的温差,有利于糖分和营养的积聚,也让米易的水果更香甜、更诱人。

阳光明媚,温暖如春,瓜果飘香,在米易,这是一年四季都能感受得到的,而这在很多地方却是享受不到的。

米易人说:走进米易,就走进延年益寿的康养胜地,走进现代时尚的宜居花园,走进天地人和的山水画廊,走进果蔬飘香的诗画田园。所言不虚。因为米易人所说的这些,在米易都可以找到充分的"证据"。

"身边有米易,何必去海南?"米易人都知道这句话,许多人也说过这句话。我在米易就不止一次听人这样说。他们在说这句话时,脸上都洋溢着自豪的神采,也让外地人感受到了他们浓郁的家乡情结。

对于像我们这样匆匆到访米易、很快又得离开的人来说,是难以吃遍当地那些诱人的鲜果的,"顾此失彼"是"不可避免"了,这也让我们对米易人心生羡慕,甚至渴望成为米易人,也希望有机会在此常住。

其实,早就有人有这种愿望并且已付诸行动了。北京华方投资有限公司就和米易县民政局通过"公建民营"的形式,在县城联合兴建了颐养中心,北京西城区有关部门也积极加盟。我们在参观时看到,这个颐养中心,设施齐备,包吃包住,每人每月收费只需4000元,而引进外资在群山环抱中兴建的鱼米阳光度假基地,林草茂盛,花团锦簇,环境优美,收费却很低廉,每人每月只需3000多元就可以享受多方面的服务。眼前的一切,令许多参观者怦然心动。北方人想要远离寒冷,到此过冬不失为一个明智的选择。

米易,是个迷人的地方,也是个来了就不想走、来了还想再来的地方。也许,米易原来被叫作迷易,就蕴含了这层意思:迷易,就是让人容易着迷。迷易,迷你很容易!

初识米易,让我记住了米易,爱上了米易。

啊,米易! 我记住你了。我为有幸结识你而欣慰,我也希望有机会再来米易,过一个温暖的冬季。

(原载 2019 年 3 月 23 日《光明日报》)

在斯里兰卡寻访友谊的足迹

很早就知道斯里兰卡这个国家,也对斯里兰卡多位领导人的名字耳熟能详,其中对班达拉奈克夫人印象尤其深刻。当然,更记得周恩来总理等老一辈革命家为缔结中斯友谊所做的贡献。去年，我以一名普通游客的身份来到斯里兰卡，也有幸寻访到了周恩来总理留在那里的足迹。

斯里兰卡，旧称锡兰，是印度洋上的一个岛国，与印度南端隔海相望，国土面积有 6.56 万平方公里，比我国宝岛台湾大了 3 万平方公里。斯里兰卡与中国的友谊源远流长。新中国成立后不久，周恩来总理在 1952 年就访问了斯里兰卡（当时称锡兰）。当时，两国尚未建立外交关系。自那时起，两国的联系便日益紧密了。1957 年 1 月 31 日，周恩来总理应邀再访斯里兰卡，与斯里兰卡正式建立了外交关系。斯里兰卡也成为与我国建交较早的国家之一。1964 年 2 月，周总理又与国家副主席宋庆龄、国务院副总理兼外交部长陈毅一道，第三次访问斯里兰卡。也就是在那次访问中，周总理主动询问时任斯里兰卡总理班达拉奈克夫人需要什么帮助，班达拉奈克夫人希望中国援建一座国际会议大厦，作为 1976 年 8 月在科伦坡举办第五届不结盟国家首脑会议的场地。在周总理的亲自关怀下，工程于 1970 年 10 月开工并于 1973 年 5 月按时交工。为纪念斯里兰卡已故的所罗门·班达拉奈克总理，大厦被命名为"班达拉奈克国际会议大厦"。现在，大厦已成为中斯友谊的标志性建筑。我们在斯里兰卡首都科伦坡时曾从大厦门前走过并一睹大厦的"芳容"。虽然过去近半个世纪了，大厦依然完好如初，一点也不落后。

在斯里兰卡的许多地方，都留下了周总理等老一辈中国领导人的足迹。在位于斯里兰卡中部的康提佩拉德尼亚皇家植物园游览时，我听说植物园里有周总理亲手栽的树，便兴致勃勃地前去寻找，很快就找到了，我还用手机拍了照。让我喜出望外的是，这里不仅有 1957 年 2 月 7 日周总理种下的紫薇树，而且有徐向前元帅在 1973 年、邓颖超副委员长在 1977 年栽下的树。每棵树前均有英文和当地文字题写的标牌，标牌上写明植树者的身份和植树的时间。其中，邓颖超栽的树与周总理栽的树并肩而立，一如他们生前那样心心相印、相亲相爱，不禁让人遥想他们生前的情景和当年植树的场景。

睹树思人，令人无限感慨：当年植树的 3 位老一辈革命家都已不在世了，但他们栽下的树却枝繁叶茂，依然显示出旺盛的生命力。他们亲手缔结的中斯友谊，依然牢不可破，依然焕发出勃勃生机。在新的历史阶段，这种友谊被不断延续，也跃升到了新的层次。

在斯里兰卡首都科伦坡，我看到了好几处有中文标识的建筑工地，也看到由中国承建的高楼正拔地而起,心中顿时涌起强烈的自豪感。修公路、架桥梁、建机场、办工厂,中国在斯里兰卡援建的项目很多。据悉,普特拉姆燃煤电站、科伦坡国际集装箱码头、科伦坡国际机场高速路、汉班托塔港工程等重大基建项目都是由我国援建的,其中有的已经建成并投入运营。据说,我国援助的发电厂还被印在斯里兰卡的货币上。"一带一路"倡议的实施,又为两国的合作拓展了空间。2018 年 7 月下旬,由中国援建的斯里兰卡国家肾内专科医院又开工了。这些项目,在斯里兰卡正在产生或将要产生巨大的经济效益和社会效益。

中国的游客,在斯里兰卡也受到热烈的欢迎和亲切的接待。对来自中国的游客,当地人非常友好。一下飞机,有关人员就在机场为每个游客的手机免费换卡,每天的安排也非常周到,有些接待简直是倾其所有、尽其所能,令人十分感动。临别时,所有游客都不约而同地、自觉自愿地要为接待人员多付一些小费。

在斯里兰卡,我寻访到了周总理及其他老一辈中国领导人的足迹,也感受到了中斯两国之间牢不可破的传统友谊。

(原载 2019 年 1 月 23 日《光明日报》)

"祖国和人民永远不会忘记你们!"

——在贝尔格莱德原中国大使馆遗址凭吊中国记者

一提到塞尔维亚或贝尔格莱德,我就会想到你们;一决定要去塞尔维亚,我就决定要去看望你们,看看你们牺牲的地方,凭吊你们的英灵。因为我是你们的老同事,曾同在一个报社工作,曾一起尽力为这张报纸增光添彩,我与你们有一种特别的感情,也曾为你们不止一次流下泪水。

许杏虎、朱颖:你们是我血肉相连的亲人,是我为之骄傲的同事!我就要去看望你们了!行程一定,我内心就充满了期待。

当我决定去塞尔维亚时,件件往事顿时涌上心头。怎能忘记,21 年前的 1999 年,以美国为首的北约在 78 天里野蛮地轰炸了南联盟,造成大量无辜平民的伤亡。5 月 7 日,北约悍然轰炸我国驻南联盟大使馆,致使新华社记者邵云环、光明日报记者许杏虎、朱颖牺牲,数十人受伤,大使馆馆舍被毁。消息传来,举国激愤。

我参加了银川的游行示威活动并接受了当地媒体的采访,怀着满腔的悲愤声讨了北约的暴行。在随后召开的座谈会上,我又以许杏虎、朱颖同事的身份发言。我的发言稿《许杏虎,你永远活在我的心中》也被当地媒体刊发。那段时间,我每天都收看相关新闻,也一直被悲伤和愤怒的情绪笼罩着。在中央电视台播出的新闻中,我看到,报社许多熟悉的同事纷纷报名,要求上前线,续写许杏虎、朱颖没有写完的《战地日记》。在含泪看完中央电视台的相关报道之后,我写了《接过烈士手中的笔》(载 1999 年 5 月 18 日《新闻出版报》)和《中国记者吓不到!》(载 1999 年 5 月 27 日《中华新闻报》)两篇文章,赞颂了这种不屈不挠、勇于献身的精神。虽然发表了这些文字,但我对许杏虎、朱颖的思念还是难以释怀。第二年春天,光明日报社在南京召开全国驻地记者会议,时任总编辑的王晨带领全体人员专程到丹阳市河阳镇瞻仰了许杏虎故居,看望了许杏虎的亲人,向刚刚落成的烈士陵园献花。随后,我写了长篇特写《许杏虎故居前的哀思》(载 2000 年 4 月 21 日《中华新闻报》头版),记述了当时的场景,抒发了哀思之情。

有人说,时间可以冲淡一切,许多往事都会随着时间的推移而被遗忘。但是,这个说法并不是绝对的。作为整个事件的见证者,以往的一幕幕,已经牢牢地刻印在了我的脑海里。对像他们这样为国牺牲的人,祖国和人民更是不会忘记!

2016 年 6 月 17 日,几乎所有中国人都通过中央电视台看到了这样一条新闻:当天下午,应邀访问塞尔维亚的习近平总书记到达贝尔格莱德,参加的第一个活动就是在塞尔维亚国家元首和政府首脑的陪同下前往被炸的中国驻南联盟大使馆旧址,凭吊在大使馆被炸中牺牲的邵云环、许杏虎、朱颖三位烈士。在中央电视台播出的大段新闻中,我看到了遗址前黑色纪念碑上镌刻的"缅怀烈士 珍爱和平"几个大字,看到了习近平等中央领导同志满怀深情地肃立、默哀、献花,我禁不住流下了眼泪,在内心里对两位牺牲在异国他乡的同事说:杏虎,朱颖,党和国家领导人看你们来了!虽然你们离开很多年了,但祖国和人民从来没有忘记你们!

党和国家领导人以如此隆重的仪式来纪念你们,我感到无比欣慰,眼泪不知不觉地就流出来了。

不要说我感情冲动、多愁善感吧,我的泪水不是轻易就会流出来的!因为那段感情经历一直积压在我心中,从没有化解。

也就是从那时起,我心中萌发了一个念头:如有机会,我也要去,到现场去凭吊你们。

牺牲在那片土地上的三位中国烈士,用自己的鲜血和生命加深了两国的友谊,塞尔维亚人民衷心感谢中国人民在关键时刻的宝贵支持,也同样把三位中国烈士当作他们的英雄,两国也由此建立了牢不可破的友谊。从 2017 年 1 月 1 日起,双方更是互免签证。塞尔维亚成为欧洲第一个与我国实现免签的国家。很快,便有大批中国游客涌入塞尔维亚,仅 2019 年前 7 个月就有 7 万中国游客到访。随着中国游客的增多,我国于 2019 年 9 月 18 日专门向塞尔维亚派出了巡警,与当地警察一道上街巡逻,以便更好地保护中国游客的权益。

这样,我也有幸以普通游客的身份踏上了这片向往很久、既熟悉又陌生的土地。

2009 年 5 月 7 日,贝尔格莱德市政府决定保留中国原驻南联盟大使馆残存的建筑,并在使馆旧址前竖立了纪念碑,以此缅怀在北约轰炸中牺牲的中国烈士,感谢中国在塞尔维亚最困难时期给予的宝贵支持。在习近平总书记 2016 年访问塞尔维亚期间,贝尔格莱德市政府又决定将中国原驻南联盟大使馆所在街道命名为孔子大街,将大街附近的广场命名为"中塞友谊广场"。我国则在使馆旧址上兴建了中国文化中心,中心的地址就是"孔子大街一号"。

尽管想去的地方很多,但我坚持要先去看看中国驻南联盟大使馆的旧址。到塞尔维亚的第二天,我们一路询问,很顺利地找到了正在兴建中的中国文化中心,因为当地人都知道这个地方,对命名不久的"孔子大街"也不陌生。

位于孔子大街上的中国文化中心主体框架已经落成,立于文化中心楼前的孔子塑像也已完工。孔子塑像左侧有一块黑色石碑,石碑的后面是一面鲜艳的中华人民共和国国旗。石碑上分别用塞尔维亚文和中文刻着几行金色的文字:"谨此感谢中华人民共和国在塞尔维亚共和国人民最困难的时刻给予的支持和友谊并谨此缅怀罹难烈士"。后面的一块板材上还有"钢铁友谊"几个繁体汉字。原来,石碑后面就是中国原驻南联盟大使馆的旧址。现在,旧址已经拆除,代之而建的是中国文化中心。

在烈士洒过鲜血的地方,中国文化中心大楼拔地而起,极具象征意义,也预示着烈士的精神已经升华、中国文化将在这里扎根、两国的文化将有更多的交流。

我本来是准备到此献花的,因为没有买到鲜花,只好遗憾地空手前往。到了跟前一看,石碑前面的石台上已摆上了花篮和花束,这让我感到欣慰,也弥补了心中的缺憾。这些花朵,有些已经枯萎,显然是较早摆放的,有些很鲜艳,则是刚刚摆放的。我看了看花篮飘带上的文字,发现有的就是当天献上的。就在我仔细观看的时候,又有几拨中国游客一路寻找而来,对三位烈士表达缅怀之情。在交谈中,我了解到,他们对那段历史都有了解,对三位烈士也都满怀敬仰、钦佩、缅怀之情。当他们得知我就是其中两位烈士的同事时,纷纷表示:祖国和人民是不会忘记他们的! 你作为他们的同事前来凭吊,更具有特别的意义!

经过那一场战争,塞尔维亚人民更加喜爱和平。现在的塞尔维亚,无论是首都贝尔格莱德,还是其他城市,到处都充满和平的阳光,已彻底摆脱了战争的阴影。只有一些博物馆的展品和一些建筑物上的弹孔在提醒人们,这里曾经发生过残酷的战争,告诫人们再不要让那样的悲剧重演。

在塞尔维亚,我感受到了塞尔维亚人民对中国人民的友好,也看到了两国交流合作的深厚基础和美好前景。贝尔格莱德的不少街道都有中文标识,中文已成为除英语、俄语和当地语言之外的第四种标识,排序也不在最后。不少塞尔维亚人可以用简单的汉语同中国游客打招呼,对中国游客的要求,也能给予应有的帮助。在一个车站,一位警察听说我们来自中国,需要出租车外出,便热情地为我们联系,只为让我们避免乘坐"黑车",不花冤枉钱。

谁能说中国游客在塞尔维亚所得到的各种礼遇,与两国的亲密关系、友好合作,与三位牺牲的中国烈士无关呢?

祖国和人民没有忘记每一位为国捐躯的烈士。自 1999 年三位烈士牺牲后,每年的 5 月 8 日,在中国大使馆旧址都举行悼念活动。光明日报社的同事,也会到北京八宝山许杏虎、朱颖的墓前悼念,不能到现场悼念的人,则会在心中默默地悼念。

我相信,随着两国交往的加深,随着中国游客的增多,会有越来越多的中国人到遗址凭吊三位烈士,会有越来越多的中国人铭记那段历史,也会有越来越多的中国人在烈士精神的感召下,更加自觉地为祖国的繁荣富强而努力。

杏虎、朱颖,再见了! 在新中国成立 70 周年前夕,作为你们的老同事,我来看望你们了,表达哀悼之情。虽然我不能在此陪伴你们,但你们是不会寂寞的,也不会被遗忘的,你们的精神将永远激励后人!

(原载 2020 年 5 月 8 日《光明日报》)

下编

·政论杂谈

·新闻研究

·工作回顾

政论杂谈

保留下来的，就有可能变成资源和财富

现在，反映"五七干校"的文学作品不少，但"五七干校"留存至今的实物却很少，而"五七干校"旧址保存下来的就更少了。在宁夏北部的石嘴山市，就有一座在原国务院直属口"五七学校"遗址兴建的"五七干校"历史博物馆，其遗址在全国也几乎是硕果仅存了。

1966年5月7日，毛泽东在看了解放军后总后勤部的一份报告之后给林彪写了一封信，后被称作"五七指示"。根据这个指示的精神，中央国家机关的9万名工作人员、1万名工勤人员、3万名家属、5000名知青先后在全国18个省、自治区、直辖市创建了106所"五七干校"，仅宁夏就有6所由中央机关创办的"五七干校"，而由各省、自治区、直辖市创办的"五七干校"则有1497所。位于石嘴山的"国务院直属口五七学校"，则是根据周恩来总理的"四条指示"于1968年10月创办的，曾有1811人在此工作生活，其中不乏知名学者和后来担任过重要职位的领导人，但这个"五七学校"只存在了3年多，便于1972年4月撤销了，人员也随即被安排回原籍或转移到外地。

时至今日，当年在全国各地兴建的"五七干校"基本都荡然无存了，而在石嘴山西大滩的遗址却幸运地保留下来了。保留下来的，如今就变成了资源，甚至变成了财富。2007年，石嘴山决定在此基础上兴建"五七干校"历史博物馆，随即维修了当年的房屋，征集当年的生产工具和生活用品，还奔赴北京等地向当事人征集当年使用过的物品以及图片、手稿等实物，均得到热烈响应和大力支持。2008年8月29日，博物馆正式向社会各界免费开放，立即吸引了大批参观者。

这个博物馆分为综合馆、原址馆两部分，陈列了当年大量的生产、生活实物，再现了当时国务院直属口机关干部劳动锻炼、艰苦创业、勤奋学习的场景，其中，综合馆分为9个篇章、23个单元，陈列的实物有500多件、图片有1200多张、文字资料有500份，均有很高的历史价值。原址馆有6个部分，展示了当年使用过的实物，复原了当年的办公场所。综合馆和原址馆都有许多难得一见的实物。

这个博物馆现已成为宁夏的爱国主义教育基地、国防教育基地,是一处引人关注的新景观,也是到宁夏、到石嘴山必看的景点。2010年,我首次前往参观就做过报道。

近日,我再次前往参观,又有一些新发现。在综合馆里,我看到了周荣鑫(曾任教育部部长)戴过的像章、林汉达(文字学家、曾任教育部副部长)当年的手稿、周有光(经济学、语言文字学家)使用过的学习工具、倪海曙(语言学家)在劳动之余创作的长诗《贺兰山下》,看到了当年"五七战士"亲手制作的篮球架,看到了曾给周恩来总理做过饭的炊事员在这里做饭的照片,看到了杨勇上将之妻林彬制作酱油、醋和当年干部们利用当地原料造纸的情景……所有这一切,都透露出历史的沧桑,让人顿生许多感慨!

也是在这次参观时,我意外获悉:这里的房屋,只有3排是原建的,另外的房屋均是仿造重建的! 就是这不起眼,也极为普通的几间平房,支撑起了今天的博物馆! 如果没有这些平房和随后征集到的实物,这个博物馆将无从谈起!

我因此想起一段往事。几年前,我在贺兰县采访时听说一件事:中宣部在"文化大革命"期间成了被砸烂的"阎王殿",被整建制撤销,部分工作人员被遣散到贺兰县,在黄河边生活了两三年之后才陆续返回。我闻讯马上就要去旧址采访,但当地有关人员遗憾地告诉我:旧址已经不存在了。我还不甘心:就是有一间房屋、一片场地、几件实物、几张照片也好啊,我也可以据此写点东西! 但我得到的答复是:房屋早拆了,东西都没了,什么都看不到了。犹如被泼了一瓢凉水,我采访的兴致马上就烟消云散了。后来听说,于光远等多位曾在贺兰县生活过的中宣部老人来到宁夏后,都曾要求到旧址看一看,最终都因实在没有东西可看而作罢。

两相对比,让我有所感悟:有些在历史上存在过的东西,在当时可能没有用,也不被重视,但我们不应该轻易毁弃,如果保留下来,有些可能就变成一种资源,甚至在一定条件下可以转化为一种不可多得的财富。对此,我们应有一点历史眼光,应以对历史负责、对子孙负责的态度,处理好我们现存的一切。

宁夏两处"文化大革命"遗迹的不同命运,可以给我们一点启发。

(原载 2016 年 9 月 6 日《中国文物报》)

不能缺少的雄心壮志

——关于"宁夏精神"的感想

人有丰富的感情生活和博大的精神世界,人是靠精神支配行动的,这也是人类区别于其他动物的重要标志。就某种意义上说,人是靠精神生活、靠精神立世、以精神引领未来的。一个人,不能没有精神;一个单位、一个地区也不能没有精神。以什么为一个人、一个单位、一个地区的精神,往往能够反映是非观念、价值取向、理想信念和工作追求。

我国在战火洗礼、生产建设及各项事业发展中,已经形成了许多内涵丰富、长久传承、让人耳熟能详的精神。如有以地名命名的"井冈山精神""延安精神",有以某个团体、某类人群命名的"女排精神""航天精神",有以个人命名的"铁人精神",有以某个事件命名的"抗洪精神"……这些"精神",已经成为我们宝贵的精神财富,已经产生并将继续产生重要的作用。

近年来,全国许多地方都提炼、总结、推出本地区的精神并为此进行了大量宣传、推介活动,一般都收到了明显的效果。但是,我们也看到,许多地区这方面的工作流于形式,没有产生或很少产生实际效果,有些地方提出的精神,或过于抽象,或过于空洞,或流于雷同,让人感觉是千篇一律:此地是"改革""创新",彼地也是"改革""创新",已有人"团结""奋进"了,还有人仍要"团结""奋进",既不便记忆也不便于传播。同样的"精神",用在甲地可以,用在乙地也行,既没有反映本地区的特点,也没有反映当地人民的追求。这样的"精神",发挥的作用很难令人满意。

几年前,我以自治区政协委员的身份向政协大会提交了一个提案,建议将"小省区也要办大事"作为"宁夏精神"。这个提案是我结合宁夏实际、针对一种无所作为、妄自菲薄的思想情绪提出来的。我想将"小省区要办大事""小省区能办大事""小省区可以办成大事"作为响亮的口号,提振宁夏人的信心,激发宁夏人的雄心壮志。当然,现在看来,这个提法也有它的局限性。

现在,自治区党委、政府在广泛征求各界意见的基础上,将"不到长城非好汉"

作为"宁夏精神"。对此,我表示赞同。因为这句话取自人们耳熟能详的一句诗,而宁夏又是它的"发源地",写作于即将完成二万五千里长征、即将迎来革命高潮之时,表现了"何时缚住苍龙"的雄心壮志、大无畏的英雄气概和革命理想高于天的理想信念,具有很强的号召性和鼓舞性,虽然它产生的年代距今已经很久了,但其表现的精神仍然没有过时,而且永远也不会过时!不论社会发展到什么阶段、科技进步到多高水平、文明进化到何种程度,我们都需要有"不到长城非好汉"的雄心壮志,都不能放弃这种信念和追求。这种雄心壮志,全国人民要有,宁夏人民更要有!"不到长城非好汉",是我们的追求,也是自治区党委、政府吹响的战斗号角!同时我也认为,"不到长城非好汉"与我提出的"小省区也要办大事",在精神上有契合,也反映了我的信念和追求,包含了"小省区也要办大事"的内容。此外,把"不到长城非好汉"作为"宁夏精神"易于记忆和传播,也避免了雷同,具有鲜明的地域特色。

"不到长城非好汉",是我们不能缺少的雄心壮志。不论是现在还是将来,我们都应该有这样的雄心壮志。让我们叫响这个口号,树立这个信念,理解这个内涵,弘扬这个精神,让它成为我们做好宁夏工作、推动创新发展的动力!

(原载 2016 年《共产党人》杂志第 17 期)

城市改造不应大拆大建

城市改造,该不该大拆大建?这是个需要认真讨论的问题。

新中国成立以来,包括首都北京在内的许多城市都经历了几轮城市改造,其中既有成功的经验又有失败的教训,有些城市经过改造焕然一新,历史风貌并没有遭受破坏,也有的城市在改造中付出了沉重的代价,把应该保留的东西拆得荡然无存,不仅如此,有些被迫拆迁的群众还在这大拆大建中遭受了许多不应有的损失。

近年来,许多城市改造方面都有"大动作"。有的地方"雄心勃勃",出台了"宏伟"的规划,动迁的范围也不断扩大,因此而离开原有住处、离开熟悉环境的人也越来越多,由此引发的社会矛盾和官民对立案件更是层出不穷。尤其令人不解也令人惋惜的是,有的地方为了确保预期的效益,随意扩大拆迁范围,将交付使用只有 20 多年,甚至只有十几年的楼房(多为五六层建筑)也纳入必须拆除的范围,致使一些在 20 多年前就经历了一次拆迁、拿到房产证也只有十几年、实指望就此可以安居的居民再次迁徙。西北某地有个县级市,在近 10 年内居然大拆大建了 3 次,有人也随之搬迁了 3 次,结果越搬越远,由距市中心广场只隔一条马路的地方搬到了距此 4 公里外的市区边缘,原来的所有优势和便利也不复存在,原来投资十几万装修的营业房还未到租期就被拆除,损失十分惨重。据透露:近年来,这个县级市上访案件增多,其中多数都与拆迁有关。由不合理的拆迁引发的纠纷,也频频见诸报端,仅中央电视台《焦点访谈》栏目就对违规、违法、违背多数群众愿望的强拆事件做过多次报道,引起社会各界的关切。然而,有些地方并没有引以为戒,仍然在大拆大建,制造新的悲剧。

以大拆大建的方式来改造城市是不可取的,其副作用也是显而易见的。首先,这样会造成社会财富的巨大损失和浪费,致使一些本可以继续使用的建筑"死于非命"、过早"夭折",而要重新再建,还要耗费大量的人力、物力、财力。在这一拆一建中,获利的只是极少数人,损耗的却是社会财富和群众的利益。其次,一拆一建都会产生大量的建筑垃圾,不仅占用土地,而且污染环境。目前,我国每年产生的建筑垃圾有 15.5 亿吨至 24 亿吨,已占城市垃圾总量的 40%。最后,大拆大建往往会剥夺许多群众的正当权益,让许多居民"居无定所",甚至"流离失所",进而引发社会矛盾,影响政府形象。

尤其值得警惕的是,有的地方居然将大拆大建称作惠民工程,打着造福百姓的旗号,以冠冕堂皇的理由来推进,而实际上常常是以牺牲许多老百姓的利益为代价的。

那么,城市就不能拆房了吗？答案是肯定的,如果不拆不建,城市就不能发展,社会也就不能进步了。但要拆房必须明确该拆什么、不该拆什么,只有那些没有多少使用价值、到了非拆不可,甚至可能引起灾害的房屋,才应该被拆除。

城市该不该改造？答案也是肯定的,城市如果不改造,就僵化、凝固了,也就没有生气了。但这种改造,尤其是对老城区的改造,要尊重历史风貌,充分尊重民意,要循序渐进地进行,且应以小范围的修补为主,不宜大拆大建,更不能过度扰民,让群众没有安全感。

"安居乐业"，是人民的基本需求，不能安居，怎能乐业？只有安居，才能乐业！安居是乐业的前提，也是乐业的保障。如果居民总是担心自己随时会被撵走，哪里还会安心工作？我们的政府是人民的政府，就应该处处以人为本，始终把最广大的人民群众的利益放在首位，而不能让群众的利益让位于商业开发，更不能让群众利益在城市改造和商业开发中受损。所以，对各地在城市改造和商业开发中的大拆大建，我们不仅要广泛征求民意，问问当地老百姓是否赞同，而且要进行充分论证和民主监督，绝不可主观臆断，强加于人，甚至动粗的，来硬的，搞得民怨沸腾，那也就背离人民政府的宗旨了。

（原载 2016 年 3 月 29 日《光明日报》）

既要"传导压力"，又要"激发活力"

一个时期以来，"层层传导压力"，不仅是一些负责人常常挂在嘴边的话，而且是一些地方推动工作的主要做法。在实际工作中，"层层传导压力"也确实收到了一定的成效。中央精神传到省里，省里便把中央精神传到市里，市里再照样往下传，一直传到基层，如此"一级压一级"，基层的压力便"亚历山大"了。

过去有人说，井无压力不出油，人无压力轻飘飘。诚然，人是需要压力的，没有压力就不知道努力，就没有奋斗的目标，就难以在工作上取得重大突破，但任何人承受压力的能力又都是有限的，压力过大就可能把人压怕了、压扁了，就会导致一些人转移压力、逃避压力，其结果可能是没有人承接压力，把人们工作的主动性、积极性、创造性也压缩殆尽了。

提要求、发号召、定指标，照抄照转，传导压力，都不是什么难事，没有具体方案、没有有效措施、没有实际操作、没有扎实苦干，什么要求、号召、指标都是空的。所以，推动工作，不能仅仅停留在传导压力上，不能把压力都加给下一级，还要身体力行，给下级出主意、想办法，有时还要"撸起袖子"带领下级干、与群众一起干，不仅要当指挥员，而且要当战斗员，仅当指挥员而不当战斗员是不够的，没有引领示范，也难以调动基层的积极性。

我们应该看到，"传导压力"的"压力"，毕竟是外在的。这种"压力"，对基层是外加的,还不是他们自己产生的,只有将这种压力变成基层的内在动力,才能让基层产生活力和创造力。所以,各级组织在传导压力的同时,还要为下级注入动力,让他们的工作更有积极性、更有创造性。施加压力,不是解决所有问题的灵丹妙药;被动应付,就会产生弄虚作假、短期行为。如何将压力转化为动力,充分调动基层工作的积极性,这是一门大学问,需要创造性思维。

基层蕴藏着无限活力,无限活力也来源于基层,但这种活力需要激发、需要引导。最大限度地激发基层的活力,是上级的责任,也不是轻而易举就能做到的。

如果基层人人都充满活力,那么许多工作就都好推动了,许多难题就好解决了,"传导压力"难以做到的事也就都能做到了。

(原载 2018 年 7 月 31 日光明网)

过一个生态环保年

这个春节,我依然没有买一挂鞭炮、一根魔术弹,这在没有做出禁放规定的省会城市中,大概算个另类。我并不是没有买鞭炮的钱,也不是舍不得花那点钱,我坚持不买鞭炮、不放鞭炮,是因为我有一个坚定不移的理念。

我已有 20 多年没有放过鞭炮了,对此,我没有丝毫的遗憾,不仅是我一个人,我全家的每一个人都没有觉得遗憾。在许多人非常忘我地陶醉在燃放烟花爆竹的乐趣中的时候,我和我的家人完全变成了旁观者。我看见有人那么起劲、那么投入地放炮,甚至对放炮寄寓了那么多的感情觉得滑稽可笑:放了这些鞭炮,真的那么快乐吗?真的可以表达乃至实现自己的愿望吗?

我并不是从来就不放鞭炮。记得小时候家里很穷,有时候,穷得连买煤油(因为未通电,家家都点煤油灯)的钱都要靠卖鸡蛋来解决。虽然吃饭都成问题,但到过年时,家里还会给我买一两挂小鞭炮、三四个"二踢脚"。那时候,一挂小鞭炮,有 50 响的、有 100 响的,后来又有了"十响一咕咚"(在小鞭炮中夹一个大鞭炮)的,每挂鞭炮只有两毛钱左右。那段时间,我和小伙伴们整天都在玩鞭炮。但一挂鞭炮一点燃在一两分钟内就化作灰烬了,带给我们的快乐实在很有限,我们便创造性地把一挂鞭炮拆开,然后便拿个烟头或火柴一个一个地放,一挂鞭炮可以放很多次,我们的快乐也可以延续很长时间。后来,鞭炮的花样多了起来,小朋友们便相互交换,互通有无。小时候,过年放鞭炮,确实给我和我的小伙伴带来少有的欢乐和难忘的回忆。

20世纪70年代,我参加工作了,也有钱买鞭炮了,但我放鞭炮的热情却没了,因为我已体会不到儿时放鞭炮的乐趣了,所以就很少买鞭炮。儿子出生后,我才在过年时买上两个"魔术弹"教儿子放一放,但这样的经历也只有两三年,到儿子六七岁后就再也不买、再也不放了。

一转眼,20多年过去了,我居然再没有买过鞭炮。前些年,我还有兴趣"坐在城楼观山景"——站在高楼上看别人放炮,近些年连这个兴致都没有了。特别是正在欣赏电视节目时被震耳欲聋的鞭炮声弄得什么也听不见、正要进入梦乡被惊天动地的噪音强拉回到现实时,反感和厌恶便油然而生,丝毫也感受不到快乐了。

随着环保意识的提高,我对过年放鞭炮的反感也与日俱增。除了看到燃放烟花爆竹的副作用外,我几乎看不到它有什么正面的作用。

现在,人们都在关注环境质量,因为环境质量决定我们的生活质量。有人为驱之不去的雾霾而苦恼,有人为自己远离雾霾而庆幸,抱怨、批评、指责之声更是不绝于耳。但是,我们遗憾地看到,发牢骚、抱怨的人多,想到自己责任、义务的人少,真正采取行动来改善环境的则更少。

春节前后,因为过度燃放烟花爆竹,环境质量问题也引起更多的关注。人们从城市到乡村,从乡村进城市,千里奔波,置身在各种环境中,更加深刻地感受到环境良好的可贵,也更强烈地意识到,在全社会倡导过一个"生态年"非常必要。

要过一个"生态年",我们必须对生存环境有一个清醒的认识,必须对各种污染的危害有足够的认识。现在,有些地方的生态环境确实已经到了十分脆弱的程度,已经容不得任何污染、破坏,我们必须像爱护自己的眼睛那样爱护自己的生存环境。

如果站在珍爱环境的角度来看待我们目前的过年方式,我们就可以得出与众不同的结论:燃放烟花爆竹,是可以烘托节日气氛,给一些人带来欢乐。但它还会带来噪声污染、空气污染、还会产生垃圾、酿成安全隐患和火灾事故,加大环卫工人的劳动强度,让消防人员"坐卧不宁",让许多医务人员无法与家人团聚,让许多人因燃放鞭炮而留下残疾,甚至丧失生命。我们非常遗憾地看到,我国每年都有人因放鞭炮酿成火灾、因放鞭炮而受到伤害。而国内一些鞭炮厂也多次因爆炸事故酿成灾难,造成人员伤亡和巨大的环境污染。在烟花爆竹生产、销售、燃放各个环节中的经济账、环保账,真的值得好好算一算了。

有一句针对象牙买卖的广告词说得好:没有买卖就没有杀戮。如果将这句话用在烟花爆竹的产销上也同样合适。燃放烟花爆竹,增加了家庭无谓的开支,刺激了鞭炮厂的生产,也加剧了环境的污染,其不文明的燃放方式,更是与现代文明格格不入。

早在 20 多年前,我就在《宁夏日报》上公开呼吁所在的城市禁止燃放烟花爆竹。1989 年年初,我写出了《春节后对春节的反思》。2000 年 3 月 1 日,我在《中国青年报·求实篇》专栏发表评论:《我对爆竹的“成见”》。2011 年 2 月 12 日,《光明日报》刊发了我的“记者来信”《要欢乐,更要文明》,也是针对春节期间包括乱放鞭炮在内的种种不文明行为的。2014 年 2 月 7 日,我在《光明日报》上发表的评论《春节放鞭炮岂能旁若无人?》,锋芒所指就更为具体了。

对放鞭炮有这么深、这么久的“成见”,我当然不会再买一个鞭炮、再放一个鞭炮。我庆幸自己不再为此糟蹋自个兜里的钱、自己的钱不会在火光中“烟消云散”,更庆幸自己没有给本已令人忧虑的环境再“添堵”,没有为 PM2.5 做出“特别”的贡献。雾霾天气的增加,与我无关,我为此感到自豪、欣慰。

也许有人会说,你一个人不买鞭炮、不放鞭炮,对大气质量、对地面环境能有多大影响呢? 我不这样看。如果大家都这样做,那就大不一样了:春节的气氛也许会变淡一些,但春节的空气就不会这样污浊、雾霾天气也不会这么多、令人苦恼的噪音也会离人们远去,除了鞭炮厂会减产、工人收入会减少,甚至可能导致转产外,其他方面都不会有什么损失。

为净化空气、为减少垃圾、为减轻污染,我们是否可以改一改自己的“个人爱好”呢?

这个春节,我不放鞭炮,下一个春节,我依然不放鞭炮。我此生真的与鞭炮“绝缘”了。

(原载 2017 年 2 月《黄河报》)

不妨戴着"有色眼镜"看放鞭炮

常常听见有人抱怨现在的空气不好、雾霾天太多,有的人居然要为此离开自己长期生活的地方,个别年轻人甚至想为此移居国外,却很少听到有人说要从自身做起,更难见到有人自觉自愿地从点滴小事做起,为空气净化做出力所能及的贡献。

要为净化空气做贡献,并不是难事,人人都可以做到,有时甚至是不费吹灰之力的。就说燃放烟花爆竹吧,燃放,就是污染空气,不燃放,就是对净化空气的一种贡献。说这句话,是有充分的依据的。据报道,江苏省南京市在春节首次禁放烟花爆竹,空气质量比往年就有很大改善,有一组数据充分说明了这一点:放与不放,那可是大不一样。哪里燃放,那里的空气顿时就变得污浊不堪;哪里不放,哪里的空气就相对洁净。

人生活在地球上,既可以成为污染环境的"作恶者",也可以成为改善环境的"建设者"。一正一负,可以放大出多倍的效益。空气质量的好与坏,当然会受到自然因素的影响,但主要还是由人决定的。不要小看一个人的作用,如果每个人都只顾自己随意而行、都破坏那么一点点,那么累积起来,环境就会很恶劣;如果每个人都停止破坏、都能做那么一点点有益的事,那么环境就会有很大的改善。坏事再小,累积起来其危害就变大;一件好事不大,积少成多就可能变成大好事。因此,我们每个人都应"不以恶小而为之,不以善小而不为"。

春节燃放烟花爆竹,是我国的传统习俗,对烘托节日气氛具有不小的作用,至今已经延续了上千年,但这个习俗并不是一成不变的,随着时代的发展、科技的进步,燃放的方式、种类也有许多变化。我们可以肯定地说,古人放的绝不可能像今天这么多、烟花的种类也不会像今天这样五彩缤纷、花样翻新!虽然是延续千余年的传统习俗,但是,放不放、放多少、何时放,完全是由个人掌握的,并不是非放不可、非放多少不可,不放并没有错,也不会因此损失什么。

问题在于:古代人口少、燃放的数量和品种也很少,所以对环境的影响也很少,甚至可以忽略不计。现代人口多,所放的数量、品种也很多,那就不容忽视了!

越来越多的雾霾天气可能正与此有关,我们就不能再把燃放烟花爆竹当成可以忽视的小事了。

我们不妨戴上"有色眼镜"来看此事。这样,我们就可以看到有的人看不到的东西:燃放烟花爆竹,除了烘托节日气氛、给少部分人带来瞬间的快乐外,还会带来噪声污染、空气污染,还产生大量难以清扫的垃圾、酿成安全隐患和火灾事故!我们还应该看到,每年春节,消防机关都绷紧了神经、随时待命,每年都有消防战士在春节期间冲向火海、奋力救灾,每年都有大量医务人员放弃休息、全力抢救伤员,每年都有人为此留下残疾,甚至终生的遗憾,每年都有大批环卫工人为"打扫战场"付出额外劳动,无法早点休息、与家人团聚。

让我们看一看:为了烘托节日气氛,为了听个响、看个彩,全社会付出了该有多少? 付出的难道只有燃放者腰包里的银子吗? 难道我们不该算一算经济账、环保账吗? 不该考虑一下社会成本和别人的付出吗? 如果我们算完了这几笔账,那么我们还会对燃放烟花爆竹乐此不疲、情有独钟吗?

净化空气,人人有责;改善环境,人人可为。希望在春节期间听到的鞭炮声能少些、再少些,我们身边的空气能净些、再净些!

（原载 2017 年 2 月 4 日《光明日报》,本篇被广东省选入高考模拟试题）

实事求是宣传中国国情国力

"中国已是世界第二大经济体!""不,中国现在已经跃升为世界第一大经济体了!"一段时间以来,这样的说法不绝于耳。为了让人们相信,有人还以 GDP 数据为证。据说,在 2016 年,中国就超过了日本,成为仅次于美国的第二大经济体了。而在 10 年前,中国还是世界第七大经济体。如果再往前推,中国连前二十名还没有进呢! 所以,这是历史的进步,这个进步已让全世界刮目相看。

中国经济的飞速发展,让所有中国人受惠,每个中国人也都切身感受到了。我们有充分的理由,为此自豪并为此点赞。

但是,仅仅说中国是第二大经济体,似乎还不够完整,或者说只说了半句话,至少还有后半句也要说一说:那就是按我国近 14 亿人口平均下来,我们能排第几。就从我国的"左邻右舍"看,看看美国有多少人、日本有多少人,然后再按人口平均一算,我国的巨大差距就显现出来了。实际上,世界上比我们富有的国家有很多,经济实力比我们强大的国家也有很多。如果再比较一下各国的科技实力、文化实力、军事实力,我国的排名也不是都很靠前的。

我们应该为我国取得的历史性进步而欢欣鼓舞,但我们又不能为此沾沾自喜、忘乎所以、过度陶醉。我们应该清醒地认识国情国力,在成绩面前要看到不足,不要招惹那些居心叵测的目光,不要因过于张扬而让人觊觎,我们不能盲目称大、忘记韬光养晦的祖训,更不能被一些表面现象所迷惑,必须永远保持清醒,妄自尊大和妄自菲薄都不足取。

现在,我们常常说,中国现在富起来了、强起来了。说中国富起来了、强起来了,都有事实依据,也都是人人都能看得到、感受得到的现象。但是,我们还应该看到,我们的富裕程度还不是很高,也还有不富的地方、不富的人,还有不强的行业、不强的领域。我们有许多人早已进入小康,也有不少人至今还没有解决温饱,我们有许多领先世界的骄人业绩、创造过许多世界第一,也有许多落后于世界、也不尽如人意的地方!只有正视自己的不足、找出自己的问题并且努力赶超,我们才能自立于世界民族之林。简单地、过度地、无参照地炒作、渲染"厉害了,我的国",是一种肤浅的行为,也是一剂迷魂药,对国家、对人民都没有任何益处。"居安思危""未雨绸缪""防患于未然",应是我们时时要铭记的。

中美之间的贸易战,给我们上了一堂生动的课;美国对我们的制裁,更是暴露了我国科技的短板,我们应该受教了、清醒了,再也不能麻木不仁了。

我们还应该看到,"富起来了""强起来了",只是个动态的现象,也有个发展的过程,从"富起来""强起来"到真正的"富"、真正的"强",还有不小的距离,还有很长的路要走,还需要我们继续加倍努力。也许,我们现在只是走了万里长征的第一步,所以,绝不能被已有的这些成绩冲昏头脑。

肯定进步、讲透成绩,是为了凝聚力量、树立信心;正视问题、找出差距,是为了保持清醒的头脑、明确努力方向。

我国现在依然是发展中国家,而不是发达国家,我国依然处于、而且将长期处于社会主义初级阶段,这就是我国的基本国情,这个基本国情也决定着基本国力,高估或低估国情国力都是有害的。

对我国目前的国情国力,一定要有清醒的认识,一定要有准确客观的评价,一定要有冷静客观的态度。对成绩、对进步,要有正确的估价;对问题、对差距,也要有清醒的认识——这不仅是对各级领导干部的要求,也是对普通群众的要求。

(原载 2019 年《青年记者》杂志第一期)

做一个净化网络世界的志愿者

网上买票,网上购物,网上理财……互联网的高速发展,极大地丰富了我们的生活,也给我们的学习和生活带来了许多便利。学习知识,休闲娱乐,欣赏文图,交友互动,联络感情,都可以借助互联网。随身带手机、空闲看手机、吃饭玩手机、聚会聊手机,正成为许多人的常态。乘车、购物、缴费都可以借助手机。手机,已成为许多人须臾不离的伙伴。手机与人的密切程度,在很多时候甚至超过了夫妻关系。种种迹象表明:互联网将在未来扮演越来越重要的角色,手机也将在我们的生活中发挥越来越突出的作用。

网上售假,网上诈骗,网上淫秽,网上攻击……互联网在为我们带来种种好处的同时,也带来了许多意想不到的新问题。同现实世界存在着各种污染一样,网络世界也存在着各种各样的污染。互联网上泥沙俱下,鱼龙混杂,令人真假难辨,借助互联网诈骗的,在互联网上被骗的,都大有人在。包罗万象的互联网,既传播了人们普遍需要的知识,转发了大量健康有益的信息,又有大量虚假的、低俗的、有毒的、有害的信息充斥其中,淫秽的、下流的、低俗的、不健康的东西会不请自到,常常主动跳出来,诱惑人上当受骗,影响、毒害一些抵御能力不强的网民,尤其是鉴别能力不够的青少年。有些人在互联网上受到毒害之后,便在现实世界中违法犯罪,有些犯罪手段甚至直接受教于互联网。互联网正被污染,有些污染甚至已经到了相当严重的程度,这绝不是危言耸听。

在现实世界中,人们越来越渴望良好的生活环境,越来越认识到绿水青山、蓝天白云的可贵,不希望因各种污染而损害健康的机体。在网络世界中,人们同样需要“绿水青山”“蓝天白云”,同样需要洁净的空间,不希望因污染而损害精神健康。现实世界的环境,需要大家共同维护;网络世界的环境,也需要大家共同维护。在现实世界中,我们要当遵纪守法,做有道德、有品位的公民;在网络世界中,我们也要当遵纪守法,做有道德、有品位的网民。网络世界,不是法外之地。虚拟世界,是现实世界的投影。网络世界与现实世界之间,存在千丝万缕的联系,也是密不可分的。所以,在网络世界中,人们仍然要有责任意识,所有言行都不能逾越法律和道德的底线。

净化互联网,创造一个清洁、健康、文明的网络世界,让互联网传播的都是正能量,这不仅是一个十分紧迫的问题,而且是全社会的呼声,更是每个人义不容辞的责任! 对有关部门来说,要加强管理、及时清理、认真查处、绝不姑息,采取多种措施净化网络世界;对普通人来说,则要讲诚信、守底线、不信谣、不传谣、不造谣,不利用网络泄私愤、图报复、谋求私利,不制造网络暴力,不使用不文明语言,要让网络世界充满暖意、善意、爱意。每个人至少要做到三点:1. 不看。不看所有不健康的、有问题的信息,让传播者没有市场。2. 不传。不传播、不转发所有不健康的、有问题的信息,不再放大其传播范围。3. 不写、不制作所有不健康的、有问题的文字或图像,不在网络世界制造新的污染。

在现实世界中,我们已经有了各种各样的志愿者,这些志愿者做了大量的好事、善事,已经成为文明社会中不可缺少的力量。在网络世界中,我们也需要大量净化网络世界的志愿者,需要人们主动地、自觉地清除网络世界的污染、维护网络世界的声誉。

让我们都来当一名净化网络世界的志愿者吧!

(原载 2019 年《青年记者》杂志 4 月上旬刊)

我们需要什么样的上下级关系?

曾任云南省省委书记的秦光荣最近投案自首了。他刚一投案,就有一件"逸事"在网上爆出:秦光荣在一次外出调研时,发现自己的鞋带松了,但他并没有蹲下来自己系,而是把脚伸向身旁的一位随行人员,随行人员心领神会,马上俯下身替他系好。那默契的配合,令人惊讶,也令人"赞叹":看来,他已不是第一次被人如此伺候,随行人员如此为他服务也不是第一次了。他们之间这种服务与被服务的关系,已经习以为常,完全不背人。秦光荣早已被人伺候惯了,对此他也心安理得了。

省级高官如此,那么,厅官、处官、科官焉能不"上行下效"?据说,有的"股官"都有不小的官架子了。

有位新到职的科员,就遇到了一件令他惊诧不已的"小事":一次,他被叫到一位厅官办公室谈事,谈着谈着,这位厅官便把刚刚喝完的茶杯推到了他的面前。此人不明就里:让我喝水?不会呀!猛然间,他恍然大悟:这是让我添水啊!我怎么如此没眼色呢?于是,他立即起身,把水填满,恭恭敬敬地递了过去。

某单位新提拔了一位副处长,身上很快就有了"明显的变化"。常常对下属颐指气使:"去,给我倒杯水来!""去,给我拨这个电话,通了告诉我!""去,上街给我买个东西!""去,给我家里送个东西!""去,替我接一下小孩!"本应自己做的,也不论公事私事,都毫不客气地让别人代劳。

现在,进入了自媒体时代,许多人都可以在网上看到许多"奇闻逸事":有背着官员跨过泥泞路的,有在大雨天为领导打伞的,有急急忙忙、小心翼翼地为领导开车门的,有为官员视察驱赶群众的,有生硬粗暴地让围观群众让路的,有把属下当家奴驱使的……让人眼界大开,叹为观止。

如此"享受"特别的服务,真的那么受用吗?

当局者迷,旁观者清。人们看到,那些志得意满、毫无愧色地享受各种"特别"服务的人,不仅失去了许多生活乐趣,而且导致自身基本"功能"的严重退化。有位"厅官"在任时身不离车,哪怕是几百米的路程也要乘车,似乎自己走路很丢面子。结果,失去官位之后,居然不能多走路了,走不了几步就气喘吁吁,到医院一查,居然多病缠身,这才想到锻炼身体,后悔当初坐车过多。有位高官,在职时常乘飞机,每次都被安排得妥妥帖帖,无须亲力亲为。等到无职无权,外出要亲力亲为了,他才发现自己什么都不懂、什么都不会,甚至为此闹出许多笑话,把自己搞得很尴尬。看来,这官也不能当得太舒服、太"潇洒"了,处处有人伺候、事事有人代劳,也未必是好事。可惜,许多身在其位的人至今仍然执迷不悟,仍然陶醉于这种服务。

在封建社会,当了官,就被称作老爷,就能享受老爷般的享受,官与民之间也形成了一条难以逾越的鸿沟。共产党的宗旨是为人民服务,共产党的官员,不论职务高低,都是人民的勤务员,都是为人民服务的。既然如此,就要淡化级别的差别,就要建立新型的上下级关系、建立正常的同志关系。一方面,上级要平等对待下级,另一方面,下级也不应该为上级提供不应有的服务。阿谀奉承、溜须拍马、舔痔得车的现象就不应该出现,不因谁"有眼色"而得到提拔,也不因谁"没有眼色"而受冷落。

现在,被别人伺候惯了的秦光荣暴露了本来面目,一个警钟也就此敲响:贪官、坏官,可以在一言一行中表现出来,也可以让人从其做派中察觉出来。虽然不能断定这样为人处世的人就一定是贪官、坏官,但我们可以说:那绝不是一个共产党员、人民公仆应有的行为。有那样做派的人,变成贪官、坏官的日子可能也不远了,自己也应该有所察觉、有所警惕了。

无论当多大的官,也不能做老爷!不能把生活、工作中享受的待遇、受到的服务,都看成理所当然,都心安理得地坦然接受,时时都要防微杜渐,摆正自己的位置,自觉地当好人民公仆,知道哪些是正当的,哪些是不正当的,哪些可以领受,哪些不能接受,哪些可以让人代劳,哪些不能让人代劳,为人处世要有界限,内心也要有底线。没有界限、没有底线,迟早会出事,迟早会暴露,迟早会受到处罚。

(原载 2019 年《共产党人》杂志第 15 期)

新闻研究

传统媒体当自强

一个时期以来，一种悲观的情绪在传统媒体人中间弥漫。有人甚至为纸质媒体唱起了挽歌，认为纸质媒体用不了多久就会消亡。担心这碗饭吃不了多长时间的，也大有人在。一些沉不住气的人比肩接踵地跳槽，有些人为了争取主动、抢占先机，居然上演了一出出"胜利大逃亡"的悲喜剧。

中国已经进入互联网时代，传统媒体，特别是纸质媒体无一例外地受到了前所未有的冲击，传统媒体人也真的面临许多挑战。但是，这种冲击，不是打击；这种挑战，也不是绞杀！互联网，不是传统媒体的掘墓人，更不可能毁掉传统媒体！它带给传统媒体的，除了冲击和挑战之外，还有发展的动力和发展的契机。

现在，无论是中央媒体，还是地方媒体，都在审时度势，相机而动，其中，许多传统媒体在推进媒体融合方面都有许多富有创造性的探索，其影响力也在迅速提升。

新媒体迅速崛起，确实占据了较大的阅读空间，但传统媒体的优势依然存在，有些优势可能还是不可替代的。如何让这种优势继续保持并发扬光大，是摆在传统媒体和传统媒体人面前的一个新课题。

新兴媒体和传统媒体的传播途径、传播手段是不同的，其影响力是不同的，人们接受的方式、重视的程度、信任的程度也是不同的，在报纸上、网站上刊发的稿件，影响力也是有差别的。尽管网上稿件也有转载，但常常不如报纸稿件转载率高。而同样是在报纸上发出的稿件，转载率也不同，有时相差竟很悬殊，这也印证了"内容为王"的定论。新兴媒体与传统媒体只是传播手段不同而已，而最终决定其影响力的，还是传播的内容！传播的内容是否有价值、是否对社会有益、是否为读者所关注，才是关键，才是决定性的因素！而媒体人是否有情怀、有境界、有担当、心中是否有读者、是否有社会责任感，又是重要的决定性因素！

一些有创新意识的传统媒体，正满怀信心地融入互联网时代，借助互联网发展壮大自己，采取各种措施引导编采人员"当好党的政策主张的传播者、时代风云的记录者、社会进步的推动者、公平正义的守望者",力求"新闻事件化、事件故事化、故事情节化、情节细节化",如果真的如愿实现了这"四化",那么,受众就会依然亲近传统媒体、喜欢传统媒体,进而成为传统媒体的忠实受众。

在互联网时代,在新兴媒体大行其道的今天,以党报为代表的传统媒体的优势,不应削弱,也不能削弱,党报完全可以,也完全应该将自己的优势保持并发扬下去。在互联网的冲击和挑战面前,党报的影响力不但不能萎缩,而且要"全副武装"、乘势而上、再创优势,因为这是时代赋予党报的历史使命,党报,特别是中央级党报责无旁贷,每个编采人员也都有不容推卸的责任。在此重要时刻,传统媒体当自强。既不要自暴自弃,又不要等待观望;既要抢抓时机,又要稳扎稳打;既不要跟风冒进,又不要亦步亦趋,简单模仿。

劝君莫要唱挽歌,传媒竞争好戏多。作为一名在传统媒体工作了32年的老报人,我对传统媒体充满信心。我相信,当传统媒体与新兴媒体完全融合为一体的时候,被新兴媒体武装起来的传统媒体一定会如虎添翼、再放异彩,迎来自己的黄金时代。

(原载 2017 年 3 月 3 日《中国新闻出版广电报》)

事业心、归属感、忠诚度,一个都不能少!

不久前,有一个信息引起广泛关注,也在微信圈里被大量转发,那就是即将推出《关于深化中央主要新闻单位采编播管岗位人事管理制度改革的试行意见》,其中"要增强新闻舆论工作队伍的事业心、归属感、忠诚度",尤其引人关注。

事业心、归属感、忠诚度,被如此突出地提出来并作为对新闻工作者的基本要求和有关部门及新闻单位的努力方向,这是前所未有的。中央为什么要提出这方面的要求?这是有很强的现实性和针对性的。

新闻工作,是党和政府工作的重要组成部分。新闻工作者,在我国更是负有特殊的使命,也是一个特殊的群体。新闻工作者常常被称为党和政府的耳目和喉舌,党和政府对这个群体有很高的要求,人民群众对他们也有更多的希望。

那么,我们目前的新闻队伍是否达到了这种要求、满足了这种希望了呢?恐怕还不能做出过于乐观的估计。因为还有相当数量的新闻工作者存在这样或那样的问题。

对新闻工作者应该有哪些基本要求？具备什么素质才能成为优秀新闻工作者？人们对此会有不同的回答。要有很高的学历学位，要有深厚的专业知识，要有过硬的语言功力。这是人们首先会想到的。然而，我们遗憾地看到，有些人这些条件都具备，却没有成为优秀的新闻工作者，也没有写出高质量的稿件。现在，绝大多数编辑记者都有较高的学历，都受过严格的专业培训，也都有驾驭语言的能力，但是真正告别平庸、在群众中有较好口碑、享有较高知名度的记者，少之又少。可见，能不能成为优秀的新闻工作者，还有更重要的因素在起作用，那就是：对所从事工作要有很高的认同感、有强烈的事业心、有良好的敬业精神。如果不热爱、不认同自己从事的工作，如果漫不经心、认为工作无足轻重，如果把工作"简化"成为"挣工分"、挣奖金，如果只会机械性地照抄照转、靠材料写稿，那就不可能成为优秀的新闻工作者，就会让受众感到既不可亲又不可近，也就会被他们疏远，乃至彻底抛弃。

现在，媒体融合的趋势锐不可当，有些传统媒体面临生存的危机，各种压力扑面而来，一些编采人员迷惘消极，焦虑不安，无所适从，事业心、归属感、忠诚度也动摇了。也有一些报刊发行量下滑、广告收入减少、业务经营惨淡，职工收入降低，有的甚至停刊退市。一个时期以来，各种传言不胫而走，闹得人心惶惶。一些新闻工作者的工作热情，也出现波动。

就像当年大革命处于低潮时有人担心"红旗还能打多久"一样，现在也有不少人担心报刊这碗饭还能端多久。"人心思走"像瘟疫一样蔓延，跳槽、改行、改换门庭、另攀高枝者，趋之若鹜，有的从传统媒体跳到新兴媒体，有的直接进入企业，有的自己创业闯市场，有的通过考试成为公务员，即使放弃所学专业也在所不惜。北京有一家各方面待遇都不错的报社，在不到一年时间内就调走了9名业务骨干，报社隔三岔五就要为他们离职而下发免职通知，许多尚在岗位的人也正为自己的去留而纠结。类似情况在其他传统媒体都不同程度地存在。

那么，没有离职，也不准备离职的编采人员是否都在状态呢，是否都精神抖擞地投入工作呢？对此，我们也不能做出乐观的估计。有多少人没有任务就不写稿、专门为完成定额而工作？有多少记者满足于应付日常工作、只写应景性稿件？

有多少人拨一拨才肯动一动、完全被动地工作？有多少人沦为会议记者、官员随从、只为会议和活动发报道？有多少人除了完成指令性任务之外就无所事事？有多少人只会完成"规定动作"从不想搞个"自选动作"？有多少人没有职业理想、仅仅把新闻工作当作一种谋生手段？这些数据虽然很难统计出来，但这种精神状态、工作状态，我们都看到了，也在各类媒体上反映出来了：具有思辨色彩、理论深度、启发思考的稿件少了，针砭时弊、鞭挞丑恶、旗帜鲜明、触及矛盾的力作少了，来自基层、反映民生疾苦、为老百姓代言的稿件少了，触及人的心灵、令人感动、鼓舞人奋发向上的东西少了，鲜活生动、好看耐读的东西少了。相反，脱离实际、脱离基层、脱离群众、没有吸引力、没有感召力、没有温度、没有色彩、没有味道、没有意思、无关宏旨、不疼不痒，谁写谁看、写谁谁看的稿件却随处可见。

近年来，各种指令性的报道增多，许多新闻单位也加强了新闻策划，这对配合党和政府的中心工作、突出媒体特色无疑是十分必要的，在实践中也确实发挥了重要的作用，但这也让一些新闻单位和新闻工作者产生了惰性，产生了依赖思想，有的唯上级指令是从，除此之外则毫无作为，也不思创新。一个突出的表现，就是主题、内容基本相同，表现手法基本类似的稿件越来越多。这是一种值得我们警惕的信号，我们绝不能视而不见听而不闻。

一些编采人员身上表现出的事业心淡薄、归属感衰减、忠诚度降低的问题，正在侵蚀新闻媒体健康的肌体，影响新闻舆论工作的质量。

在此情况下，中央决定对新闻单位采、编、播、管岗位管理制度进行改革，让新闻舆论工作者生活更有尊严、待遇更有保障、工作更有干劲，进而增强新闻工作者的事业心、归属感、忠诚度，这既是非常必要的，也是非常及时的。而要真正实现这些目标，却不是一件容易的事，需要各级党委政府、各个新闻单位和每一位新闻工作者共同努力。

我们常说，党要管党，这个提法是有深刻背景的。如果套用这句话，我们还应该响亮地提出：党要管党报、管党刊、管党媒（党报党刊之外的广播电视等媒体），不仅要管他们的宣传方针、舆论导向、办报（办刊、办台）宗旨，而且要为他们的生存、发展创造基本的条件，绝不能让他们背负沉重的经济负担、在窘迫中度日！因为党报、党刊、党媒是党的舆论工具，是党的工作中极为重要的组成部分。

让新闻工作者生活更有尊严、待遇更有保障、工作更有干劲，不是一句空话，这要有具体的措施来保障,首先是要增加新闻单位的业务经费、提高新闻工作者的待遇。再不能让他们为创收指标而辛苦奔波了,再不能让他们没有尊严地拉广告、求赞助了,再不能让他们为发行而求爷爷告奶奶了,否则,归属感、忠诚度就无从谈起。

但我认为,增拨事业经费、提高编采人员待遇,并不是最重要的。要让新闻工作者生活更有尊严,首先要让他们工作更有尊严、对自己所从事的工作有发自内心的热爱、对工作的意义有更深刻的认识,因为工作更有尊严则比生活更有尊严要重要得多,热爱自己的工作、对工作的意义有足够的认识,才能做好工作,进而才能成为深受党和政府信赖、深受人民群众欢迎的优秀新闻工作者。

首先,全社会都要尊重新闻工作者的工作,给予必要的理解、支持和配合,而不是打击和刁难,尤其不能侵害他们的基本权益,打击他们做好工作,尤其是做好舆论监督工作的积极性,更不能让他们因为一篇正常的批评稿件而狼狈不堪。党和政府及所在的新闻媒体要理直气壮地为有社会责任感、敢于揭露矛盾的记者撑腰。现在,新闻工作者在采编活动中受到围攻、谩骂乃至殴打的事件仍然时有发生,兔死狐悲,物伤其类,每一起事件最终都会打击一大片,让不少新闻工作者灰心丧气,没有安全感和归属感,这种状况再也不能继续下去了。

其次,新闻工作者要更加自尊自爱,绝不能利用工作的便利谋求个人私利。新闻工作,虽然没有什么特权,也不可能形成大的腐败,但却具有一定的特殊性,也可以让个别人以稿谋私有机可乘,如果新闻媒体和媒体工作者沦为权贵、大款的附庸和吹鼓手,那不仅是自毁长城,而且会自绝于人民,在老百姓心中丧失威信。一个媒体、一个记者,如果失去了群众的信任,那就不能很好地发挥作用,甚至没有存在的必要了。

最后,对新闻事业要具有足够的热爱和敬畏。新兴媒体蓬勃发展后,人人都有录音笔、人人都有麦克风、人人都可以在互联网上发声,谁都可以写稿、什么稿件都可以刊发出来,这就让许多人产生一种错觉,好像新闻工作没有门槛,好像写稿很简单、当记者很容易、新闻工作不神秘,所以,不论是业内还是业外,都有不少人不把新闻工作当回事,甚至认为新闻工作没有什么学问可言,"新闻无学"的观点至今还有很广泛的市场。作为一名从业 30 余年的老记者,我认为新闻工作不仅有学问,而且深不可测,可以说,采、写、编、播的每个环节中都有学问,也不是随随便便就能掌握且能运用得当的。外界认为"新闻无学"可以不必计较,如果新闻工作者也这样认为,那就是愚昧无知、自轻自贱了,也是不能被原谅、被容忍的。任何一个有出息的新闻工作者,都是干到老、学到老、钻研到老,就是工作了二三十年,拿到高级职称之后,仍有人认为自己有很多不足,仍然没有掌握新闻学的精妙。而那些一知半解、自以为是、自作聪明的人,则很难体会到新闻工作的乐趣,也始终游离在新闻学的大门之外。要有事业心,就要把新闻当作一项事业来干,把新闻学当作一门大学问来钻研,也只有这样,才会产生获得感和成就感,才会赢得社会各界的理解和信任。

现在,是为党的新闻工作者重树事业心、找回归属感、提高忠诚度的时候了。

事业心,归属感,忠诚度,对于负有重要使命的新闻工作者来说,一个都不能少。如果再让他们有获得感、成就感,那么,他们将干得更起劲,也会在社会的发展进步中发挥越来越大的作用,而那些不健康的东西、错误的舆论将没有立足之地。

我们期待这一次人事管理制度的改革,期待这次改革带来更多的机遇,期待新闻事业又一个美好的春天早日到来。

(原载 2017 年《青年记者》杂志第 10 期)

记者不变的追求

什么才是记者应该追求的目标?记者采写什么样的稿件才算有境界?有些人对此并不十分清楚。习近平总书记的讲话让我们茅塞顿开:有思想,有温度,有品质的作品,就是优秀作品,也应该作为一个文字工作者永远不变的追求!

我是 2 月 19 日上午在网上最先看到习近平总书记到中央新闻单位调研的消息的。随后,我又在当天的 19 点、22 点两次观看中央电视台播出的新闻、第二天又在报纸上看了中央召开新闻舆论工作座谈会的详细报道。之所以这样关注这个新闻和习总书记的讲话,是因为我意识到这个消息不同寻常,习总书记的讲话十分重要,这个会议为我国今后的新闻舆论工作指明了方向。作为一个从业 30 多年的老记者,我已养成了自己的职业敏感,密切关注本行业的动态也是再自然不过的事。

我特别注意到,习近平要求新闻舆论工作者要转作风、改文风、俯下身、沉下心、察实情、说实话、动真情,努力推出有思想、有温度、有品质的作品。他说:"基层干部要接地气,记者调研也要接地气。"对此,我十分赞同,因为这也是我一直在努力的。

一个有社会责任感的记者,就应该通过深入基层进行"接地气"的采访,写出有思想、有温度、有品质的稿件,向全社会传递正能量,进而充分发挥引导社会舆论的作用。

近几年,我每年都积极参加"新春走基层"采访活动,每次都能发出一些反映基层真实情况、反映老百姓呼声的稿件。两年前,我登上列车采访车长、列车员和普通乘客,在不超过 10 个小时的采访中,写出了《在硬座车厢听真心话》《旅客走得平安顺畅,就是我们的最大心愿》《做个文明乘客有多难?》等多篇有一定影响力的稿件。其中,有的稿件不仅获了奖,还被专家作为范例加以分析。虽然已是快退休的人了,但我还是坚持参加"新春走基层"活动。在盐池县,我走进两个相距遥远的村庄,写出了《一场值得期待的演出》《沙边子村"龙头"龙治普的精准扶贫》《贫困村里谈脱贫》三篇通讯,都在报纸上刊登出来。

"有思想、有温度、有品质",这是习总书记对新闻作品的要求,也应该是每一位新闻工作者的努力方向。那么,如何才能达到"有思想、有温度、有品质"的要求呢?习总书记也为我们指明了路径,那就是"转作风、改文风、俯下身、沉下心、察实情、说实话、动真情"!只有深入基层、深入群众、深入实际,我们才能听到真实的声音,才能写出高质量的稿件,才能更好地履行新闻工作者的神圣职责。

(原载 2016 年 3 月 18 日《新闻研究》第 10 期)

记者要有成就感

新闻工作,是个有幸福感的职业;新闻工作者,应该有幸福感,幸福感也应该比别的职业多。

新闻记者曾被人称作"无冕之王",虽然从没有哪个部门为哪个记者加过冕、谁也不可能为谁加冕,但有些新闻记者还是常常用"激扬文字"指点江山、针砭时弊、臧否人物、干预生活、评事论理、传递社会各界普遍关注的信息,甚至可以纠正一些错误倾向、扭转事态发展,有时好像真的显示出一种"王者"气派,"固一世之雄也"。他们虽不是王,也未称王,但确实在现实生活中发挥了独特的作用。也正是在这些业务活动中,让许多新闻记者看到了自己工作的价值,看到了所写稿件的威力,进而有了成就感。

曾几何时,随着互联网的普及和形势的变化,许多新闻记者被边缘化了,发挥的作用也被弱化了,甚至变得无足轻重了,许多记者抓不到新闻的第一落点,甚至发不出独家新闻,有时甚至被网上的东西牵着鼻子走,拾人牙慧,隔靴搔痒,放些"马后炮",如此一来,社会的关注程度、重视程度降低,记者也就有了失落感,找不到成就感了。

造成这种局面,既有客观原因,更有主观原因,但我们不能归咎于互联网的冲击,因为恰恰是互联网的放大功能,使许多真正有新闻价值的新闻作品得以产生更大的影响,甚至超越了原稿所载媒体的局限,让许多没有见过原载媒体的人看到了想看的东西,进而给予更多的关注,新闻作品也就在这些转载中实现了社会效益的最大化。

作为一名新闻工作者,我们需要做的不是强调客观原因,也不能把什么都归咎于客观原因,而是查找主观原因、改变主观原因、强化主观因素。看看我们的新闻队伍中,有多少人是依赖现成材料写稿、没有材料就不会写稿?有多少人是在别人写好的稿件上署名,轻易剥夺别人的劳动成果?有多少人是在互联网上往下"扒"材料、东摘西抄?有多少人没到现场就敢发稿、把深入基层当成了苦差事?有多少人是泡在会场和宾馆里,专门采写不接地气的稿件?有多少人是拨一拨才肯动一动,从不主动出击、从不积极到现实生活中寻找线索?有多少人仅仅是为完成定额、为拿奖金而被动写稿?有多少人是在以稿谋私、利用工作之便谋求个人利益?这些人怎么会让社会高看一眼,这样写出的新闻作品,怎么会不遭到受众的冷落、唾弃?记者的成就感又从何而来?

新闻工作者一定要有成就感,一定要追求成就感!没有成就感,就不会热爱这份工作,就不会积极主动、富有创造性地工作。混日子、泡会议、抄材料,是不会产生成就感的,"无头苍蝇""算盘珠子""追腥蚊蝇""蛀干蠹虫""掠影蜻蜓",是不会被人高看、受人尊敬的。如果一个新闻工作者没有成就感,甚至找不到成就感,那将是十分可悲、十分可怜的,也对不起这份神圣的工作。

新闻工作者怎样才会有成就感? 其实,有成就感并非多大难事,成就感也不是高不可攀、遥不可及的。新闻工作者的成就感,来自于深入基层、深入群众、深入实际的采访,来自于为民代言、反映群众呼声,来自于采写大量有分量、有指导性、有参考价值的稿件,来自于纠正错误、改变事态的社会效果,来自于以天下为己任的家国情怀!

我当光明日报驻站记者30多年,一直都有成就感,也一直不缺成就感。我这里所说的成就感,并不是我的新闻作品和我获得了多少奖项,而是我采写的许多稿件都产生了一定的社会反响,甚至产生了良好的社会效果。我曾有一篇稿件被全国上百家报刊转载、被中央电视台连播3次的记录,也有被读者记了二三十年,至今仍被津津乐道的稿件,我有过匡扶正义、为民申冤的义举,也有过影响中央决策、改变事态进程的作品,我曾为小人物唱过赞歌,进而改变了一个人,乃至一群人的命运;我曾写出许多人都没有写或根本不敢写的稿件……正是这些稿件及其产生的反响,让我有了成就感,也让我一次次抵制了高官厚禄的诱惑,始终不忘初心。正是这种成就感,让我始终活跃在新闻采访的第一线并且不断深入采访;正是这种成就感,让我年近退休还毫不倦怠,仍然为自己写出引起关注、产生反响的稿件而兴奋。不久前,我采写的《银川人爱水爱出了境界》受到好评,最近刊发的《银川平原鸟巢多》又引起关注,刚刚在《光明日报》上发表的人物通讯《陈育宁:在政坛、杏坛、书案间的从容转换》,是我对一位告别官场、年逾古稀仍然潜心学问的学者的报道。因为选材角度较新,又获好评。稿件在《光明日报》上占去大半个版的篇幅,编辑部还精心选取四张照片配发。见报当天,远在上海的陈育宁就发来短信:"刚才胡玉冰(博士、宁夏大学人文学院院长——作者注)发来信息,告知今日《光明日报》的报道,我即刻打开网看到了,特别从内心感谢你的一贯支持和帮助,而更为感动的是报道得那么实在、准确,就是我所思我所为,这是你几十年来观察了解的积累,真是一位高尚记者的真本事,这种事业心、责任心真是值得我好好学习。"我在回信中表示:"我只是写了我认为应该写的。抱歉,事先没有告知。"曾任宁夏社科院纪检组长的朱鹏云也给我发来短信:"看到你的大作——写陈育宁的文章,一个字:棒! 陈是有官职时兼顾学问,没官职时专注学问,而你是:

在职时专注新闻,不在职时还是专注新闻。我特爱看你的文章:简约,深刻!"西北轴承集团的祁国平也发来短信:"我读了您的文章,深受教育,受益匪浅。深深感到您知识丰富,掌握全局、大局,大标题、小标题十分贴切。本来一剪刀剪下你写的《宁夏彭阳县一处宋金砖墓发现百余幅砖画》稿,翻过来又看到你写陈育宁的文章,只好粘上。收藏!"在发来短信后,他还感到意犹未尽,又打来电话诉说感想。按说,我看到的"读后感"并非仅此一次,我也早过了容易激动的年龄,但我还是为自己写的东西有人读且有较好的评价而欣慰,这也为自己又增添了一点成就感。

2016年5月,是我职业生涯的最后一个月。就在这个月的30日、31日,我用2天时间完成了对黎明村的十访。随后,我精心构思和写作,写出了带有总结性的长篇通讯。在报纸版面异常紧张的情况下,这篇通讯还是破例地以3/4版的超长篇幅、同时配发4幅照片刊登,也再次引起读者的关注和好评。十访黎明村,是我对黎明村采访的收官之作,也可以作为我职业生涯的收官之作。

当然,并不是我所写的每一篇稿件都让我产生成就感,而真正感染了读者也让我有成就感的稿件还不多,平庸的稿件、激不起涟漪的稿件也有不少,这正是我所欠缺的地方,也是我的成就感还不够多、不够大的原因。这也促使我更投入地工作,尽力争取再多写一些"有思想、有温度、有品质"的稿件。

一个优秀新闻工作者,不能没有成就感,不能不追求成就感。什么时候没有成就感了,就说明自己的业务探索出问题了。什么时候不追求成就感了,就说明自己的意志衰退了、信念丧失了,就需要高度警惕,进而调整思路,为自己加把油了。

(原载2016年《青年记者》杂志8月上旬刊)

有思想、有温度、有品质的作品来自"接地气"的采访

——九访黎明村的收获和感悟

"新闻舆论工作者要转作风、改文风,俯下身、沉下心,察实情、说实话、动真情,努力推出有思想、有温度、有品质的作品。"这是习近平总书记在党的新闻舆论工作座谈会上对全国新闻工作者提出的要求。看到这段话,我感到格外亲切,也备受鼓舞,因为这正是我努力追求的方向。

在 30 余年的新闻实践中,我曾有九次实地采访一个小荒村的难忘经历:1998年 6 月至 2014 年 12 月,我在 17 年里曾九次实地踏访过位于毛乌素沙漠边缘的黎明村,亲眼看到了盐池县境内的这个自然村因过度放牧、乱采滥挖而形成的恶劣环境,亲身见证,也忠实记录了这个曾被风沙逼得四分五裂的村庄在十余年间经历的黄沙压境、被迫搬家、停止破坏、全面治理、环境好转、重建村庄的发展历程。

现在回头再看九次到黎明村采访的经历和所写的十余篇稿件,我惊喜地发现:这些采访活动的收获是多方面的,有的回报甚至是让人喜出望外的!

首先是让这个名不见经传的小荒村引起各界的关注,让它在全国都有了知名度,也引来了农、林、牧、水利等许多部门的扶持和帮助,许多农户从中受益。记得有一次到黎明村采访,崔福香老人当面称我为黎明村的恩人,让我诚惶诚恐,因为这不是事实,我愧不敢当,我只是做了一个普通记者应该做的事、写出了一般记者都能写的稿件而已。

其次,我的这些报道引起社会各界对环境问题的关注,也唤起了人们的环保意识。继我之后,到黎明村调研、考察、采访、指导工作、提供各种服务的人络绎不绝,关注黎明村,乃至关注环保问题的人不断增多,人们的环保理念也有所增强,黎明村在宁夏,乃至在全国都有了不小的知名度,这也是我采写这些稿件的追求和希望达到的目标。

至于我自己,收获就更多了。这些采访,不仅让我加深了对国情的了解和对农民的理解,提升了对环保的认识,进而更自觉地为环保出力,也增强了我的社会责任感,让我更自觉、更主动地履行自己的职责。尤其令我高兴的是,每次前去采访,我都有新收获,从没有空手而归的时候,所以有人说黎明村不仅是我的新闻富矿,也是我的福地。十余年对黎明村的采访,让我发表了十余篇数万字的作品。继最初发表的《被风沙逼得四分五裂的村庄》和《风沙吞噬了黎明村》之后,我相继发表了《是谁毁了我们的家园——再访黎明村》《人类的退路在哪里?——三访黎明村》《黎明村里看"黎明"——四访黎明村》《黎明村的新生和心声——五访黎明村》《黎明村的"沧海桑田"》等多篇备受关注的报道,特别是 2011 年以后的六访、七访、八访、九访,每次都能发出长篇通讯,每篇都能被编辑部"高看一眼"。尤其令我感激的是,光明日报社领导和编辑部同仁对我的"走基层"采访,一直给予了极大的支持和充分的理解,其中《六访黎明村》《八访黎明村见证巨变》都配发图片刊登在头版头条,《六访黎明村》还被选作当年《光明日报》"走转改"的开篇之作,成为中央媒体"走转改"的第一篇报道,而《一个小荒村的聚散兴衰——七访曾被风沙逼得四分五裂的黎明村》《黎明村的魅力——九访曾被风沙逼得四分五裂的村庄》《黎明村的大事小情》也都在头版显著位置刊登。尤其令人难以置信的是,我采写黎明村的稿件,居然先后获得了 17 个大大小小的奖项。采访一个小荒村,居然获得了这么多奖项,连我自己都不敢相信。而宁夏电视台以我七访黎明村为线索拍成的电视片,居然也在一项评比中获了奖。

"一个中央媒体的记者,连续十几年关注一个小村庄,还能写出这么多有些影响的稿件!"新闻界有人对此津津乐道,外界也有人很好奇。我的这些采访活动,不仅在报社内部颇受关注,而且引起有关部门的关注。六访黎明村之后不久,我即被安排参加中宣部召开的"走转改"座谈会并成为在会上发言的两名记者之一,我的发言稿分别被《求是》杂志和《中国新闻出版报》刊登。当年的记者节,中央电视台《焦点访谈》节目中播出了对我的专访,北京电视台录制记者节特别节目也邀请我做访谈嘉宾。随后,我又参加了由中宣部、"全国三教办"组织的巡回报告团,到北京、海南、广东、湖北巡回演讲,接受多家媒体采访。盐池县还特意将我六访黎明村以前采写的主要稿件收集成册并印刷了 2000 册在庆祝盐池县解放 75 周年活动期间广为散发,县委书记、县长联名为此写序。在我完成七访之后,冯记沟乡党委、乡政府,专门在路口树立了标牌并在上面标明我七访黎明村的经历。2013年,我先被评为"感动宁夏"十大年度人物,后又被评为"走转改"优秀记者(全国共 10 人)并获得了"记者礼赞"铜雕。所有这一切,都不是我希望得到的,也是我完全没有想到的,有的礼遇和评价更是我无法承受的。

令我难忘的不仅仅是发出了这么多的稿件、获得了这么多的奖项、得到了这么大的鼓励和鞭策,还有一份值得我永远珍视的亲情。在黎明村,我有许多农民朋友,也赢得了他们的信任,我与他们亲密无间。2011 年,在六访黎明村之后,我有感于黎明村乡亲们的理解,在《光明日报》头版发了一篇"采访札记"《黎明村,有我的知音》。2012 年,在七访黎明村之后,我写了一篇业务研究文章《七访,只是个逗号》,2013 年,我在八访黎明村的稿件见报后有"四个没想到",不仅在《光明日报》发出一篇"杂记"《黎明村,我怎能不看你?》,而且在内部刊物《新闻研究》上发了一篇采访体会《芳洲拾翠暮忘归——八访黎明村背后的故事》。

九访黎明村，让我在黎明村有了"相当"的知名度；借助对黎明村的报道，我在全国也提升了知名度。我在黎明村采访经历，也常常被人提起。每次到黎明村，乡亲们都像亲人一样欢迎我，有人在春节之前要送一只羊给我（我婉言谢绝了），有人热情邀请我再次前去并要宰羊羔招待我，有位刚刚失去亲人的老人，一见到我就拉住我的手无言痛哭，有人见到我就像见到久别的亲人，热情地往家里拉，落座不一会就把饭菜端上桌……

走基层，对我的回报真是太丰厚了！

我对基层充满着向往，对黎明村也有一份割舍不断的亲情。现在我正计划十访黎明村，希望写出达到习总书记要求的作品，让我笔下的文字更有思想、更有温度、更有品质。

（原载 2016 年 2 月 24 日《光明日报》）

一个党报老记者的自信

一转眼，我在光明日报社工作已经 32 个年头了。我也参与、见证了它很长一个时期的发展历程。

一、几经沧桑：曲折的发展历程

光明日报创刊于新中国成立前夕，比曾为中共华北局机关报（后改为中共中央机关报）的《人民日报》只晚了一年零一天。当时的北京已经解放，中共中央委托民盟创办一份面向知识分子的报纸。于是，民盟接管刚刚停办的《世界日报》的人员和设备，创办了《光明日报》。1949 年 6 月 16 日，《光明日报》在北京正式创刊。随着报纸的影响逐步扩大，中央决定《光明日报》改由各民主党派和无党派民主人士联合主办，章伯钧、胡愈之、储安平、杨明轩等著名民主人士都曾担任过报社的主要负责人，但光明日报一直接受中共中央的领导，中共中央统战部、中共中央宣传部、红旗杂志都曾联系并指导过光明日报。自 1957 年以后，中共党员便出任报社领导人了。此后，光明日报的主要负责人一直由中共中央委派，也一直由中共党员担任。虽然隶属关系和办报方针多次调整，但它始终是以知识分子为主要读者对象。

十年浩劫中,全国大部分报刊停办,包括《工人日报》《中国青年报》在内的在全国颇有影响的报刊都销声匿迹了,全国保留下来的党报只有40多家,中央级报纸只剩下《人民日报》《解放军报》《光明日报》等几家。据光明日报社老同志回忆,《光明日报》一度也因办报经费等问题的困扰面临停刊,还是敬爱的周恩来总理在关键时刻给予了大力支持。周总理明确表示:《光明日报》不能停办。

早在20世纪50年代,光明日报就在全国各地设立了记者站,"文化大革命"期间被迫全部撤销。1978年,经中央批准,光明日报在各省、自治区、直辖市恢复建立记者站,中共中央宣传部、中共中央组织部为此联合发文,要求各地给予支持、配合。据说,光明日报1979年第一次在北京召开地方记者工作会议,中央办公厅曾对会务给予支持,会议地点也很有档次,这让当时的驻地记者至今想起来还感到自豪。

1982年,光明日报明确为中共中央主办。1987年党的十三大召开之前,光明日报归中共中央书记处直接管辖。1994年,党中央批准了光明日报社编制方案,进一步明确为中共中央直属事业单位,光明日报的办报方针和服务对象,也进一步明确,此后光明日报又成立了报业集团。因为是党报,所以从报社编委会到记者站,公章上都有镰刀锤头图案。

在光明日报历史上,先后有4人担任过国家领导人,也出现过许多在全国都有影响的编辑、记者。

二、办报理念:日益成熟完善

新时期以来,光明日报一直以做党和政府联系各界知识分子的桥梁和纽带为己任,逐渐形成了自己独特的办报风格、办报传统和办报文化,在学术界的地位和影响也不断提高,因而形成了以中高级知识分子为主的"铁杆"读者群。从创刊至今,长期坚持自费订阅《光明日报》的大有人在。

现在,光明日报正在构建各界知识分子的精神家园,努力让报纸洋溢浓郁的书卷气,以最大限度地满足知识分子的阅读需要。所有编采人员都有一个共同的心愿:让读者一打开报纸,就能感觉到各种信息扑面而来,而这些信息又是他们最渴望了解的、对他们也最有益的。为此,从报社领导到普通编辑、记者都在不懈努力。

光明日报新任总编辑杜飞进,是 2016 年 5 月才从人民日报社调过来的。上任不久,他就在全体编采人员大会上宣布:光明日报虽然与人民日报一样都是由中共中央主办的,但光明日报绝不能办成第二份人民日报! 光明日报一定要保持自己的特色和风格。

事实上,光明日报与人民日报虽然隶属关系相同,也都是综合性的中央级党报,服务于国家和人民的宗旨也基本一致,但光明日报有自己的特殊使命,它更侧重于教科文卫、理论和意识形态的宣传,而以知识分子为主要服务对象的定位,又决定它必须要有自己的个性、品位和格调,这也是几代光明日报人追求的目标。

早已形成优良办报传统的光明日报,现在办报理念更加成熟完善,读者定位也更加准确,发行量、影响力也在近几年逆势上扬。

三、党报优势:让人如虎添翼

乘着"实践是检验真理的唯一标准"大讨论的东风,在光明日报历史最辉煌的时刻,我以公开招聘考试第一名的成绩跨进了光明日报的大门。当时,我既兴致勃勃又忐忑不安:中央级党报记者的身份,无疑是光荣而神圣的,而能否胜任这份重要的工作,对我来说还是个未知数,我当时心里也没有底。毫无疑问,中央级党报的记者,又是以知识分子为主要读者对象,如果没有良好的理论修养、丰富的专业知识、高超的文字水平和过硬的工作作风,是难以履行这个使命的,摆在我面前的任务是艰巨的,要求我必须不断地学习,不懈地进取,不懈怠地工作,更何况我是一个驻守在经济文化相对落后地区的记者呢。

光明日报凭借着中央级党报的优势和地位,一直在干预生活、针砭时弊、匡扶正义、引导舆论、影响社会等方面发挥着积极而重要的作用。1978 年 5 月 11 日发表的《实践是检验真理的唯一标准》,就因影响了中国历史的发展进程而被载入史册。此后,《光明日报》又刊发了许多产生过广泛影响的文章和报道,对此我都有清晰的记忆。

就我个人来说,我在工作中对光明日报的坚持真理、不惧强势的胆识、勇气、魄力,也有深刻的感受。借助光明日报这个平台,我采写并发表了大量针砭时弊的报道,而这些报道并不是所有媒体都敢涉及、都有胆量刊发的。

我是 1985 年 7 月开始在光明日报宁夏记者站上班的。开始，我摸不着门路，做了大量"无用功"。但我很快便意识到，与经济文化发达地区"叫板""比实力"，看着别人干什么自己也跟着干，甚至亦步亦趋、人云亦云，那就没有我的立足之地，只能等着喝西北风了。发现问题、研究问题、为解决问题寻找方案，应该成为我的"主攻方向"。

　　1986 年 8 月，也就是在我刚当记者只有一年时间的时候，我在采访中碰到一件事：有位老将军故地重游，由于层层陪同，陪同人员越陪越多，到县里陪同人员居然达到了 26 人！我感觉这是个问题，便写了一篇见闻式的报道：《这样"滚雪球"怎么得了？！》，旗帜鲜明地对层层陪同现象提出了批评。稿件写好后，我心里没有底，便请老站长王广华(山东人，复旦大学新闻系毕业，曾任宁夏日报记者部副主任，已有 20 多年新闻工龄，1987 年 3 月调离记者站)审阅、把关。老站长看完大吃一惊："你写这个干什么？这种稿件报社怎么会刊登呢？"这犹如一瓢冷水迎面泼了过来，我顿时泄了气。不过，他话题一转，又让我升起一丝希望："你既然写了，就给报社寄回去吧！把背景情况做个说明，给编辑部做个参考也好嘛。"我怀着忐忑不安的心情寄回了稿件，也不再抱什么希望。出乎意料，这篇稿件没过几天就原封不动地被刊登出来了，而且发在了头版！这让我很振奋：光明日报，就是不同凡响！而读者随后的来信，又让我受到鼓舞。光明日报就是光明日报，别的报刊不敢发的，它敢发！发出来，就会有反响！

　　从此以后，我抓问题的信心更足了。针对基层接待负担越来越重的情况，我采写了《迎来送往：基层难堪事》；针对接待活动中的形式主义，我写了《迎送何必到边界？》；针对会议中的过度消费，我写了《会议开支有谱没谱？》《谁来审计监督会议？》；针对有些会议只注重形式而忽略实效问题，我采写了《请关注一下会议质量问题》；针对轮流坐庄会议中的问题，我写了《轮流坐庄会，轮到何时休？》；针对机关工作空耗人力物力财力而不求实效的问题，我写了《机关工作也要讲效益》。这些毫无遮掩、一针见血的文字，居然都在《光明日报》上刊登出来了。尤其让我感到意外的是，我采写的《该控制一下"行会""片会"了！》，居然被光明日报编辑部放在了头版头条，对中央有关部门做出限制在旅游景区开会的决定也产生了一定影响。针对一个时期各地优惠政策盛行的问题，我先后写了多篇报道和述评，《刹刹乱定优惠政策风！》《注意"只给政策不给钱"的背面》《清理优惠政策，维护全局利益》,《光明日报》都"照单全收"了。我甚至关心起领导人的讲话稿来了,且非常大胆地触及了这个敏感的问题,就此先后采写了《讲话稿该由谁写?》《这些讲话稿怎么有点八股味儿?》,《光明日报》都刊登出来了。我常常想:这些"锋芒毕露"的稿件,别的报刊敢登吗? 我应该感谢《光明日报》给我提供了一个这么好的舞台!

与我有相同感受的,在《光明日报》大有人在。

当然,我更多的还是正面宣传。在我的笔下,许多事件,引起关注;许多成绩,为人熟知;许多人物,成为楷模;许多经验,被广泛借鉴;许多信息,被大量转载。我报道了一位腾出自家房屋办学的回族女代课教师,就引来全国各地持续不断的捐款捐物。我披露了农家子弟考上大学而上不起大学的窘况,就引来十多万元的资助,引起全社会对贫困生的关注,进而推动了问题的彻底解决……这些稿件之所以能够产生这样的效果,在很大程度上是因为刊登在《光明日报》上,而《光明日报》又是中央级党报!

不断有这样的信心反馈回来:在光明日报记者群中,许多人都有良好的口碑,他们普遍勤奋敬业、为人正派,写稿往往能高人一筹,有些人甚至有点书生气。也许,这与光明日报的书卷气有某种关联?

四、乘势而上:互联网时代的新跨越

现在,中国已经进入互联网时代,传统媒体,特别是纸质媒体无一例外地受到了前所未有的冲击,传统媒体人也面临着许多新的挑战。但是,这种冲击,不是打击;这种挑战,也不是绞杀! 互联网,不是传统媒体的掘墓人,更不可能毁灭传统媒体! 它带给传统媒体的除了冲击和挑战之外,还有发展的动力和发展的契机。

光明日报人审时度势,不仅在全国最早提出"融媒体"的概念,而且在推进媒体融合方面做出了许多富有创造性的探索。为了适应形势的发展,光明网的编采队伍也在较短的时间内迅速扩大,光明网的影响力也得以迅速增强。

新媒体迅速崛起,占据了越来越大的阅读空间,但传统媒体的优势依然存在,甚至是不可替代的。如何让这种优势继续保持并发扬光大,则是摆在传统媒体和传统媒体人面前的一个新课题。

新兴媒体和传统媒体影响力的大小是不同的,人们对他们的重视程度、信任

程度也是不同的。以我自己采写的稿件为例,在报纸上、网上刊发出来的稿件,影响是不一样的。尽管在网上发出的稿件也有转载,但常常不如在报纸转载率高。而同样是在报纸上发出的稿件,转载率也不同,高的与低的有时相差竟很悬殊,这也印证了"内容为王"的定论。新兴媒体与传统媒体只是传播手段不同而已,而最终决定其影响力的还是传播的内容!传播的内容是否有价值、是否对社会有益、是否为读者所关注,才是关键,才是决定性的因素!而媒体人是否有情怀、有境界、有担当,心中是否有读者、是否有社会责任感,又是决定性因素!

有着优良传统和办报文化的光明日报,正满怀信心地融入互联网时代,并且不断借助互联网发展壮大着自己。根据习近平总书记讲话的要求,光明日报编委会积极引导编采人员尽力当好党的政策主张的传播者、时代风云的记录者、社会进步的推动者、公平正义的守望者,在新闻报道中,则力求"新闻事件化、事件故事化、故事情节化、情节细节化",最终让《光明日报》的版面既有"书香味"又有"泥土味",给读者带来美好的精神享受。

在新的历史时期,党报优势不应削弱,也不能削弱,党报完全可以,也完全应该将自己的优势保持并发扬下去。在互联网的冲击和挑战面前,党报影响力不但不能萎缩,而且要乘势而上、不断加强,因为这是时代赋予党报的历史使命,党报,特别是中央级党报责无旁贷,每个记者也都有不容推卸的责任。

作为在光明日报工作了32年的老报人,我对光明日报充满信心,对传统媒体也充满信心。

(原载2016年《青年记者》杂志7月上旬刊)

人勤地不懒

——评《邓加荣新闻作品选》

我与邓加荣老师是很熟悉的,与他相识也快30年了。在担任光明日报新闻研究所所长时,他曾在1992年倡议并主持召开了我的新闻作品研讨会,而这个研讨会对我此后的工作产生了深远的影响,我一直对此心存感激。

但是,近年来,我发现自己以往对他的了解实在是太少了,他在退休之后,特别是年过八旬之后,一次次给我带来惊喜,也一次次让我刮目相看:他的书一本接一本地出,简直让人有点目不暇接了。他刚刚整理出版了十大才子书,又推出了《全新破译红楼梦》,甚至还与人合作推出了章回小说《刘罗锅断案传奇》,他甚至创作了电视连续剧并为多部电视剧写主题歌,至于为马寅初、林巧稚、杨西光等名人所写的传记,更是数不胜数。这些图书的出版,让人一时难以搞清他的真实身份:是学富五车、皓首穷经的学者,还是熟练掌握语言艺术的通俗文艺作家;是为许多名人立传的报告文学作家,还是善于利用悬念、合理构建矛盾冲突的剧作家,还是见微知著、由表及里的红学家?这些身份对他来说,好像都是,又不完全是。

看了刚刚出版的《邓加荣新闻作品选》,我又发现他有一个更为各界所认可、也最能反映他志趣和爱好的身份:新闻学的实践家和理论家。看了这本书就可以相信,他是可以称得起这两个"家"的。我们也会从中发现,他对新闻的十八般武器都能拿得起放得下,他既能熟练地运用消息、通讯、评论等各种文体,又能深入探讨写作之道、分析各种体裁的特点和规律,他这方面的探索和收获可以让文字工作者普遍受益。

邓加荣几十年的从业经历,可谓波澜起伏、多姿多彩。他曾留学苏联,在学财经的同时又通过函授学了文学,一举获得了双学士学位。学成回国后,他进入金融界,随后又进入教育界,最后再次跨行当了记者。到了光明日报,他先后在理论部、机动记者部、新闻研究所展示了自己多方面的积累和才华,且都留下不俗的业绩。新闻工作,是他最后从事的工作;新闻学学者是他最愿意展示给世人的身份。

《邓加荣新闻作品选》共有 6 大系列:"长通讯与短通讯""长消息与短消息""长言论与短言论""名人访谈与九州揽胜""专栏小品""新闻记者与新闻写作"。书中写了马寅初、孙冶方、李谷一、新凤霞、薛暮桥、林巧稚、刘白羽、六小龄童等各界名人,反映了作者深沉的思考、宽广的视野和高尚的价值取向。而对童大林、蒋一苇、苏星、刘鸿儒、袁雪芬、叶佩英等名人所做的"名人访谈",则反映了名家们的所思所想、所作所为,其中闪耀着思想的火花。在"专栏小品"栏目中,收录的"海南纪行"(六篇)、"长白山夜话"(六篇),记录了当地风光和自己的观察思考,读起来也颇有趣味。"新闻记者与新闻写作"则是作者新闻学理论和实践的结晶,这里面有对具体问题的研究,有对理论问题的探索,也有对当年工作的回顾,其中有些探索具有开创性,对所有新闻工作者都有指导意义。既当新闻实践家,又当新闻理论家,这在新闻界实不多见,也是难能可贵的。

收入书中的许多文章都是可圈可点的:《李谷一与乡恋》,记录了改革开放初期一场备受关注的争论,旗帜鲜明地对艺术家们的艺术探索给予了支持,本篇也理所当然地成为一篇很有影响的报道;《有这样一位经济学家》,对默默奉献、埋头钻研的知识分子唱出了一曲动人的颂歌,弘扬了一种最值得社会珍视的精神;《马寅初老先生访问记》,是粉碎"四人帮"后对这位知名学者的最早报道,不仅反映了一段历史,而且揭示了一些令人深思的教训。而他冒着生命危险,深入到黑龙江林区火灾前线采写的《5.7森林大火,永远燃烧的记忆》,则记录了令人惊心动魄的火灾,这篇来自现场的鲜活报道,也反映了他深入实际、不怕牺牲、勇于担当的敬业精神。

邓加荣老师对写作一丝不苟、精益求精的精神,也是令人敬佩的。诚如他在自序中所说,这些作品凝聚着他一生的心血和汗水,对许多作品他都是改了又写,写了又改,一直到自己满意为止。不要小看"改了又写、写了又改"这8个字,对于一个终生以耍笔杆子为业的人,在著作等身之后还能做到这样,殊为不易!而在当今的学术界、新闻界还有几个人能够做到呢?这种严谨、认真的态度、精益求精的精神,不是更值得我们大力弘扬的吗?

虽然有了足可以引以为自豪的业绩,但邓加荣老师仍然保持难能可贵的谦虚和谨慎。他说,我自认为不是一个成功的记者,只是一个努力的记者。正是因为我付出了比一般人多出几倍的努力,我才有勇气把这不算成功,但却凝聚着我的心血和汗水的作品奉献给读者。

近几年,承蒙邓加荣老师厚爱,我相继收到他寄来的许多新书。每次翻阅他的新著,我的脑海里都能蹦出一句俗语:人勤地不懒。大地是不会辜负辛勤耕耘的人的!只要勤快,只要舍得花力气,就一定会有收获。每到此时,我都会深受触动、有所感悟:一般的人生,只有几十年,很快就会匆匆而过,只有那些勤奋的人、不愿虚度光阴的人,才能不断创造自己的"丰收时刻",为社会一次次带来惊喜。我也常常问自己:我到了邓加荣老师的年龄,还能有他那样的进取精神吗?还能像他那样不断推出新成果吗?

《邓加荣新闻作品选》是一本有价值的书。因为这本书不仅反映了国家发展的一段历史、记录了一些历史事件和历史人物,而且在字里行间折射出许多宝贵的精神,而这些精神又是我们应该不断弘扬的。

（本篇是为邓加荣新书写的书评,原载 2016 年 11 月 22 日《光明日报》,2017 年 6 月 12 日,邓加荣去世,享年 85 岁）

我曾为郑州人对鸟害的宽容"点过赞"

说起来,这已是十几年前的一段记忆了,也是我从事新闻工作 30 余年采写的一篇得意之作,我在讲课时常常以此为例来阐述新闻敏感的重要性。我这篇"自我感觉良好"的得意之作,就是为郑州人的"宽容"而"点赞",而郑州人"宽容"的对象居然是鸟类。

那次,我是参加中宣部组织的"'三个代表'在基层"主题采访活动来到河南的,落脚在郑州市金水大道旁的河南饭店。因为当天还有一段空余时间,我便约上同行的记者上街闲转。对郑州,我并不陌生,此前曾在 1988 年、1992 年在郑州逗留多日,这次算是故地重游。闲转,不是采访,我最初也没有采访的想法,但是,一个在其他地方看不到的景象引起了我的注意,也勾起了我肚子里的"蛔虫":这不是个值得写一写的题材吗?

我看到,郑州市金水大道两侧的人行道上有些白斑,好像施工者不小心洒在地面上的白灰,但仔细一看又不是白灰。因为这些白色的斑点,都集中在每棵大树的周围,显然不是人洒落的,而是从树上掉下来的。斑点过于密集的地方,居然将路面染成了白色。随后,在人行道上发现死鱼、死鸟,我就更感觉奇怪了。路面上怎么会有死去的泥鳅和雏鸟呢? 我不解地朝树上看,这一看,让我发现了秘密:我不仅在梧桐树上发现了鸟巢,而且看见有些鸟正在空中盘旋。噢,我明白了!那白色的斑点居然是梧桐树上掉下来的鸟粪! 而那条已有食指粗细的死泥鳅,则是雏鸟父母为雏鸟捕到的食物。至于那只已经长出细嫩羽毛的死鸟,则可能是不慎从树上掉下来摔死的,或许是被它的同胞挤下来摔死的。

在城市主干道上捡到死鱼死鸟已经让我感到稀奇了,没想到,还有更稀奇的现象进入我的视野:在继续前行时,我发现路边树荫下的报刊亭,居然撑起个很大的遮阳伞。这也是不同寻常的,因为这里有浓密的树荫,阳光从早到晚都照射不到,根本用不着遮阳伞。我向报刊亭的经营者提出了这个疑问。原来,这把遮阳伞居然是专门用来遮挡鸟屎的。一把伞用不了两天,就变成"花伞"了,而这"花伞"的图案,居然是用鸟屎来"描绘"的。

在一家餐馆就餐时,我又发现了"新闻":在餐馆门口停放的车辆,几乎都穿着"车衣"!我禁不住又刨根问底,原来这"车衣"都是餐馆免费提供的,也是为了遮挡鸟屎的。因为有了这些"车衣",顾客就可以放心就餐了。所以,这里常常顾客盈门。

种种奇异现象,激发了我采访的兴趣。在主题采访之余,我一有机会就与当地人聊这个话题,甚至在从南阳经信阳返回郑州的路上,也与当地人热聊此事,这也让我了解到许多渴望了解的情况。据说,不少外市县的人到郑州市省级机关办事,只有几个小时,停放在大院里的汽车就变成"迷彩车"了——这又是鸟类的"杰作"!有人说得可能有点夸张:因为自己的汽车被鸟屎弄得面目全非,有的司机一时之间竟不敢认自己的汽车了。如果没有记住停放的位置,则要费一阵工夫才能找到。

在郑州市生活的鸟类何以"猖狂"到如此程度?当地人又为何视而不见、忍辱负重,甚至格外宽容、一味纵容呢?这是我急切要探究的答案,我也为此进行了多方"求证"。

如此严重的"鸟害",郑州人怎么会熟视无睹呢?原来,郑州市民曾就此展开过大讨论,也形成两种对立的意见:有人主张枪杀或驱赶这些"不速之客",让它们在郑州市就此绝迹,有人甚至主张砍掉它们赖以生存的树木,让它们"无枝可依",这些呼声很强烈,但反对的声浪似乎更高:如果砍掉了树木,郑州还能算"绿城"吗?如此一来代价则太大,而鸟类是人类的朋友,人类应该善待它们,地球不仅仅属于人类,郑州也不应仅仅属于郑州人,既然鸟类选择了郑州,郑州人就不应该驱逐它们,人类应该与鸟类和谐共处,这对双方都有益。大讨论的结果,是这一种意见占了上风,赢得了多数人的赞同。鸟类与人类相安无事的状况,也得以继续维持下去。

了解到这些情况,我也就信心十足地欣然动笔了。

在通讯《郑州人的"宽容"》中,我用幽默诙谐的笔调写道:"这些在树上做窝的'常住居民'多是白鹭、灰鹭。它们以市内的法国梧桐树为家,以捕鱼为生,养儿育女,自在逍遥,已到了'肆无忌惮'的地步。""因为鸟类的生活没有受到干涉,所以善于'察言观色'的鸟类在郑州就更加'有恃无恐'了。"在这篇通讯的最后,我写道:"郑州人对鸟类的宽容,是一种社会进步。记者禁不住要对这种宽容叫一声好!当然,如何解决鸟害问题,还应寻找万全之策。"结果,这篇通讯很快便以《郑州人宽容"鸟害"》为题,在《光明日报》上刊登出来,引起许多人的关注,而我则以在不经意间抓到一个有意思的新闻,且能以轻松、鲜活的形式呈现给读者而感到欣慰。

一转眼,十多年过去了。不知道鸟类在郑州市内是否还是那样无忧无虑、不受干扰、逍遥自在地生活?不知道郑州人是否找到了两全其美的万全之策?我对此仍然有一些牵挂。我既祝福爱护鸟类、有强烈环保意识的郑州人,也祝福那些在大自然中扮演重要角色,而且继续充当人类朋友的鸟类。

30 多年来,我就是这样保持自己的新闻敏感,观察一般人不太注意的细节,从中找到新闻线索并就此展开采访的,而抓到一个有点意思的题材,我并不是蜻蜓点水、一挥而就,而是充分挖掘、开动脑筋、调动各种表现手法,尽可能让我笔下的文字呈现鲜活生动、清新活泼、诙谐幽默的面目,让人能够读出一点味道来,如果能在读者的大脑中多留一点记忆,那对我将是最大的鼓励。

(原载 2016 年 5 月 25 日《中国新闻出版报》)

不要让舆论监督成为"稀客"

我国古代的很多朝代都设有"谏官",大诗人杜甫就曾出任过"左拾遗",其职责就是检查朝廷失误,除了"拾遗"之外,担负同样使命的还有谏议大夫、补阙、正言、司谏之类的"谏官"。因为执政总会有失误,皇帝犯了错,也需要有人"犯颜直谏"。

对于一个国家、一个地区和一个不断发展的社会来说,总会有这样或那样的问题需要解决,总会有这样或那样的失误需要纠正,总会有这样或那样的倾向需要注意,总会有这样或那样的政策需要调整,总会有这样或那样的正义需要伸张,总会有这样或那样的舆论需要引导,这就需要一些有社会责任感的人主动站出来,承担社会责任、履行历史使命,发现问题、提出问题、明晰正误、为解决问题"诊脉开方"、献计献策,不让错误再延续、不让谬误再流传、不让歪风再乱刮、不让灾情再蔓延、不让损失再扩大、不让邪气再肆虐、不让正气再憋气,不让"小病"成痼疾,这也是人民的呼唤、时代的需要! 舆论监督,是任何时代、任何社会都不可缺少的。

舆论监督,是社会和谐发展的有力保障,是一个文明社会所不可缺少的。新闻记者,在舆论监督方面更是负有特殊使命。如果一个记者只能一般性地记录、机械性地照抄、简单地模仿、人云亦云地起哄,只会歌功颂德,不能正视现实、不敢触及矛盾、不敢揭露真相、不敢分析问题、不敢批评监督,那就是缺少社会责任感,也是不称职的,至少是浅薄的、片面的、有欠缺的。

习近平总书记要求新闻舆论工作者要成为党的政策主张的传播者、时代风云的记录者、社会进步的推动者、公平正义的守望者,也就是对新闻工作者明确了四种角色定位,即传播、记录、推动、守望,这四个使命,一个都不能少,缺少哪一个都是不完整、不完善的。传播信息、记录变迁、反映时代,固然是记者的责任,而守望公平正义、推动社会进步,更是记者义不容辞的使命。

社会发展越快,社会问题越多,也就越需要舆论监督。不论社会发展到什么程度,都少不了舆论监督。新闻工作者应该是"爱管事"的人,不仅要"管"大事,而且要"管"小事,不仅要"管""正事",而且要"管""闲事"。人民需要"栽花"的记者,也需要"摘刺"的记者,而"摘刺"比"栽花"难度会更大、风险也更高,敢于"摘刺"的人一般都精神可敬、勇气可嘉。一个有社会责任感的记者,就要以天下为己任,无所顾忌,敢作敢为,即使为此付出沉重的代价,甚至被推上被告席,也应在所不惜。因舆论监督而承受不公正对待,是不应该的,也是极为有害的。只要是从人民的利益出发、出于善良的愿望,只要是为了社会更和谐、生活更美好、人民更幸福、时代更进步,"挑刺""找茬""放炮",都应该得到理解、鼓励、尊重和支持,不应受到任何刁难、指责、迫害。权威部门应该为舆论监督"保驾护航",切实免除新闻记者和新闻单位的后顾之忧,确保舆论监督畅行无阻。

最近一个时期,人们发现,舆论监督越来越少,已经变成难得一见的"稀客"了。就连一些过去以发批评稿而闻名的专栏和专题节目,现在也很少刊登、播发舆论监督类的稿件。有不少记者不敢,也不愿搞舆论监督,甚至视舆论监督为畏途,把舆论监督当成费力不讨好的事,把搞舆论监督的记者当傻子。

没有舆论监督,失误就会增多,腐败就会盛行,谬误就会泛滥,正直的人就会受气,不该发生的悲剧就会发生,出人意料的荒唐事就会层出不穷。没有舆论监督,社会就不正常,许多意想不到的问题都会出现。因此,有越来越多的人呼吁舆论监督,希望加大舆论监督的力度。

从不写批评稿,也不敢搞舆论监督,甚至视舆论监督为管闲事的记者,在许多新闻单位都大有人在。有人当了一辈子记者,居然一篇批评稿都没写过。这是一种很可悲的、极不正常的现象。

现在,不仅舆论监督在减少,不能正确对待舆论监督的问题也很突出。2018年8月31日,新华社发出呼吁《"舆论监督敏感症"要不得!》。2017年2月19日,新华社旗帜鲜明地提出"党员干部要自觉接受舆论监督",说"舆论监督不是捅'马蜂窝',而是要安全摘掉'马蜂窝'"。时至今日,惧怕、反感、躲避、抵制、反击舆论监督的行为,仍然屡见不鲜,而这完全是愚昧落后的表现。

社会发展越快,社会问题越多,越需要舆论监督。不论社会发展到什么程度,都不能缺少舆论监督。

一个健康文明的社会,离不开舆论监督。没有舆论监督,是社会的悲哀,不仅会造成许多有形的和无形的损失,而且会酿成不该发生的社会悲剧。

新闻媒体和新闻工作者在舆论监督方面负有特殊的使命。舆论监督和人大监督、政协监督、行政监督、司法监督、纪检监督、社会监督一起,构成完整的监督体系,确保社会的和谐、进步。这些监督,要各司其职,不可偏废,缺一不可,缺少哪一项都是不健全的,都会让一些居心叵测的人有机可乘,都会让漏网之鱼逃之夭夭。

一个有社会责任感的记者,可以在引导舆论、匡正时弊、伸张正义等方面写很多"文章"、做很多益事,可以在很多方面有所作为,进而在时代进程中扮演重要的角色。当然,记者所做的舆论监督,不是孤军作战、单打独斗,离不开各界,特别是所在单位的理解、支持、配合,还需要被监督的单位和个人的理解、宽容、响应。新闻媒体的舆论监督,需要相关制度保障,也需要权力部门保驾护航,要通过各种举措,确保舆论监督顺利进行。

要让所有监督都合法、合规、健康、准确、到位。记者舆论监督的积极性,既需要充分调动、及时激励,又需要妥善保护、适当褒奖。主管部门和所在单位,既要表彰"栽花"的记者,更要表彰"摘刺"的记者,在职称评定、表彰奖励等方面适当向"摘刺"记者倾斜,不能让态度端正、作风扎实、工作严谨、监督正确的记者既流汗又流泪,既伤心又失望。不能因一次监督的失败而让一个优秀记者"一朝被蛇咬十年怕井绳",变成谨小慎微的"缩头乌龟",甚至就此永远告别舆论监督。

"管闲事"的多了,谬误就会少了、损失就会小了,弱势者得到救助了,需要关爱的人得到关爱了,人们也就会有越来越多的幸福感。如果有更多的新闻工作者主动承担更多的社会责任,那么我们的社会就会越来越文明、越来越和谐、越来越美好。

舆论监督,是社会一面不可缺少的镜子,透过这面镜子,可以看到我们的衣服是否穿好了,我们的脸上是否有污垢,知道我们该怎样修饰自己。

正了衣冠、擦去了污点、捯饬了装扮,人就会更加光彩照人。对于一个社会来说,也同样如此:纠正了谬误,就更健康、更和谐、更美好了。

(原载 2019 年《青年记者》杂志)

谁家新燕啄春泥

——回顾十访黎明村的采访经历

凝聚我近 20 年心血、记录我 10 次踏访经历、曾引起广泛关注的 20 余篇稿件,最终结集编成《风沙过后是黎明——庄电一十访盐池县黎明村见证的奇迹》一书,由阳光出版社出版了。

没想到,我在 30 多年的新闻工作中,居然跟一个小荒村结缘,10 次踏访次次都没有"空手而回";没想到,我为这个小荒村写了近 10 万字,且都有一些反响;没想到,一个小荒村,让我"斩获"20 个大大小小奖项,我还为此到部分省市巡回演讲;没想到,这些时间跨度长达近 20 年的稿件,居然能够编辑成书,时任光明日报总编辑杜飞进还在百忙中为此作序,我的采访经历也再次引起关注。

许多人未必知道,我的采访,并不是一帆风顺的,其间也经历了一些波折。10次踏访,是由多种因素促成的,不是我一厢情愿的行动。没有各方面的推动和支持,我不可能 10 次前往,更不敢奢望结集出书。这些采访、这些稿件,虽然是我一个人完成的,但能够采访这么多次、发出这么多稿、获得这么多奖,产生这么大的影响,却是我无法预料的。当我回顾采写经历时,心中涌起的是感慨、感激、感恩,禁不住要说一说这新闻背后的新闻,抒发一下内心的感激之情。

老实说,我第一次采访黎明村,是有偶然性的。在此前,我甚至没有听说过这个地方。

这是个距毛乌素沙漠不远、离盐池县县城还有 70 公里的自然村。驱使我不辞辛苦远途前往的原因,不是它的富裕、文明,也不是那里发生了突发事件、出现了英模人物,而是它刚刚经历了一场磨难:这个饱受风沙侵袭之苦的小荒村,仅仅因为躲避风沙而四分五裂,一个好端端的村庄,在一瞬间便土崩瓦解了。

第一次踏访黎明村,我写的是所见所闻所感,没有做更深入的挖掘,因为报纸容量有限,不允许我长篇大论。当时,我认为,只要把这个事讲出来,就可以产生警示效果。果然,《被风沙逼得四分五裂的村庄》和《风沙吞噬了黎明村》见报之后,马上就引起社会各界的关注,许多人开始担心黎明村的命运,但我当时并没有再去采写的想法,是读者的关注和记者的责任感、使命感驱使我在两年、四年之后又进行了二访和三访,既写了黎明村环境恶化的状况,又追问了黎明村破败的原因,也回答了读者的关切、发出保护环境的呼吁。至此,我认为黎明村已被我写尽了,再没有什么新闻可挖了。

四年以后,我随团又到盐池县采访,再一次想到黎明村,也想借便再看看黎明村,也就是这个念头,驱使我脱离大部队独自走进它。这次,我本没有采访的计划,也没有奢望再写什么,但多年养成的"刨根问底"的工作习惯,让我了解到许多新情况,于是,我"欣然命笔",写出了《黎明村里看"黎明"》《新黎明,荒漠化逆转的"证明"》,其篇幅也超过了以往的三访,这让我深受鼓舞。就在这时,报社通知我就黎明村的四次采访、呼应全国"三项学习教育活动"巡回报告团(没想到,我后来也成为这个报告团的成员)的倡议。我随即写了一篇短文:《四访荒村捉"鲜鱼"》。这也让我意识到:我对黎明村的采访,还应该继续下去,不能就此收兵。又过了 3 年,我第五次走进黎明村,也又一次写了黎明村。我把这篇精心采写的通讯投给《光明日报》的一个专版,不料,这个专版的主编竟然把它"枪毙了"。难道我对黎明村的采访,就此结束了吗? 我不甘心,在改写压缩之后,我又转发新闻版。报社领导对此稿给予充分肯定,当即批示在头版刊发。压了几天后,头版版面实在太挤,最终在经济社会版的头条刊发出来,黎明村因此再一次吸引了读者的目光。编辑部的支持,让我重拾信心:我对黎明村的关注是必要的,有关编辑的判断是错误的。

2010年,《青年记者》杂志的《向老记者致敬》栏目向我约稿,请我谈一谈五访黎明村的经历。于是,我这篇题为《一个小荒村竟成为我的"新闻富矿"》的业务文章,借助这个朝气蓬勃的新闻业务刊物,再次引起同行们的注意。也就是从这个时候起,我与这个颇有影响的杂志建立了持久的联系,我也得以在上面发表了大量新闻研究文章。

转眼到了2011年8月9日,中宣部等五部门在北京联合召开会议,部署在全国开展"走基层、转作风、改文风"活动。光明日报在中宣部召开会议的当天就进行了研究、部署,胡占凡、何东平等报社领导希望我再访黎明村,并以此打响光明日报"走转改"报道的第一枪。时任记者部主任张碧涌,当天深夜打电话给我,转达了报社领导的意见:希望我再访黎明村,写出令人关注的稿件。后来得知,这个动议,是由时任副总编辑何东平(一年半后任总编辑)提议、时任总编辑胡占凡拍板的。

还写黎明村? 黎明村还有什么可写的? 放下电话,我很茫然,也毫无信心,但我不能辜负报社的信任和厚望,必须全力以赴,打好这个攻坚战。

事不宜迟。中宣部做出部署的第二天,也就是2011年8月10日一大早,我便驱车直奔100多公里外的盐池县,在县城接上头之后,我马不停蹄地赶往70公里外的黎明村,立即投入采访。等我从黎明村赶回银川,已是第二天凌晨了。但我顾不上多休息,在20个小时之后就把写好的通讯传回了编辑部。因为看到其他中央媒体尚没有"动作",报社领导不想"抢风头",便有意把编好的稿件压了几天。直到有关部门催问,报社才决定立即刊登。8月17日,《光明日报》在头版头条推出了这篇通讯,同时配发了图片和"开栏的话"。这篇通讯,成为全国"走转改"的第一篇报道,因而引起广泛关注。我又一次受到鼓舞,又"借题发挥"写了一篇"采访札记"。结果,其"副产品"《黎明村,有我的知音》也在头版与读者见面。编辑部对我的报道如此重视,完全出乎我的预料。

更出乎我预料的事还在后头。9月13日,中宣部等部门召开"走转改"座谈会。会上，只安排两个记者发言，我便是其中之一。我的发言，当场受到刘云山同志的表扬。《求是》杂志负责人当场拍板刊发我的发言稿。当年的记者节，中央电视台在《焦点访谈》节目中播出了对我的专访，北京电视台在记者节特别节目中邀请我做访谈嘉宾并在节目现场与黎明村连线，让我与黎明村的乡亲们对话。紧接着，中宣部、中国记协、全国"三教办"又将我列入巡回报告团，到北京、海南、广东、湖北等地演讲，与新闻工作者和高校师生座谈、交流。

黎明村成了我的福地，走基层成了我工作的亮点。继 2011 年的六访黎明村之后，我于 2012 年、2013 年、2014 年、2016 年完成了对黎明村的七访、八访、九访、十访，所写稿件均以较长篇幅在突出位置刊登。其中的"收官之作"《物换星移几度秋》，经新到任的总编辑杜飞进亲自审定、编发，在 2016 年 6 月 22 日的光明日报上占据了四分之三版的篇幅。

在此期间，还有一个"小插曲"：2013 年记者节期间，中国新闻出版报在对包括我在内的 10 位"走转改"优秀记者做出报道之后，又在当年 12 月专门召开座谈会，为 10 个记者颁发了"记者礼赞"铜雕。

我对黎明村的多次关注，不是蜻蜓点水，不是故弄玄虚，不是职场作秀，更没有想要为个人谋求什么，但还是引起广泛关注，我也因此有了许多喜出望外的收获。

获得这么多的荣誉、礼遇和奖项，是我没有想到的，也是我难以承受的。因为我深深知道，如果没有中央的提倡引导、没有报社领导的鼓励支持、没有多位编辑的修改加工、没有采访对象的密切配合，一切都无从谈起。如果没有报社领导的指示，我对黎明村的采访，可能到第五次就收官了。如果没有中央领导同志的鼓励和报社的支持，我也不可能再对黎明村进行七访、八访、九访。如果没有国家有关部门和读者的热切期待，我也不会在退休之前再对黎明村进行十访，在职业生涯结束时完成"收官之作"。我对黎明村的所有报道，都凝聚着集体的智慧，都有许多人的无私奉献，但荣誉却落到我一个人头上，这让我一直感到惶恐不安，也让我对所有提供帮助的人都一直心存感激。对我来说，我所做的一切，都是"无心插柳"。我所获得的一切，均是喜出望外。

春种一粒粟，秋成万颗子。回顾 30 多年的新闻工作经历，我想起了这句成语。付出就会有回报，这种回报虽然不会有像春种秋收那样，但洒下一分汗水，肯定会有一分收获。我们这个时代,是不会亏待任何一个有事业心、有责任感,想付出、能付出、真付出的人的。"晨兴理荒秽,戴月荷锄归",这样的工作状态,不是也很惬意的吗?

很惭愧,我吃新闻"这碗饭"30多年,没有写出过"惊天地、泣鬼神"、在全国引起轰动的大稿、好稿,而我所在的地区也缺少这样的题材,机遇也很少垂青我这样"没有眼色""反应迟钝",更不会"见风使舵"的普通记者,但我不抱怨、不气馁、不羡慕他人、不见异思迁、不好高骛远、不心理失衡,我一直做着自己认定的事业,从一些小稿写起,做一些不起眼的小事,现在,回头一看,我的收获也不比别人少。正是:"开春理常业,岁功聊可观"啊。

一篇孤立的报道,形不成阵势,其影响往往也很有限,甚至产生不了多大作用,但我这组持续近20年的系列报道,就形成了一定的声势,进而也产生了"规模效益",对推动环保事业、倡导环保理念,也发挥了一点作用。

几处早莺争暖树,谁家新燕啄春泥。几十年来,我珍惜美好的时光,就像一只衔泥做窝的春燕,一口一口地衔泥,一趟一趟地奔波,不知疲倦地劳作,居然在很多年以后也筑成了一个属于自己的巢穴。对此,我还是有一点欣慰的。而十访黎明村所采写稿件的结集出版,则是我又一个喜出望外的收获。

(原载 2018 年 6 月 30 日《黄河报》)

扶贫报道:贵深忌浅

一个时期以来,各类与扶贫有关的新闻报道多了起来,引起社会各界的广泛关注,也有力地配合了党和政府的工作,对推动扶贫工作产生了积极的作用。

2015 年,党中央、国务院对脱贫攻坚工作做出全面部署,要求全国各地贫困县在 2020 年全部脱贫摘帽,进而全面建成小康社会。这是一个伟大的壮举,也是世界瞩目的系统工程,自然也是各类新闻媒体关注的焦点,因为这个壮举本身就蕴藏着许多值得关注的新闻。正因为如此,全国多地的许多新闻媒体都为宣传、推动扶贫工作推出了许多新举措、新栏目,成百上千名新闻工作者为此走出场馆、奔向农村,进村入户,一批批来自基层、散发着泥土芳香的新闻稿件,像活蹦乱跳的鲜鱼呈现在人们的面前。其中,悬岩村儿童攀岩上学等一批有影响的报道,还对迅速改变贫困地区面貌和贫困人群命运起到了重要的推动作用。

几个月前,在中央有关部门的组织下,130名记者深入到全国22个省(区、市)110个贫困村驻村调研采访,在一个月的时间内,与当地干部群众一同生活、一起劳动、一起见证精准扶贫的历史进程,也推出一大批优秀的报道,受到社会各界的普遍称赞。

作为一名长期工作在贫困地区的老记者,我不仅一直关注扶贫工作,而且为此做了大量报道。仅2016年一年,我就采写了《沙边子村"龙头"龙治普的精准扶贫》《贫困村里谈脱贫》《"贫瘠土地上也可以产生富有的文学"》《闽宁对口扶贫结出丰硕成果》《宁夏生态移民:脱贫致富与生态修复的双赢》《治贫先治愚,扶贫先扶智》《文化可惠民,也可富民——宁夏文化扶贫工作侧记》《宁夏:把教育扶贫作为长远脱贫的根本之策》《宁夏西海固:走出一条"造血式"扶贫新路》《旱地洒下及时雨——宁夏宝丰集团捐资助学侧记》《宁夏固原:脱贫攻坚开新局》等一批反映扶贫的报道。一个记者在一年中采写并发出这么多与扶贫有关的报道,应该说不算少了,但现在回头审视这些报道,我发现其中虽然也有引导性的报道,但多数是工作性的,动态性的,只是客观地报道了扶贫的进展和举措,还缺少深度,缺少内涵,也谈不上有多少引导、警示、借鉴意义。扶贫工作,离不开媒体的配合,媒体的报道,也需要保持一定的声势和力度,但仅仅做到这些显然是不够的。

我们看到,过于浅显、过于简单、不具有指导性、警示性、借鉴性的,或者说价值不高的扶贫报道,在许多媒体上大量存在,而浮光掠影、蜻蜓点水、浅尝辄止地报道扶贫工作的记者也不在少数。

扶贫工作,不仅需要报道,还需要引导,而这种引导的使命,新闻工作者要主动、自觉地承担,更不能错误引导,让新闻报道在受众中产生错觉,并由此产生副作用。

中央提出要在2020年全面脱贫,有的地方好大喜功,提出本地区要提前一年全面脱贫。有的地方更是不甘落后,提出提前两年,甚至提前三年全面脱贫,但实际上并没有多少得力的措施,而有些记者不明就里,也没有深入调研,就以为抓住了"大新闻",盲目地为一些不切实际的口号、提法、目标推波助澜,使许多并没有脱贫的贫困户"被脱贫",不仅引起贫困群众的不满,也影响了脱贫工作。实践证明,在扶贫报道中,"大放卫星"的做法是不可取的,暗中较劲、盲目攀比、随意拔高、夸大扶贫效果也是不正确的。事实上,各地的基础条件有差别,脱贫的难度也有大小。先脱贫了,不一定就是工作都做好了,后脱贫的,也不见得就是工作上有很大差距。脱贫工作,不会一蹴而就,既要有紧迫感,又不能操之过急,更不能搞短期行为。对此,新闻工作者不仅要有清醒认识,而且要通过正确的引导,使全社会都有正确的认识,正确对待扶贫工作。

扶贫工作是复杂的。各地情况千差万别,贫困户贫困的程度、贫困的原因各不相同,扶贫的举措也应具有针对性。扶贫工作讲"精准",扶贫报道也要讲"精准"。我们要宣传那些行之有效的扶贫举措,宣传那些贴近实际的扶贫思路,宣传那些无私奉献的先进人物,宣传贫困户在脱贫之后的精神风貌,而不要把偶然当必然,把个别当一般,把局部当全局,把不可复制的扶贫举措当成包治百病的灵丹妙药。

如果留意一下,我们就会发现:现在的扶贫报道,几乎都是正面宣传,形式、内容也都很单一,并没有反映整个扶贫工作的全貌,受众对扶贫工作的关注程度也还不够高,有些地方还没有形成全社会关注扶贫、支持扶贫、自觉为扶贫献策出力的氛围。应该说,这种状况与我们的宣传不到位也有一定关系。

扶贫报道该不该反映问题、有针对性地批评?回答应该是肯定的。如果不能如实地反映问题、及时地纠正错误倾向、批评工作中的不当行为,扶贫工作就难以顺利进行、如期达到预定目标。有关悬崖村的报道,就是反映问题的,最终的结果也是很好的。试想一下,如果没有媒体的报道,悬崖村能引起那么广泛的关注吗?悬崖村的问题能在那么短的时间内妥善解决吗?我们可以肯定,类似现象、相同问题有很多,但都没有反映出来。老百姓的有些疾苦,贫困群众的一些呼声和愿望,还不为人们所知,也没有引起全社会的重视,新闻工作者有责任到基层倾听群众的愿望和呼声,反映基层的真实情况,报道扶贫的进展和问题,自觉为基层群众代言,为贫困人群排忧解难,而要做到这些,不深入基层、不与群众打成一片、推心置腹,是无法完成的。

中央提出要真扶贫、扶真贫,是有针对性的。应该肯定,全国各地都在真扶贫、扶真贫,扶贫的成效也是十分显著的。但也不可否认,假扶贫、扶假贫,在扶贫工作中玩花拳绣腿、摆花架子、耍小聪明的也大有人在,对此不旗帜鲜明地给予批评能行吗? 如果容忍这些现象存在,如果让假扶贫、扶假贫者占了便宜,那么真扶贫、扶真贫的人就会失望、泄气了。

就像对扶贫的举措、成效还不能做过高的估计一样,我们对一个时期的扶贫宣传工作,也不能盲目乐观。

扶贫宣传,亟须创新,亟须扩大报道面,亟须提高质量、提高关注度、提高社会影响力,这也是摆在新闻工作者面前的一个新课题。

(原载 2017 年《青年记者》杂志十月下旬刊)

不为奖项浪虚名
——由来自陌生人的褒奖引出的话题

一个陌生人列出的一份名单,让我诚惶诚恐,进而引发了我的一番思索,也让我对新闻工作有了一些新的感悟。

这份名单,源自清华大学新闻与传播学院学术委员会主任李彬教授为新华社原总编辑南振中《我怎样学习当记者》(增订本)出版所写的序言。他在序言中写道:

> 范敬宜在为《李庄文集》作序时提及现代中国新闻战线一代嵚崎卓荦的"英杰":王韬、梁启超、章太炎、邵飘萍、瞿秋白、张季鸾、邹韬奋、范长江、胡乔木、恽逸群、邓拓、吴冷西、乔冠华、刘白羽、华山、穆青、李庄……回望历史,这一英杰序列仍在延伸:郭超人、范敬宜、南振中、段连成、爱泼斯坦、齐越、郭梅尼、罗开富、艾丰、张严平、敬一丹、庄电一、吕岩松、王慧敏……也可谓风起云涌、灿若群星。如此一脉名记者,不仅构成了新中国新闻业的脊梁,而且也开启了新中国新闻学山高水长的学术源流。①

这个名单,将我与曾经仰望的名家列在一起,让我十分意外,也诚惶诚恐。而这个名单中,真正像我这样一直在一线当普通记者的很少。

我发现这篇文章很偶然。我与李彬教授互不相识,也没有任何联系。我不知道,他是从什么渠道知道我,又何以如此高看我的;因为我实在没有突出的业绩,

---

① 李彬:《学南振中,当好记者——读南振中〈我怎样学习当记者〉(增订本)》,《新闻记者》,2018年第 1 期。

甚至没有获过"长江韬奋奖"和"中国新闻奖",一般情况下,这也就不在那些关注"两奖"的同行们的视野之内。要论新闻工作业绩,就更不能让我与其他那十几位在新闻界如雷贯耳的人物相提并论,这真是"折煞我也"。时隔一年,当我联系到李彬教授并对此表示诧异时,他回答说:"您是《光明日报》的名记者,您的情况我也在关注,很是钦佩。我把你列入拙文的名记者系列,确实不是随意的,都是经过反复斟酌挑选的,如果说其中有什么标准,那就是习近平说的'政治坚定,业务精湛,作风优良,党和人民放心'。"

当然,这不是我第一次因被人"高看一眼"而诚惶诚恐。几年前,一位退休后在宁夏大学新闻专业兼课的老记者兴奋地告诉我:由中国人民大学教授蓝鸿文编写的高校教材《新闻采访学》中提到了我,对我的工作有专门的评价。这位老记者还热心地将有关论述复印下来送给了我,我这才知道此事。原来,这是蓝鸿文教授1999年在原书基础上新加的内容。据说,这本教材至少发行了35万册,为许多高等院校所采用。蓝鸿文教授在书中说:

> 写到这里,我们还有必要谈谈新闻敏感和地区的关系。50年代,新闻界曾有过一种"地区落后论"。所谓"地区落后论",是把写不出新闻归结为地区工作落后。应该承认,先进和落后是客观存在的,但并非先进地区就一定能多出新闻,落后地区就注定不出新闻,或者少出新闻。这是因为:第一,先进地区新闻多,如果记者缺乏新闻敏感,也会对新闻视而不见。让新闻在自己眼皮底下溜掉。第二,落后地区并非一切皆落后,落后地区也有先进因素,把先进因素发掘出来,不就是新闻吗?再说把"落后"研究透了,为什么落后,怎样改变落后,促进落后向先进转化,不也是一篇很好的文章吗?所以一个记者在一个地区,写多写少,客观环境是一定的原因,但关键在于主观原因,在于记者的新闻敏感,在于记者的新闻观念。改革开放以来,又有了东部地区和西部地区的概念。东部经济发达,被认为是新闻"富矿"区,西部经济相对滞后,被认为是新闻"贫矿"区。在这种情况下,怎样对待新闻"贫矿"区呢?是不是新闻"贫矿"区也注定掘不出"金子"来呢?光明日报驻宁夏记者庄电一的新闻实践回答了这个问题。1985年,光明日报在宁夏公开招聘一名驻站记者,庄电一在100多名应征者中最终被选中。到他1997年被评为全国百佳

新闻工作者时,几年间就写了1400多篇作品,平均三天多就有一篇稿件见报。他抓了许多具有全国意义、在全国产生影响的新闻,如《解脱大学校长》《迎来送往:基层难堪事》《该控制一下"行会""片会"了》《沙暴向人类发出警告:塞上明珠还能存在多久?》《春蚕到死丝方尽》《小省区也能干大事》等等。他写的许多新闻发在一版头条。有人难以相信,庄电一在新闻资源相对贫乏的宁夏,怎么能写出那么多有影响、受到好评的作品?庄电一的回答是:我要抓取别人不抓的、抓不透的、不敢抓的信息,就要在石头缝里"抠"新闻。研究庄电一抓新闻的经验,发现他是一位具有很强新闻敏感的记者。经过自己的努力,他已在宁夏这个新闻"贫矿"区掘出了"金子"。他的格言是:身在穷地方,要做"富"记者!庄电一的经验无论是对在新闻"贫矿"区工作的记者,还是对在新闻"富矿"区工作的记者,都是有启示的。①（蓝鸿文注:关于庄电一的基本材料,来源于《中国报刊月报》的报道和本人积累的材料。）

一位素未谋面的老教授,对我有如此了解,且做出如此具体的评价,完全出乎我的预料。同样的,我与这位在新闻教育界堪称泰斗级的教授也没有任何交集,他事先没有向我征集过资料,事后也没有与我打过招呼（当然,这也没有什么不妥）。最近,我在网上查到,老先生已在2011年10月12日辞世了,终年82岁。我想,如果他老人家再对这本教材进行修订、增补并且继续关注我的话,他是不会对我失望的,也许还会感到欣慰,也可能会在书中加进新的内容,因为在他推介我时我当记者才12年,业务上仍然很稚嫩,还处在"初级阶段",而在此后的近20年里我又有了新的探索和收获。

2010年,《今传媒》杂志在一篇文章中将我列入名记者、名编辑、名评论员的名单,并在《媒界人生》等栏目中对我做了推介。在此前后,他们曾多次向我约稿并多次刊发我的文章。

无独有偶。也是在2010年,《青年记者》杂志开设了《向老记者致敬》专栏,出人意料,这个与我素无联系,在全国颇有影响的杂志,居然热情向我约稿,请我谈谈工作感悟。此后他们又多次向我约稿,还在一篇针对我的评论中称我为"全国

---

①蓝鸿文:《新闻采访学》,中国人民大学出版社,1984年,1999年5月修订。

名记者"。

宁夏新闻教育事业的开拓者、宁夏大学教授王庆同一个人撰写的对我鼓励、提携的文章居然有 6 篇之多。称我"独具慧眼",说对我的研究"可做硕士、博士论文的科研课题"。

虽然得到了这些肯定和褒奖,但我并不以为自己跟李彬教授名单中提到的人就不存在差距了,也不认为自己的业绩已得到新闻界的公认了。

除了来自专家的鼓励之外,我在 30 多年的新闻工作中还收到了许多读者的来信、来电,也接到了许多报刊的约稿函。其中,有谈读后感的,有评价一篇报道的,也有评价我个人的探索的,还有一些报纸、杂志编辑在看了我的报道之后盛情向我约稿的。这里面,我更看重的是外地那些素无来往,也未曾谋面的人寄来的信件,因为他们几乎都是有感而发的,写信的目的很单纯,也不会掺杂任何东西。

西安交大一位退休教师在信中说:"我是《光明日报》的忠实读者。您在宁夏工作多年,声望卓著。您关于天牛灾害的系列报道,调查深入,分析透彻,深深地吸引了我。"

一位在省党校工作的读者在读了我的一篇文章后,专门给我写来长达 4 页的读后感:"读了您的文章,感受颇深。我虽然不认识您,但早知您的大名。"

福建省永定一中一位老师在信中说:"庄老师:未曾谋面,但你的文字我看了很多,您出文集的信息我也看到了,因为我是光明日报的老读者。"

一位在中国社科院攻读博士学位的宁夏籍学员,用毛笔小楷给我写信。他说:"这几年不光我注意您的文章,其他人也关注您的报道。上次与一位从日本留学归来的文学博士谈天,他竟叫出了您的名字,并言您善于思考社会问题,文小而力足。"

西藏党校一位年轻的藏族教师曾给我写来一封很长的信。他说:"我经常读您的文章。作为一名年轻的后生,我很佩服您、敬重您。您的文章我都认真读,我也从您的选题和写作上受到启发,找到许多闪光点,我发觉自己越来越多地从中受益。我注意您的文章已经许久了,每次看了您的文章,总有一种冲动,总想把想说的话都给您说一说……也许您不知道,您的很多文章曾被各类文摘报刊转载过,曾被中央和地方电台转播过,还有一些媒体步您后尘,在您的报道之后又去挖掘边角料。今天中午,中央广播电台的《午间半小时》播了一篇机关工作也要讲效益的文章,好像并没有说作者是谁,也没有指明来源。晚上,我翻阅刚到不久的《光明日报》,才发现他们广播的是您的文章,我不禁为您叫好,佩服之情油然而生……我相信您会写出更多更好的文章的。您应该知道,您的文章一出来,有一个家伙在这里都会极为认同、极为欣赏地读的。在这遥远的地方,还有一位您的忠实读者呢!"

"我每次看到你的作品,都是一口气读完,那简直是一种享受,是在接受一种特殊的教育。我可以毫不夸张地讲,我现在爱读《光明日报》,在很大成分上不是相中报纸的级别,而是想读到庄老师的大作。我为结识你这样的大名鼎鼎的老师感到荣幸。"这是湖北省丹江口市市委一位干部信中的话。他还说,你如果出了书,结了集什么的,我一定要买上几本,好好地拜读拜读、长长见识。他还在给我的另一封信中透露:在我们这里,一提到《光明日报》,就有人说有个叫庄电一的。凡见到你和梁衡的文章(自己写的和别人写你们的),我都剪辑在册,时常翻阅、学习、效仿。你们的文章太美了,有新意、有深度,可读性、启迪性特别强。

安徽大学一位研究生来信说:"您的文笔质朴、淳厚,您对信息的跟踪敏捷、锐利,我非常喜欢。"他在信中还引用了古诗"生不用封万户侯,但愿一识韩荆州",表示"但愿今后能相识"。他还说:"您在《光明日报》上发表的每篇文章,我都认真阅读了,每次阅读都能感受到您勤奋耕耘的精神和严谨踏实的作风。有这种感觉的,不仅是我一个人,还有我周围的其他同志。尽管您与我们相隔千里,但在我们心中,您却是我们尊敬的老师。"

我曾与甘肃省社科院一位老专家有过一面之缘,此后,便保持联系,直到他退休后还有通信。他在给我写来的第一封信中说:"银川一别,三月有余,其间读到您许多精彩报道和评论。希望您继续为知识分子工作、生活的问题奔走呼吁,我们将感激不尽!"一个多月后,他又在来信中说:"您的文章,文如其人,我印象极佳,颇有相见恨晚之感。作为一名记者,您已经尽到了自己的社会责任,社会各阶层都会感激您的。"此后,他相继发来了很多信件:"您在《光明日报》发表的文章,我都认真地拜读过,很有风骨,情真意切,不媚俗,不粉饰,针砭时弊,一针见血,确实触及到了弊端,这是最可宝贵的。因此,我读后都有些激动。""您的文章代表了您的性格,反映了您的世界观和人生追求,值得钦佩!当今之世,做一个正直的人是不容易的,您做到了。""经常读到您的文章和报道,很受启发和鼓舞,也敬佩您的敏锐和切中时弊的文笔,读起来感到很亲切。有空的话,请为我们撰稿。"此后,我真的给他寄去了稿件,他也都编发了。

甘肃省一所中专的副校长在来信中说:"您不认识我,我是您的一位读者。我们虽然未见过面,但通过《光明日报》,我似乎对您非常熟悉。给我印象最深的光明日报记者有两位:一位是驻外记者桑洪臣,一位是驻宁夏的您。我猜想您一定是一位精明能干、有正义感的记者,出于此因,我想请您帮我一把。隔省向您求援,可见我处境的艰难。我希望您能通过内参反映一下我的艰难处境。我不知道您的年龄,甚至性别,但我说不清我为什么这么信任您。"见信后,我给了他力所能及的帮助和安慰,他回信说:"感谢至诚、心情舒畅大半。"

一个记者,写出来的东西,不仅有人看,而且能让人留下点印象,甚至给予一些好评,那是一种难得的幸福。这就像一个农民生产的农副产品在市场上畅销一样,令人欣喜,这也就不枉此前付出的辛劳和汗水了。

当然,读者的来信和评价,都只能算一家之言,都会受到个人身份、知识、阅历、爱好的影响,也不是权威的定论,其中也许还会有偏颇。所以,对此只能姑且听之,不必太认真。如果不能正确对待读者的评价,真的对溢美之词"照单全收",沾沾自喜,陶醉其中,那就十分可笑、十分渺小了。

那么,对读者的关注和评价,是否应该毫不在意、毫不关注呢,对好评、差评都抱着无所谓的态度呢?这同样是不妥当的。如果一个记者在干了几年之后,仍然没有引起读者的关注,所写稿件都没有社会反响,本人也没有一点知名度,那对记者本人、对所在的媒体就都是可悲的,这个记者也就算白当了。

一个记者的知名度,在一定程度上是由他的工作业绩来决定的,也是他采写稿件质量的客观反映。一个长期采访一个地方或一个领域的记者,被所在地区、所报道领域的读者留意过,甚至记住了名字,应该是很自然的事,也不值得炫耀,因为读者一般都会关注本地区、本行业发生的事,那么,在关注这些事的同时,顺便关注一下写这些事的记者,也是顺理成章的。同样是关注和留意,读者对记者的评价是不一样的。当然,如果在自己这"一亩三分地"之外,被素不相识的人关注,甚至能得到一点好评,那就另当别论了。

没有获得新闻界瞩目的个人奖和作品奖,似乎并没有影响读者对我的关注,也没有影响有关部门、有关专家对我的评价。30 多年来,《人民日报》《光明日报》、中央电视台、《中国新闻出版报》《宁夏日报》等全国几十家报纸、杂志、电台、电视台和网站对我做过报道和评论，王晨、徐光春、杜飞进 3 位领导同志分别为我的书写过序。中国社科院学部委员、著名西夏学专家史金波也为我的新书《揭开神秘西夏的面纱》作序。

自 1992 年至 2016 年，光明日报社和宁夏有关部门先后 5 次为我举办新闻作品研讨会，好像我这样一个极为简单的人真的有那么多值得研讨、值得总结似的。

我想就此谈一点感想。

几乎所有人都看重奖励，也渴望获奖，对业内公认的奖项尤其看重。在新闻界，"长江韬奋奖""中国新闻奖"最令人瞩目，许多同行对此更是孜孜以求，有人甚至把获得这两个奖项作为自己奋斗的目标。但实际上，获奖的人数、获奖的作品都很有限，更多的新闻工作者、更多的新闻作品都与此无缘。

那么，没有获过这两个奖项的人，是否就不优秀、就不被人关注、就不能获得比获奖更值得重视的评价呢？社会和新闻界同行的评价，是否都以能否获得这两个奖项为依据呢？答案是否定的。

奖励，一般是一级组织对个人业绩及其成果的肯定和鼓励，一般都能给人带来荣誉感和自豪感，也很有证明力的说服力，绝大多数人都很看重，很少有人能超然物外，视而不见，毫不动心。但是，奖励只是肯定、鼓励的一种形式，不是唯一的形式，还有比颁发奖杯、证书、奖金更丰富多彩的肯定、鼓励方式，比如领导接见、作品研讨、巡回演讲、事迹报告、宣传报道、授予荣誉称号等。所以，即使没有拿到奖杯、证书、奖金，也不一定就一无是处，不值得肯定。有的人，一辈子不争名、不争利，几乎没有获过什么奖，但业绩却非常突出，为国家、为社会做出了重要贡献，也有良好的口碑，其高风亮节更是影响了很多人，这样的人难道不值得肯定吗？有些很了不起、很值得敬佩的人，在生病、去世、发生重大变故之后，才为人们所了解、才被媒体大力宣传，这样的事例不是有很多吗？

我看到，几乎所有奖励都是对某一个阶段、某一个侧面、某一方面业绩的肯定和鼓励，一般都预设了先决条件，划定了评选范围，也都带有一定局限性，有许多人因种种原因错过了机缘，失去了参评和获奖的机会，对此我们只能表示遗憾。再者，一个人往往很难长期保持最佳状态，在最佳状态错过了参评或得奖的机会，可能就永远错过了。

人外有人,天外有天。在我国几代优秀新闻工作者中,有资格获得"长江韬奋奖"、百佳新闻工作者、全国优秀新闻工作者称号却因种种原因失之交臂的都大有人在,我们不能认为他们就不如获奖者;在全国各类媒体发表的数以千万计的优秀作品中,有可能获得"中国新闻奖"或其他奖项但什么奖项也没有获得的作品,更是不计其数,我们不能因此就认为它们不是好作品。

评上了奖,固然令人欣喜,但不要认为自己和自己的作品就尽善尽美、无可挑剔了,自己就达到最高境界了;评不上奖,甚至没有机会评奖,不必抱怨、不必沮丧,也不要为此心理失衡,乃至愤愤不平。毕竟,获奖的只是少数,也都有各种机缘,获奖虽然能够说明一些问题,但不能说明所有问题,更不能证明一切、掩盖一切。人们说,金杯银杯,不如老百姓的口碑,口碑可以胜过金杯银杯。对于一个记者来说,写出的稿件能被读者关注,能够传递有价值的信息、能够给人以思考和启发、进而受到读者好评,就比个人、作品获奖更重要。

有一点名气,当然不是什么坏事;没有名气,也不必妄自菲薄,只要勤勤恳恳地努力、创造性地工作,就一定会得到社会承认。一个有理想、有信念、有操守的记者,绝不能让虚名蒙住双眼,为虚名而做"虚功",为争名夺利而消耗宝贵的精力和时光。

一名记者,偶尔听说有人知道自己,读过或称赞了自己文字,由此产生一点成就感,这是很自然的,但我们不但不应该忘记自己的不足,而且要清醒地看到,这是特殊的职业对新闻工作者的特殊馈赠,并不是自己有什么了不起,不能真的把自己当成人人都该仰视的"名人",更不能故步自封、裹足不前、忘乎所以。图虚名、争虚名、好虚名,都没有什么意义;舍本逐末、缘木求鱼、为虚名所累,也是不明智的,因为任何虚名,过了不多久就会淹没在历史的烟云中。在历史的长河里,多数人都是渺小的,这自然也包括自己在内;这就是我的职业感悟。

花开花落两由之。只要付出了,就会有回报。只要努力了,就不该有遗憾。种瓜得瓜,种豆得豆。有些东西是自然而然的,个人不必刻意去争。自己争来的东西,也就有水分了。

(原载 2018 年《博览群书》杂志第 7 期)

花落花开自有时

很少有不渴望获奖的。几乎所有奖项，都有一定的影响力、感召力、向心力，都会让人产生荣誉感、自豪感。在新闻界，"中国新闻奖"和"长江韬奋奖"是令人瞩目的两大奖项，是几乎所有新闻工作者都渴望获得的。

曾不止一次听到有人说，不想当元帅的士兵，不是好士兵；不想获得"中国新闻奖""长江韬奋奖"的记者，不是好记者。获得这两个大奖，是我最高的理想和追求！

把获得业内最高奖项作为自己的最高理想和追求目标，当然没有什么大错，但我却认为这有点本末倒置，人生的格局也太小了。

说起来，有人会有点意外，我在光明日报社当了 32 年记者，既没有获得"中国新闻奖"，也没有获得"长江韬奋奖"！这对我来说，不能不说是个遗憾，但我对此一直很坦然，也没有为此抱怨过，更没有因自己地处新闻资源相对较少的经济文化相对落后地区，长期被边缘化而感到不平。

与"中国新闻奖"和"长江韬奋奖"无缘，可能既有客观原因，又有主观原因。对我来说，客观原因是我所工作的地区缺少获得全国大奖的题材，能够"折桂"的同行也确实很少，其中有些奖也带有一定偶然性。主观原因可能有两个方面：一方面，我的业务能力、工作作风还有很多欠缺，另一方面，我从没有把获奖作为自己追求的目标，也从没有为获奖而写稿。

当然，不为获奖而写稿，也不会完全与获奖绝缘。早在 1997 年，也就是入行只有十一二年的时候，我就被评为"全国百佳新闻工作者"。在光明日报社，我是第二个获此荣誉的，而在记者队伍中又是第一个获此奖项的（第一位获奖者理论部主任，是以编辑身份参评的）。"百佳"也是中宣部委托全国记协组织的、可与"长江韬奋奖"相提并论的全国性评奖，在评选几届后才并入"长江韬奋奖"。评上"百佳"，也是相当不易的。评选揭晓后，包括《人民日报》在内的全国各大报刊都刊发了获奖者名单。我被评为"百佳"后，《人民日报》曾在两篇通讯中对我进行过报道，《中国记者》《新闻战线》杂志也都向我约稿并刊登了我的稿件。一时之间，我在界内也算是众人瞩目。

也许这是一朵在不该开时开的"花"吧,我获得"百佳"也让有的人心里不平衡,甚至引起个别人的嫉妒。有位部门负责人就公开说:"再有什么评奖,就不要推荐庄电一了,要让大家都有机会获奖。"果然,在此后的近20年中,我就再也没有获得报社推荐的机会。因为比我干得出色的人有很多,我对此一直坦然面对,也没有任何怨言。直到退休前一年,才推荐我参加"全国民族团结进步先进个人"的评选,但最终竟因我有站长职务而被临时撤换,改成他人。对得不得奖,我一直很淡然,既不攀比,又不计较。

30多年来,我一直采写自己感兴趣、自认为也具有社会意义的东西,尽管许多稿件曾经引起广泛关注,甚至得到过读者的好评,但这些稿件可能都缺少获奖,特别是获得全国大奖的要素,有的甚至不符合相关要求,对此,我并不感到遗憾,心里也没有不平衡。我甚至不关注评奖的事,也没有琢磨写什么、怎么写才能获奖。我一直坚持不写关系稿,不搞有偿新闻,不为获奖而写稿。

在我看来,奖励,一般是一级组织对个人业绩及其成果的肯定和鼓励,一般都具有证明力、说服力,也能给人带来荣誉感、成就感,所以绝大多数人都很看重。但是,奖励只是肯定、鼓励的一种形式,不是唯一的形式,还有比颁发奖杯、证书、奖金更重要、更丰富的肯定、鼓励方式,比如事迹报告会、学术研讨会、巡回演讲、授予荣誉称号、列作典型、集中宣传等。事实上,几乎所有奖励都是对某一个阶段、某一个侧面、某一方面业绩的肯定和鼓励,一般都预设了先决条件,划定了评选范围,也都带有一定的局限性。无论是过去还是现在,都有许多人因种种原因错过了机缘,失去了参评和获奖的机会,我们绝不能因为他们没有获奖而否定他们的业绩。

虽然没有获得业内瞩目的"大奖",但我的追求和探索却没有停止,我也同样得到了业界的持续关注。1992年、1996年、2003年、2006年、2016年,光明日报社、自治区党委宣传部、宁夏记协、宁夏新闻学会等部门先后5次为我举办新闻作品研讨会。也许,这5次作品研讨会可以在一个侧面说明:我至少还是一个在新闻业务上有追求、有探索且有一点写作风格的记者。

2014年,中宣部和全国记协在北京京西宾馆为从业30年的老新闻工作者颁发证书和纪念章,我作为全国仅有的几个外地代表应邀到会并登台领取这份不同寻常的荣誉证书,而这份殊荣并不是谁都可以轻易获得的,就连那么多"长江韬奋奖"获得者都与此无缘。所以,在我心中也有不小的分量。

对获不获奖,我们要有一颗平常心,不要把奖项看得过重,更不要完全以是否获奖来评价一个人。我们看到,有的人,几乎没有获过什么奖,但业绩突出、贡献很大,也有良好的口碑,其高风亮节甚至影响了很多人。这样的人,难道不也值得我们尊敬吗?

2018 年 9 月下旬,宁夏隆重庆祝自治区成立 60 周年。在此期间,自治区党委宣传部、组织部、文明办等 14 个部门为此联合评选出"自治区六十年感动宁夏人物",我是新闻出版界唯一的入选者。我虽然退休了,但宁夏人民还没有忘记我!在我退休之后,还能让我获得这么有分量的荣誉,着实令我感动。

花开花落自有时。只要付出了,就会有回报;只要努力了,就不要为收获少而抱怨。

能够获奖,当然令人欣喜;未能获奖,也不必羞愧。水到渠成、瓜熟蒂落,才是我们追求的最高境界和希望达到的最好结局。

(原载 2018 年《青年记者》杂志九月上旬刊)

新闻记者应成为反映现实的镜子

——以从业 30 多年的新闻实践为例

内容提要:传播信息、记录变迁、反映时代,固然是记者的责任,而守望公平正义、推动社会进步,更是记者义不容辞的使命!

如果一个记者只能一般性地记录、机械性地照抄、简单地模仿、人云亦云地起哄,只会歌功颂德,不能正视现实、不敢触及矛盾、不敢揭露真相、不敢分析问题、不敢批评监督,那就是缺少社会责任感的,也是不称职的,至少是浅薄的、片面的、有欠缺的。

有社会责任感的记者,既要报喜,又要报忧,有喜报喜,有忧报忧,既不虚报,又不掩饰;既不隐恶扬善,又不粉饰太平;既不大事化小,又不夸大其词。报喜,是为了喜上添喜;报忧,是为了彻底解忧。

记者的可贵之处在于：主动履行历史使命、承担社会责任，发现问题、提出问题、明晰正误、为解决问题"诊脉开方"、献计献策，不让错误再延续、不让谬误再流传、不让歪风再乱刮、不让灾情再蔓延、不让损失再扩大、不让邪气再肆虐、不让正气再憋气，不让小病成痼疾，这是人民的呼唤，也是时代的需要！

　　关键词：舆论监督；不管部部长；社会责任感；管闲事。

　　有一些国家设有"不管部长"。"不管部长"虽然不明确专门管理某些方面的事物，但却承担重要使命，常常接受委托处理某些特殊政务。在我国古代，很多朝代都设有"谏官"，大诗人杜甫就曾出任过"左拾遗"，其职责就是检查朝廷决策失误的，除了"拾遗"之外，担负同样使命的还有谏议大夫、补阙、正言、司谏之类的"谏官"。因为执政总会有失误，就是皇帝犯了错，也需要有人"犯颜直谏"。到了现代，我国虽然不再有谏官，也不设"不管部长"，但有一些职责不明的事务，还是需要有人来管。在一些部门或单位，秘书长或办公室主任就承担了一些职责不明、无人负责的工作，拾遗补缺，补台补位，因而常被人戏称为"不管部长"或"大管家"。但实际上，仅有机关、单位这些不挂名的"不管部长"和"大管家"是不够的。对于一个国家、一个地区和一个不断发展的社会来说，总会有这样或那样的问题需要解决，总会有这样或那样的失误需要纠正，总会有这样或那样的倾向需要注意，总会有这样或那样的政策需要调整，总会有这样或那样的正义需要伸张，总会有这样或那样的舆论需要引导，这就需要一些有社会责任感的人主动站出来，履行历史使命、承担社会责任，发现问题、提出问题、明晰正误、为解决问题"诊脉开方"、献计献策，不让错误再延续、不让谬误再流传、不让歪风再乱刮、不让灾情再蔓延、不让损失再扩大、不让邪气再肆虐、不让正气再憋气、不让小病成痼疾，这是人民的呼唤，也是时代的需要！在这种呼唤和需要面前，新闻工作者不应当置若罔闻、无动于衷，更不能束手无策、无所用心。

　　舆论监督，是社会和谐发展的有力保障，是一个文明社会所不可缺少的。新闻记者，在舆论监督方面负有特殊使命。如果一个记者只能一般性地记录、机械性地照抄、简单地模仿、浅薄地重复、人云亦云地起哄，只会歌功颂德、不能正视现实、不敢触及矛盾、不敢揭露真相、不敢分析问题、不敢批评监督，那就是缺少社会责任感，也是不称职的，至少是浅薄的、片面的、有欠缺的。

习近平总书记要求新闻舆论工作者要成为党的政策主张的传播者、时代风云的记录者、社会进步的推动者、公平正义的守望者，也就是对新闻工作者明确了四种角色定位，即传播、记录、推动、守望，这四个使命，一个都不能少，只承担其中一两个使命，就是不完整、不完善的，有欠缺的。在我看来，传播信息、记录变迁、反映时代，固然是记者的责任，而守望公平正义、推动社会进步，更是记者义不容辞的使命。

从业 30 多年，我不仅不遗余力地传播党的主张、配合政府的工作，记录社会的进步、时代的变迁，而且在纠正错误倾向、推动文明进步、伸张社会正义等方面也主动作为，自觉自愿地、无怨无悔地、乐此不疲地当起了"不管部长"，用民间的话说，就是管了许多不该我管、没人让我管、我也可以不管的"闲事"。我成了一个"爱管闲事"的人，不仅"管"了一些大事，而且"管"了许多小事，不仅"管"了许多"正事"，而且"管"了大量"闲事"，我不仅"管"我常驻地的"闲事"，而且"管"了外地的"闲事"。在一些人看来，我所"管"的事，都与我没有利益冲突，我没有必要自作多情、多此一举，甚至自寻烦恼、自找麻烦，许多事都可以不管、束之高阁、冷眼旁观。

一个有社会责任感的记者，要出以公心、敢作敢当，以天下为己任。那么，管大事、管正事、管闲事、管杂事，就成为他的责任和义务，即使为此付出沉重的代价，即使把自己搞得焦头烂额，甚至被推上被告席，也在所不惜。

一、在大是大非面前，记者不但要有鲜明的立场，而且要通过扎实的报道和富有说服力的文章施加积极影响

什么是大事？就是具有普遍性、全局性、倾向性，影响也非同一般的事。

对于一名长期工作在一个地方、不参与重大事务的记者来说，不一定能掌握国家大政方针，也不一定了解决策内情，所以能"插上嘴"的事务并不多，但这不等于记者在这方面就无所作为，可以当一个可有可无的旁观者。要发挥一点作用，要对文明进程施加一点影响，那就要细心观察、深入思考、准确判断、勇敢出击。

一个时期以来，各地为了招商引资、吸引人才竞相出台优惠政策，在出让土地、减免税收等方面相互攀比，甚至酿成一场没有硝烟的优惠政策大战。我注意到一些优惠政策中的问题,其中有的超越地方权限,有的损伤全局利益,有的是脱离实际乱开口子,有的是寅吃卯粮提前透支,有的甚至是以邻为壑挖人墙脚。如此滥订优惠政策,不仅会带来许多意想不到的问题,而且会给国家造成无法弥补的损失,甚至干扰国家的大政方针,破坏国家法规政策的权威性和严肃性。为此,我勇敢地站出来对此毫不隐讳地指出其中的问题,旗帜鲜明地发出呼吁,相继发表了《不能都伸手要"倾斜政策"》(载 1990 年 6 月 12 日《宁夏日报》头版)、《刹刹乱订优惠政策风》(载 1993 年 8 月 18 日《光明日报》)、《优惠政策大战可以休矣!》(载 1995 年 9 月 5 日《光明日报》)等旗帜鲜明的文章。此后,我又写出《清理优惠政策,维护全局利益》(载 1996 年 6 月 6 日《光明日报》四版头条)、《注意"只给政策不给钱"的背后》(载 1998 年 6 月 29 日《光明日报》),以进一步表明观点。而这组文章的锋芒所指都是"有来头"的,因为许多"优惠政策"都是相当一级政府做出的,如果没有足够的勇气和充分的证据是不能触及的。这些稿件在《光明日报》上公开发表,都引起广泛关注。关于优惠政策的问题,我不仅开了"第一腔",而且连续开了许多"腔"。在我"开腔"之前和之后,我还没有见到有人为此"开腔"。

应该说,对制订这些优惠政策的、执行这些优惠政策的"指手画脚""说三道四",是需要一定的胆量和勇气的。

说自己有一点胆量,并不是说自己就是个"愣头青",对任何事都敢说敢管,因为没有谁授予我"上方宝剑",我也没有火眼金睛,捅出乱子来也没有人顶,还得"自己吃不了兜着走"。所以,采写这类稿件,我从来没有意气用事、率性而为,因为我知道,如果在这方面出现纰漏,不仅自己会受处分、丢饭碗,而且会连累所在单位及领导和同事。所以,每次面对这类题材,我都是思虑再三,对报道发表后可能引起的后果,我在事先都会做出分析,从不信笔由缰、乱捅一气、不计后果。

我小试牛刀是在 1986 年。那时,我当记者仅有一年多时间,颇有点"初生牛犊不怕虎"的架势。那次,我是到宁夏中部的同心县采访,住到了县委招待所。第二天早上,招待所服务员突然向我下逐客令,要求我和其他旅客全都搬走,说有位"大人物"中午要来这里休息。我当时感到诧异:我住的只是 5 元钱的普通房间,"大人物"要来,自然有高档房间,何以要驱赶所有宾客?经过交涉,服务员向上面请示后让我先腾退房间,等大人物一行离开后,到了晚上再入住。中午吃饭时,"大人物"一行从高档餐厅走出,我看见里面有认识的人,便过去了解情况。原来,这位"大人物"从北京出来时只带了一名秘书,经过层层陪同,到了同心县已经滚成了大"雪球",共计出动了 6 辆汽车,陪同人数也增加到了 26 人!我马上意识到,层层陪同,已经成为一个不可忽略的问题!那么,这个事,我能不能披露、可不可批评呢?毕竟,这事涉及"大人物",虽然此事不能由他负责,但如果是他或其他机构怪罪下来,我可就有大麻烦了。再说,就算我写出来,报社敢不敢登,还是个问题。虽然如此,一种责任感驱使我还是动了笔。当我把新闻特写《这样"滚雪球"怎么得了!?》交给时任记者站站长审阅时,老站长给我浇了一盆凉水:"你写这个干什么?报上怎么会登这样的东西?"不过,他并没有一枪"毙"了它,而是"宽松"放行:"你既然写了,就寄回去吧,在后面做个说明,给编辑部参考一下也好嘛。"让我们俩都没想到的是,此稿寄回去仅仅几天就在头版见报了,立即引起广泛关注,报社还收到了几封读者来信。

这样带有锋芒的稿件,也能在头版刊登出来!我很惊讶,也很振奋:编辑部的胆识和勇气,也让我钦佩。这对我也是个鼓舞,自此以后,我揭露某种问题、批评某种现象、纠正某种倾向的稿件就渐渐多了起来。

仿佛是在自觉不自觉之中,我默默地当起了"不管部长"。

领导人的讲话稿该由谁写?这是个严肃的问题,也是个敏感的问题,更不是随意就能触及的问题,所以一直没有人涉及,但这又是必须面对、需要正确处理的问题。在一次会议上,某厅一位普通干事坐在会场的后排,得意地向我炫耀他为某省级领导写讲话稿的事,我就此展开采访并写出了《领导人的讲话稿该由谁写?》一稿(载 1994 年 11 月 14 日《光明日报》)。10 年之后,我对这一现象又做了进一步剖析,发表了《这些讲话稿怎么有点八股味儿?》(载 2004 年 9 月 4 日《光明日报》,见报时题目改为《不该有八股味》)。在关注讲话稿的同时,我又发现了配秘书中的问题:在一些地方,省、市级领导配秘书自不在话下,县委书记、县长也都无一例外地配有秘书,就是副书记、副县长也都有秘书,有个县级市的市长助理居然也有专职秘书!如此不按规定配秘书,除了助长官僚主义还能有什么?于是,我就此现象写了一篇述评:《副县长也需要配秘书?》(载 2000 年《中国国情国力》杂志第十二期),这是新闻界首次对这种现象提出质疑,而在此之前或之后,还没有看到有人就此发声。

20 世纪 80 年代以来,轮流做东的会很盛行,简直是名目繁多,层出不穷,遍地开花。区域性、行业性的会议尤其多,随便找一个名义,就能拉出一个"会议圈"。其中有些会越开越走样,越开越离谱,越开"私货"越多,甚至演变成了公款消费、公款旅游的"竞技场"——看谁安排得最好、看谁最让与会者满意。了解了内幕之后,我毫不顾忌地揭露了其中的猫腻:"办会者千方百计,煞费苦心;赴会者千里迢迢,不辞劳苦。各种名目的协作会、交流会、联营会、研究会、讨论会、工作会、年会多得令人眼花缭乱",这是我在述评《该控制一下"行会""片会"了》中所加的引题。这篇内容扎实的报道,刊登在 1996 年 9 月 8 日《光明日报》头版头条,自然引起广泛关注。不久,国务院就此发出通知,禁止在 12 个风景名胜区开会。然而,名为开会、实为公费旅游的"会议"并没有因此完全刹住。1999 年 9 月 22 日,我在《中国青年报》的名牌栏目《求实篇》上又发了一篇评论:《轮流坐庄到几时?》。2004 年 11 月 9 日,《光明日报》头版又发表了我采写的《轮流做东的"片会"可以休矣!》,同时还配发了我写的"编者按"。一个多月后,我又在《宁夏日报》上发表述评《轮流坐庄岂能无止无休?》。所有这些努力,只有一个目的:还会议本来面目,刹住不正之风。就"会议问题",我还发表了许多报道和言论,如:《莫往会议里"注水"》《会议,都"货真价实"吗?》《挤干会议中的水分》《谁来审计监督会议?》《会议开支有谱没谱?》《也该关注一下会议质量问题》《莫让手机、传呼机成为扰乱会场的罪魁祸首!》《呼唤"会场文明"》等。

在关注会风的同时,我还关注了接待中的问题。

有一次,我在基层采访时听到一位副县长与一位省级机关干部的对话。那位副县长发牢骚:每天都忙接待,连与家人在一起吃饭的机会都很少。记者的敏感驱使我加入他们的对话,让我了解到许多有价值的素材。很快,述评《迎来送往:基层难堪事》,便在 1994 年 11 月 25 日的《光明日报》头版刊登出来,中央电台、中央电视台和一些文摘报也做了转播、转载,激起较大的社会反响。

1995 年 7 月,全国政协群众文化调研组自青海、甘肃来到宁夏,在即将离开时召开了座谈会,我接到通知欣然前往,听取调研的反馈意见,因为基层文化是我一直关心的。在座谈会上,我除了听到他们在基层调研的情况,还听到了梁从诫委员对接待的意见和建议。我当即记下了他的发言并据此写出一篇"现场新闻":《西北这么穷,为什么还要铺张?》。为了客观、公正地反映问题、避免误解,我在后面特意加了一段"记者附言",提出了具有超前性的建议。特写和"记者附言"在

1995 年 7 月 9 日《光明日报》头版刊发,立即在全国激起强烈反响,中央电台、中央电视台当天转播,全国有上百家报刊转载,其中,中央电视台在早、中、晚的新闻节目中连播三次。最后,惊动了全国政协主席。当然,我也为此承受了不小的精神压力,宁夏有关负责人甚至要联合青海、甘肃一起告我的状,有人甚至扬言要把我往死里整。但他们没把我"整死",我却"蹬鼻子上脸"了——继续抓住这个现象不放,陆续发出《迎来送往莫要庸俗化》《地界迎送何时了?》《迎送何必到边界?》等报道和评论。

公路设卡收费,涉及许多方面,情况比较复杂,也是个全社会关注的问题,其中,许多设卡收费者"来头"不小,"贷款修路、收费还贷"的理由似乎也很充分,但一些地方乱设收费站,二十公里一站,三十公里一卡,收费站过多过密,已到了无所顾忌、令人咋舌的程度。公路收费,正变成一些地方、一些部门的"摇钱树",许多地区、许多人从中谋取了不正当利益,而他们贷了多少款、收了多少钱、还了多少债、何时能还清,都是不可告人的"高度机密",其中有许多猫腻。能不能揭露其中的问题,进而治理这个乱象? 1996 年 8 月 23 日,我在《光明日报》四版头条发出长篇报道:《公路治乱需换个思路》。我旗帜鲜明地质疑:公路收费,都是天经地义的吗? 1997 年 8 月 5 日,《中国改革报》又在头版头条刊登了我的报道:《"买路钱"何时不乱收?》。我在报道中提出:"要努力探索更好的公路建设投资体制,不要总盯在'收费还贷'上。""要对公路收费站全面清理、审核,该取缔的取缔,该保留的规范管理。"此后,我欣喜地看到,我所提建议逐步得到了落实。2011 年 2 月 16 日,我又在《光明日报》上发表评论《公益性的公路岂能变成"摇钱树"?》。

规模宏大的宁东能源化工基地,寄托着宁夏人民再造一个"经济宁夏"的理想。几乎所有官员、所有媒体对它都没有说过一个"不"字。能不能发现宁东的问题,敢不敢正视、要不要揭露其中的问题,这对记者是个考验。2011 年,我看到那里的工业垃圾堆积如山,却未能引起足够重视,更谈不上规范处理,便毫不犹豫地做出了公开报道《宁东,莫让工业废弃物绊住脚步!》(载 2011 年 7 月 20 日《光明日报》)。几个月后,我又据此写成大会发言并在政协大会上宣读,引起自治区高层和全体政协委员的极大关注。一位市政协主席当场向我竖起大拇指:"你胆子真大,敢说别人不敢说的话!"随后,我又根据自治区政协提案委员会主任的建议,将它改成政协提案。这个提案很快就被列为重点督办提案,由自治区九届政协主席项宗西亲自督办,取得了非常好的督办效果,投资 8 亿多元、科学规范的垃圾场也很快交付使用。第二年,我又做出分析性的报道《治理工业垃圾,难在哪里?》(载 2012 年 5 月 2 日《光明日报》五版头条)。2013 年,我在宁东又发现一个怪现象:在那里布点的好几家大型电厂,守着储量丰富的煤田,却远距离从数百里之外运煤,而在宁东开采的煤炭却源源不断地运往外地。此举不仅造成许多损耗、浪费、增加发电成本,甚至让在宁东布点建电厂失去意义。我又"勇敢"地"开炮"了,当了一回说出"皇帝新装"真相的"小孩":《宁夏宁东:缘何守着煤田用外媒?》。在几个月后召开的自治区政协大会上,我"如法炮制",再次据此写成政协大会发言材料,也再次被政协选中,成为那次大会上最受瞩目的发言。我触及了矛盾、揭了相关单位的老底,阻止了这种不正常的现象,但并没因此引火上身,相反,倒赢得了敢讲真话的名声。

以上所举事例,不可谓不大,弄不好都会惹祸上身。那么大的问题,似乎也不是我这个驻地记者能随意置喙的,但我还是勇敢地"开了腔"、插了嘴,"哇啦哇啦"、痛快淋漓地发了一番议论。结果,也没有人把我置于死地,我也没有因此身败名裂。正因为如此,我的胆子也越来越大,关注的事务也越来越多,"管闲事"也越来越"上瘾"了。

这些事例说明,记者可以干预大事,也可以在许多重要事务、重大项目中发挥作用,而这种作用往往是其他人发挥不了的。

二、记者要勇于担当,在各个方面大显身手,尽己所能扶危济困、匡扶正义

新闻工作者,都负有特殊使命。新闻记者,不仅要记录时代、传播信息、为受众提供全方位的服务,而且要仗义执言、针砭时弊、为民立命、扶危济困、伸张正义,这非但不是记者的"副业",而且应该成为记者念念不忘、不能怠慢、不懈追求的"主业"。

先说扶危济困。在这方面,记者可以大有作为,我也有许多成功的尝试。

20 世纪八九十年代,宁夏南部山区的基础教育条件还很差。海原县回族女代课教师陈富莲在村里教学点坍塌、无人授课的情况下,腾出自家半间房坚持办学 10 年,她将每月二三十元的工资几乎全部补贴给了学生,而自己却过着极为贫寒的生活。就在她难以为继的时候,我前去采访并在《光明日报》头版头条配发图

片,发出长篇通讯《没有苗圃的园丁》,引来全国数年数万元的捐款及捐物,教育厅随即在那里兴建了 18 间新校舍,陈富莲及其学生的命运就此发生根本改变,陈富莲还当上了县政协委员。两年以后,我又在《光明日报》头版头条发出后续报道《春风吹绿了苗圃》,光明日报社有关部门随即动员全社职工为这所小学捐书、捐款、捐学习用品,进而在这所山区小学创办了"光明书屋"。此后,陈富莲到银川做手术,我又从多方面给予了帮助。这里,还需要说明一下,陈富莲的处境,并不是她向我反映的,我此前也与她没有任何瓜葛,我对她的采访和关照完全是我的主动行为,未受任何人的指使。

2000 年 8 月,海原县曹修、曹齐、曹治三胞胎兄弟分别考上重点大学却因贫困而难以就学,我在《光明日报》头版发出长篇报道《曹氏兄弟的大学梦能圆吗?》(编辑部同时配发三胞胎的合影和短评《请伸出援助之手》),不仅引来全国各地的捐款,而且引起各界对贫困生的关注。《光明日报》在此后十几天里推出了 10 组、总计达二三十篇的系列报道,推动了一系列扶助措施的出台。此后,我又在当地报刊发出综合性报道《三胞胎兄弟的艰难求学路》《贫困岂能困住奋飞的翅膀》,以求为贫困生赢得更多的关爱。

我是最早关注贫困生的记者之一。早在 1993 年 12 月 28 日,我就在《光明日报》二版头条发出题为《为贫困学生开通求学成才之路》的报道,反映了贫困生考上学而上不起学的问题,当即被《报刊文摘》在头版转载,引来了安徽省一位好心人的捐助。此后,我又发出《扶贫济困:请到大学》《特困生问题困扰宁夏农学院》《捐资助学应兼顾老少边穷各类地区》《固原师专 70% 的学生是贫困生》(内参)等多篇报道,其中,《农家子弟求学:一个沉重的话题》(1995 年 2 月 24 日《宁夏日报》),还引来银川五宝床垫厂的捐助活动,我不仅应邀参加了相关活动,而且做了后续报道。针对贫困生的地域特点,我呼吁:《高校收费应充分考虑生源的区域因素》(载 2001 年《光明日报》内参、2001 年 6 月 22 日《宁夏日报·西部周末》、2001年 7 月 25 日《中国青年报》八版头条),反映了西部贫困考生及其家长的心声,得到许多读者的赞同。

此后,我对贫困生的问题继续给予关注,对社会各界的资助也给予了及时的报道和热心的鼓励,以此营造一种和谐美好的氛围。《陈逢干助学"一诺千金"》《旱地洒下及时雨》《绵绵春雨润禾苗》等稿件就是在此信念驱使下采写的。

再说伸张正义。路见不平,拔刀相助,为人民伸张正义,是记者的一个重要使命,也是人民群众对新闻媒体的殷切希望。

有很长一段时间,到记者站来上访的人特别多,有人甚至一次又一次前来,有个人找我竟有二三十次之多,且每次停留的时间都不短。我从没有怠慢过每一个来访者,对每一个人都热情接待、耐心倾听,从没有表现出不耐烦,也没有草草应付了事,更没有让人觉得我心不在焉,我总是力所能及地对所有人给予帮助。有些事根本不能报道,但我也没有一推了之,总是通过各种途径对他们给予力所能及的帮助。有一天深夜,同心县有人打电话向我陈述刚刚发生的冤情,一打就是一个多小时,结果我拿话机的胳膊都酸痛得伸不直了,但我还是没有打断他。有一次,我接到南部山区海原县一个指名道姓要找我的电话,当问他是如何找到我时,他说,因为你的胆子特别大,别人不敢写的你都敢写,他的冤案只有我能帮他纠正。对此,我没法跟他解释,也无法述说苦衷,只能报以苦笑。

上访的群众纷纷来找我,是有缘由的。一是出于对中央媒体记者的信任,二是因为我确实帮助过一些人,也曾经替一些人伸张了正义,帮助他们扭转了局面。

1996 年,青铜峡市某中学校长为阻止村民在学校渔池取土修路,被人从背后猛推一把,致使两根手指被手扶拖拉机皮带轮绞断。案件发生后,迟迟未做处理,也没有哪个领导到医院看望这位校长,给予必要的慰藉,连这位校长的医疗费还是向学校打借条借的,与此构成极大反差的是,许多官员却热情地为因此被抓了几天的村干部接风洗尘。在我去采访之前,当地电视台记者已有很充分的采访,但他们写好的稿件、拍好的图像却被压了下来,这更激起教师们的愤怒。我顶着压力、面对威胁,深入采访,据实写出报道:《是谁伸出罪恶之手?》(载 1996 年 11 月 19 日《光明日报》二版头条)和《一起事关尊师重教的案件》(载 12 月 3 日《宁夏日报》二版头条)。为了推动案件的公正处理,我又进行跟踪报道,相继发出了《×××校长伤残案引起社会关注》《×××伤残案结果耐人寻味》《×××校长伤残案有了结果》,终于让教师们长出了一口气。

1997 年,青铜峡市一名高二女生放学后乘坐一辆个体运输面包车回家,在穿越地方铁路专用线大古铁路路口时与一辆运煤货车相撞,驾驶员、售票员(系亲姐弟)和这名女生当场身亡,小客车也彻底报废。然而,大半年过去了,没有处理结果,这个女生的遗体在殡仪馆一冻就是七八个月,女生的父亲为此数十次到当地政府和自治区有关部门上访,均无结果。我接到上访立即前去采访并写出了引起广泛共鸣的报道《无辜者的灵魂何时能安息?》,引起有关部门的重视。此后,我应邀参加了在青铜峡市召开的协商会并谈了个人意见。很快这个久拖不决的案件有了处理结果,这个女生的遗体终于火化了,她的家也得到了应有的赔偿。我又做出后续报道:《无辜者的灵魂终于可以安息了》(载1998年6月12日《宁夏日报》)。

还是在青铜峡市,第二中学一名初三男生遭到该校一名教师的殴打。不久,这个学生发现自己的左眼看不见东西了,当地司法机关就此立案,这个教师被关押了221天,但一审法院却以证据不足为由判这个教师无罪,市检察院为此提起抗诉。学生左眼失明,到底是病理性的,还是外伤性的? 这成了定案的关键。因为案件二审延宕时间较长,这个男生在父亲的陪同下找到记者站,希望我通过报道使案件得以公正处理。为此,我在深入采访的基础上做出报道:《老师打后,他的左眼失明了》(载1999年5月21日《宁夏日报》,原稿标题为《他的左眼究竟是怎样失明的?》)。稿件登出来后,这个教师带着妻子到我办公室纠缠了几个小时,声言要到中宣部告我、到法院起诉我。他们对报道内容基本不持异议,却认为报道标题将产生误导,影响终审判决,这也是他们上门找我的主要原因,我耐心地做了解释,但对方非但不接受,反而来威胁我。我没有屈服压力,继续关注案件。2000年年初,陕西省高级法院法医和陕西省人民医院医生做出了相同的鉴定:此学生左眼失明为外伤性的。吴忠市中级法院据此做出了二审判决,我又做出后续报道:《一波三折的案件终于有了结果:殴打学生的老师被判有罪》。为了让教育界认真吸取教训,加强师德教育,不再发生殴打学生事件,我又做出深入报道:《老师,收回你挥向学生的手!》,这才是我最为关注的问题,也是我最想表达的观点。

盐池县品学兼优的女生黄靓在高考结束后、正式录取前到本厂医院做阑尾炎手术,却再也没有走出医院,但一个不规范、不权威的医疗鉴定却横在面前,使案件迟迟得不到公正处理。我专门前往盐池县法院旁听审理,写出长篇报道《长征:突破医疗鉴定》(载1998年9月18日《南方周末》),主持了公道,促进了案件的公正办理。

吴忠市棉织厂因为盲目引进一套外国落后的设备而陷入困境,教训很深刻,我抓住这个典型事件不放,相继发表了《吴忠市棉织厂被逼上绝路》(载1993年1月11日《光明日报》四版头条)、《一个企业兼并的教训》(载1993年1月27日《光明日报》)、《盲目引进的阴影未消——再访吴忠市棉织厂》(载 1994 年 4 月 5 日《光明日报》)。棉织厂倒闭后,我又采写了《吴忠市棉织厂是如何跨的?》(载 1998 年 9 月 3 日《宁夏日报》)。

某县发生贿选事件,我及时披露并分析了民主选举面临的新情况,写出思辨性的报道《投票,还能从容不迫吗?》,这篇报道,也在全国较早地揭露了选举中的腐败问题。2003 年,石嘴山市一位经民主选举而就任的居委会主任被街道办主任撤职,但很多人并不知道这是违法行为,因为居委会是居民自治组织,居委会干部的任免也必须经辖区居民决定。我接到线索后,写出四五千字的长篇报道:《能这样撤我的居委会主任职务吗?》,在全国性和地方性报刊上相继刊登,引起宁夏乃至全国各地基层组织的密切关注,提高了人们的民主意识。

我还注意为群众排忧解难。有一次,我驱车沿 109 国道到银北地区采访,在平罗县境内见到路边堆满了待售的大白菜,虽然价格低廉,但仍然卖不出去。一回到银川,我就直奔宁夏电视台,请新闻部负责人派记者去采访,电视台记者当天下午就前去采访并做出及时报道。而我除了在《光明日报》上发出《宁夏平罗县出现卖大白菜难》(载 1995 年 11 月 19 日《光明日报》)的报道外,还在宁夏广播电台和当地报纸上呼吁《谁来买平罗县的大白菜?》,为愁眉不展的菜农助了一臂之力。2018 年年初,我到固原地区专程采访退耕还林工程,听到西吉县一些农民家里有大量马铃薯堆在菜窖里卖不出去,就以《西吉县农户为马铃薯难卖而愁眉不展》为题在光明网上反映了马铃薯卖难的状况,不仅被相关媒体转发,还引起有关部门的积极响应。

有了这些有影响的报道,来找我的人明显增多,但我没有把这些当作额外负担,更没有一避了之。在为群众伸张正义方面,我力所能及地做了一些工作,也赢得了群众对党报和党报记者的信任。

具体帮助需要帮助的人、力所能及地做一些有益的工作,固然是一个有责任感的记者应尽的义务,而更重要的还是通过新闻报道为政府分忧、为百姓解难,甚至以此影响政府决策、减轻群众负担、减少工作失误,让社会朝着更和谐、更美好、更健康的方向发展。

退耕还林,是 21 世纪开始时国家在西部 12 个省区推行的生态工程。因为有钱、粮补贴,宁夏退耕还林的贫困户衣食无忧。那么,在工程完工、补贴停止之后会出现什么情况？会不会重蹈历史覆辙？(20世纪80年代,联合国粮农组织曾在宁夏南部山区西吉县搞过类似的退耕还林,但因为没有培育后续产业,没过多久农民就又毁林复耕了,退耕还林也因此宣告失败)这是宁夏乃至其他省区普遍担心的问题,也是退耕还林的贫困户最忧心的事。所以,我在退耕还林工程再有两年就到期的关键时刻专程到山区采访,写出了长篇报道《退耕还林:补贴到期之后怎么办?》(载2006年1月7日《光明日报》半版)和《"2605"项目的悲剧会重演吗?》(与宁夏日报记者王霞合作,载2006年1月11日《宁夏日报》头版头条),国家发改委、国家林业局对此十分重视,相继派员到宁夏调研。国家林业局副局长李育材在宁夏调研时兴奋地说:"我在宁夏取到了真经!"随后,国家林业局就此向国务院提交报告,国务院也很快做出批复,将退耕还林政策再延续一个周期。此后,国家又实施了新一轮退耕还林工程。

　　宁夏引黄灌区深得灌溉之利,但水价一直在低位运行,水利部门难以为继。了解到这个情况,我直言不讳地发出呼吁:《入不敷出的水价该动一动了!》(载1998年10月7日《光明日报》四版头条)。此外,我还写出分析性报道:《水价,一个敏感的话题》(载1999年1月15日《光明日报》)。我的呼吁得到了回应,自治区第二年就调整了灌区水价,我为此又做出后续报道:《宁夏灌区水价终于调整了!》(载2000年3月31日《光明日报》四版头条)。宁夏引水工程年久失修、构成安全隐患,我也及时向政府和社会发出了警报:《引黄工程"带病服役"令人忧》(载1998年9月14日《光明日报》四版头条)。20世纪90年代,国家在陕甘宁毗邻地区兴建了"陕甘宁盐环定扬黄工程",但由于下游工程不配套,致使工程未能发挥应有效益、引水成本也随之加大。为了扭转这种局面,我除了发内参外,还在报纸上呼吁:《"大马拉小车"问题该解决了》(载1999年4月13日《光明日报》三版头条)、《"大马拉小车"问题不能再拖下去了》(载1999年6月22日《农民日报》)。现在,"大马拉小车"的问题已经解决。在宁夏引黄灌区,长期存在大水漫灌、纵水入沟的现象,为了改变这种状况,我做出了不懈的努力。一方面,我对这种现象给予批评;一方面,我对节水措施的推广、农民用水观念的改变,都给予了肯定和引导:《发展节水农业迫在眉睫》(载1997年4月23日《光明日报》四版头条)、《旱地集水微灌创奇迹》(载1997年1月7日《黄河报》)《敢叫秋雨润春苗》《宁夏今年少引黄河水4.5亿立方米》《水稻节水增效大有可为》(载2000年9月5

日《光明日报》)、《引黄灌区节水还有没有潜力?》(载 2001 年 7 月 27 日《宁夏日报》)、《宁夏灌区农民用水变"吝啬"了!》(载 2001 年 11 月 7 日《光明日报》四版头条)、《宁夏农业灌溉正告别"大锅水"》(载 2002 年 2 月 27 日四版头条)。

因为生活在黄河边,所以我对母亲河格外关注,先后多次为母亲河代言:《治理黄河水质污染刻不容缓》(载 1993 年 7 月 15 日《光明日报》)、《黄河再也经不起如此污染了!》(载 2002 年 1 月 18 日《光明日报》四版头条)、《母亲河面临断乳危机》(载 2003 年 4 月 8 日《光明日报》)、《造纸企业成为黄河宁夏段污染大户》(载 2003 年 6 月 21 日《光明日报》)等。近年来,黄河水质大为改善,我也做了及时报道。

环境保护和生态建设,更是我非常关注的领域,采写的稿件尤其多:《沙尘暴向人类发出警告:塞上明珠还能存在多久?》(载 1993 年 8 月 3 日《中国减灾报》)、《乱挖甘草事件》(载 1993 年 6 月 21 日《光明日报》头版头条)、《"挖"来的灾难》(载《中国减灾报》)、《滥挖甘草为何屡禁不止?》《宁夏:人挖走了水土》(载《光明日报》)、《请记住沙尘暴的警告》(载 1995 年 7 月 1 日《光明日报》四版头条)、《沙尘暴又扰宁夏》(载 1998 年 4 月 1 日《光明日报》四版头条)、《甘草濒危,沙暴频来》(载 1998 年 4 月 24 日《光明日报》头版头条)、《甘草,不能再挖了》(载 2000 年 7 月 27 日《光明日报》)、《宁夏生态环境形势依然严峻,加快治理是当务之急》(内参,1999 年)、《饱受摧残的草原何日能休养生息?》(1999 年)、《盐池人,这种旧习俗就不能改改?》(2000 年载《光明日报》)、《滥挖甘草,天怒人怨何时休?》(载 2001 年《中国环境报》)、《别再摧毁脆弱的草原了!——来自宁夏盐池县风沙线上的报告》(载 2001 年 3 月 28 日《光明日报》四版头条)、《沙尘暴告诉我们什么?》(载 2002 年 4 月 11 日《光明日报·光明论坛》专栏)、《土炼油危害无穷,彻底禁绝刻不容缓》(载 1993 年 10 月 27 日《宁夏日报》)、《取缔土炼油,何成割韭菜?》(载 2001 年 5 月 10 日《光明日报》四版头条)、《偷偷排污:"老鼠戏猫"的游戏》(载 2005 年 5 月 25 日《光明日报》四版头条)。

看到生态环境遭受破坏,我就像自己的家园被毁坏一样痛心。针对过度放牧和无节制养羊对生态的破坏,我写了许多报道,其中就有提示性、引导性的报道:《"计划养羊":迫在眉睫》(载 2000 年 6 月 16 日《宁夏日报》)、《宁夏放牧业成为夕阳产业》(载 2000 年 5 月 12 日《光明日报》B 版头条),为的是让摧毁草原的放牧业"寿终正寝"。而农区的舍饲养殖方兴未艾,我又及时引导,发出题为《农区畜牧业大有可为》(载 2000 年 8 月 11 日《光明日报》)的报道。而这些报道为自治区党委、政府 2002 年做出在全境禁牧的决策制造了舆论。

20 世纪 80 年代末,宁夏暴发天牛灾害,第一代林网被彻底摧毁,砍伐成材林 8000 万株,直接损失达数亿元,我毫不客气地做了报道:《天牛害起,专家疾呼无人听;蛀虫蔓延,宁夏杨树毁欲尽》(载 1992 年 4 月 20 日《光明日报》),不仅被文摘类报刊转载,而且引导有关专家发明了天牛防治技术。1993 年 8 月 24 日,我又在《光明日报》上发出整版报道《人与天牛之战》。这篇通讯,直接导致日本对此提供 7 亿日元的技术援助。此后,宁夏专家发现并成功培育出天牛的天敌花绒穴甲,我又做出报道:《天牛,看你还能"牛"几时?》,宁夏林业厅负责人对我多次表达谢意。

因为对环保问题的过度关注,我在 2000 年获得了"地球奖"。

作为光明日报记者,我对教育、科技、文化等领域自然给予了更多的关注,所写的批评性报道也较多。

其中,教育方面较有影响的有:《高校招生首先要考虑基建后勤条件》(载 1986 年 11 月 28 日二版头条)、《教育系统内部互挖墙脚问题严重》(1987 年内参)、《西北二民院领导寄语学生家长:溺爱对青年成长不利》(载 1988 年 2 月 21 日《光明日报》头版)、《师范院校的"师范性"必须加强》(载 1988 年 3 月 3 日《光明日报》二版头条)、《集资办学原为利国利民,硬性摊派则将好经念歪》(载 1988 年 10 月 20 日二版头条)、《有心捐资助学,不堪碎语闲言:农民建筑专业户吴昌泰的苦衷》(载 1988 年 4 月 17 日《光明日报》二版头条)、《待遇低多方掣肘 教育官重操旧业》(载 1989 年 4 月 7 日《光明日报》头版)、《克服教育上的浪费现象》(载 1989 年 5 月 9 日《宁夏日报》)、《教师进修院校转入继续教育举步难》(载 1991 年 2 月 3 日《光明日报》二版头条)、《请不要到边远地区挖教师》(载 1994 年 2 月 3 日《光明日报》二版头条)、《宁夏征收教育费附加为啥难?》(载 1994 年 2 月 6 日《光明日报》二版头条)、《解脱大学校长》(载 1994 年 3 月 29 日《光明日报》二版头条)、《莫从学生口袋里"淘金"》(载 1995 年 2 月 9 日《光明日报》)、《一个县教育局局长的苦衷》(载 1996 年 2 月 5 日《光明日报》二版头条)、《欠发达地区职教发展为何难?》(载 1997 年 2 月 21 日《光明日报》)、《基础教育的尴尬》(1996 年 8 月 13 日《宁夏日报》三版头条)、《"吃偏饭"对孩子成长不利》(载 1996 年《少年儿童研究》杂志第一期)、《办学发财:此路不通》(载 1998 年 2 月 23 日《宁夏法治报》)、《有的教室拥挤不堪,有的教室冷冷清清》(载 2001 年 11 月 9 日《宁夏日报》)、《中等专业学校面临严峻挑战》(载 2001 年 11 月 28 日《光明日报》二版头条)、《让旧电脑落户山区学校》(载 2001 年 12 月 21 日《光明日报》)、《给重点学校"大班"减减负》(载 2002 年 4 月 15 日《光明日报》二版头条)、《教师流动呼吁规范有序》(载 2002 年 9 月 30 日《光明日报》二版头条)、《教育系统内"乱挖墙角"背后有隐忧》(2002 年)、《学生辍学谁之过?》(载 2003 年 1 月 11 日《光明日报》四版头条)、《如何看待教师"走穴"?》(载 2003 年 6 月 24 日《光明日报》)、《应试教育的痼疾何日祛除?》(载 2004 年 9 月 30 日《光明日报》三版头条)、《学校体育课不应"缩水"》(载 2006 年 4 月 1 日《光明日报》)、《学生体质下降该拷问谁?》(载 2006 年 8 月 10 日《教育》杂志)、《不该有的"红六月""灰九月"》(载 2010 年 5 月 5 日《光明日报》七版头条)、《宁夏高考改革面临新问题》(载 2006 年 10 月 18 日《光明日报》二版头条)……这些稿件涉及教育的方方面面,对我来说,采写这些稿件只有一个目的:促进教育的健康发展,将失误损失降到最低。

我对文化方面的问题报道也很多,比较有影响的有:《文化站里难觅"文化"》(载 1995 年 2 月 25 日《光明日报》)、《文化站不能变"空壳"》(载 2004 年 12 月 28 日《光明日报》)、《文化生活:农村的渴求》(载 1995 年 12 月 7 日《光明日报》头版)、《农村群众文化再也不能滑坡了!》(载 1996 年 2 月 28 日《宁夏日报》)、《剧团还不能完全推向市场》(载 1997 年 6 月 17 日《中国文化报》)、《盼望恢复县剧团》(载 2003 年 7 月 26 日《光明日报》四版头条)。对宁夏图书馆因消防不达标而被勒令停业及搬迁,对宁夏京剧团、宁夏话剧团、宁夏博物馆、海原县图书馆、西吉县图书馆、贺兰县图书馆、吴忠市文化馆、海原县文管所等文化单位的各种困境,我都曾给予披露,也给这些单位带来了实实在在的帮助,其中,为解决宁夏京剧团的困难,文化部还专门召开部长办公会,剧团也因此得到了大力扶持。

对保护文物,我更是倾注了大量心血。我披露过许多事件,也多次为此呼吁。比较重要的报道有:《贺兰山岩画在呻吟》(载 1990 年 12 月 22 日《光明日报》)、《宁夏考古人员呼吁:制订暂行法规,落实文保措施》(1990 年)、《重视文物保护专业人才的培养》(1990 年)、《基建施工和文物保护的矛盾亟待解决》(载 1991 年 7 月 9 日《光明日报》二版头条)、《执行文物保护法,难在哪里?》(载 1993 年 7 月 11

日《光明日报》头版）、《宁夏盐池县境内盗掘古墓活动猖獗》（载1991年8月8日《光明日报》头版）、《中宁县石空大佛寺文物被盗》（载1992年11月29日《光明日报》）、《文物保护法，人们不该对你如此陌生！》（载1999年8月30日《宁夏法治报》头版头条）、《西夏陵84号陪葬墓竟被推平》（载2003年5月20日《光明日报》四版头条）、《宁夏岩画保护：路在何方？》（载2007年5月11日《光明日报》）、《长城还有多长，还能保存多久？》（载2006年11月8日《光明日报》）、《海原县的文物放进了看守所》（载2004年11月12日《光明日报》）、《海原县的文物不再"寄人篱下"了》（载2008年4月9日《光明日报》）、《"意外事件"，还是"渎职行为"——一波三折的西夏古墓被盗案》（载2009年5月16日《光明日报》）。临近退休，我还为贺兰山塔群遗址的保护（载2015年3月19日《光明日报》九版头条）和修复被不法分子炸毁的西夏方塔（载2016年1月22日《光明日报》九版头条）发出呼吁，算是我为此做出最后的努力。

对宁夏特产枸杞生产、销售和品牌保护中的问题，我也给予了持续的关注。其中，较有影响的报道有：《面积缩小，产量减少，销售困难：有关人员呼吁尽快抢救宁夏枸杞》（载1990年2月24日《光明日报》）、《宁夏枸杞生产陷入困境》（1990年内参）、《宁夏打响"枸杞保卫战"》（载1997年6月24日《光明日报》四版头条）、《宁夏枸杞怎么了？》（载1997年7月27日《宁夏日报》二版头条）、《宁夏枸杞名牌不能丢！》（载《新闻大世界》1997年第六期）、《科技拯救了宁夏枸杞》（载2000年12月11日《光明日报》三版头条）《科技滋润枸杞红》（载2014年9月17日《光明日报》）。

一个时期以来，征文评奖、编辑名人大辞典之类的信函满天飞，许多人因此上当受骗，我也曾收到许多这类函件。在了解了其中的猫腻之后，我及时做出报道，其中《查查"入典""评奖"的背后》（载1997年5月28日《光明日报》二版头条）、《这样的"名人录"有何价值？》（载1999年2月23日《光明日报》二版头条）、《编书诈骗：鲜为人知的内幕》（载2002年1月7日《光明日报》二版头条）都曾引起广泛关注。

对于各类评奖中的问题，我也给予了关注。我发现，有些评奖越评越走样，甚至背离了评奖的初衷。《莫让评奖变了味》（载1996年9月2日《人民日报·人民论坛》专栏），就是我早年间对此的批评。此后，我又发现评奖中的怪现象：评奖本应呈宝塔式结构,由低到高越来越少,但有些评奖竟然倒过来了:一等奖多于二等奖,二等奖又多于三等奖,有的评奖甚至不设三等奖。针对这种不实事求是的评奖,我做出了分析和批评:《评奖"头重脚轻"为哪般?》(载 2007 年 11 月 14 日《中国新闻出版报》)。在此之前,我还发表了《变味的"奖"有害》(载 1999 年 10 月 21 日《中国文化报》)。此后,我直呼《"拯救"评奖!》(载 2010 年《共产党人》杂志第八期)。

我也常常眼睛向内,关注新闻界的事务,既关注新闻的导向,也关注一些记者的表现,不但采写了报道,而且发表了评论:《新闻报道应避免"泛娱乐化"》(载 2009 年 10 月 22 日《光明日报》)、《记者是弱势群体?》(载 2003 年 11 月 21 日《光明日报》)、《"纸箱馅包子"里缺少的是什么?》(载 2007 年第八期《今传媒》杂志)、《记者被打,打的是谁?》(载 2010 年第二期《今传媒》杂志)、《记者怎么成了"高级乞丐"?》(载 2001 年《西部社会》第八期)、《明星离婚,值得如此关注吗?》(载 2013 年《青年记者》杂志 10 月上旬刊)、《别再用陈词滥调考验受众的忍耐力了》(载 2013 年《青年记者》杂志 10 月下旬刊)、《媒体怎样看待受众的质疑》(载 2013 年《青年记者》杂志 12 月上旬刊)、《记者会不会变得无足轻重?》(2015 年《青年记者》杂志 11 月上旬刊)、《记者不该是文学的"门外汉"》(载 2015 年《青年记者》杂志 12 月上旬刊)、《传统媒体当自强》(载 2017 年 3 月 3 日《中国新闻出版广电报》)、《新常态下的传统媒体该有什么状态?》(载 2016 年《西部学刊》第六期)。之所以写这些东西,是想对舆论和舆论工作者起到一点引导和警示作用。

我还注意通过具体案例引导社会舆论、教育群众吸取教训。银川郊区有部分农民过早种植早甘蓝,违反技术操作规程,结果造成较大经济损失,但他们却认为是种子退化问题,因而向种子公司索要赔偿,未得到满足就在一怒之下砸烂了门市部。在了解了相关情况,旁听了法院审理之后,我据实做出了题为《科盲法盲自食苦果》(载 1993 年 3 月 3 日《光明日报》)的报道,其间,为了避嫌,我拒绝了当事方的吃请。吴忠市一位 20 岁的姑娘,因肚子疼到一家民营医院就诊,竟被切除了卵巢,造成终生的痛苦。这样的教训,必须认真汲取!我因此做出了客观报道,分析了悲剧发生的原因(《20 岁姑娘被错切卵巢》,载 1989 年 7 月 6 日《光明日报》)。1993 年 5 月 4 日,一场特大沙尘暴横扫我国西北,造成重大人员伤亡和财产损失,为了吸取教训、唤起人们的环保意识,我深入到"三北局"采访,相继发表了两篇长篇报道:《沙进人退,还是人进沙退?》(载 1993 年 7 月 16 日《光明日报》二版头条),《沙暴向人类发出警告:塞上明珠还能存多久?》(载 1993 年 8 月 3 日《中国减灾报》)。

除了关注《光明日报》重点宣传的领域,我对其他领域也没有放过,我的观察是"全天候"的,一有发现就抓住不放。比较重要的稿件有:《宁夏不宜再发展高耗能工业》(1989 年)、《刹刹在建筑物装饰上的攀比之风》(1989 年)、《医疗高消费现象值得注意》(1990 年)、《采煤先进设备竟遭冷落》(1993 年)、《警惕迷信活动回潮泛滥》(1993 年)、《银川群众希望治理城市噪音》(1993 年)、《社会募捐的混乱状况亟待整顿》(1993 年)、《另一种非法出版物:劣质复习资料成灾》(1993 年)、《警惕有人借化缘行骗》(1993 年)、《建筑设计市场混乱急需整顿》(1993 年)、《股票,不是好玩的》(1994 年)、《"三角债"仍在困扰企业》(1994 年)、《五十万"讨债大军"征战全国,五十万莫名开支无谓消耗》(1995 年)、《人才流动应合理有序》(1994 年)、《形形色色的街头骗子》(1994 年)、《机关工作也要讲效益》(1994 年)、《推诿扯皮:机关工作的顽症》(1994 年)、《愚昧消费应该遏制》(1995 年)、《社会需要科学的激励和约束机制》(1995 年)、《严惩"粮耗子"》(1995 年)、《社会科学:如何争取社会地位?》(1995 年)、《浮躁:急功近利幼稚病》(1995 年)、《宁夏成了垃圾场吗?》(1995 年 10 月 9 日《光明日报》四版头条)、《太西煤,再不容滥采乱挖!》(1995 年 11 月 11 日《光明日报》四版头条)、《安乐桥市场为何无市?》(1995 年 11 月 26 日《光明日报》四版头条)、《邮电附加费:到底该不该收?》(1996 年 1 月 16 日《光明日报》)、《有线电视台、闭路电视盗版问题不容忽视》(1996 年,内参)、《这里的民工干的是牛马活——汝箕沟矿区小煤窑见闻》(1996 年,内参)、《"太西煤"呼救》(1996 年)、《如何看商场装修热?》(1996 年)、《银川市民问:春节何时不再放爆竹?》(1996 年)、《"冥钱"公开摆上都市街头,迷信物品谁来管?》(1996 年)、《银川:"皇""王"牌匾多》(1996 年)、《店名何必对"皇"一往情深?》(1996 年)、《"灰色收入"差别大,弊多利少应重视》(1996 年)、《谨防"依赖症"》(1996 年)、《不要念念不忘自己的级别》(载 1996 年 8 月 5 日《人民日报·人民论坛》专栏)、《荒漠保护:紧迫而严峻的问题》(载 1996 年 10 月 27 日《光明日报》二版头条)、《社会科学:自己救自己》(载 1996 年《甘肃社会科学》杂志第六期)、《报名费变成了"摇钱树"》(载 1997 年 5 月 8 日《光明日报》四版头条)、《乱贴乱画已成公害》(载 1997 年 7 月 23 日《光明日报》头版头条)、《岂能用生活垃圾填湖围堰?》(载 1997 年 7 月 29 日《光明日报》)、《莫让小餐馆变成污染源》(载 1997 年 9 月 10 日《光明日报》四版头条)、《也该给"摸奖"定个谱》(1998 年)、《莫让"家"贬值》(1998 年)、《5000 多头奶牛缘何非宰即卖?》(载 1998 年 11 月 19 日《光明日报》四版头条)、《数起家庭暴力案件震惊宁夏各界》(载 1998 年 12 月 1 日《光明日报》四版头条)、《发人深思的侵占公路路产案》(载 1999 年 4 月 12 日《光明日报》头版头条)、《违法蛮干的"证据"》(1999 年)、《"乱卖风"当刹》(1999 年)、《一起备受关注的校园意外伤害赔偿纠纷案》(2001 年)、《目标责任书不可过多过乱》(2001 年)、《理事,您常"理事"吗?》(2001 年)、《手机、传呼机:不要扰乱会场》(2001 年)、《谁来扶持这些治沙功臣?》(载 2001 年 10 月 24 日《光明日报》四版头条)、《贺兰山的岩羊多得让人愁》(载 2003 年 5 月 10 日《光明日报》头版)、《公共卫生岂能随意糟蹋?》(载 2003 年 8 月 23 日《光明日报·读者来信》版头条)、《宁夏农技推广面临"断线"危机》(载 2004 年 4 月 3 日《光明日报》二版头条)、《为"以上""以下"正名》(载 2004 年 6 月 15 日《宁夏日报》五版头条)、《"以上""以下"使用混乱不可小视》(载 2004 年 8 月 16 日《光明日报》二版头条)、《帮帮这个有前途的"童星"》(载 2004 年 8 月 12 日《光明日报》二版头条)、《青铜峡鸟岛人为蚕食过半》(载 2004 年 9 月 20 日《光明日报》四版头条)、《宁夏电台有一批百年老唱片急需抢救》(载 2004 年 1 月 12 日《光明日报》)、《贺兰山山口的树木为什么大面积死亡?》(2004 年,内参)、《西吉县钱币博物馆缘何如此冷清?》(载 2005 年 2 月 28 日《光明日报》七版头条)、《塞上宁夏该不该种水稻?》(载 2006 年 3 月 25 日《光明日报》五版头条)、《迷迷茫茫的"波尔多梦"》(载 2006 年 5 月 19 日《宁夏日报》六版头条)、《鼢鼠危害何时休》(载 2006 年 6 月 1 日《光明日报》)、《警惕小型采煤企业对水土资源的破坏》(载 2006 年 6 月 8 日《光明日报》)、《"用完就扔":不该成为时尚》(载 2006 年 7 月 30 日《光明日报》,被中宣部评为主题宣传一等奖)、《莫把"一次性"当时尚》(载 2006 年 9 月 21 日《宁夏日报》)、《居高难下的药价是如何降下来的?》(载 2007 年 1 月 15 日《光明日报》)、《企业怎经得起如此"宣传"?》(载 2007 年 2 月 13 日《光明日报》)、《防止"一粒老鼠屎效应"》(载 2007 年 2 月 27 日《新消息报》)、《商品包装,有多少是恰如其分?》(载 2007 年 6 月 24 日《光明日报》五版头条)、《能否少出点这样的洋相?》(载 2007 年 8 月 26 日《光明日报》)、《不要丢了自己的"文化之根"》(载 2007 年 12 月 3 日《宁夏日报》)、《揭开"托儿"们的面目》(2008 年 4 月 13 日《光明日报·光明时评》专栏)、《传统节日不能只是"小吃节"》(载 2009 年 5 月 28 日《光明日报·光明时评》专栏)、《解决"老大难",不能都等着"老大"》(载 2009 年 7 月 11 日《光明日报·光明时评》专栏)、《包装岂能如此"障眼法"》(载 2009 年 8 月 14 日《光明日报》)、《岂能让善于"巴结"的人大行其道?》(载 2009 年《共产党人》杂志第 24 期)、《岁末年初应酬不宜过多》(载 2010 年 2 月 11 日《光明日报·光明时评》专栏)、《能否少来几个"尊敬的×××"》(载 2010 年《共产党人》杂志第二期)、《学会面对媒体:领导干部必须补修的一课》(载 2011 年《新闻研究》第 20 期)、《刹一刹图书过度奢华风》(载 2010 年 7 月 28 日《光明日报》头版报眼)、《文艺演出不该忽略创作人员》(载 2010 年 8 月 16 日《光明日报》)、《收费公路也要凸显公益性》(载 2011 年 2 月 16 日《光明日报》)、《全民读书:公务员岂能当"旁观者"?》(载 2011 年 4 月 1 日《光明日报》七版头条)、《能否少来点"摆拍"?》(载 2012 年 5 月 3 日《光明日报》十版头条)、《别让"尊敬的领导"不离口》(载 2013 年 2 月 18 日《光明日报》)、《忙工作,不要透支健康》(载 2013 年 2 月 26 日《光明日报》)、《莫让英年早逝的悲剧一再上演》(载 2013 年《共产党人》杂志第四期)、《做个"文明乘客"有多难?》(载 2013 年 8 月 21 日《光明日报》)、《有必要印那么豪华的宣传品吗?》(载 2013 年 10 月 11 日《光明日报》)、《莫为荣誉遮望眼》(载 2014 年《共产党人》杂志第四期)、《不要让错谬的公示语翻译为城市和景点抹黑》(载 2014 年 8 月 31 日《光明日报》)、《一个"老本"岂能吃一辈子?》(载 2015 年《学习与宣传》)。

上面这些篇目,有的是对某种错误倾向提出批评,有的是摆出了值得社会关注的现象,有的是纠正一些传统的观点,有的是告诫人们应该吸取的教训,所有篇章都在说明:我所做的舆论监督,是面向各个地区、各个领域的,对谁都没有"网开一面""手下留情";透过这些篇目,可以看出我的思维轨迹,了解我是如何观察、如何思考、如何采访、如何写作的;这样的舆论监督也传递出这样的"信息":记者可做的"文章"是很多的,能够发挥的作用,也是多方面的。记者能否发挥作用,能发挥多大作用,在于记者本人有没有责任感、有没有这方面的信念和追求。

三、记者应该见微知著,善于从细微处发现新闻素材,揭示其警示意义

在现实生活中,有许多不被人重视的"小事"。其中有的只是一种习俗,且已经延续很久了,也不会造成多大的社会危害,但它们却与现代文明格格不入、与精神文明建设背道而驰,不能任其自由发展,而管这类"小事"既需要新闻敏感,又需要正确的判断和逆向的思维。

"正月二十三,汉民要燎疳,回民看稀罕",这是流行在宁夏部分农村的俗语,因为我没有在宁夏农村生活过,并不了解"燎疳"是怎么回事。在 2001 年正月二十三这一天,我到盐池县采访因滥采乱挖、过度放牧而导致草原退化的素材,看到当地人正把整车整车的沙蒿运到县城沿街叫卖。好奇心驱使我就此展开采访,原来,这些固沙植物都是用来"燎疳"的。如此大规模的"燎疳",要烧掉多少固沙植物啊!这对本已十分脆弱的草场无疑是雪上加霜,不仅如此,"燎疳"还污染环境、构成火灾隐患、带有明显的迷信色彩,无论从哪个方面考虑,都应该禁止。于是,我旗帜鲜明地写出报道:《盐池人,旧习俗该改一改了!》(载 2001 年 2 月 19 日《光明日报》),向这种延续千年的旧习俗"宣战",《人民日报》随即就此做出点评。转眼一年过去了,又一个"正月二十三"快到了,我心里还没有放下这个事,就想做一点"推动"工作,希望当地彻底改变"燎疳"旧俗。盐池县委宣传部、文明办就此发出告别旧习俗的倡议,我及时给予了报道,但我清醒地意识到,一个旧习俗不可能因一个倡议而绝迹,便在"燎疳"日当晚专程前去采访,写出了更具冲击力的现场新闻:《告别旧习俗要持之以恒——宁夏盐池县"燎疳"目击记》(载 2002 年 3 月 9 日《光明日报》四版头条)和《"燎疳",是燎去邪恶,还是烧来灾难?》(载 2012 年 4 月 5 日《西部开发报》),报道的力度也超过了以往。当时,北京正开"两会",报纸版面十分紧张,但还是拿出很大篇幅来刊登我这篇"目击记"。经过不懈努力,"燎疳"习俗,在当地基本销声匿迹了。在声讨"燎疳"旧俗之后,我了解到当地还有"正月初五倒穷土"的习俗——将家里积攒多日的垃圾收集起来,在正月初五这一天倒到公路上,让来往车辆把"穷土""带走",以此换来一年的富足。而这样的习俗,不仅是迷信,而且是污染环境。于是,我又开了一枪:《改改正月初五"倒穷土"的陋习》(载 2004 年 2 月 5 日《光明日报》),被许多媒体转载、转发。

传统节日不能变成繁殖不文明行为的温床,不能让平时禁止的行为在节日期间"借尸还魂"、大行其道,更不能公开化、合法化!这是我锲而不舍的信念。我在二三十年里为此做了许多"文章",颇有一点不达目的不罢休的"韧劲"。我相继发表了《欢乐,不要丢了文明》《提倡节日文明》《祭奠亲人也需讲文明》《过春节应纠正愚昧消费》《传统节日不能只剩下吃》(见报标题为《传统节日不能变成"小吃节"》)、《清明节能否不烧纸?》《街头烧纸成了"不治之症"?》为了制止在街头烧纸,我除了在媒体上发文外,还利用自治区政协委员的身份提交了提案,我的提案引起自治区政协和银川市有关部门的高度重视,有关部门还做出了相应规定、划出了禁烧区域,有效地扼制了这种不文明行为。为此,我又及时做出呼应:《银川大力倡导文明祭祀》(载 2014 年 3 月 21 日《光明日报》)。让我没有想到的是,我的这个提案不仅被评为优秀提案,而且被写入自治区政协提案工作报告,在政协大会上引起关注。

针对在人口密集区燃放烟花爆竹及燃放烟花爆竹中的不文明行为,我先后发表了《银川人呼吁禁放烟花爆竹》(载 1995 年 6 月 7 日《宁夏日报》)、《春节放炮岂能旁若无人?》(载 2014 年 2 月 7 日《光明日报》)、《不放炮,也是一种贡献》《过一个生态环保年》《不妨戴着"有色眼镜"看燃放鞭炮》(载 2017 年 2 月 4 日《光明日报》)等报道,我甚至"现身说法",先后发表了《我对爆竹的"成见"》(载 2000 年 3 月 1 日《中国青年报》)、《我为什么二十多年不放鞭炮?》(载 2015 年《共产党人》杂志第六期)等言论。

我写作的许多选题,都来自于现实生活,来自于自己的观察和发现,基本都是"自选动作",几乎没有"规定动作"。我所写的东西,基本都是人们耳闻目睹却没有引起重视的。我的许多报道直接反映了群众的愿望和呼声,也对一些现象直接提出批评。如《莫让小餐馆变成污染源》《群众希望治理城市噪音》《这种"非法出版物"(指冥币等)谁来管?》《警惕有人借清明节祭祀敛财》《警惕有人借化缘行骗》《看风水,赚大钱》《警惕迷信活动回潮泛滥》《文明城市岂容如此吹吹打打?》《学校创收不要瞄准学生的口袋》《家庭"方城大战"可以休矣》《有必要印那么多豪华的宣传品吗?》《刹刹婚嫁大吃大喝风》《婚礼大操大办,何以愈演愈烈?》《银川兴起拆墙开店热》(载 1993 年 4 月 22 日《光明日报》)、《要银子不要林子,如此开店不足取》(载 1993 年 6 月 10 日《光明日报》)……从这些题材看,我的选题是很宽泛的,也是毫无顾忌的。

我不仅抓了许多小得不能再小的小事,而且将这些"小事"都当成"大事"来写。在人民币上乱写乱画算不算小事? 当然算不上大事,但人民币是我国的法定货币,任何损毁人民币的行为都应受到谴责、都应坚决禁止。一些老师在开学时收费为了防止误收假币核对无门，便让学生在人民币上写下名字，我发现了这个现象，便呼吁《公民请爱惜人民币》（载 1998 年 9 月 19 日《光明日报》）、《人民币上岂能乱写乱画？》（载 1999 年 1 月 4 日《宁夏法治报》）。

幼儿园小朋友画了一幅画值不值得写？银川市第一幼儿园一名女童的一幅画上画了父亲在家打麻将引发家庭"大战"的情景，居然产生"神奇"效果：打麻将的父亲深感惭愧，就此收手。在一次会上，我听到这个"传奇故事"，立即前往幼儿园"观赏"这幅儿童画并采访幼儿园美术教师，然后写出了两篇报道：《是家长教育孩子，还是孩子教育家长：六龄女童一幅"别打了"发人深省》（载 1990 年 5 月 31 日《光明日报》）（获光明日报年度好新闻二等奖）、《6 岁女童一幅画，收回父亲赌博心》（载 1990 年 6 月 26 日《宁夏日报》），全国妇联看到报道，专门派人到宁夏了解此事。

两个小学生为给父亲洗袜子该不该收钱引发争论，虽然是童言无忌，也无关宏旨，但还是被我当成新闻来写，结果也被放在突出位置刊登（载 1994 年 2 月 6 日《光明日报》六版头条）。

一次，在参加铁路部门的活动时，我听到有位旅客因脚臭引发纠纷的小事。当时，在场有很多记者，但大家都当笑话听了，谁都没有当回事，但我却就此展开了采访，发出了关于公共道德、乘车文明的报道。

在我看来，有些事虽然很小，但却耐人寻味，其背后也蕴藏着大问题，有的甚至反映某种倾向、预示着发展趋势，那么，我就觉得自己有责任把它写出来，希望引起各界的关注，或及时纠偏，或及时补救，或将问题解决在萌芽状态。

一个时期以来，一些地方在城市改造中，造成了无谓的损失和浪费，使社会财富付之东流，我为此感到痛心，便陆续写出了《新楼乍建就拆为哪般？》（载 1998 年 6 月 23 日《光明日报》四版头条）、《年轻的建筑物为何"死于非命"？》（载 2009 年 2 月 26 日《光明日报》）、《能否让这些建筑物"寿终正寝"？》（2009 年 4 月 3 日《银川晚报》）、《城市改造不应大拆大建》（载 2016 年 3 月 29 日《光明日报》），所有这些稿件，都折射出一个主题，减少无谓的浪费和不应有的损失。

有一段时间，各地热衷于到北京举行新闻发布会，不惜花费，追求排场，但一些场面壮观的新闻发布会因新闻价值不高，并没有达到理想的宣传效果，但尽管如此，有些地方仍然乐此不疲。我要给这些地区和有关负责人浇一盆凉水，便直截了当地提出要给这种活动降温。《进京举办新闻发布会热该降温了!》(载2013年10月27日《光明日报》二版头条)。

最近几年,网上投票活动很热闹,很多活动都要组织网上投票,有人认为有机可乘、有利可图,便搞起各种小动作,有人找上门来愿意提供"刷票"服务,也有人不惜重金雇人刷票,我"一针见血"地提醒全社会:《警惕网上投票评选活动被别有用心的人利用》(载2013年12月16日《光明日报》七版头条)。

身为中国人,却不能正确地使用祖国的语言文字,甚至连汉字也写得七扭八歪,这已不是个别现象了,但许多人见怪不怪。我很早就注意到了这种现象,也为改变这种状况做出了不懈努力。20多年前,我在某大学了解贫困生问题时看到了学生们提交的困难补助申请表,许多申请表上不仅字写得很差,而且错误连篇,于是,我写了一篇"记者来信":《学生文字基本功忽视不得》(载1996年1月1日《光明日报》二版头条),当即被一些报刊转载。2008年,我又在《光明日报》上呼吁:《中国人写汉字不该"惨不忍睹"》(载2008年7月7日《光明日报》),在引起较大社会反响后,我乘胜追击,又发出后续报道:《"没有任何理由不写好汉字!"》(载2008年7月18日《光明日报》)。听说有些单位"响亮"地提出要彻底告别纸和笔,实现无纸化办公,我又"忧从中来",在2009年2月12日的《光明日报》上发了一篇"时评":《且慢告别纸和笔!》。2010年,我以自治区政协委员的身份向政协大会提交提案,建议在中小学开设书法课、在教师和公务员中率先开展书法达标和书法竞赛活动,引起自治区有关部门的重视。

由于工作关系,我经常参加一些活动、出席一些会议,也不止一次看到一些公众人物、社会名流在公众场合念错字、用错词、说错话、讲错典,出了不该出的洋相,这不仅有损他们本人的公众形象,而且产生不好的社会影响。但这种现象还没有引起足够的重视,我觉得自己有责任提醒社会:少出有损形象的洋相,既是对自己负责,也是对社会负责。于是,我便把自己在各种场合听到的、看到的"洋相"汇集成篇,《能否少出这样的洋相?》(载2006年8月26日《光明日报》)一见报就引起广泛关注。

也许有人觉得,写不好字、说几句错话,没有什么大不了的,是微不足道的小事,何必要揪住不放?但我就是常常揪住这些小事不放,以解决这些"小事"为乐趣。

记者自然应当抓大事,但也不能忽略小事,抓小事同样能证明记者的价值。事实上,真正适合记者抓的"大事"并不很多,倒是一些常常被忽略、恰恰又需要重视的"小事",更需要我们重视,舆论监督的作用也更容易突显出来。

二三十年来,我就是这样一件小事、一件小事地抓,该管的、不该管的都想管一管,有些事"管"了之后,还真管了一点用,这也让我颇有一点成就感。

四、记者眼里没有"闲事",永远不应抱着事不关己、高高挂起的态度,更不应以是否与己有关来确定报道选题

俗话说,事不关己,高高挂起。对于一般人来说,可能都不愿越俎代庖,也都会明哲保身。因为管闲事,常常自讨没趣、自寻烦恼,弄不好还会引火上身,但对于一名有社会责任感的记者来说,心里就不应该分哪个是"忙事",哪个是"闲事",哪个该管,哪个不该管;眼里也不应该对眼前的事视而不见,即使与己无关,也应该"关注"一下,如有可能就管一管。因为有些事虽然与自己无关,但却与人民有关、与社会有关、与国家有关,所以,不闻不问、任其所为,不是有责任感的记者应持的态度。

宁夏回族自治区成立30周年时,有关部门靠贷款拍出了献礼影片《我们是世界》,结果在订货会上无人问津,宁夏有关部门见此情景,就自己买了两个拷贝。结果也只放映了几场,观众总共不到1000人。对这部违背艺术创作规律的影片,宁夏各界议论纷纷。但所有人都是"议论"而已,并没有人为此做什么,所有媒体也都是"默不作声",而我却不想"装聋作哑"。结果,我多管了一次"闲事"、也抓到了一个"独家新闻"。我采写的《对电影〈我们是世界〉的思考》(载 1989 年 5 月 1 日《光明日报》),分析了影片的成败得失、经验教训。此稿被当地媒体和内部刊物转载后,有人称这是"出口转内销",有人甚至问:这么大的事,本地那么多媒体为何不采访、不报道呢?

1994 年冬季的一天,我陪北京来的客人到宁夏博物馆参观,结果吃了闭门羹。原来,因经费紧张,无法供暖,他们已经闭馆了。按他们的说法,如果有重要客人来,还会临时开馆,所以只能算"半闭馆"。对于有的参观者来说,扫兴而归也就罢了,但我却要管管这个闲事。我随即返身深入采访,写出了引起全国关注的新闻《闭馆:无奈的选择》(载 1994 年 3 月 21 日《光明日报》四版头条)。最初,有关人

员看了我的报道很不高兴,认为我揭露了他们的问题。后来,他们发现我的报道引起了上级和外界的关注和重视,特别是到北京故宫举办文物展得到多方关照,才由衷地感谢我。不久,另辟新址再建新馆的动议也被摆上了议程,这样的结果也又一次提升了我管闲事的信心。

2000年,在宁夏的春节团拜会上,我看到了不该看到的一幕:团拜会的文艺演出刚刚开始,就有人陆续退席,演出节目未过半,退席的人就超过一半了,最后剩下的已不足三分之一。对这种现象,有人议论纷纷。按说,这事与我无关,我没有采访任务,只是一个旁观者,不应该为此愤慨,也不该为此写什么。如果写出来了,可能还会招来意想不到的麻烦。况且,这种批评稿与春节欢乐祥和的气氛很不协调,即使写出来了,也可能登不出来。但是,当我在现场听到有人讲述一些领导干部平时的表现也不在状态时,我的认识就"升级"了:这不仅仅是对演员的劳动不够尊重的问题,而是必须重视的作风问题、纪律问题,没有良好的作风、没有严明的纪律,宁夏怎能发展、又怎能振兴? 我不再犹豫了。该出手时就出手! 团拜会还没结束,我就开始构思,当晚就把稿件发到了报社,结果第二天就见报了。标题是:《四十分钟节目 三分之二退席 宁夏春节团拜会上不该出现的一幕》(载2000年2月4日《光明日报》)。在列举了一些机关干部的不良表现后,我写道:"看来,在演出中途退场还不仅仅是不够尊重演员的问题。如果将这几件孤立的事联系起来,我们是否可以从一些人的工作作风、组织纪律观念、个人素质方面找找原因呢?"这几句话,虽然用的是反问句,但还是有点锋芒的,而编辑部重视这类鞭辟入里的稿件,也是打破惯例的,甚至不顾忌祥和不祥和了。

2005年,自治区旅游局等部门在固原市举办一个旅游节,有众多媒体记者应邀参加,当记者们按照安排背着摄影器材兴致勃勃地到老龙潭景区准备拍摄时,却被强行要求买票,不买票不得入内。结果,双方在僵持时发生了肢体冲突,最终不欢而散,采访活动取消,记者们原路返回。很多记者无比愤怒,当场表示要曝光此事。有关负责人闻讯,通过各种途径阻止记者做出批评报道,当地官员不但到宿舍做我的工作,而且希望我利用自己的"威望"做其他记者的工作。我说,我只是一名老记者,与别的记者并没有隶属关系,所以我不能干涉他人的行为,但我可以提醒大家:如果写稿,一定要客观公正,避免情绪化。结果,两天过去了,原来信誓旦旦要曝光的记者都"默不作声",更没有批评报道见诸报端。但我觉得这个事件的发生,有许多教训需要汲取,不能就这样轻易放过。于是,我写了述评《老龙潭记者遭非礼》,在发给《光明日报》之后,又发给了《宁夏日报》。结果竟被《宁夏日报》《新消息报》《华兴时报》同日刊登(载 2005 年 5 月 9 日《宁夏日报》三版头条,《光明日报》只发了内参),引起宁夏各界强烈关注,自治区旅游局为此在全系统进行学习、整顿。这篇"锋芒毕露"的稿件,也让我又出了一次"名"。有人因此还指责宁夏日报:我们举办这么大的活动,你们只用几句话就打发了;而批评我们的稿件,你们却大幅刊登,你们还是党报吗? 这里我要问一句:刊登批判性、思辨性的稿件,就不是党报的使命吗?

2003 年,宁夏某地在城市改造时破坏了大量隋唐墓葬,但施工单位不及时报告,也不配合考古发掘。在自治区文物局下发停工通知后,仍然拒不停工、拒不配合发掘。最后逼得自治区文化厅厅长、副厅长兼文物局局长亲自前去协调,但当地有关人员根本不买账,甚至以找自治区领导相威胁,协调会最终不欢而散。文化厅负责人对此无可奈何。我作为唯一应邀到场的记者,不仅在会上表明了立场,而且在会后对这位负责人说:这个事,在你那里可以过,在我这里不能过! 我旗帜鲜明地做出了报道:《××唐代墓葬群在施工中遭严重破坏》。中央电视台记者闻讯后专程从北京前来采访并两次做出报道。当地很快就"服软"了,有两位负责人专程赶到银川向文物考古人员道歉,承诺立即拨付发掘经费,今后也一定会积极配合考古发掘。此后,在宁夏境内施工破坏文物的案件,就很少发生了,宁夏文化厅领导一再对我表示感谢,我为此在内刊上回顾了此事,题目是《我摸了一下老虎屁股》。第二年,当地为此专门召开学术研讨会,寻找历史文脉,我应邀到会并做出报道。许多人在发言中为此前未能保护好古墓、未能在原址建个"遗址博物馆"而深表遗憾,有人还在会上感谢我此前的批评报道。

一个时期以来,收费厕所很盛行,甚至成为一种发财之道,群众对此意见很大。虽然我本人基本不上那类厕所,但厕所如何设置、能否免费,涉及成千上万的普通人,所以我觉得自己应该反映这些群众的呼声。为此,我深入采访,陆续发出了《小厕所,大问题》《收费公厕并非越多越好》《让"方便"真方便并非易事》等相关报道。公厕收费问题,还引起自治区政协的关注,我应邀参加了视察活动,并写了《政协委员"查"公厕》(载 2013 年 1 月 11 日《光明日报》七版头条,《宁夏日报》在头版转载),在各方面的极力推动下,银川市公厕终于全部免费开放,人们拍手称快。

城市居民养狗也是问题重重，不登记、不防疫、不规范、随意上街、任意大小便，特别是没有拴绳的大狼狗，让人很没有安全感。如此养狗，在一些地方已成公害，但长期放任不管。我觉得应该为此写点东西，进而使之规范起来。为此，我不仅到相关部门采访，还特意探访了狗市，掌握了第一手资料。《养狗成患——银川市养狗热透视》(载 1999 年 6 月 25 日《宁夏日报·西部周末》头版)见报后，虽然也遭到个别人的谩骂，但大多数人都表示赞同。

对演员演出收入"离谱"的问题，我在二十多年前不仅有披露，而且有建议：不能让演员，特别是主演的收入在总开支中占比过高。那是我为电视连续剧《贺兰雪》被停拍而采访著名导演陈家林时"顺手牵羊"的"产物"，我为此相继发表了《影视演员出演费不能没谱》(载 1996 年 5 月 17 日《中国文化报》)、《拍电影，拍电视，请您悠着点》(载 1997 年 1 月 10 日《南方周末》)。此后，我发现各地学术演讲之类的活动日益增多，但主办方付出的演讲费却相差悬殊，有的甚至很随意，付费多少，往往取决于主办方是否有钱、当家人是否高兴。演讲费也需要规范起来！为此，我发出了《演讲费也应该有个谱！》的呼吁。

社会募捐活动一度过多过乱，既有组织"募"的，又有个人"募"的，好像谁都可以募捐，以什么名义都可以募捐，有人居然在企业内为企业负责人的儿子募捐。虽然当时没有人向我募捐，但我了解到这些情况后立即展开采访，发出了《社会募捐的混乱状况亟待整顿》(载 1993 年 4 月 11 日《光明日报》四版头条)的呼吁。摸奖活动、幸运抽奖活动一度很盛行，但有些活动"藏垢纳污"，极易衍生腐败，我及时发出了《有感于"幸运抽奖"》(载 1995 年 10 月 31 日《光明日报》)、《也该给"摸奖"定个谱》(载 1998 年 5 月 11 日《宁夏法治报》)。

一个时期以来，名目繁多的收费，在一些地方大有泛滥成灾之势。其中，有的虽然是合理收费，但因为该做的工作没有做，群众很不理解；有的完全是乱收费，应该整顿、规范，甚至取缔。哪些该收、哪些不该收、收多少合适，许多人并不清楚，针对这种现象，我写出了长篇述评：《是是非非话收费》(载 1993 年 5 月 4 日《光明日报》四版头条)。这篇述评，引起广泛关注。不久，中央就开始在全国整治乱收费了。

在此之前，有的地方邮政部门居然收起了"邮政附加费"——邮寄邮包、挂号信等给具邮件,在正常邮资之外,还要另交附加费。由于事先未做任何宣传就开始收费,许多人很不理解,抵触情绪很大。我了解到情况后采访相关部门,实事求是、毫不客气地指出了其中的问题。没过多久,这个收费项目就"夭折"了。

办班热,曾在全国各地"热"了很长时间。研讨班、学习班、培训班、进修班,一度多如牛毛,其中多数都选在风景名胜区,有的"班"为了吸引人参加,甚至做出各种优惠承诺,给予不菲的组团提成。我抖搂了主办者暗藏的私货,旗帜鲜明地提出:《"办班"该规范了!》(载 1997 年 6 月 3 日《光明日报》)。与此类似,报名费也曾被一些利欲熏心的人所利用。招生、招工、招干、征文、竞赛、评奖,几乎都少不了收取报名费,其中有的报名费高得离谱,甚至毫无道理。于是,我直接给予披露:《报名费变成了"摇钱树"》(载 1997 年 5 月 8 日《光明日报》四版头条)。

有段时间,"灰色收入"越来越多,同在一个单位、同样的级别、职称,收入却相差悬殊,有些人的"灰色收入"甚至超过了工资收入,由此引发了收入不公和社会矛盾,也影响了不少人工作的积极性。这种现象,应该高度重视,及时规范、引导!正是秉持这个理念,我写出了述评《"灰色收入"透视》《"灰色收入"差距大,弊多利少应重视》(载 1996 年 6 月 14 日《宁夏日报》)。

一些刊物违规收取"版面费",也是我最早公开披露并给予分析和批评的。《版面费,收不得!》(载 1993 年 8 月 10 日《光明日报》四版头条)、《版面费:几分苦恼,几分凄惨,几分无奈》(载 1994 年 1 月 3 日《新闻出版报》)都引起了广泛关注。在关注"版面费"的同时,我还关注了学术文章稿酬过低的问题,发出了《学术文章稿酬过低状况堪忧》(载 1993 年 3 月 13 日《光明日报》二版头条)的警示。

2013 年,我到一个供港蔬菜基地采访,发现在那里干活的居然全是贵州、云南等地的外来务工人员,竟看不到本地人的身影。这些外来的务工人员,凭着辛勤的劳动,每天都有不菲的收入。那么,这么好的挣钱机会,拱手让与他人,不知当地人作何感想,难道不值得好好反思吗?于是,我写了《谁会为此感到尴尬?》(载 2013 年 10 月 10 日《光明日报》十版头条)。

宁夏有所重点中学,以经济惩罚的办法督促学生学习并将收费存入老师个人名下,我接到家长的反映后,排除重重阻力到校采访,写出了《经济制裁能提高学习质量吗?》,结果,因为这篇稿件,教育部门一位负责人跟我闹翻,这所学校的几个老师还大量散发不实材料,甚至对我进行人身攻击,但我并不为管了这个"闲事"而后悔。

2012 年 11 月,张贤亮包养情妇的谣言在网上疯传,评论和谩骂者唾液横飞,而当地媒体却都默不作声。在此关键时刻,我认为《光明日报》不能失声。在征得报社领导同意后,我做出了公开报道:《年过七旬笔耕不辍,躺着中枪令人关注:张贤亮潜心创作"平面"与"立体"文学》(载 2012 年 11 月 19 日《光明日报》)。我的报道几乎被所有网站转载,也迅速平息了事态。针对这一事件的教训,我又发表了一篇评论《莫让谣言愚弄社会舆论》(载 2012 年 11 月 23 日《光明日报》),在关键时刻显示了主流媒体的作用。事后回想,在几乎所有主流媒体都"噤声"的情况下,我义不容辞地主动"发声","管"了这个"闲事",还真不是"多此一举"。

我管的闲事越来越多、越来越杂,甚至到了无所顾忌、不做选择的程度:宁夏同心县县委机关因欠费被电信局掐了电话,我做出题为《同心县邮电局为何掐县机关电话?》的报道(载 1994 年 8 月 8 日《光明日报》四版头条),实事求是地反映了他们的困难。这个县的广播站只剩下县委机关门口的 3 只喇叭,我呼吁《农村召唤"话匣子"》(载 1994 年 8 月 10 日《光明日报》二版头条);固原县将原来的县委大院卖掉了,新办公楼却不能如期交工,我写了《县委机关大楼成了"胡子工程"》(2000 年内参)。固原县县委大院被卖,县委机关却无处落脚,我又写了《莫让固原县委无家可归》(2000 年《光明日报》内参);固原县三营镇欠下了高额吃喝债,让此后五任班子都未还清,我给予毫不留情地披露:《数任班子没还清的吃喝债》;三营镇时任镇长为前任留下的"后遗症"五次当被告且次次败诉,我为他代言:《我这五次被告当得冤不冤?》(载 1999 年 7 月 2 日《宁夏日报·西部周末》头条);银川某小学一位老师刚刚收的班费在办公室丢失,该校负责人居然对办公室内的所有老师搜身,我闻讯前去采访,写了《发生在教师办公室的蹊跷事》;宁夏某地有一段公路因为偷工减料,屡修屡坏,在春季翻浆时甚至比乡间土路还要难走,我毫不留情地给予批评;某建设单位为赶庆典而突击施工,在庆典之后不得不推倒重来,我也毫不客气地披露;北京某"高层"面向全国征文,最终竟以是否交费作为入选依据,我也"大胆"介入,以《如此"文坛擂台赛"》(载 1993 年 11 月 25 日《光明日报》六版头条)揭露其内情;宁夏一名考生报考中专在录取时被人冒名顶替,迟迟未作处理,我发出了《宁夏各界关注一起招生舞弊案的处理》(载 1993 年 12 月 2 日《光明日报》二版头条),此后又做出追踪报道《招生冒名顶替案了犹未了》。

除了对具体事件的关注外,我还对一些带有普遍性的现象给予了密切关注:《全民经商是国之不幸》(1993 年)、《目标管理责任书不可过多过乱》《形形色色的街头骗子》(1994 年)、《理事,您常"理事"吗?》《"媚下",也是一种腐败》(载 1995 年 8 月 23 日《光明日报》)、《浮躁:急功近利幼稚病》(载 1995 年 6 月 9 日《光明日报》)、《莫让评奖变了味》(载 1996 年 9 月 2 日《人民日报·人民论坛》专栏)、《治治各种"小动作"》《借办学发财:此路不通》《莫让"家"贬值》《短期行为:社会发展的最大隐患》针对一些引进设备长期闲置的问题,我呼吁《要提高引进设备利用率》;针对社会上不断兴起的这"热"那"热",我直言不讳地说:《"发热",是一种病态》;针对农村青少年大量辍学问题,我写了《警惕新的"读书无用论"》(载 2003 年 11 月 20 日《人民日报》)。针对缺乏理性的过度质疑问题,我写了《网络质疑是把"双刃剑"》(载 2013 年 1 月 19 日《中国新闻出版报》)。

针对愚昧消费,我不仅做出了分析,也鲜明地表明了态度:《愚昧消费:农民自背的包袱》(载 1994 年 5 月 23 日四版头条)、《愚昧消费面面观》(载 1994 年《新闻大世界》第六期)、《愚昧消费应该遏制》(载 1995 年 1 月 14 日《光明日报》四版头条)《愚昧消费害人不浅》(载 1995 年 2 月 15 日《宁夏日报》)、《防止愚昧消费》(评论,载 1997 年 1 月 28 日《光明日报》头版)、《过春节应纠正愚昧消费》(1997 年 1 月 31 日《宁夏日报》)、《这样的愚昧消费该管》(2004 年 4 月 7 日《光明日报》)。从这些报道的篇目中可以看出,我为遏制愚昧消费也算是不遗余力了。

在民间,常常有一些爱管闲事的人。新闻记者,也应该是爱管闲事的人,并以成为这样的人为荣。

五、记者不应为自己预设禁区,在任何时间、任何地点都应承担起舆论监督的责任

我是常驻宁夏的记者,但曾兼管过别的记者站,也曾回报社值班、多次参加中宣部等部门组织的异地采访活动。一般说来,赴外地采访,应以"正面宣传"为己任,"管闲事"的手应该缩回来,不应该到处捅马蜂窝,但我没有这方面的顾忌,仍然不收手。

1987 年,报社让我兼管甘肃。我驱车到武威采访,发现有古建筑被外单位侵占,长期不能发挥作用,便在实地采访之后毫不客气地给予批评。1988 年,我受报社委派到河南省沈丘县了解教师集体罢课事件,在全面了解并做出报道之外,我了解到那里的"大班额"问题很严重,一个教室竟然坐了近百人,已经严重影响了教学管理和教育质量,便额外"管起了闲事",我的报道《沈丘县城一些学校严重超员》被安排在 1988 年 7 月 10 日《光明日报》二版头条。到洛阳参加活动时,我发现这个九朝古都有大量珍贵文物流散民间,却没有引起足够的重视,于是我写出多篇报道:《没有仓库,没有措施,缺人管理:基层馆藏文物受损被盗严重》(载 1988 年 6 月 2 日《光明日报》)、《古都洛阳大量文物流散民间,应尽快拨专项经费征集收购》(载 1988 年 6 月 8 日《光明日报》)、《洛阳盗窃和走私文物犯罪活动为何禁而不止?》(载 1988 年 6 月 27 日《光明日报》二版头条)。在行进途中,我发现有些地方的农田里坟包特别多,死人与活人争地问题突出。认为这个问题不妥善解决,后果将十分严重。虽然是走马观花、不能深入采访,但我还是把路上的见闻写出来,以警示社会(《豫东庄稼地里坟包增多》载 1988 年 10 月 19 日《人民日报》)。

1994 年,报社调我回报社值班当编辑,虽然没有采访任务,但我一有空闲就往外跑,希望"捞点外快"。对北京自然博物馆,除了报道他们的馆藏文物外,我还关注他们的隶属关系问题,呼吁《北京自然博物馆应恢复为国家馆》。到国家文物局采访,我除了报道《三峡坝址中堡岛考古有重大发现》,还发出长篇报道《警惕对文物的"建设性"破坏》,反映了一个带有普遍性的严峻问题。休息日到天安门广场遛弯,我发现许多地砖破损不堪,但许多人却视而不见。在采访了巡逻哨兵之后,我先发了一篇"记者来信":《天安门广场破损的方砖应及时更换》(载 1992 年 4 月 17 日《光明日报》),后又发了内参《天安门广场方砖需要补补了》(1994 年《情况反映》第 100 期)。我的努力没有白费:没过多久,天安门的地砖就全部更换成石头的了。

随后,报社抽我到重点报道组,分给我的任务是采访国务院机构改革。经过精心准备、深入采访,我发出多篇有影响的报道,除了《"中枢"在变革——国务院精简机构转变职能记事》在《光明日报》头版头条刊登外,我还"搂草打兔子",发出了《市场经济呼唤完善的社会保障体系》《精简不等于机构改革》《机关工作也要讲效益》《政府职能既要转变又要加强》《对精简的认识不能偏颇》等多篇思辨性的稿件,这些都是我"多管闲事"的产物。

在重点报道组里,我除了完成"规定动作",还自作主张地"玩"了许多"自选动作":了解到影视作品选材方面的不健康倾向,我写了《影视帝王后妃热何时降温?》(载 1994 年 4 月 17 日《光明日报》二版头条);了解到农村各种愚昧消费,我写了《愚昧消费:农民自背的包袱》(载 1994 年 5 月 23 日《光明日报》四版头条),呼唤文明消费、健康消费。针对怪名、洋名泛滥的情况,我向社会呼吁《取名当随时代》(载 1994 年 7 月 22 日《光明日报》四版头条)。此外,我还发了几篇评论。针对各地高校无节制招收自费生现象,我写了《自费生招生应严加控制》(载 1994 年 3 月 11 日《光明日报》);针对烽烟四起的人才争夺战,我写了《人才流动应合理有序》;针对"垃圾书"过多过滥、层出不穷问题,我写了《出版无人看的书,干啥?》(载 1994 年 4 月 21 日《光明日报》头版);针对各地影视制作单位争相拍摄武则天的现象,我写了《何必都拍武则天》(载 1994 年 5 月 5 日《光明日报》头版)。写这些稿件,在有的人看来全是"多管闲事"。

20 世纪 90 年代,地跨陕甘宁三省区的长庆油田原油屡屡被盗,情况十分严重也十分复杂,油田与当地也存在利益纠纷。虽然被盗现场不在宁夏,但我还是奔赴现场展开采访,相继发出题为《长庆油田附近土炼油屡禁不止》(载 1993 年 9 月 8 日《光明日报》四版头条)、《长庆油田呼救》(载 1993 年 10 月 30 日《光明日报》四版头条)的报道,引起高度重视。

1996 年我随团到贵州、云南进行异地交流。因为此前我作为"宁夏优秀新闻工作者先进事迹报告团"成员曾在全自治区巡回演讲,所以这次异地采访便带有"慰劳"和交流的性质,对我也没有发稿要求,但我还是瞅准机会采访并且发出多篇报道。除了正面报道当地的成就和特色外,我也认真听取当地景区管理人员的呼声,进而在《光明日报》上展开呼吁《莫在风景区"煞风景"》,得到了《人民日报》的呼应。

几年前,报社在南方某省开会。在某机关会场一落座,我就看见许多沙发扶手被人写了乱七八糟的文字,脑海里马上蹦出一个新词语:会场文明。联想到其他会场上见到过的与会人员进进出出、衣衫不整、交头接耳、接听电话等种种不文明现象,我写出了一篇述评,正式提出"会场文明"问题。几年前,我出差路过甘肃省甘谷县。因为列车还要过一段时间才进站,我便利用等车的间隙走进火车站附近一处古民居,在与住户深入交谈之后,我发出了《甘肃省甘谷县一处珍贵古民居亟须保护》和《民居简朴古风存》两篇报道。

2002年至2006年,我先后参加中宣部组织的"'三个代表'在基层""落实科学发展观""建设新农村"等主题采访活动,先后奔赴西北、东北及中原地区。这些采访,目标明确、任务具体、时间安排紧,按说,也就无暇管闲事、不该管闲事、没有机会管闲事了。但我"爱管闲事"的习惯不改,仍然注意将采访活动中的所见所闻和顺便了解的情况整理成文,频频摇动"闲笔"。看到陕北石钟山石窟的破损情况,我发出了《钟山石窟在呼救》(载2002年8月11日《光明日报》二版头条)的呼吁。看到位于河南省的三国受禅坛和"三绝碑",我呼吁《妥善保护三国受禅坛和"三绝碑"》(载2002年8月23日《光明日报》二版头条)。到东北采访,听说某地级市文物因没库房、没展室而长期放到锅炉厂,我义不容辞地为他们代言:《双鸭山市真该建个历史博物馆》(载1994年4月3日《光明日报》)。此外,我还针对吉林省延边朝鲜族教育出现的新情况写了内参。在甘肃省敦煌市,看见馆藏文物丰富的敦煌博物馆却游客稀少、冷冷清清,我写了《旅游别冷落了博物馆》(载2006年8月31日《光明日报》)。在青海省,我看到有人在青海湖附近用木杆绑着塑料袋向过往车辆摇晃,意在兜售湟鱼,随即了解到已经禁捕的青海湖仍然有人在偷捕、偷卖青海湟鱼的状况,写出了《珍惜青海湖"鱼鸟共生"状态》(载2006年7月24日四版头条)的"记者来信"。看到有的地方为一点土特产而过度包装,我直言不讳地做出报道:《虚假包装有违诚信》(载2006年1月13日《光明日报》四版头条)。在甘肃敦煌莫高窟,我采访了樊锦诗院长,了解到敦煌莫高窟因游客过多不堪重负的状况,呼吁《让敦煌国宝有个"喘息"》(载2006年9月20日《光明日报》半个版)。

到东北采访,我们在从一个城市赶往另一个城市,看到100多公里长的等外公路(只有二车道)居然设了4个收费站,我便"见缝插针",在车里采访了当地人。我从司机和当地陪同者的口中了解到,汽车在这段路上行驶,过路费居然超过了燃油费,有的车辆一年缴纳的过路费就超过万元。岂能让这种不合理收费大行其道?我"振臂一呼":《这里公路收费站多且乱!》(载2004年5月8日《光明日报》)。

经常出差,飞机就成了"旅伴"。在飞机上,我又发现了"问题":在"吃饱喝足"之余,我发现有些飞机上发下来的餐盒是满满的,收回来的餐盒还是满满的,所用包装材料居然有七八种之多,这与建立资源节约型社会是极不协调的。于是,我就此采访了几位空姐,写出一篇通讯:《客机上能否少制造点垃圾?》。此后,我又针对有些航空食品华而不实的问题写出报道:《航空食品能否再简单、再实惠些?》。针对有些航班上午"精神食粮"丰富——可供阅读的报刊较多,而到下午几乎无报可读的状况,我提出一个问题:飞机上的报纸,可否多次阅读、不要急于收走? 为了减轻飞机负担和处理成本,我甚至提出"为了少用飞机厕所,能否尽量在登机前'方便'?"也许,我对此有点过于计较了。

就这样,我无论走到哪里都是秉性不改,"管闲事"也成为一种习惯和一种惯性思维了。凡是能看到的,能听到的,能接触到的,能想到的,能介入的,可以干预的,能允许我置喙的,我都希望有所表示、有所作为、发挥一点积极作用。

六、客观公正、严谨求实的舆论监督,是能够得到理解和支持的,也是能够受到社会各界,包括监督对象欢迎的

报社领导和编辑部对我给予了充分的信任和支持,很少让我那些"锋芒毕露"的稿件"胎死腹中",也常常放在突出位置,给予突出处理。1998 年,我的新闻评论作品集《悠悠我心》出版,时任光明日报总编辑王晨(十九大后任中共中央政治局委员、全国人大常委会副委员长)非常热情地写了中肯的序言。他说:"电一同志还有一个突出的特点,就是敢于写批评稿件,勇于搞舆论监督。他既栽花,又挑刺儿,有些'刺儿'挑得是很有些胆量的。他的许多稿件都是振聋发聩之作。有的稿件一发表,犹如一石激起千层浪,引来纷纷议论和极大反响。他写批评稿件的特点是:问题重大,锋芒毕露,毫无吞吞吐吐、遮遮掩掩的意思。有些同志曾担心他的稿子这样尖锐,在当地会遇到麻烦;其间,他也确曾受到过这样那样的非难。但是,电一同志经受住了压力和考验。这里面,有宁夏各级党组织和政府的关心支持,有报社编辑部的全力协助,就他本人来说,出以公心,忠于职守,深入采访,实事求是,与人为善,以建设性的态度推动问题的解决,都是他的报道站得住的重要原因,也是他获得成功、受到当地好评的重要原因。"从这些评价中可以看出,王晨同志对我是非常理解、非常支持的。

我在这里举了这么多例子只想说明:这么多年,我一直是以强烈的社会责任

感在观察、思考、写作。凡是进入我视野的现象、凡是能够捕捉到的题材、凡是思考成熟的问题、凡是可以诉诸笔端的题目、凡是可以发挥一点作用的领域、凡是应该监督的工作、凡是需要引导的事物,我几乎都主动涉入并力图发挥一点作用。我没有像一些人那样"事不关己、高高挂起",没有从个人需要、个人利益、个人好恶出发乱写文章、乱发议论。

就这样,在没有哪个机关任命、没有哪个部门授权、没有哪个领导布置的情况下,我自作多情、不自量力地当了这么多年的"不管部部长""社会警察"。我每天都睁大眼睛注意发现各种问题,每次参加活动都留意新闻线索。结果,许多现象、许多问题都没有逃过我的眼睛,都被我敏感地抓到了、反映了、披露了、批评了,甚至声讨了、鞭挞了。

当然,我所谓的"管",主要的手段还是动动笔而已,通过发表的文字发挥作用,其他手段只能起一些辅助性的作用。对于一个无权无势的普通记者来说,我只能以笔为武器、以媒体为平台、以报刊为载体,做一些力所能及的舆论监督。除此之外,党报记者、政协委员的身份,也让我"如虎添翼",进而做了一些有益的事。客观地说,我发挥的作用是有限的,有的稿件虽然在一定程度上扭转事态,但不一定能彻底解决问题,有时还需要呼吁、借助其他社会力量,所以,对自己的能力和作用,既不能高估,也不能低估。

几十年来,我既报喜,又报忧,有喜报喜,有忧报忧,既不虚报,又不掩饰;既不隐恶扬善,又不粉饰太平;既不大事化小,又不夸大其词。报喜,是为了喜上添喜;报忧,是为了彻底解忧。无论是报喜,还是报忧,我都感同身受、融入其中,都没有把自己当局外人。

需要特别说明的是,上面提到的那些"带刺"的稿件,只是我所写稿件的一部分,而配合当地党委、政府中心工作、反映基层的探索和实践、歌颂群众创造的稿件——即正面报道则始终是主流 。当然,我从不认为批评性、揭露性、提醒性的稿件就是"负面报道""捅娄子""找茬""鸡蛋里面挑骨头"。在我看来,这些报道比一些正面报道所发挥的作用更突出、更明显。有些稿件,曾让一些人不舒服,甚至一下子接受不了,但事情过后,有些人明白过来了,也看到我并无恶意,便转过头来感谢我。

我的这些稿件,绝大部分都是在《光明日报》上刊登的,只有极少部分因为《光明日报》不登、不适合在《光明日报》刊登,才在其他报刊上刊登出来。

有人可能会认为,像我这样到处"挑刺"、四面树敌,一定很讨人嫌,也会让人与我保持距离、对我提高警惕,甚至让我很孤立,各种"好事"也不会与我沾边。实际上,我并没有被孤立,也没有让人对我"敬而远之",许多人求之不得的"好事",也曾不止一次与我不期而至:2006年,经过"三上三下",我成为宁夏35名党的十七大代表候选人之一,一时间,我竟然成了新闻人物;2007年,《宁夏日报》根据上级安排,在头版推出《塞上英才》栏目,我是集中宣传的50人之一;2008年,我被确定为自治区成立50周年集中宣传的50人之一,国家民委主办的《民族团结》杂志对我做了报道;2009年,我在不知情的情况下被评选为"宁夏当代名人"(总共66人,一多半已经去世),我手写的签名,被刻在文化广场的雕塑上;2013年,我入选"感动宁夏"十大年度人物,是开评以来唯一的新闻工作者;2014年,我作为从业30年的新闻工作者代表,应邀专程到京登台领取荣誉证书和纪念章;2018年,在自治区成立60周年之际,宁夏党委宣传部、组织部等14个部门联合评选出60位"自治区60年感动宁夏人物",我再次入选……我这么"好斗""多事""不安分",但我依然完好无损,既没有体无完肤,又没有焦头烂额、惶惶不可终日,相反,倒赢得过几句赞语,也有人偏要给我戴上一顶顶让我无法承受的桂冠。

由此可见,只要从人民的利益出发、只要是出于善良的愿望、只要是为了社会更和谐、生活更美好、人民更幸福,能得到人民的理解和支持,即使"挑了刺""放了炮""找了茬",也没有什么大不了的,更不会失掉民心。

我好像也听到过几句赞语,但我从不敢照单全收。如果让我评价自己,那么我可以说:我还算是个有社会责任感的记者,也一直在努力履行自己的社会责任,但我做的还远远不够,有的采访可能不够深入,有的报道也缺少理论高度。严格说来,有些稿件只是披露了一些现象,还缺少理性分析,也未达到应有的深度,所起的作用不仅很有限而且是在有关部门的支持下才实现的,给人的思考和启发也很有限。

一个记者是否得到人民的理解和信任,要用自己的所作所为来验证、要用自己所写的稿件来说话。人民需要"栽花"的记者,人民也需要"摘刺"的记者,而"摘刺"比"栽花"难度更大、风险也更高,而敢于"摘刺"的人一般都精神可敬、勇气可嘉。回顾30多年的从业经历,我之所以能被一些人记住,可能与我敢于摘刺、摘了许多人不摘、很难摘的刺有关。摘刺于我，益莫大焉。

我从来不相信"记者是无冕之王"的话，但我确实是把"不管部部长"这顶虚无的帽子自作主张地戴在了头上，只是不知道自己是否尽职尽责、称不称职？如果有人认为我还是很卖力地当过"不管部部长"，我将感到欣慰。也许，像我这样当记者的人不多，但我却乐此不疲，也陶醉其间，因为这让我有了存在感和成就感。

令人遗憾的是，现在，在许多媒体上很少看到批评报道了，有人当了十几年记者，居然一篇批评稿都没有写过。从不写批评稿、不敢搞舆论监督，甚至视舆论监督为畏途的记者，在许多新闻单位都大有人在，这是一种很可悲的现象，也是极不正常的现象，更是需要我们通过多种措施加以改变的现象。

没有舆论监督，腐败就会盛行，谬误就会泛滥，失误就会增多，正直的人就会受气，社会就不正常，许多意想不到的情况都会出现。最近，有中央媒体呼吁加强舆论监督并阐述舆论监督的作用和意义。2018年8月31日，新华社发出《"舆论监督敏感症"要不得！》，也引起广泛关注。2017年2月19日，新华社还旗帜鲜明地提出"党员干部要自觉接受舆论监督"，说"舆论监督不是捅'马蜂窝'，而是要摘掉'马蜂窝'"。时至今日，任何惧怕、反感、躲避、抵制、反击舆论监督的行为，都是愚昧落后的表现，这样的单位和个人也将被历史所嘲弄、淘汰。

社会发展越快，社会问题越多，就越需要舆论监督。不论社会发展到什么程度，都少不了舆论监督。

综上所述，我30多年舆论监督的实践说明：

1. 一个健康文明的社会，离不开舆论监督。没有舆论监督，是社会的悲哀，会造成许多有形的和无形的损失、酿成许多不该发生的社会悲剧。新闻媒体和新闻工作者在舆论监督方面负有特殊的使命。

2. 舆论监督，可以和人大监督、政协监督、行政监督、司法监督、纪检监督、社会监督一起构成一个完整的监督体系，只有各种监督各司其职才能确保社会的和谐、进步。

3. 一个有社会责任感的记者，可以在引导舆论、匡正时弊、伸张正义等方面写很多"文章"、做很多益事，可以在很多方面有所作为，进而在时代进程中扮演重要的角色。

4. 记者所做的舆论监督,不是孤军作战、单打独奏,往往离不开各界,特别是所在单位的理解、支持、配合,同时也需要被监督的单位和个人的理解、宽容、响应。

5. 新闻媒体的舆论监督,需要相关制度保障,也需要权力部门保驾护航,要通过各种举措,确保舆论监督顺利进行,要让所有监督都合法、合规、健康、准确、到位。

6. 记者舆论监督的积极性,既需要充分调动、及时激励,又需要妥善保护、适当褒奖。主管部门和记者所在单位,既要表彰"栽花"的记者,更要表彰"摘刺"的记者,在职称评定、表彰奖励等方面也要适当向"摘刺"记者倾斜,不能让态度端正、作风扎实、工作严谨、监督正确的记者既流汗又流泪,既伤心又失望。不能因一次监督的失败而让一个优秀记者"一朝被蛇咬十年怕井绳",变成谨小慎微的"缩头乌龟",甚至就此永远告别舆论监督。

我想,如果有更多的人自觉自愿地当"不管部部长",主动承担更多的社会责任,我们的社会就会越来越文明、越来越和谐、越来越美好。"不管部部长"多了,"管闲事"的多了,谬误就会少了、损失就会小了,弱者得到救助了,需要关爱的人得到关爱了,人们也就会有越来越多的幸福感了。

(原载 2018 年《西部学刊》杂志第 11 期、12 期,刊登字数逾 2 万)

媒体不应为哗众取宠者张目

有一些媒体常常报道某某人、某某成果(或作品)获了"大奖",也有一些人在公开场合介绍一些来宾了不起的业绩并以获得了大奖作为佐证。许多人也就此产生一个疑问:什么奖可以称之为"大奖"? 什么奖才算是"小奖"? "大"的标准是依据什么划定的? 大到什么程度才是"大奖"?

令人大跌眼镜的是,有些媒体所报道的、有些人口中的"大奖",居然鲜为人知,在社会上的影响也很有限;有些奖的评选范围并不大,既不是全国性的,也不是全系统的,只是区域性的、行业性的,有资格参评的人也不多:有些人口中的"大奖",既不是一等奖,也不是二等奖,而是三等奖,甚至只是个优秀奖、鼓励奖。有人问：这样的奖项，也能称之为"大奖"吗？

大奖，应该是有很大影响力、有很高知名度、有很强引导力的，应该是人人羡慕、从心里敬佩的。如：全国劳动模范，全国××先进工作者，全国五一劳动奖章，全国优秀教师，中国科技奖，鲁迅文学奖，茅盾文学奖，金鸡奖，百花奖，梅花奖，文华奖，等等。而一个地区、一个领域、一个单位、一个企业、一个学校在一定范围内组织的评奖，实在跟"大"不沾边。

也许是我国目前的评奖太多吧，也许是能够获奖的人也太多吧，一般的奖项已经不能"引人注目"了，也不能让人刮目相看了，于是，有些记者和有些个人为了说明他们所要推崇的奖项非比寻常，就称之为"大奖"，以"大"来吓人，进而让人高看一眼。这种现象，正与一个时期以来对人的称谓不断"升格"相呼应：一些没有多高造诣的人，居然也被一些媒体称为"××家"。不仅如此，还有人毫无愧色地自称为"家"的。结果，各式各样、五花八门的"家"满天飞。有些人和有些媒体为了显示自己或自己"看好"的人的"不凡""不普通"，又在"家"的前面加上"著名"或"大家"，以显示其卓尔不群。其实，有些媒体和个人提到的"著名"的人，并没有几个人知道。"著名"被用烂了，有些媒体、有些人又大肆抛售"大师""泰斗"的桂冠。真不知道在"大师""泰斗"之后，还有多少更"生猛"的词语好用。所有这种表现，反映了某些媒体、某些人浮躁、虚伪的心态，而这种不健康的情绪和表现，有哗众取宠之心，无实事求是之意，在社会上已经造成了不良的影响，这对事业的发展和社会的文明进步，都没有任何益处。

无论是个人，还是单位，获奖都是光荣的事，适当宣传一下，在适当场合说一说也是可以的，特别是在新闻报道中或一些活动中，介绍某个人或某个单位的获奖情况，也有必要。但获了什么奖就说什么奖，获了几等奖就说几等奖，对外界不了解的奖项，做一点简单说明，也未尝不可，但不应该在前面乱加"大"、让"大奖"满天飞。

一般的小奖，不可能因说"大"而变"大"；真正的大奖，不说其"大"，人们也会认为"大"。是否是"大奖"，人们自会做出判断，不是你说了"大"，人们就都认为"大"。虚假的判断、过度的恭维，是难以强加于人的，甚至适得其反。

在我看来，不是全国性的、全局性的评奖，就不该称"大"，不是一等奖，二等奖、三等奖也没有资格称"大"，称"大"一定要有"大"的资本、"大"的依据，一定要让人信服。无论是新闻宣传,无论是说自己还是讲他人,都应保持一种平和的心态,不要弄假的、玩虚的,更不要搞花样、夸大其词。

总之,希望"大奖"之类的说法,在新闻报道中和公开活动中销声匿迹。

(贺兰山网评,2020 年 8 月)

做一名有定力、有担当、有社会责任感的党报记者

如果说人民日报是新闻界的排头兵,那么人民日报记者就应该是记者队伍的排头兵。不是谁都能当上人民日报记者,不是谁都能当好人民日报记者。每个到人民日报工作的人,都经过了严格的挑选;每个有所成就的人民日报记者,都是经过一番艰苦的磨炼和不懈的努力。人民日报记者,不仅业务素质要高,政治素质更要高。人民日报记者的一举一动都会有人关注。同样一篇稿件,刊登在《人民日报》或其他报纸上,所起的作用、所达到的效果、所产生的影响,是有很大区别的。同样一个差错,出现在地市级报刊上,可能会被忽略,也不会有多少人计较,但出现在《人民日报》上就会被认为是个重大事故。《人民日报》上的每一句话、每一种提法,甚至所用的每个词语,都会被人关注或利用。所以,作为中央级媒体的记者,每天都应该小心翼翼、战战兢兢、如临深渊、如履薄冰,一刻也不能掉以轻心。这就需要有强烈的政治意识和责任意识。一个合格的记者,一定要有定力、有责任、有担当,舍此就经不起各种考验、各种诱惑,也不能很好地履行自己的使命。

毋庸讳言,随着互联网的高度发展和手机等现代化传播工具的迅速普及,读书看报的人在急剧减少,包括《人民日报》《光明日报》在内的党报党刊及其他平面媒体的社会影响力都有所削弱,但是,《人民日报》等党报党刊的基本定位没有变、党中央和各级党组织对党报党刊的要求没有变,党报党刊记者的责任和使命也没有变,所以我们就没有任何理由轻视自己的工作、放松对自己的要求。"守初心、担使命、做合格党报人",就是新时代党和人民对我们的基本要求。

中央媒体级别高、牌子亮、影响大、社会关注程度非同一般,能够成为中央媒体的记者,责任重大、使命光荣、令人自豪,但是,这不应该成为中央媒体记者的包

袱,更不能成为摆排场、讲待遇、比条件的资本。据闻,曾有一些市县在大街上打出横幅欢迎人民日报记者前去采访,当地负责人也会亲自陪同,这充分反映了当地对中央媒体的重视程度,但却容易助长一些不良习气,甚至会让一些记者忘记本分、不注意自身形象,觉得自己真的了不起。

中央媒体记者,无论在什么情况下都不能忘乎所以、妄自尊大,不能因别人对所在媒体的尊重和重视而飘飘然、顺杆爬,甚至讲条件,提出一些不合理的要求。对中央媒体记者来说,格局要大,架子不能大;对待自己要严,对待他人要宽;业务水平要高,待遇要求要低;写稿要高人一筹,做人不要高人一等;要用稿件打动别人,不要用所在媒体咋呼别人。

如何当好中央媒体的驻站记者? 具备哪些素质才能成为优秀记者? 这是我们要经常反躬自问的问题。以我从业 30 多年的经历来看,我认为有以下几点是必须坚持的:

站位要高,立足要稳。中央媒体驻站记者,上接中央,下联基层,一定要有高站位,思考问题要有全局意识,采访和写作都要有大局观念,行文和做事都要站在党和人民的立场,以对党中央负责、对所在媒体负责的态度为人处世,不能随意改变立场,不能为了宣传而宣传,不能单纯为完成任务、为"挣工分"而写稿,不能为一人、一事、一地就事说事,将自己贬低到一个地区、一个单位、一个企业的吹鼓手,成为某些单位、某些人谋取个人或小集团利益的枪手和敲门砖。特别是在全局利益与局部利益相冲突、中央精神与地方要求不一致时,一定要维护全局利益、维护中央精神,不能做任何有损国家利益、全局利益的事。

要有担当精神、责任意识和无私无畏的品格,当党和人民需要我们站出来时,就要勇敢地站出来,披露真相,主持公道,伸张正义,仗义执言,该出手时就出手。人们常常对党报,特别是中央级党报寄予厚望,希望党报记者在关键时刻挺身而出,为人民代言。在这个时刻,党报记者不能装聋作哑、当"缩头乌龟",不能让人民失望,这也是自觉维护党报,特别是中央级党报的声誉。几年前,某市在城市改造中发现大批隋唐墓葬,但有关人员因为赶工期,不愿增加额外开支而不理睬文物管理部门下达的停工通知,文化厅厅长亲自前往督促,结果也无法解决问题,最后不欢而散。关键时刻,我"不依不饶",大胆地"摸了一下老虎屁股",及时做出客观报道,扭转了事态,也树立了中央党报的威信。自治区有关部门在举办山花节期间,发生了不该发生的事件,在场几十位记者义愤填膺,但因为种种原因最终并没有人动笔。目睹这种情况,我依然动笔,写出长篇报道《老龙潭记者遭非礼》,分析了原因、总结了教训,促进了全行业的整顿。

要保持定力,坚守信念。中央媒体,具有很大的宣传声势和政治影响,是各地区、各单位都很倚重的力量。中央媒体驻站记者,常常要面对各种复杂情况,也常常会有人找上门来寻求帮助,其中,有发出热情邀请的,有递上橄榄枝的,有备好"花轿"来抬的,当然,也有挥舞大棒的,面对是非曲直,面对重重迷雾,面对各种压力,记者一定要有定力,一定要坚守信念,不该参加的活动绝不参加,不能接受的礼物绝不接受,不该出席的宴请绝不出席,不该捧的场绝不捧,不该表的态绝不表。动笔,要有责任感,因为几乎每一篇稿件都会对社会产生或大或小的影响;有的时候,不动笔,也是有责任感的表现,不该写的稿件坚决不写,不当"应声虫"、不当"敲门砖",不为贪官所利用、不为大款拍马屁,也是维护中央媒体的声誉和形象。有个号称"榜书第一人"的厅级贪官,曾是新闻界的"宠儿",中央媒体和地方媒体的许多记者都为他"捧过臭脚",其间,他和他的下属也多次找到我,特别希望我来写写他和他的"书法艺术",但我因了解他的为人,也知道书法界对他的评价,所以始终坚持不为他写一个字。他还多次要把他的"墨宝"赠送给我,我每次都借故推脱。等到他被判刑 18 年,那些曾经为他唱过赞歌的人都张口结舌、哑口无言了。

驻站记者,守土有责,对"辖区"有新闻价值的人和事都要给予关注,既然守着一方疆土,就要全心全意对它负责、为它尽责,有的时候,要主动作为、当仁不让。要以"舍我其谁"的精神和气魄,做好自己可以做、应该做的事。有人曾对驻站记者做出一个未必恰当的比喻:驻站记者都是一方诸侯、封疆大吏,具有举足轻重的地位。驻站记者虽然没有什么权利,但却有不小的责任和不容推却的义务。因为驻站记者独当一面、独守一方,如果他不尽责,所在媒体就会有缺失,如果他缺位了,所在媒体就缺位了,如果他不发声,所在媒体就无声了,如果他不报道,许多值得报道的东西就被埋没了,该让人知道的人和事,人们也就无从知晓。几年前,我听到了支宁教师冯志远的感人事迹,便觉得自己有责任写写他。虽然他此时远在长春妹妹家,但他毕竟是在宁夏奉献了 42 年。为此,我主动请缨,专门向报社打了报告。经过报社领导的努力,我争取到了这次难得的采访机会,全力以赴地投入,最终发出了四篇有质量的通讯。2012年,著名作家张贤亮包养5个情妇的谣言在网上铺天盖地,虽然有关部门专门就此发出通知,要求各媒体都不要炒作此事。但我觉得作为常驻宁夏的记者,所在媒体又是以教科文卫为主要内容的报纸,我有责任了解真相并适当发声。在报社领导的支持下,我投入采访并及时做出以正视听的正面报道,几乎所有网站都做了转载,迅速平息了事态。2014年张贤亮病重,听说这个消息,我觉得自己有责任在张贤亮在世时给他做一个全面的"盖棺论定"式的报道,以整版的篇幅长篇通讯《张贤亮,好大一棵树》结果,赶在张贤亮去世前一个多月刊登出来,我也算又一次尽了责。张贤亮去世后,我不仅及时发出消息,而且随后又发出一篇怀念性的文章。自我感觉,在这件事上没有缺位。

要自我约束,严格自律,坚持"慎独",防微杜渐,自觉抵制各种诱惑。驻站记者,常常单打独奏,又远离总部,往往缺少有效监督,在这种情况下,驻宁记者的自我约束就显得十分重要。实际上,驻站记者面对的诱惑很多,如果没有定律、没有理想、没有信念,就会经受不住诱惑和考验。近年来,"跌倒"的记者已不在少数了,其中就有驻站记者:中国经济时报江西记者站站长郭海,被称为贪官苏荣的"地下组织部部长";甘肃日报驻武威记者马顺龙,常常坐主席台,在武威号称"马三爷"(市委书记老大,市长老二,他老三),是当地的"首富记者";某中央媒体记者接受贿赂,为沈阳"慕马大案"中的马向东评功摆好,干扰纪检部门办案,自己最终也跌入深渊,最近,内蒙古广播电视台中部记者站站长苗迎春因涉黑,被呼和浩特中院一审判处无期徒刑。所有这些,教训都极为深刻,每一个驻站记者都应该警钟长鸣。

总之,驻站记者责任重大,使命光荣,我们切不可掉以轻心。

(本篇是为人民日报社宁夏分社"守初心、担使命、做合格党报人"专题教育所写的讲稿,原载《新闻研究》2019年第35期)

问君何能尔?

——以亲身经历和职业感悟回应唱衰媒体者

又一个记者节快到了。算起来,这应该是我国的第十八个记者节了。

我国是在 2000 年开始设立记者节的。在欢庆首个记者节的时候,我在当年 11 月 16 日的《新闻出版报》上发表了一篇文章,题目是《当个记者多荣耀》,文中抒发了当记者的自豪感。当时,我还是个只有 15 年新闻工龄的中年记者。一转眼,就迎来了第十八个记者节,我的新闻工龄也有 32 年了。在国家和个人都发生了巨大变化之后,回首走过的路,回忆经历的事,我依然没有为当年的选择后悔,我仍旧要说:当个记者多荣耀! 与新闻事业结缘,是我今生最大的荣幸,也是我最正确的选择!

我不是学新闻专业的,在当记者之前曾是一所师范学校的教师,有多年业余写作的经历,也在全国性、地方性刊物上发表过一些作品。虽然我十分热爱教育工作,是个受到学生好评的教师,但我更喜欢"舞文弄墨"的人生,更羡慕记者的工作。所以,当我在《宁夏日报》和《宁夏科技报》上看到光明日报社招考驻站记者的启事时便动了心,但只招一个人,又让我信心不足,那可是百里挑一啊,我哪有那个实力? 是同事们的一再鼓励让我有了试试看的想法。因为担心竞争不上,我甚至是悄悄报的名,以致我在一天半的考试中力拔头筹并被确定为 3 名候选人之一后,学校领导才知晓。没想到,这却惹恼了学校领导。因为当时有限制教师外流的规定,我的这个调动便费尽了周折。经过老站长王广华的协调,光明日报社给自治区党委宣传部专门发函,希望当地有关部门支持这个调动。尽管有多位领导表示关注并给予了各种支持,我还是在距招考八九个月之后才办好相关手续,最终实现了当记者的夙愿。如果不是有那么多人为我使劲,如果不是对新闻工作那么向往、那么憧憬,我都想放弃了:当个有造诣的教育家,同样可以成为我人生追求的目标!

我格外珍惜这来之不易的工作机会,也竭尽全力弥补自己知识和经验的不足,努力克服面临的各种困难,以求尽快实现由教师到记者的转变,也力图通过创造性地工作将经济文化落后地区的新闻劣势转化成新闻优势。

那是一段令人难忘的峥嵘岁月。自改革开放后,我国各项事业都进入高速发展时期,新闻事业也进入黄金时代。新闻媒体,像雨后春笋茁壮成长,各类报刊、各级电台、电视台相继诞生,有影响的报道层出不穷,形成强大的舆论引导力量,各类媒体都在现实生活中扮演着重要的角色。新闻工作,成为人们普遍看好的工作,也被社会各界寄予厚望;新闻专业,成为热得发烫的专业,大学争相开办,优秀考生热衷报考。许多人怀着各种各样的理想、愿望和憧憬进入这个行列,其中许多人很快便成为业务骨干、知名记者。

对我来说,跨入这个行业的最初想法很纯粹、很单纯,颇有一点理想主义的色彩,因为我从没有当官的念头、没有发财的奢望,更不想借这份工作成名成家。

我对这份职业是有清醒的认识的:想当大官吗? 到了这个岗位几乎是不可能的,新闻单位没有多大的升职空间,记者站更是个不起眼的"小庙",辛辛苦苦"爬格子",再怎么爬也爬不到哪去,有些人借助记者的报道成为名人,甚至不断高升、晋级,而做出报道的记者还在原地踏步。想发大财吗? 这也是不可能的。工资收入有限,如果靠稿费连自己都难以养活。一些原来很平凡的人成了大款,而记者永远都不可能富得流油。想成名成家吗? 这个可能性也不大。虽然同样是在稿纸上"码字",记者的文字往往被认为没有多大学问,也不像文学创作那样被人看重,因而难有作家那么大的成就。

如此说来,新闻工作还有什么奔头,还有什么干头?

如果真的认为记者没有什么奔头、什么干头,既辛苦又没有前途,那就错了!我对此也不会认同。因为我当初向往新闻工作、渴望当记者,就不是冲着级别、待遇和收入的。

记得当年参加记者招聘考试时有一个命题作文,题目是:《假如我是一名记者》。我在考场上不假思索便一挥而就,几乎没有改动。后来,报社把这份试卷退回给我,我一直珍藏至今。2016 年,在出版文学作品集《青山明月不曾空》时,我特意将此文收入其中。全文如下:

假如我是一名记者

我们的时代是飞速发展的伟大时代。在党中央的英明领导下,全国人民正满怀热情朝着四化的宏伟目标奋勇前进。每天,都有数不清的新成绩、新纪录要向全中国人民和全世界人民公布;每天,都有无数的先进人物、先进事迹、先进经验要迅速报道。时代的飞速发展,向新闻工作者提出了新的更高的要求。

假如我是一名记者,我一定要站在时代发展的前列,以满腔的热情奔赴采访一线,及时而又迅速地发现生产和生活中的先进典型,并通过自己的笔让他们迅速和广大人民见面,让这些先进典型成为人民学习的榜样,成为推动社会发展的动力。而要准确、客观、公正地报道,就要深入实际调查研究,掌握第一手材料,忠实地履行新闻工作者的神圣使命。

毋庸讳言,生活中有光明的一面,也有阴暗的一面。在现实生活中,还有各种不正之风,还有违法乱纪的行为。由于十年浩劫的影响,有不少人沾染了种种不健康的思想,养尊处优,违法乱纪,其中有不少甚至是握有实权的领导干部。生活中有多少矛盾需要揭露,有多少不正之风需要抵制,有多少坏人应该受到惩处?这又赋予新闻工作者特殊的使命。

假如我是一名记者,我一定要成为无私无畏的勇士,为弱者仗义执言,为人民伸张正义,为生活除残去秽,决不向任何恶势力低头!如果一个记者遇到问题躲躲闪闪,"犹抱琵琶半遮面",不敢揭露矛盾,或者只会歌功颂德、隐恶扬善,那他就辜负了人民的重托,亵渎了人民记者的神圣称号,他就不配当人民的记者!

生活向记者发出呼唤,需要记者及时而迅速地反映生活;生活向记者提出要求,需要记者准确无误、鲜活生动地做出报道。

假如我是一个记者,我一定要以严肃认真的态度,客观地观察生活,准确地反映生活,不虚美,不掩饰,不做任何夸张和想象的描写,以对人民负责、对党的事业负责的态度来履行一个记者的神圣使命。

这种愿望,这种憧憬,这种决心,藏在我心中已经很久、很久了。(本篇为即席之作,写于1984年11月16日)

这篇急就章,是我用半个小时左右时间写出来的,几乎是一气呵成。文字不多,却是我这个非科班出身、从没有当过记者、此前也没有任何采访经历的人对记者工作的粗浅认识,反映了我在入职之前的理想和信念。

我看重的是记者有匡扶正义的使命,有针砭时弊的"特权",有指点江山的豪情,有为民代言的便利,有引导舆论的职责,有扭转事态的能力,有超然物外的清醒,有交际广泛的优势,可以藐视权势的淫威,可以远离官场的熏染,可以不受外界的束缚,可以较好地发挥个人的聪明才智,可以充分释放自己的主观能动性和创造性!

当年,诸葛亮在出山之前已看清了天下大势,从而确定了三分天下的策略。一篇《隆中对》,展示了诸葛亮的政治眼光和军事才能,也是他从政后长期追寻的目标。而我在考场上的那篇即席之作,虽然不能与之相提并论,与诸葛亮的《隆中对》也没有可比性,但那却是我对新闻工作粗浅的、朴素的认识,也是我终生追求的目标。这里,我之所以旧事重提并将原文附录于此,只想说明:这30多年来,我一直在坚守着这个信念,也一直在为实现当初的理想而努力。

现在,人们常说"不忘初心"。我敢说:我做到了。我真的是"不忘初心",真的是初心不改!

当记者30多年,我虽然也有不少遗憾,但我还是感到欣慰。因为我做了不少有益于国家、有益于人民的事,采写了不少有深度、有作用、有影响、有警示性的报道,也在一些读者心中留下了一点印象。我曾对国务院机构改革做出了独家报道,我曾深挖地域文化的底蕴,我曾直言乱定优惠政策之害,我曾阐述教育界乱墙角之弊,我曾揭露行会、片会中的"猫腻",我曾痛批层层陪同中的不正之风,我曾反映过基层迎来送往的烦恼,我曾旗帜鲜明地批判错误倾向,我曾对破坏文物的行为进行无情的批评,我曾在全国较早地反映贫困生的问题,我曾通过报道改变许多人的命运,我曾为被打致残的校长伸张正义,我曾为保护环境、珍爱家园大声疾呼……500万字、5000篇稿件,忠实地记录了我的思考、我的爱憎、我的理想和信念。

我也曾多次参加中宣部组织的大型采访活动,也多次被任命为采访团团长(或组长),我也曾踏访全国二十多个省、自治区、直辖市,在许多地方留下采访的足迹,我还5次走上中宣部会议的发言席,3次出席在北京人民大会堂举行的表彰会。

让我至今仍感到自豪的是,我没有利用工作谋求私利,没有为贪官唱过赞歌,没有为"大款"捧过臭脚,没有为一己私利写过"关系稿",没有写过一篇失实或产生副作用的报道。

30年过去了,我耕耘在方寸之地,付出了大量心血和汗水。我虽然没有当上大官,但也有了不低的职级和职称;虽然没有挣到大钱,但也是衣食无忧;虽然没有拿过大奖,但也得了一小堆小奖。30 年中,我也有许多喜出望外的收获:先后出版了《悠悠我心》《记者的天空》《记者的感悟》《记者的眼力》《这方水土这方人》《胜日寻芳》《满眼风光》等 10 本书;光明日报社新闻研究所、宁夏记协、宁夏新闻学会、驻宁新联、自治区党委宣传部和光明日报社等部门自 1992 年至 2016 年先后 5 次为我举办作品研讨会;经过"三上三下"、层层筛选,我最终进入宁夏 35 位党的十七大代表候选人之列;2009 年,我被社会各界评选为"宁夏当代名人"(时间跨度百余年,总共评出 66 位,其中有一半已不在人世);2012 年,成为"感动宁夏"十大年度人物;2014 年,作为从业 30 年的老新闻工作者代表专程到京,在京西宾馆登台领取荣誉证书和纪念章(最初还被指定发言,因来不及准备主动放弃,才改换他人)……所有这些,都是我受之有愧的。

一分汗水一分收获,有付出就有回报。新闻工作,何曾亏待过人? 何曾让人失望过? 当年的付出,都有了回报,都得到了加倍的补偿。将人民装在心里的人,也会被人民留在心田;记录了历史的人,必然会被历史所记录;这样的证明已经有很多了。

我对新闻工作始终充满着眷恋。我感谢这份神圣的工作,感谢这份工作为我带来的一切!

30 多年来,新闻事业也发生了许多变化,特别是近一个时期以来,随着互联网的发展和普及,传统媒体面临着前所未有的挑战,甚至遭遇到许多从前不曾遭遇的困难,有些新闻单位出现了经营困难、业绩萎缩、收入减少的状况。于是,有人便过度唱衰传媒业、夸大纸媒的危机,有人甚至预言传统媒体消亡的时间,种种不正确、不符合实际的舆论,让新闻界弥漫着一种失望、悲观、消极、颓唐的情绪。有人迫不及待地"另谋高就",有人从传统媒体跳到新兴媒体,有人彻底改行放弃初衷,而更多的人则在犹豫观望,当年的新闻理想,也被不断蚕食,甚至丧失殆尽,新闻界人心浮动,出现一种令人悲哀的"踩踏效应"。

过度唱衰传媒业,是十分有害的;悲观失望的情绪,对事业的发展更是十分不利的,因为军心不稳就不会有战斗力。如果从业人员都不热爱自己所从事的事业,那么这个事业就不可能有良性的发展。

只看到现象没有看到本质,只看到挑战没有看到机遇,只看到衰落没有看到生机,只看到危机没有看到转机,道听途说,人云亦云,跟风炒作,所有这些表现都是极为有害的。这些人也就不能在互联网带来的冲击和挑战面前从容应对、把握时机,进而赢得主动。

我们看到,随着社会的发展、文明程度的提高,人们对信息的需求越来越迫切,对传媒业的要求和期待越来越高:不是受众要抛弃传媒业,而是一些媒体、一些传媒人没有创新思维,不能适应新形势、不能满足受众的新需求,未能勇敢地迎接挑战、未能创造性地工作。

传播的形式在变,人们接收的途径在变,传媒业也应该主动适应这种变化,借用现代化的传播手段做传媒工作,会让传统媒体如虎添翼、重振雄风。

有了私家汽车,自行车仍然有市场;有了电视的冲击,电台并没有停办;有了互联网,纸质媒体仍有传播的优势、仍有存在的价值。我相信,经过"洗牌"、重整、融合之后,各类媒体都会重新定位,进而找到自己生存的空间:任何一种媒体都有自己的优势,都具有不可替代性,都不可能被彻底侵吞或取代。无论干什么媒体,都有展示才华的舞台,我们不应该盲目悲观、自惭形秽。

传媒业的作用、功能、定位并没有多大变化,记者的使命和担当仍是社会的期待,传媒人的贡献仍然是不可缺少的,有使命感、责任感的记者依然可以大有作为,依然可以在这个舞台上做出精彩的表演、书写大写的人生。

莫为浮云遮望眼,唱衰媒体不可取。

1992 年,在光明日报社首次为我举办新闻作品研讨会后,也就是在我当了 7 年记者之时,我有感而发,在《新闻出版报》上发表了题为《值得为之奉献终生的事业》的长篇文章。我在文中写道:"记者的工作是伟大的。记者在为时代写史的同时,不也在为自己写史吗?"现在,20 多年过去了,我依然要说:新闻工作,是值得为之奉献终生的事业,我干了 30 多年,依然无怨无悔!

(原载 2017 年《青年记者》杂志 11 月上旬刊)

一辈子当记者,亏吗?

"新闻工作,值得干一辈子吗? 当一名普通记者,是否太吃亏了?"30 多年来,我时常听到有人问这样的问题。

第二十个记者节到来之前,我刚刚在河北省温塘工人疗养院参加了由全国总工会组织的劳模疗养活动。这期疗养,有甘肃、广西、宁夏3个省区的80余名劳模参加,我是唯一的记者。在新中国成立70周年时,我获得了中共中央、国务院、中央军委联合颁发的纪念章,当记者的自豪感和荣誉感油然而生。我越来越强烈地感到:当记者,就要活跃在第一线。新闻工作不会亏待每一位敬业者,当一辈子记者,不亏!

有多少人准备干一辈子记者且始终不离开第一线?好像还没有人就此做过调查,也许,这样的调查会让人失望的,因为有不少人是把新闻工作当成一个谋生的手段,新闻单位仅仅是他们的一个跳板而已,一有机会他们就想转行,经商的、从政的、到机关搞文秘的,都大有人在,有的人甚至给私企老板当了秘书。即使留在新闻单位的,如果有了官位,也就脱离了采访一线。有的人到了一定年龄没有当上官,就改做编辑或调到行政、后勤岗位了。有的人一旦当上主编或主任,马上就不写稿了,即使外出参加活动,也带一名写稿的记者随行,他们是不会再动笔了,也不屑于再署名。也有不少人认为,当记者是吃青春饭的,干到一定年龄就没有锐气、没有闯性、没有进取心,也干不动了,有人不到40岁就开始考虑"后路",所以,在许多新闻单位,到了50岁还在"爬格子"的已是凤毛麟角。在有些人看来,采访、写作是一份"苦差事",老记者奔波采访,常常会引来异样的目光。有些人虽然没有"改换门庭",但在新闻单位待了一辈子,却没有写出多少稿件,也拿不出几篇有点分量的东西。

我是毫不懈怠地干了30多年,而且始终没有脱离采访第一线,干到退休时还到基层去采访。就是退休之后,仍然没有丢下手中的笔。正因为如此,我才有可能在全国近200种报刊上发表了500万字的各类作品,才有底气出版11本各类作品集,才能获得一些同行没有获得的荣誉,受到许多让我受之有愧的礼遇。

虽然退休了,但我仍然头脑灵活,思路清晰,也不为写稿发愁,各种约稿仍然不断,所以,还有各类稿件见诸报端。我的生活依然很充实。有人称赞我没有老态,没有颓唐,也没有失落感,我也为此感到自豪。也许,这是新闻工作对我的额外"馈赠",是当一辈子记者的意外收获吧?

当了一辈子记者,我亏了吗?我没有这种感觉。相反,我感觉很充实、很有成就感,因为我曾针砭过时弊,曾匡扶过正义,曾纠正过谬误,也曾扶危济困,为老百姓代言,一直在用采写的稿件证明自己的价值。而这一切,只有在一线当记者才能做到。

2018年,在庆祝宁夏回族自治区成立60周年时,自治区14个部委联合组织评选"自治区 60 年感动宁夏人物",我与一些闻名遐迩的文化名人、德高望重的老专家和感动人心的道德模范一起入选。在 60 名入选者中,已有 17 人不在人世了……将这个荣誉授予一个已经退休、逐渐淡出人们视线的老记者,正说明人民没有忘记曾经努力工作的人,也充分体现了新闻工作者在社会中的地位和影响。

党和人民没有亏待过我。在我看来,党和人民给我的,远远多于我的付出。虽然我所有的付出都没有期望有回报,但党和人民并没有忘记我的每一点奉献。

不错,当一辈子记者,就不会有多高的职位,也不会拥有多少的财富,可能还会过清贫的日子,甚至会有很多的不如意。"贪生怕死莫入此门,升官发财请走他路",这副对联也可以用在这里,要想谋求高位、攫取财富,就不要"误入"新闻界,就不要当记者,更不要当一辈子记者。当记者,就意味着绕开了升官发财的路;当一辈子记者,就等于与升官发财无缘。我认为,当记者绝不能太功利,更不能过分计较个人得失,如果一事当前先替个人打算,总想借机为个人谋求点什么,那是不可能成为好记者的。

当前,新兴媒体迅速崛起,传统媒体面临严峻挑战,新闻界普遍踏上转型之旅。未来将是什么局面? 一时间人们还看不清,也说不清,新闻从业人员也都面临各种考验。彷徨者有之,观望者有之,泄气者有之,逃避者有之,有不少人沉不住气了,干脆"改换门庭""另攀高枝",所有这些表现,都不利于新闻事业的健康发展,值得我们关注、警惕。在此情况下,让新闻工作者树立牢固的专业思想,鼓励年轻记者当一辈子记者,是十分必要的。

当一辈子记者,不亏! 如果干了几年就不干了,功亏一篑,那才是"亏"呢!

这是一个在采访一线摸爬滚打了 30 多年的老记者的忠告。我衷心希望有越来越多的人把新闻工作当作自己终身的职业,在采访一线当一辈子记者。

(原载 2019 年 11 月 15 日《中国新闻出版广电报》)

工作回顾

再见了,黎明村

我终于完成了对黎明村的十访。十访的"收获"——《物换星移几度秋——十访曾被风沙逼得四分五裂的黎明村》也在 6 月 22 日的《光明日报》上以超长的篇幅刊登出来了。老实说,在 18 年前的 1998 年 6 月,我第一次采访黎明村时并没有再次采访它的想法,更没有想到,此后居然不厌其烦地一次次前往,最终竟然是在十访时才算画上了句号。而我的这些回访,不是一般的旧地重游、看望相识的朋友,也不是漫不经心地走走,海阔天空地聊聊,而是认认真真地采访、踏踏实实地写稿。结果,我每次前往都有收获,都有报道见报,至今已经发表了 20 多篇,总计近 10 万字了。

黎明村就像一块磁铁,牢牢地吸引住了我。如果有一段时间没去,心里就有点不安,渴望再去的念头也越来越强烈。一次采访结束没多久,就期待下一次采访了。

十访黎明村时,我看见许多村民在村口的一个墙根下体检,便让人找一把小凳子,坐下来与他们聊天。我自报家门后,这些以前都没有接触过的乡亲们,居然没有一点陌生感和距离感,马上就像老朋友那样无拘无束地向我敞开心扉,让我深切感受到了他们对我的信任,这也让我了解到许多渴望了解的情况。

就在我与乡亲们聊得热火时,此前多次采访过的崔福香老人在不知不觉中来到我的身旁。这位年逾古稀的老人一见是我,马上露出欣喜的表情。她拉住我的手说:"你有一年多没来了! 去年你就没来嘛。"话语中,好像有一点遗憾和怅惘。

我在惊讶之余,内心涌起一点自责:老人不仅清楚地记得我去年没来,而且准确地记得我两次来访相距的时间! 自 2011 年以来,我每年都要到黎明村采访一次,只有 2015 年没有来! 我本来是计划在年底前来的,但因为事务缠身,一再后推,直至推迟到现在,这比原计划竟然晚了半年。

这让我想起 2013 年 12 月上旬八访黎明村的情景。那一次,还是这位老人,一见到我就说:"我这几天都在想,你该来了。"当时,与我一起进村的冯记沟乡党委书记赵军闻言颇感意外:居然有人这样惦记着我和我的采访!

这也让我深切感到:我对黎明村的采访,是社会所关注的,也是黎明村人所盼望的,不是画蛇添足,不是职场作秀,也不是我个人的一厢情愿。

十访黎明村时,盐池县县委宣传部的同志告诉我:我对黎明村的采访,已经引起国家有关部门的关注,他们希望拿到我采访黎明村的全部资料,也希望尽早看到我十访黎明村的收官之作,还有当地负责人正考虑将我对黎明村的所有报道编辑成书。

在养羊大户路文涛家中采访时,他好像要向我证明什么,特意从柜子里找出精心收藏的一个小册子让我看。我看到,那是在我六访黎明村之后,由盐池县委、县政府联合编选的,封面写着《一个村庄的变迁——庄电一六访黎明村》。里面有时任县委书记、县长合写的序言。据说,这个小册子印了 2000 多册,在纪念盐池县解放 75 周年时曾广为散发,黎明村的村民差不多家家都有一本。现在看来,那本小册子确实有点单薄了,我有必要为它续上新的内容。

与此前的历次采访当天去、当天回有所不同,十访黎明村我花了两天时间,我在头一天的采访结束时感到意犹未尽,就在县城住了一晚,第二天又驱车 70 公里再次前往,马不停蹄地进行二次采访,最终才"心满意足""满载而归"。

离开黎明村的时候,一种依依不舍的心情涌上心头。有人提议合个影,因为乡亲们知道我即将退休、意识到这将是我职业生涯中对黎明村的最后一次采访。村民王新福掏出自己的手机,留下了这难忘的瞬间。为了稳妥起见,他竟然连着拍了多张,仿佛是格外珍惜这个时刻,唯恐留下什么遗憾。

黎明村是我的福地。黎明村和黎明村的人,都是我难忘的。我告别了黎明村,但我却把最美好的祝福留给了黎明村。

再见了,黎明村!

(原载 2016 年 8 月 9 日《光明日报》)

是什么让我如此执着？

1985年，我刚踏入记者的行列时，常常面临"无米下锅"的困境，也常常因一些稿件"胎死腹中"而无可奈何，"无用功"带来的烦恼、渴望打开局面的焦虑、工作环境不如人的郁闷、被无理由"边缘化"的不平，久久地缠绕着我。但是，我没有自暴自弃、自甘落后，凭着"石头缝里抠新闻"的精神，我在不出新闻的地方"挖掘"出了新闻，也让那些没有信心的同行有了信心。那时，我只有20多岁；30年后，我两鬓如霜，依然废寝忘食、乐此不疲，与比自己的孩子还要小的年轻记者一道在基层采访，心甘情愿地当一名普通记者，将每年发稿过百篇的记录保持了20多年（初到光明日报时，报纸只有四个版）。如今，我年过六旬，青春不再，精力衰退，虽然退出了工作岗位，但仍然没有放下手中的笔，仍然不想向挚爱一生的新闻事业告别。

我对新闻事业始终一往情深。也许，我可以大胆地说一句：我无愧于"爱岗敬业"这四个字。

2015年五一国际劳动节前夕，我作为特邀代表参加了在北京人民大会堂隆重举行的"全国劳动模范和先进工作者表彰大会"，本没有采访任务，但我主动向报社提出采访计划。尽管往返时间不超过48小时、采访条件极为有限，但我还是采写了《劳模表彰大会"特邀代表"名人多》《每一枚奖章 都是一份光荣》《普通人，普通事》《感受当劳模的温馨》等各有侧重的报道。虽然不是长篇大论，也没有登在头版头条或其他突出位置，但我还是感到欣慰。

这已不是我第一次自觉履行记者职责，也不是我第一次"顺手牵羊""劳务输出"。2002年，我参加中宣部组织的"'三个代表'在基层"主题采访，按要求只需发稿3篇，但我却采写并发出了19篇，我也因此被安排在中宣部的总结大会上发言。2003年，我再次参加这一主题采访活动，按中宣部要求，总共要发稿6篇，但我却发稿15篇。这些采自东三省的报道，有7篇刊登在头版，2篇被选作版面头条，1篇被评为好稿。2004年，报社派我到青海省采访青海大学校长李建保（中宣部确定的重大典型），在采访李校长之余，我抽时间进行其他采访，短短四天时间就采写并发出 8 篇有质量的稿件,其中长篇通讯《在那遥远的地方》发在头版头条。2005 年,我根据中宣部的任命带领 12 家中央新闻单位的近 20 名记者,参加"落实科学发展观"大型主题采访活动,我既当指挥员又当战斗员,不仅确保采访顺利进行,而且超额一倍完成发稿任务。2006 年,我再次率队参加中宣部组织的"建设新农村"主题采访,奔波在陕甘宁青新五省区的基层,其他媒体记者都按要求每省区采写一篇,而我在完成了"规定动作"的基础上,又完成了许多"自选动作",最终发出 22 篇各具特色的稿件。多年前,我参加光明日报社的"重点报道组",在北京专门采写重点稿件。按报社要求,每个记者只要发出 2 个头条就算完成任务,而我却发出了 10 个头条,发稿总量则超过了 20 篇,远远超过其他记者。

30 多年来,我对宁夏经济、社会、文化进行了多角度、多侧面、多方位的报道,引起全国各界广泛关注,有些报道还推动了事业的发展、改变了事态进程。我不仅走遍宁夏每一个市县,而且写遍每一个市县。我关于退耕还林的报道,对国家调整政策起了重要参考作用;我关于天牛灾害的报道,对日本向我国无偿提供 5亿日元技术援助和科技人员攻关起了推动作用;我关于宁东化工基地工业垃圾的报道,直接推动自治区政府出台相关措施;我的长篇通讯《没有苗圃的园丁》,改变了一位回族女代课教师和一群山里孩子的命运;而《曹家兄弟的大学梦能圆吗?》不仅引来十余万元的捐款、让曹家三胞胎兄弟摆脱了困境,而且推动了全国对特困生的关注和特困生问题的彻底解决;我精心构思、反复推敲的《银川赋》《中华奇石山记》《回族礼赞》及对宁夏风景名胜、考古发现、文化事业发展和生态建设成就的报道,扩大了宁夏的影响、提高了宁夏的知名度。

因为对新闻事业的挚爱,我总比一般人付出更多的时间和精力,也牺牲了许多休息和娱乐的时间,我常常在节假日里外出采访或加班赶稿。我不抽烟、不喝酒、不打麻将,更不喜欢跳舞,而是把全部的兴趣都放在工作上,在人们司空见惯的活动中,我发现并挖掘出许多"独家新闻",就是在出差途中、与人闲聊时,我也特别注意捕捉新闻线索,我在飞机、火车、汽车上都不止一次发现线索并多次发出新闻稿件,我曾在外地上厕所时发现新闻(稿件刊登在《光明日报·经济社会新闻》新闻头条)。我捕捉新闻的"雷达"从不"关机",一旦发现有新闻价值的素材,就立即全身心地投入采访,我也常常在睡眠时构思稿件、推敲语言,在赶路时细心观察,在别人休息、娱乐时写稿。30 多年来,我始终保持发现新闻的敏感、捕捉新闻的敏捷、采写新闻的敏锐。在发表的 5000 篇稿件中,几乎每一篇都经过细心挖掘、精心构思、反复推敲,即使对一篇只有三四百字的短稿,我也是掂量再三,希望以简洁、精巧、耐读取胜,也许正因为如此,我的稿件常常被别的媒体转载(也常被同行抄袭),给读者留下的印象也比较深。

我本可以有多种人生选择。在师范教书时,我是受学生欢迎的教师。记得在听了我一学期的课之后,有个班级的学生听说我下学期不再为他们授课了,竟联名给学校领导写信,强烈要求继续安排我为他们授课。在"战胜"百余名竞争者、如愿调入光明日报社之前,我就在全国性、地方性报刊发表过数十篇各类作品,小说、戏剧、诗歌、散文、杂文都有涉猎,就是专门搞文学创作,我也是有点基础的。在成为记者之前,我已多次在《光明日报》《中国青年报》《中国青年》杂志等报刊上留下名字了。当记者不久,就有一家大单位"相中"了我,希望我到他们那里去搞文字工作,我毫不犹豫就推掉了。在我不足 40 岁的时候,有宁夏领导推荐我担任厅级领导职务,我不假思索就谢绝了。后来,自治区领导有意重用我,有关领导也几次向我透露这方面的信息,但我不为所动。我固执得无可救药了,毫不动摇地留在宁夏、留在记者岗位上,岿然不动。

30 多年来,我不以稿谋私,没写过失实报道,也没有向采访对象索要过任何财物,我采写的稿件都没有负面影响,我没有因一己之私而出卖过自己的良心,更没有做过任何有违职业道德的事,总是自觉维护党报记者的良好形象,我曾因拒收红包而被邀请到北京,接受中央电视台《焦点访谈》栏目的采访。

我还承担了许多社会工作,不仅为大学在校生,而且为新闻单位编采人员多次讲课,到各系统、各单位举办的培训班上介绍新闻采访、写作知识,总计约有二百场。此外,我还应自治区党校和一些党政机关之邀讲解如何正确面对媒体,为一些市县政协委员介绍写好政协提案的心得体会,还应邀为一些市县的"电视问政"担任点评嘉宾,成为宁夏目前"点评"次数最多的人。

2011 年 9 月,我参加了中宣部在京召开的"走基层、转作风、改文风"座谈会,成为在会上发言的两名记者之一,我的发言当场得到刘云山同志的表扬。我的发言稿也被《求是》杂志、《中国新闻出版报》刊登。在一个月后召开的全国宣传部部长会议上,刘云山再次对我的工作给予充分的肯定并当场向本报参会的领导做出表示。当年 12 月,我参加了由中宣部、全国"三教办"组织的巡回报告团,在北京、海南、广东、湖北等地演讲。当年,中国记协委托北京电视台录制记者节特别节目《在路上》,邀请我做访谈嘉宾并在节目中给予重点介绍。记者节当天,中央电视台《焦点访谈》栏目播出了对我的专访。2013 年 4 月,我被评为 2012 年度"感动宁夏"十大人物,随后又被推选为"中国好人"候选人,让社会各界在网上投票。同年 12 月,我被北京有关部门评为全国"走转改"优秀记者(全国总共 10 人),获得了"记者礼赞"铜雕。2014 年记者节期间,我作为仅有的几位外地代表,参加了在北京京西宾馆举行的报告会并登上主席台,从刘奇葆等领导同志手中领取了从事新闻工作 30 年纪念章和荣誉证书,《中国新闻出版报》专门刊登了介绍我的长篇报道,同时还配发了我的照片和手迹。

所有这些,都是党和人民的丰厚回报,一直是我不懈努力的动力。我除了惶恐和不安外,不敢有一点沾沾自喜和自我陶醉。从事新闻工作 30 多年,我失去了很多,但我的所得远远多于所失,我无怨无悔。

我对新闻事业是如此执着!我的生命已经融入新闻事业,也乐在其中了。

(原载 2017 年 11 月 30 日《宁夏法治报》)

我让墨迹印足迹

——常驻宁夏何以能写遍大半个中国?

《胜日寻芳——光明日报高级记者庄电一踏访神州记》收录的都是我在宁夏之外手写的稿件,因为我此前已出版了《这方水土这方人——光明日报高级记者庄电一笔下的宁夏》(上下册)了,所以这两本书所载内容便以地域划分,这也大体反映了我此前的工作状态:既写驻地,又写外地,走到哪里写到哪里,脚步不停,笔头也不停,只要有写的机会就不会轻易放过。

一个驻地记者,往往会受驻地的局限,因为只有驻地才是自己的"势力范围",采写"势力范围"以外的稿件,可能会费力不讨好。那么,作为一名常驻宁夏的记者,我怎么可以采访那么多外地的稿件并且能够相安无事,最终还出了书呢?因为在这些采访活动中,我除了完成"规定动作"外,挖掘的多是"边角料",是别人忽略、不屑的东西,这也就不大会触及别人的利益了。有时,为了避免误解,我还注意不"独享"自己的"采访成果"。而《胜日寻芳》中收录的,只是我写外地稿件的一小部分,大部分作品因种种原因并未收入。

我是常驻宁夏的记者,自然会受到地域的限制,但我的新闻触角一直在延伸。宁夏,并没有完全束缚住我。也许有人会问:你一个驻地记者,怎么能有机会跨区域采访?

在30多年的记者生涯中,我曾多次根据中宣部和光明日报社的安排跨省采访。与一些同行不同的是:在完成"规定动作"之余,我还有许多"自选动作"。不论是到外地采访,还是到外地参加会议、活动,就是到外地疗养,我都注意捕捉线索、寻找写作题材,我也真的写出了不少自己想写的文字。走到哪,写到哪,让墨迹来印证足迹,是我一直坚持的信念。

派往外地的意外之喜

这个信念,不仅很早就产生了,而且有了成功的实践。1987年,报社让我兼管甘肃,我借机挖掘了不少有特色的新闻。这一年,我在当时还只有四版的《光明日报》上发出了5个头版头条、2个头版副头条、1个二版头条(有一篇是与记者部副主任张慕勋合写的),我也就此实现了头版头条零的突破,因为此前我在宁夏记者站工作一年多,只发了2个二版头条,还没有发过头版头条呢,就是那2个二版头条,发出来也是很不容易的。尤其令我有点"得意"的是,这年9月,我应邀参加敦煌国际学术研讨会,在短短几天时间里就"信手拈来"10篇新闻,在所有到会采访的记者中我发稿最多,难怪有关人员专门写信表示感谢并热情邀请我在"春暖花开时"再去采访,难怪在20年后我再次来到敦煌、再次见到樊锦诗院长时,她依然记得我、记得我曾经兼管过甘肃。1989年,报社再次让我兼管甘肃,虽然在甘肃采访的时间很有限,但甘肃还是为我贡献了2个头版头条、2个头版副头条、2个"报眼"和1个二版头条。

1988年,河南省某地发生教师罢课事件,报社领导派我与驻河南记者谷文雨一起前去采访、调查。报社把这么重要的任务交给了我,我自然是高度重视、全力以赴。最终,我们发出了高质量的内参。在完成报社指定的采访任务之后,我又顺便抓了七八条有特色新闻,其中与本报记者童怀、古文雨合写的一篇稿件还刊登在头版头条,被中央电台转播,而反映文物保护问题的稿件,不仅发了内参,而且公开见了报。驱车在乡间公路上时,我发现一些农田里坟墓较多,便写了一条见闻式的小稿《豫东庄稼地里坟包增多》,在《人民日报》刊登。1992年,报社在河南省郑州开会。因为有了几年前的亲密合作,河南记者站谷文雨便在散会后盛情邀我留下来一起采访。这一次,我在河南逗留近一个月,与谷文雨合写和由我一个人写的稿件总计近30篇,有两篇还刊登在头版头条,有好几篇都是我细心观察的"产物":到内黄县,我看见许多农家的门楼很漂亮,便写出一篇特写:《内黄县的门楼画》。到林县参观红旗渠,我写了《今日红旗渠》。到安阳,我写了《神秘的羑里城》。到黄河边,我写了《总人间之胜,居天下之中——黄河游览区纪行》,看了颛顼帝喾陵,我写了《内黄寻古二帝陵》,就是从郑州经兰州返回银川,坐在火车上观察路边风景,我还写了一篇《陇东民居多题匾》。

异地采访的意外收获

2002年,我参加中宣部组织的"'三个代表'在基层"大型主题采访活动再次来到河南,这次,我与本报记者练玉春原本只有一篇稿的任务。在完成了《"闺女":娘家挽留你——河南省漯河市妇联驻村工作队小记》之后似乎就完事大吉了,但我走的地方较多,采访的内容也较多,所以不甘心就只发一篇稿。就在这时,接到了报社通知:"'三个代表'在基层"的稿件在社会上反响很好,如有好的题材可以继续采写、编发。这无疑是给我下了一场及时雨,我很快就将采访的素材变成稿件并以最快的速度发回编辑部。《放飞理想,播撒希望——河南省南阳农村党员培训基地见闻》《南街村人的自省》《建好支部须先培养好支书——南阳市致力于"五好村支部"人格化建设》《漯河市文明学校传播先进文化》等体现"'三个代表'在基层"主题的稿件,都很快在比较好的位置见了报。与此同时,我还"搂草打兔子",发出了《南阳举行"中国民间古簪艺术展"》《南阳知府衙门初步向游人开放》《河南省南街村成为旅游热点》《河南省桐柏县50名村干部享受"国家干部待遇"》《妥善保护三国受禅坛和"三绝碑"》《郑州人的宽容》等"独家新闻"。这里,还想说说我的"得意之作"《郑州人的宽容》,那完全是我细心观察、多方求证、精心推敲的结果,是我在郑州街头闲转时看到街道两侧成片的鸟屎痕迹引发的。

在到河南省之前,我所在的采访团先采访了陕西。在那里,我也是"如法炮制":在完成了"规定动作"《杨家岭人的笑声》之后,我的眼、脑、手都没有闲着。在西安市住宿,我发现宾馆里的"环保倡议卡",便记下了上面的文字,几乎没有进行多少"加工",《宾馆客房的"环保倡议卡"好!》就刊登出来了。到延安采访时路过黄龙县,那里的绿化大大出乎我的意料,也激发了我采访写作的冲动,《黄土高原一肺叶——陕西省黄龙县保护自然环境纪实》不久就出现在《光明日报》二版头条位置。看到位于子长县的全国重点文物保护单位钟山石窟损毁严重却缺乏有效保护,我写出了《钟山石窟在呼救》,也刊登在《光明日报》二版头条。到西安后,我还见到了以前在报道中曾经报道过,但却一直未谋面的高级工程师王成平,因为她曾多次资助过我曾在《光明日报》头版头条报道过的宁夏山区回族女代课教师。在这次见面之后,我又写出了续篇《绵绵爱心暖人间——本报一篇通讯引出的爱心故事》《跨越宁陕两地的爱心传递》。此后,王成平为助学专程来到银川,我又写出了后续报道《她有一个美好的心愿》(2004 年 4 月 11 日光明日报头版头条)和《为了实现美好的心愿》(2004 年 12 月 6 日《光明日报》二版头条),续写了这段佳话。一次采访,发出了这么多稿件,让我感到很充实。也许是因为我发稿较多且引起中宣部的注意吧,中宣部召开总结大会时,不仅让我参加,而且安排我以普通记者的身份做大会发言。记得那次总结大会是由刘云山主持、吉炳轩作总结的,不仅中央主要新闻单位的主要负责人悉数参加,而且在会后还专门为此出了书。在大会上发言的共有 6 人,以个人名义发言的只有 2 人,我是其中之一。

第二年,中宣部再次组织"'三个代表'在基层"主题采访活动,报社又安排我参加。这次,我要求去东北三省采访。在东北采访了十余天,我发表了十多篇稿件,我发出了《名家讲座成为吉林大学品牌》《主副换位鹅当家》《鞍山:由"黑"变"绿"景色迷人》《农民最爱这颗星》《扶余县扶贫医院成了农民自己的医院》《从"要我学"变为"我要学"——大连市创建学习型城市见闻》《吉林大学不再"一考定终身"》《这里有个"爱心超市"——记大连市中山区桂林街道的"边缘户"救助机制》《为了千家万户的安宁——记辽宁省阜新市采煤沉陷区治理工程》,有的被安排在头版,有的被安排在专版头条。在《光明日报》上发出了《农民最爱这颗星》之后,我感到意犹未尽,又写了《农技站长家的热线电话》和《她家电话为啥这么忙?》分别刊登在《人民日报》(2004 年 1 月 4 日)和《科技日报》(2004 年 1 月 29 日)上。听说某市的文物因为没有库房、没有展室而放到了锅炉厂,我便义不容辞地为他们呼吁。在采访途中,看到某地100多公里长的三等以下的公路(只有两车道)居然设了4个收费站,我便向同行的司机了解情况,结果听到了许多怨声,随后我便"振臂一呼":《这里公路收费站多且乱》(此篇还被《光明日报》评为好稿)。以上所说的稿件,属于"计划内"的很少,多是"计划外"的采访。

中宣部2005年组织的"落实科学发展观"主题采访,又让我有机会在20多天内踏访了内蒙古和西北五省区,发出了十余篇稿件,我的发稿量也再一次超出规定的篇数。其中,有两篇被中宣部评为二等奖、两篇被本报评为好稿、两篇被中央电台、中央电视台转播。

如果说"落实科学发展观"的采访因为受到采访活动的限制只是让我超额完成了任务的话,那么中宣部2006年组织的"建设新农村"主题采访,对我来说则是一次大丰收。这次,我再一次踏上西北五省区的大地。按要求,每省区只要写一篇就算完成任务,同行的记者也基本都是按这个要求做的,而我却不想受这个"限制",总是以好奇的眼光捕捉新闻、以精益求精的态度投入写作,事后一统计,我居然在20多天内发出了20多篇稿件。其中仅在敦煌一地我就发稿10篇,仅对敦煌研究院院长樊锦诗的采访就发稿5篇,内有4篇被本报评为好稿。看见敦煌市博物馆因游客稀少而冷清,我写了《旅游别冷落了博物馆》,晚上逛敦煌夜市,我写了《敦煌夜市的敦煌文化味》,看见有人在青海湖附近用木杆绑着塑料袋向过往车辆摇晃,我充满好奇并就此展开采访,写出了《珍惜青海湖"鱼鸟共生"状态》的《记者来信》,不仅刊登在四版头条,而且被报社评为好稿,看见青海省山根学校老师们工作、生活的场景,我写了通讯《带干粮住校的老师们》(刊登在2016年8月1日《光明日报》二版头条),在新疆农村采访核实情况时,我见到了一位应邀而来的畜牧兽医师,便转而对他进行了采访,写出了《用四种语言讲课的守望者》(2016年12月19日《光明日报》),听说敦煌因为游客过多不堪重负,我写了占据《光明日报》半版的稿件《让敦煌国宝有个"喘息"》(2006年9月20日《光明日报》,被报社评为好稿),而《敦煌发现写有汉字的西汉麻纸》(2006年8月3日《光明日报》)还引起极为广泛的关注,中央电视台在我的报道之后连发四五次报道,我的这篇消息也获得了《光明日报》年度好新闻二等奖。

在此期间,我还根据中宣部和报社的安排远赴青海省和吉林省采访了青海大学校长李建保和支宁40余年、因病到妹妹家养老、已经双目失明的退休教师冯志远。在青海逗留 4 天,我发稿 7 篇,除了写李建保的《在那遥远的地方》发在头版头条外,《疑似先民踏歌来——青海省博物馆参观印象记》《青海发现 4000 年前的骨质吹奏乐器》《青海民和汉墓发现欧洲人种遗骨》《黄河上游史前文明的宝库——记新落成的青海柳湾彩陶博物馆》《活跃在青海大学校园里的清华大学教授团》等均以较长的篇幅刊登。在吉林,我们实际采访的时间只有两天,但我除了写出长达万字的通讯《塞上红烛无悔人生》(上下篇,分别刊登在头版头条和头版其他位置)外,还"自作主张"地采写了"采访侧记"《"光明日报是我的老朋友!"》和《"计划外"的采访——记冯志远妹妹冯宝珍的感人亲情》。令我十分兴奋的是,前一篇配发冯志远的手迹刊登在头版突出位置,后一篇刊登在三版头条后,又被新华社转发。一个专题采访,让我发稿 4 篇,我也成为采访组发稿最多的记者,这组报道也得到了中宣部的肯定,中宣部在给中央领导同志所做的汇报中也特别提及。

有了中宣部的布置和报社的安排,我好像有了"上方宝剑",采访活动名正言顺,也就不必缩手缩脚了。

抽调回京的顺手牵羊

1992 年 4 月,报社让我回编辑部编稿。当编辑,自然没有采访任务,但我不甘心整天守在办公室,总是找机会外出采访。到清华大学,我与徐久武合写了《我国电站仿真技术跻身世界先进行列》;湖南民间剧团晋京演出,我与张祖璜合写了《湖南"泥饭碗"剧团进京来》《"映山红"盛开在首都舞台》(头版头条),还独自完成了通讯《千山红遍万山绿——记湖南省千山红农场剧团》;到北京自然博物馆参观、采访,我采写了《恐龙精心完成的"艺术杰作"》和《世界上最早会飞的鸟的化石令专家惊叹》;湖南电视台到报社采访原驻湖南记者张祖璜(当时已调任记者部主任),我在一旁观察,写出特写《一次记者对记者的采访》(载 1992 年 5 月 15 日《新闻出版报》);就是星期天到天安门广场遛弯,我也发出了一篇"记者来信":《天安门广场破损的方砖应及时更换》。同年 9 月,我再次回报社当编辑,抽空参加了在人民大会堂举行的费孝通新书出版座谈会,采写了新闻特写《行行重行行,费老怀壮心》,这篇现场新闻在《光明日报》头版刊登,受到时任总编辑徐光春的肯定,随后采写的《北京自然博物馆应恢复为国家馆》也受到读者关注。

1994 年，我被报社抽调到重点报道组，专门写"大稿"。在布置任务时，报社要求我们每个人在两个月内采写两个头条，陶凯副总编辑将最难啃的硬骨头交给了我——采写国务院机构改革。果然，这是一次艰难的采访，因为这次改革的进展从没有向外透露过，其他中央媒体也从没有报道过，有关部门一开始就持"不欢迎"的态度，但我锲而不舍。经过多次联系、反复沟通，在一个月之后才完成了这个来之不易的独家采访。结果，经过精心采写的长篇通讯《"中枢"在变革——国务院精简机构和转变职能纪事》被刊登在头版头条，成为一篇权威的报道，被各种研究引用。由于准备充分、采访深入，这一次采访让我发出了《市场经济呼唤完善的社会保障体系》《精简不等于机构改革》《机关工作也要讲效益》《政府职能既要转变又要加强》《对精简的认识不能偏颇》等多篇有质量的稿件。除此之外，我还忙里抽闲，走进北京大学当年的"红楼"，走进广电部，走进国家文物局，写出了《更新展览：博物馆振兴之路》（头版头条）、《影视帝王后妃热何时降温?》（二版头条）、《三峡坝址中堡岛考古有重大发现》（二版头条）、《愚昧消费：农民自背的包袱》（四版头条）、《警惕对文物的"建设性"破坏》（二版头条）、《取名当随时代》（四版头条）、《红楼，红色的楼》等有分量的报道，此外，我还发出了几篇评论：《自费生招生应严加控制》《人才流动应合理有序》《出版无人看的书，干啥?》《何必都拍武则天》，我的发稿总数也超过了 20 篇，算是交出了一份自己比较满意的答卷。

走马观花的信手采撷

对专门的采访活动，我格外认真，唯恐漏掉什么;对没有采访任务的会议、休假、疗养、参观、讲学等活动，我也不愿意白白放弃，总想趁机"捞点外快"。1993年，报社安排我们这些地方记者带家属到报社建在北戴河的休养所休假，我觉得这事本身就有新闻价值：因为许多记者家属默默无闻地为报社做了许多有益工作，差不多都变成报社的"编外记者"了，报社给予适当的慰藉正体现了人文关怀，所以我就在《新闻出版报》上做出了报道。在休养期间，我看到北戴河的桃又大又甜，便写了一篇特写《北戴河的桃》。1995 年，我参加了宁夏记协组织的"优秀新闻工作者先进事迹报告团"在自治区境内巡回演讲，因为没有给报酬，记协便在第二年组织我们这几个人到贵州、云南访问交流。这次访问交流，没有采访任务，是可以一个字不写的。事后，我也没有看见哪个记者写什么，但我还是留心观察、细心采访，结果我在各类报刊上发出了 8 篇大大小小的稿件。昆明的商厦里专门设立"托宝处"，让我看出了商家的人文关怀和市场经济的成熟，我为此欣然命笔；在通海县上厕所时发现县委机关自搞杂务、机关干部自己清洗厕所，我又有了写稿的冲动；看见琳琅满目的大理石工艺品，我写出了《大理人"玩活"了大理石》，在红枫湖景区了解到一些不和谐的现象，我写出了《莫在风景区"煞风景"》，乘船在洱海之上感受到了独特的白族文化，我写了《回味无穷的白族三道茶》。1996 年年初，报社在海南开会，我将所见所闻写成长篇通讯《神奇的海南，永久的绿洲》。2000 年 3 月，报社借在南京开会之机组织全体人员到丹阳市参观许杏虎故居，缅怀这位在南斯拉夫被北约飞机炸死的年轻记者。我为此写下了约 2000 字的《许杏虎故居前的哀思》，刊登在当年 4 月 21 日《中华新闻报》的头版上，这可能是对这次活动的唯一报道，而在此之前，我已经就许杏虎、朱颖的牺牲发表过《接过烈士手中的笔》《中国记者吓不倒！》和《许杏虎，你永远活在我的心中》三篇文章了。

　　2000 年，是我的收获之年：我不仅被评为宁夏先进工作者，而且获得了国内环保最高奖"地球奖"和由国务院颁发的政府特殊津贴。到北京参加"地球奖"颁奖活动时，我除了对颁奖活动做出了报道外，还在听了一位获奖者关于"多节制、四重返"的发言之后，立即进行了专访并赶写了内参。本来，我计划在参加完北京的活动再赶回银川参加两天后举行的劳模表彰大会，但因为突然降临的沙尘暴把我困在了北京南苑机场，等到飞机可以起飞，我急匆匆地回到银川时，表彰大会已经结束了。就此次经历，我来了个"现身说法"，写出杂感：《可憎的沙尘暴》，此后就环保问题又做了多篇深度报道。

　　2010 年 7 月，我参加了全国总工会组织"千名劳模看世博"活动，发表了一篇特写：《劳模看世博，处处受尊重》。其间，劳模们还参观了全国劳模常德盛领导的常熟市蒋巷村，我感觉这个已经成为旅游景点的村庄颇有特色，便写了一篇通讯：《富裕和文明也可以成为旅游资源》。到厦门劳模休养中心疗养，我有感于那里尊重劳模的浓郁氛围写了一篇特写：《劳模就该受到这样的尊重！》。2015 年到江西庐山疗养，我依然没有空手而归，《庐山工人疗养院的温馨》和《劳模就是模范！——全国总工会庐山工人疗养院见闻》两篇通讯，算是我对这次疗养的小小回报。

　　1997 年，报社在湖南省开会，会期安排很紧，本没有时间，也没有机会采访，但我还是有所收获。在某机关会场一落座，我就发现许多沙发的扶手上被人写了乱七八糟的文字，脑海里马上蹦出一个新词语：会场文明。我联想到其他会场上见到过的种种不文明现象，写出了一篇述评。到韶山参观更是来去匆匆，但我还是发现了一个有趣的现象并写出一篇小稿：《韶山餐馆多"姓"毛》。1999年，报社在济南市开会，入住舜耕山庄。我发现这个宾馆很有文化品位，便认真阅读相关资料，写成一篇文化味较浓的文章《舜耕山庄怀古》，宾馆负责人看到后十分高兴，还要吸收我为荣誉会员。2002年，我在东北发现有的农村青少年过早辍学，便"顺便"了解、"顺手"写出一篇"来信"，被《光明日报·读者来信》版头条刊登，还被评为好稿。2009年，我应宁夏大学之邀到内蒙古的鄂尔多斯参观，去之前没有人要求我写什么，但我还是写了3篇稿：《"永远的成吉思汗"要演到"永远"》《陈育宁：情系"鄂尔多斯学"》《鄂尔多斯学成为"品牌地方学"》。在这一年稍晚的时候，我出差路过甘肃省甘谷县。利用等车的间隙，我走进火车站附近一户古民居，发出了两篇稿件：《甘肃省甘谷县一处珍贵古民居亟须保护》和《民居简朴古风存》。2011年，我应新闻出版总署教育培训中心之邀到海南省讲课，除了讲课只有半天自由活动时间，就在这极为有限的时间内，我采写了两篇稿：《火山岩在海口地质公园"复活"了》《海口将建火山博物馆》。2013年5月，我到井冈山干部学院学习，在参观兴国县塘石村时有所感悟，便写了《千年古村谱新曲》，虽然没有在《光明日报》上刊登，却被《党性党风党纪研究》采用了。

异域他乡的好奇目光

就是到了境外，我也始终不忘自己是一名记者，在参观、访问、交流之余也留心抓新闻。2002年，我作为光明日报访问团的成员到泰国访问，这也是我唯一一次参加由报社组织的出访，我以好奇的目光观察，回国后，发出了三篇通讯：《泰国：古代建筑艺术的大观园》《一段历史，几处景点》和《妙趣横生的大象表演》。2012年，我来到宝岛台湾。在座谈、交流、游览之后，我写了一篇访台散记《亲切·亲情·亲缘》，发在《光明日报》文艺副刊上（见报时标题改为《浅浅海峡的那一头》）。在银川与首尔直航一周年之际，有关部门组织多家媒体记者到韩国采访、参观，他们对写稿并没有要求，但我不想漫不经心地随意走走看看，还是想写点东西。这次活动加上往返只有5天时间，但我还是采写了三篇通讯：《源远流长的文化纽带》(见报时标题为《中韩两国的文化纽带》)、《通江达海的韩国"大运河"——韩国京仁运河"阿拉航道"景观见闻》《一位韩国医学专家的宁夏情》,都在《光明日报》上刊登出来。

以上所说,差不多就是我当记者30多年外出活动的主要经历了。当然,我也有"空手而归"的时候。比如游览许多景点后也想写点什么,但"眼前有景道不得,崔颢题诗在上头","前人之述备矣",已经不容我、无须我"置喙"了。

在这里,我之所以要不厌其烦地举了这么多的例子,就是想说明我在新闻实践中一直秉持"走一路写一路、随时随地抓新闻"的理念,在这方面付出一些心血,也是有丰厚的回报的。

看到我发表在全国近200种报刊上的各类作品,有人说:你是光明日报记者,不仅仅是光明日报驻宁夏的记者!因为你的许多稿件都超出了宁夏,宁夏这一行政区域,并没有束缚住你抓新闻的触角;你是"全媒体"记者,不仅仅是光明日报的记者!因为你不仅在《光明日报》上发稿,而且在各类报刊上发稿,你有不少不适合《光明日报》或被《光明日报》废弃的稿件被其他报刊刊登了;你是个多面的写手,不仅仅是只写新闻稿的记者!因为你不仅写了大量的独家新闻,而且写出了许多一般记者不写、不屑于写或写不出的文字,你对各类题材、各类体裁均有涉猎,在你发表的文字中,时事评论、思想杂谈、新闻研究、探讨写作规律的文章都有不小的比例,记者这一身份,已不足以概括你了。

对这样的分析和评价,我很欣慰。我虽然不敢奢望夺取什么"全能冠军"或"单打冠军",也没有写出"惊天地、泣鬼神"的作品,但我一直努力希望自己能够成为一名"全能选手",渴望在各个竞技场上一试身手,哪怕是屡战屡败、铩羽而归。

也许,有人会说,"顺手牵羊"没有什么了不起;写点杂七杂八的稿件也没有什么玄妙。是的,这确实没有什么,也不是难以企及的,但作为当事人,不仅付出了心血,而且饱尝了甘苦,还是有一点成就感的。

一点职业感悟

对于一个记者来说,新闻线索的来源不外乎两个方面:一种是别人送到手上的,布置写、要求写或请求写的;一种是没人要求、没人布置、没有多少功利目的,完全凭着个人的新闻敏感主动写的,对这样的稿件,即使十分辛苦、废寝忘食,也乐此不疲、在所不辞。这里，我对前一种没有非议，也不排斥，但我更赞赏后一种，因为它更能体现记者的使命感、责任感和职业担当。我这里有一个不太恰当的比喻：记者不该是被人豢养的宠物，不能养尊处优，不能无所事事，不能以讨主人的欢心为存在的价值，尤其不能在家里"等食吃"。如果等着人来喂养，等着人来召唤，等着人来驱使，别人喂一口就吃一口，别人不喂就什么也不吃，甚至饿着肚子也不觅食，那就太可悲了，也就完全丧失了自主性和独立性！记者应该像野生动物那样有一点"野性"，具有足够的觅食本领，能够在十分艰苦的环境下顽强生存，获取的食物都是自己猎取的，而不是靠别人的施舍、赠与那些能够在自然淘汰中顽强地存续下来的野生动物，从来不做无谓的付出，每一次出击都有很强的目的性，都有很强的威慑力、战斗力和征服力，而不是软弱无力，甚至让对手反咬一口，把自己搞得"遍体鳞伤"。在我看来，不失时机地主动抓新闻，有助于增强记者的责任感和使命感，也有利于记者适应环境、增长才干、提高技能，因而大有提倡的必要。

这就是《胜日寻芳》背后的故事，也是这本书的基本内容。我不知道在时过境迁之后，读者是否还有阅读的兴趣？读了这些文字是否能够有所收获？而我是以让读者能够花钱买下这本书、读了这本书也不会后悔的愿望来编选这些内容的。除此之外，我没有别的想法。

(原载 2017 年《博览群书》第 7 期)

我是个环保志愿者

——回顾我对生态环保问题的持续关注

关心生态环保，就是关心我们自己：因为我们每个人的生存都需要一个空间，这个空间环境的好坏，直接关系到我们生存的质量，甚至关系到我们的健康和寿命。在环境问题越来越突出、人们的关注程度也越来越高的今天，一个有社会责任感的新闻工作者就不能忽视环保问题，就应该利用自己工作的优势力所能及地为改善环境做出应有的贡献。

从事新闻工作 30 多年来，我一直关注生态环保问题，并为此鼓与呼。在我采写的数千篇稿件中,生态环保方面的稿件占有很大比重,总数有五百篇左右。其中有些稿件还产生了广泛的社会影响,为国家调整政策提供了参考依据。

为了让大地多一片绿色、多一块绿荫,我做出了不懈的努力。在为通讯员培训班、新闻进修班讲课时,我常常结合自己的工作经历,阐述林业和生态问题的重要性。我认为,林业关系到人类的生存,与每一个人都息息相关。每一个人都应该为改善生态环境做出贡献,利用一切条件多做益事。

为山更青、天更蓝、水更绿献上自己的绵薄之力,是我不变的信念和自觉的行动。我既有对林业建设成就客观、及时的报道,也有对破坏生态环境的尖锐批评;既有对爱护绿色、珍惜绿色的呼唤,又有对国家调整林业产业政策、方向的建议。

从当记者之初,我就关注生态环保为题,陆续采写大量报道。近几年,这方面的稿件数量更多了,质量也有一些提高。"三北防护林"的建设成就,我多次做过报道;荒漠变绿洲的成功实践,我给予了充分反映;湿地保护中问题,我如实做出披露;对沙漠化的威胁,我及时向社会发出警告。

采访这方面的素材,常常要到条件艰苦、地处偏远地区,但这对我来说不在话下。1992 年,听说毛乌素沙漠边沿有个生态专业户,我就驱车 200 多公里赶去采访。汽车开不进去,我便步行前往。我采写的通讯《这是一片充满生机的土地》,写出了冒贤一家在沙海中艰苦创业,把原来的一棵树变成一片林(此地原来就叫"一棵树")的生态奇迹,这篇在全国较早地写沙产业的通讯,在《光明日报》二版头条位置刊登,引起各界关注。后来,冒贤生病去世,他爱人白春兰继承丈夫遗志,继续在沙海中植树治沙。胡锦涛同志曾专程前去看望,称赞白春兰是"绿化英雄""治沙模范"。我又写出消息《白春兰扎根沙海 20 年创造生态奇迹》,被《光明日报》在突出位置刊登。白春兰后来被评为全国绿化模范和全国十大女杰,成为全国闻名的人物。在深入采访中,我了解到,冒贤因车祸去世的哥哥冒广曾被评为全国绿化模范,冒贤的弟弟冒辉继承冒广、冒贤两个哥哥的未竟事业,辞去官职在荒滩上搞绿化。我捕捉到这个令人感动的题材,饱蘸激情,写出长篇通讯《三兄弟的绿化接力》,产生良好的社会影响。

由于采访深入,我抓到的多是独家新闻。

前些年,沙尘暴在我国北方许多地区频频发生,我一直密切关注并先后写出几十篇有影响的报道。几乎每一次大的沙尘暴来临,我都要及时报道并写出述评性的文章。与一些记者就事论事的肤浅报道不同,我将沙尘暴这一自然现象与生态问题联系起来、与林业建设结合起来,因而多数报道都有一定的质量。为了唤起人们爱惜家园、珍惜生存环境的意识,我既写消息、通讯,又写评论,十八般武器并用。这方面较有代表性的作品有:《请记住沙尘暴的警告》《沙尘暴的记忆》《滥挖甘草事件》《甘草濒危,沙暴频来》《沙尘暴钟情宁夏?》《沙尘暴警示:人类不能自己毁灭自己》《沙尘暴告诉我们什么》《沙尘暴把该说的都说了》《沙尘暴向人类发出警告:塞上明珠还能存在多久?》,这些稿件都充分体现了我的社会责任感和忧患意识。

　　1998 年,我到地处毛乌素沙漠边缘的盐池县采访。听说有个名叫黎明村的小村庄被风沙逼得四处搬家,便从县城驱车 70 多公里前去采访。这次采访,我写出了引起社会广泛关注的通讯《被风沙逼得四分五散的村庄》和《风沙吞噬了黎明村》。两年后,我二访黎明村,采访那个只剩下两户人家的村庄,写出了更深入的报道《是谁毁了我们的家园?》。2002 年,我三访黎明村,看到原来的黎明村只有一户了,又写了通讯《人类的退路在哪里?》。2006 年,我四访黎明村,最后一户人家也搬走了,我便采访搬迁到附近高台上的农户,了解到由于禁止乱采滥挖、禁止放牧和大量植树带来的可喜变化,又写了长达 3000 字的长篇通讯《黎明村里看黎明》。2009 年、2011 年、2012 年、2013 年、2014 年,我又对黎明村进行了五访、六访、七访、八访、九访,相继发表了《黎明村的新生与心声》《黎明村的沧海桑田》《六访黎明村》《风沙过后是"黎明"》《黎明村人迎"黎明"》《一个小荒村的聚散兴衰》《走向"统一"的村庄》《八访黎明村见证巨变》《红了樱桃,绿了芭蕉》《彩虹总在风雨后》《黎明村的魅力》《黎明村的大事小情》等多篇报道,这些报道既相互关联又具有较强可读性。一个中央级大报的记者,在十几年里持续关注一个小荒村的命运并写出这么多报道,这在全国是不多见的。

　　我国 20 多个省、自治区、直辖市森林曾发生大面积天牛灾害。仅宁夏就砍伐成材林 8000 多万株,损失数亿元。我不但对灾害进行了及时准确的报道,而且反映了防治进程,分析了原因,找出了教训,探索了防治出路。我采写的《警惕无烟森林火灾蔓延》《抓只虫子就可换钱——宁夏彭阳县敞开收购天牛》等报道引起有关部门的高度重视,长篇通讯《人与天牛之战》在《光明日报》上整整登了一个版,对推动日本为天牛防治向我国提供 5 亿日元的技术援助起了一定促进作用。后来,日本与宁夏合作在银川建立了森林病虫害防治中心,我对其研究成果又给予了大量而及时的报道。宁夏农学院专家根据我的报道致力于天牛防治,取得了重要研究成果,我也做出了客观的反映。我采写的《宁夏成功饲养出害虫天牛的天敌》《小小天牛,不能小看》《天牛,看你还能"牛"几时?》等都产生过积极的影响。

宁夏灵武市白芨滩林场场长王有德,是中宣部推出的重大典型。其实,在此之前,我就曾深入到他所在的林场采访并写出了长篇通讯《沙海播绿》。这篇通讯在《光明日报》突出位置刊登,成为对该场和王有德的最早报道。对王有德的宣传,中宣部明确以《光明日报》的宣传为主。《光明日报》又把这个重要采访任务交给了我。经过深入采访、精心构思,我写出了长篇通讯《尝尽人间苦,播绿一方土》,刊登在《光明日报》头版头条位置,随后《宁夏日报》又在头版头条做了转载。此稿后来还被评为第二届关注森林新闻奖一等奖和"杜邦杯"环境好新闻三等奖。此后,我又对王有德进行了跟踪采访,通讯《治沙英雄的新形象》通过几个故事和生活细节,写出了王有德的精神风貌。

在30年的工作经历中,我采访的足迹遍及全国十几个省市自治区。不论走到哪里,我都以维护绿色为己任,都注意采写林业方面的稿件。到海南,我写了《神奇的海南,永久的绿洲》,写出了热带林业建设的成就;到河南,我写了《郑州人宽容"鸟害"》,写出了"绿城"郑州的环境风貌和郑州人与自然和谐共处的境界;到陕西,我写了《黄土高原一肺叶》,写出了陕北黄龙县绿树成荫、生态优美的风光;到辽宁,我写了《鞍山:由"黑"变"绿"景色迷人》,写出了钢铁之都城市绿化的新景观;到青海,我写了《"环保公路":在大西北延伸》,写出了林业部门配合公路建设植树种草的新贡献;到甘肃,我写了《绿色的能源 绿色的希望》……因为长期关注生态和环境问题并写出了一些有点深度、有点影响的报道,我获得了全国环保最高奖"地球奖",这方面的稿件也多次在全国性和地区性评比中获奖,其中《宁夏打响"枸杞保卫战"》曾获梁希林业新闻奖暨第六届全国林业好新闻奖。2004年12月,我获得了"第二届梁希林业宣传突出贡献奖"。在此前后,我有五六篇稿件获得关注森林新闻奖的一、二、三等奖。

此外,与生态、环保有关的稿件还有:《引来翠绿染煤城》《岂容野兔、鼢鼠如此肆虐》《小特产终成大产业 枸杞红透中宁县》《黄土高原上的绿色明珠》《救救这些濒危大树》《绿染黄沙山河秀》《新"黎明",荒漠化可以逆转的证明》《草原滩鸡跑得欢》《贺兰山葡萄种植背后的利益困局》《宁夏:让羊换了一种"活法"》《这里的草原静悄悄》《全面禁牧得人心》《贺兰山的岩羊多得让人有点愁》等。《光明日报》曾在头版突出位置配"编者按"刊登了我采写的通讯《盐池县如何实现沙漠化逆转》。通讯用"如画美景入眼来""回首往事感慨多""禁牧良策扭乾坤""重整河山气象新"4个小标题写出了这个风沙危害严重地区的今昔变化,为同类地区提供了可资借鉴的经验,具有较强的说服力和可读性。

退耕还林,是党中央、国务院的重大决策。我对此给予了密切关注并写出了许多报道。2006年年初,我和当地一位记者到固原山区进行了历时4天的深入采访,合写了两篇长篇通讯。其中《重整河山看退耕》,热情讴歌了这一生态工程的成就,在《宁夏日报》1月8日头版头条位置刊登。3天后,《宁夏日报》又在头版头条刊登我们合写的另一篇长篇通讯《"2605项目"的悲剧会重演吗?》。在退耕还林粮款补贴即将到期的关键时刻,我及早揭示了退耕还林中存在的问题。我采写的述评性报道《退耕还林:补贴到期之后怎么办》(《光明日报》在2006年1月7日以半个版篇幅刊登),不仅写出了现实存在的问题,而且写出了20多年前一个退耕项目失败的教训,提出了有参考价值的建议。中央和地方有关部门对此十分重视。国家林业局对这篇报道更是格外重视。有关负责人表示,将在深入调研后向国务院提交报告。随后,国家发改委、国家林业局有关负责人先后到宁夏调研。国家林业局副局长李育材率领退耕办负责人专程到宁夏实地探讨"2605项目"的教训。临走时,李育材副局长称:"在宁夏取到了真经。"随后,国家有关部门调整了退耕还林政策,决定将相关政策再延续一个周期。现在,第二个周期已经过去大半,工程进展如何?还有哪些突出问题?国家政策该如何调整?我将带着这些问题在近期再次展开采访。

关注生态环保问题,是我30年不变的信念,我为当一名环保志愿者感到高兴和自豪,也愿意终生当一个"环保志愿者"。为了天更蓝、地更绿、水更清,生活在这个星球的人都应该不遗余力。

(原载2016年《西部学刊》第2期,刊发时标题为:《聚焦环保:新闻敏感与责任担当——对接光明日报高级记者庄电一》)

王庆同老师，可以收我当个关门弟子吗？

我不是学新闻专业的，也不是王庆同教授的学生。我与王庆同老师，虽然没有师生的关系，却有师生的情谊，我一直以他为师，因此，我也和他亲自教过的成百上千的学生一样称它为"王老师"。这个称呼，不同于这个被一度用得过滥的称呼，因为我是从心底尊重他的为人、敬他为师的，他也是对我给予关爱、鼓励、帮助最多的人，而我与他，非亲非故，也没有什么瓜葛，我甚至没有请他吃过一次饭（也没有与他一起吃饭的记忆），也没有到他家拜过年（因为相距太远，但每年春节的电话拜年是从没有断过的），更不用说给他送过什么礼物了。我们之间的交往，真可以用上那句话：君子之交淡如水。

2016年6月23日，光明日报社与自治区党委宣传部在银川为我联合举办新闻作品研讨会。在我从业32年之后、即将退出现职之时，这个研讨会颇有一点"盖棺论定"的意味。算起来，这是自1992年以来有关部门为我举办的第五次作品研讨会。时年已经80岁的王庆同老师，不仅从很远的地方赶过来参会，而且精心准备了书面发言稿，他的许多话给我留下深刻的印象。

虽然年事已高，但王庆同老师却有非常好的记忆。他在研讨会上说："今天的研讨会，是我第二次参加庄电一新闻作品研讨会。上一次是1996年，是由宁夏记协举办的。20年过去了，庄电一由小庄变成老庄，但他追求新闻事实的真相，为国为民营造有利的舆论氛围，创造性地贯彻党的新闻工作方针，遵守新闻工作纪律的执着追求始终没有变。如果说有变，那就是他变得更成熟了。他的新闻作品与他的人一样，更有魅力了。"（这样的评价，我愧不敢当）

接着，他提到了我1987年发表在《光明日报通讯》上的一篇文章，他是看了我那篇题为《"你打你的，我打我的"——在经济文化落后地区搞新闻工作的点滴体会》之后，开始关注我的报道并请我到宁夏大学为新闻专业学生做专题讲座的。其时，我当记者仅有两年，还谈不上有什么成功的经验和成熟的思路，但他能如此肯定我的探索，确实给了我很大的激励。

也就是从那个时候起,我与他建立了长达 30 年的师生情谊。诚如他在这次研讨会上所说:"此后你来我往,我与小庄就成了朋友。我断断续续写了六篇评介他的新闻作品和经验的文章,1996 年那次举办庄电一新闻作品研讨会,我是从吴忠赶回来参加的,还迟到了。我想,迟到也比失掉这个机会好,因为我要在讲课中引用他的作品和他的体会。"

这里,王庆同老师提到他曾为我写过 6 篇评介文章。对此,我没有统计过,但在印象中确实感到,还没有一个人像他这样一直关注我、鼓励我,我对其中的有些评论至今也仍有清晰的记忆。大概是在 1994 年,王老师以《庄电一新闻的特色》为题写了一篇文章,对我既有充分的肯定,又直言不讳地指出了我的不足。让我感到意外的是,这篇文章不仅原封不动地被光明日报内部刊物刊登,而且也在《新闻出版报》上原文照登,我的名字以较大字号出现在标题中,这对我来说真是个很大的鼓励。还有一次,他听说我收到过全国各地许多读者的来信,便拿过去仔细阅读,就此写了一篇杂谈,最后以《读者的奖赏》为题发表在《新闻出版报》上,他认为,读者的肯定,对记者才是最高的奖赏,他的这个观点一直激励我不懈努力。

2012 年,《记者的感悟》出版,我第一时间送给了王庆同老师。没想到,王老师不仅认真地统计了篇目和字数,而且写了书评,分别以《一个记者的感悟》和《为有源头活水来》为题,在《中华读书报》和另一个媒体上发表,其严谨求实的态度,又一次让我深受感动,也又一次让我受到教益。

更让我感动的是:在 2016 年的作品研讨会上,王老师在发完言之后,又有感而发即席插话,说了许多让我心头一暖、在与会者中引起共鸣的话。他说:30 多年前,光明日报社从最后入选的三个候选人中选择了庄电一,是正确的,是有眼光的。而庄电一心无旁骛,一心一意地当记者,有好几次从政或离开的机会,他都放弃了——他就是要当一辈子记者,他的选择也是正确的,他的人生价值在他的正确选择中得到了最光辉的体现。这在今天是有借鉴意义的:选人,要有眼光。选人选错了,就是最大的错误;当记者,就安心写文章,爱惜你的羽毛。如果不是一块从政的料,就安心当记者,人生价值同样能够实现;既然选择了记者这个岗位,就要一心一意地干下去。如果不是与我心心相印,如果不是对我有很深的了解和理解,这番推心置腹的话,是不会说出来的。

王老师如此信任我、关爱我、鼓励我、支持我,完全是无私的,是没有任何功利的,也是出于一种高尚的动机,这尤其让我敬重。

记得他在一篇文章中曾经调侃说我"很抠,没有请我喝过一碗白开水"。连一碗白开水都没有请他喝过,这的确是事实,但我在这里要说明一下,这倒不是因为我"很抠",而是因为我从没有请过客,甚至从没有这方面的考虑,好像也没有这个机会。为王老师,我是不会吝啬的。

30多年来,王老师给予我这么多的关爱,我一直铭记在心,但我无以回报,也不愿有俗人之举,唯有更加努力地工作,以求不要辜负他。当然,我对他的感激之情偶尔也会流露一下。每次在公共场合见到他我都很兴奋,每次都是立即走到他身边向他问好。他要出席我的作品研讨会,我特别高兴,特别委托朋友接送到他的家门。他是年龄最大的,是我唯一特别关心的嘉宾。

王庆同老师,不但是让我一直心存感激的人,而且是让我由衷敬佩的人。

王老师曾是品学兼优的学生。用今天的话说,他称得上是我十分钦佩的"学霸",因为他是考入北京大学的高才生。到北大读书,是多少人的向往,也是我从小的理想,1977年恢复高考,我填报的第一志愿就是北京大学,但因为种种原因未能如愿。

王老师曾是满怀报国之志的青年才俊。1958年,他从北大毕业,在那人才缺乏的年代,他本可以有多种选择,也可以回到江南水乡,但他选择来到条件艰苦、经济落后、举目无亲的宁夏,而且真的把宁夏当作自己的第二故乡。

王老师更是经得起任何艰难困苦考验的人。他工作几年便蒙受了不白之冤,遭受残酷的打击,他被"发配"到盐池县最偏远的农村,一干就是9年(后来又到县、乡工作了几年),浪费了最美好的青春年华和聪明才智。但他不坠青云之志,没有沉沦,没有自暴自弃,而是踏踏实实当农民,虚心向当地农民学习,与农民打成一片,渡过了最难熬的时光,也磨炼了自己的意志。与此同时,他凭着牢固的信念,坚持学习,为他后来的工作打下坚实的基础。

王老师是个最懂得感恩、不断感恩的人。当年在农村,别人对他的一点点关爱,甚至一次次举手之劳的照顾,他都牢记于心,一辈子感恩。就连别人请他吃过一次家常饭、分肉时刀口向外偏离了一两毫米,他都念念不忘。受人点水之恩却以涌泉相报。回到银川后,他并没有因为地位的改变而轻视、疏远当年的乡亲,而是与他们保持了30多年的友谊。他一次又一次前去探望,一次又一次在微信圈里晒出他们的合影。一个大学教授与一群农民朋友的友情和故事,足以拍一部电视连续剧了。

王老师是宁夏新闻教育事业的开拓者,也是宁夏首屈一指的新闻教育家。他在落实政策之后来到宁夏大学教书,已是 47 岁的中年人了。但他废寝忘食地投入工作,创造了不凡的业绩。就是在退休之后仍然为新闻教育而忙碌。一直干到 70 岁才告别讲台,但他此后仍然时常出现在各类讲台上。现在活跃在宁夏各个新闻单位的业务骨干,许多都出于他的门下,他也充分享受了当一名教师的快乐和幸福。

王老师还是一个终生坚持学习的人,他真正做到了活到老学到老。他在宁夏一家报刊上开辟"话一段"专栏时,已经年过 70 了。现在,虽然年过八旬,但微信玩得很专业,一点不比年轻人落后。他经常在网上晒出自己学习古诗词的体会,非常有见地,我就是他的忠实读者,也真的从中受益。

所有这一切,都够我学一辈子了。就是一辈子学习,也未必都能学到手。

试问一下,现实生活中,有几个人能够做到像王老师这样? 现在,很多地方都在推选道德模范。我觉得王老师应该是个有力的竞争者,因为无论从哪个方面来考量,他都堪称模范。他既是爱岗敬业的模范,又是敬老爱亲的模范,还是助人为乐的模范,无论参加哪个方面的评选,他都是当之无愧的,正因为如此,他也是我敬佩的人之一。

前面提到,我不是新闻科班出身,所以我特别注重学习,其中,王庆同老师亲手撰写的《新闻写作二十讲》,就是让我从业早期受益匪浅的读物。他的道德文章,让我受益多多。我真的很想成为王老师的"班外学生""关门弟子",只是不知道够不够格、王老师肯不肯收下我?

(2017 年 12 月 28 日《宁夏法治报》,2018 年 3 月 9 日《新闻研究》第 7 期转载)

老记者黄翊明二三事

我与老黄算是"忘年交",他比我大 20 多岁。

这里说的老黄,是人民日报宁夏记者站原站长、首席记者黄翊明。我与他相识 30 多年了,过去曾一起采访,也和他合写过稿件。虽然他退休 20 多年,我与他的交往也越来越少,但每年春节我都在大年初一给他打电话拜年。今年春节前,我碰到他儿子,关切地问起他的身体状况。听说老人身体很不好,我便将节后拜年改为节前探望。1 月 25 日(农历腊月二十八),我来到他家,看到他的身体相当虚弱,已不能说话了,心里很难受。好在他还是认出了我并能叫出我的名字。没想到,春节刚过,他便于 2 月 4 日夜里悄无声息地走了,享年 84 岁。听到这个消息,我十分悲痛。在悲痛之余,我也为能在他生前见他最后一面,并当面表示了慰问感到一丝欣慰。2 月 8 日上午,我参加了他的遗体告别仪式,桩桩往事又涌上心头。

老记者黄翊明的名字,现在几乎不被人提起了,他也没有很高的知名度。因为退休很早,在互联网上甚至搜不到他的什么信息,以致人们对他了解很少。其实,早在 1949 年 9 月,他在老家湖南长沙就参加了革命工作,1952 年便成为人民日报的一员。1958 年,他响应党的号召,告别繁华的首都,来到人生地不熟、举目无亲的宁夏。那时的宁夏,刚刚成立自治区,宁夏日报也创刊不久,黄翊明一到宁夏,就在宁夏日报社当了一名普通的夜班编辑。让有人不理解的是,他这一干,就干了 20 多年,岗位几乎没变动过,这也正体现了他们那一代人的奉献精神。也许是黑白颠倒的作息,让他很早就患上了糖尿病等多种疾病。

1983 年,人民日报在宁夏单独设站,他顺理成章地成为首位首席记者,后来又被任命为记者站站长。而我则是在 1985 年通过公开招聘考试,调入光明日报宁夏记者站的,与他交往也是在这个时期,虽然只有短短几年时间,但他却给我留下很深的印象,有些事至今未忘。

1993 年 7 月 23 日,一架载有 100 余名乘客的客机在银川机场附近坠毁,有 50 多名乘客遇难。黄翊明当时已年近六旬,但他还是与我一起在第一时间赶往现场,奋不顾身地在泥水里采访。然后,我们又马不停蹄地赶往医院了解伤员救治情况,在掌握大量第一手材料的基础上,我们连夜赶稿。7 月 25 日,也就是空难发生不到 48 小时之后,我俩合写的抢救纪实就在《人民日报》和《光明日报》上同时刊登出来,及时向国内外发布了人们渴望了解的信息。整个采访,充分反映了他作为党中央机关报记者的责任感和使命感。

20 世纪 90 年代初的一天,老黄与我一起应邀到南部山区参加一个观摩活动。

经过一天风尘仆仆的奔波,大家都渴望舒舒服服地洗个热水澡,好好休息一下。大概是有卫生间的房间不够分吧,会务人员就把我和老黄安排在了一个没有卫生间的房间,而活动组织单位的所有副处级以上人员都住进了有卫生间的房间。当时,老黄是副厅级,我也是正处级,且都是中央媒体的记者,但我们两个对此都处之泰然。看见老黄平静地入住,我也没有任何不满。但我们进入房间不久,就看见宾馆大院里有人在拉拉扯扯、高声喧哗。循声望去,原来是当地一家媒体的两个年轻记者闹着要走,边说边往车上装行李、设备,声言另外找地方住,后面的活动也不参加了。这一下,把会务人员弄得很尴尬。他们连连道歉,把已经装上车的行李、设备硬往下卸,表示愿把自己住的房间腾给他们住,那两个年轻记者只好留下不走了。目睹这一切,老黄与我一笑置之,更没想借两个年轻记者的东风,乘机也换一个房间。在那个没有卫生间的房间里,我俩安然入睡,睡得也很香甜。按说,无论是论级别,还是论年龄、论所在的媒体,老黄都有资格住有卫生间的房间,但他就是不争。既然他都不争,我还有什么话说呢? 我们两个就像什么事都没有、什么都没看见一样,依旧高高兴兴地参加下面的活动。也就在这闹与不闹、争与不争的对比中,我看到了老黄作为党报记者的气度和风范,不由得对他肃然起敬。在此之后,我对别人如何接待、开会坐什么位置、别人对自己热情与否,就更不在意了。

大概是在老黄退休前一两年,一家外地企业在宁夏南部山区搞了一个扶贫开发的大项目,我和老黄都应邀到会采访。散会后,参会人员和其他记者都留下来等着吃饭。我和老黄看时间还早,就回来写稿。没想到,一位负责人在事后竟找到记者站,给我送来 500 元辛苦费,还让我把另一份转交给老黄。我当即表示:这是一个扶贫项目,我们应该大力支持。辛苦费不收,稿子照写! 没想到,来人放下红包就走了。我马上给老黄打电话,告诉了他这一情况。没等我说出自己的想法,老黄就表示,拿这个红包不合适。这个辛苦费,他不要了。正合我意! 听了他的话,我更坚定了自己的想法。于是,我当晚就赶到有关人员下榻的宾馆,按照老黄的委托把辛苦费都退了回去。没想到,有人居然将这件小事反映了上去。没过多久,新华社在一篇抵制有偿新闻的通稿(《人民日报》和各地省报都刊登了)里,竟然点名表扬了我们两个人,我们也成为这篇以批评为主的长篇通讯里唯一被点名表扬的记者。不久,中央电视台《焦点访谈》栏目根据一位中央领导同志的批示,专门邀请我们两人到京,对我们专访。这是我们完全没有想到的,也不是我们的初衷,我们更不想因此受到什么褒奖。我当即向采访的记者表明了心迹和苦衷。在这件事上,再次显示了老黄的境界。

十多年前,人民日报原总编辑李庄的女儿李东东调任宁夏党委常委、宣传部部长。老黄20世纪50年代在人民日报时就与李庄很熟悉且关系不错,李东东在人民日报上幼儿园时,老黄的爱人就在幼儿园工作,而且亲自照顾过她、对她也很了解。按说,有这两层关系,求李东东办点什么事,应该不难,但老黄就是不去,他们甚至不主动联系,以致李东东调离宁夏都没有建立联系。

不愿求人、不愿意麻烦别人,是老黄的一贯作风。当我表示要去参加遗体告别仪式时,他儿子劝我不要去了,因为他父亲生前对后事有交代,不要惊动别人,不要给人添麻烦。他们甚至连个讣告都没有在报上登。正因为知道他去世的人太少,所以当天来向他告别的人也不多。

因为接触有限,我对老黄的了解是很不全面的,这里写的一鳞半爪,是二十多年前的往事,都是我亲眼所见、亲耳听到的,也就是这些不起眼的小事,让我对他充满敬意。

老黄是普通的:在我的印象中,他好像没有写出过轰动全国的新闻,获大奖的稿件也不多,他的名字也不被许多人所知晓;老黄又是不普通的:他所做的普通事,并不是一般人能够做出来的。仅就此而言,他在我的面前就是高大的,我永远也不会忘记他。

(原载 2017 年 4 月 12 日《宁夏日报》)

我与劳模的缘分

我很早就接触过劳模,也在很早就报道过劳模。

早在 1986 年,也就是当记者的第二年,听说宁夏歌舞团的王锡林研制成功多功能触摸式电子琴,我便主动找上门去采访并做出独家报道。此后,王锡林被评为宁夏特等劳模,我感到由衷的高兴。1988 年,是自治区成立 30 周年,由我创意并独立完成的大庆专版"向为宁夏做出贡献的知识分子致敬",集中宣传了几位做出突出贡献的知识分子，又一次把他列了进来，因为他又获得了"全国发明金牌奖"。这篇小通讯的题目是《能奏奇妙曲，自有奇妙琴》。在寸土寸金的版面（当时《光明日报》只有四个版）上，两次宣传同一个人，充分体现我对劳模的敬意。也就是从这个时候开始，我与劳模结缘了。

1987年，针对一个偶发事件引起有些人对新闻工作者的误解和偏见，我觉得有必要宣传一下新闻工作者的先进典型以正视听，所以就特别留意这方面的信息。就在这时，我听说新华社宁夏分社摄影记者陈思禹（此后曾任新华社宁夏分社社长、陕西分社社长）刚刚被宁夏评为劳模，便兴致勃勃地前去采访。他对我的采访有点意外，甚至对能否报道也有怀疑，但我还是非常认真地做了深入采访。不负所望，当年4月29日，《光明日报》以《摄影记者陈思禹被评为宁夏劳模》为题做出较长篇幅的报道，不久，此稿又获得了宁夏新闻奖。虽然如此，我仍然觉得对他所做的报道还不够，于是在几年后又对他做了新的采访，并以《快门按下几多情》做出新的报道，再次表达了对这位同行的敬重。此后，陈思禹出版摄影集，还特意收入了我的报道。

随着报纸版面的增加和各类报刊约稿的增加，我报道的劳模也越来越多。在我热情讴歌的杰出人物中，既有省级劳模，又有全国劳模，还有全国"五一劳动奖章"获得者。我还跟踪一些劳模，对他们的成长进步及时给予报道，对有的人还不止一次报道过。在新中国成立70周年的时候，来自宁夏的治沙英雄王有德获得了"人民楷模"和"最美奋斗者"两个崇高的荣誉称号。在此之前的2005年，他获得过"全国劳模"称号，而我在他没有获得这些荣誉称号之前，就在《光明日报》头版头条对他做了充分报道。对他的报道，前后总共有四次之多。我对他的宣传不仅是最早的，也是最多的。

在写劳模中学劳模，我的灵魂得到净化，我的境界得到升华，我不仅对劳模充满了敬意，而且对劳模怀有特殊的感情。没想到，我自己有朝一日也成为其中的一员。2000年，我也成为"宁夏先进工作者"。10年后，我不仅再次获得这一荣誉，而且"更上一层楼"，成为"全国先进工作者"，我与劳模的"缘分"进一步加深。这也让我有机会与更多的劳模近距离接触，得以学习劳模、宣传劳模，弘扬劳模的精神，而这已变成我持续多年的自觉行动了。

2006年3月26日，我曾以《王晓花和她的"儿女"们》为题，在《光明日报》上对小学女教师王晓花的感人事迹做过整版的报道。2010年,她被评为"全国先进工作者",与我刚好是同一批。当年4月下旬,我与她在银川的颁奖活动中喜相逢,居然有说不完的话题,但都是围绕她帮助学生展开的。活动结束后,我以此写出一篇特写《花开时节又逢君》(载2010年4月25日《光明日报》)。此后,王晓花不断推出助学的新举措,我也及时"跟进",多次对她做出报道。

与我同时被授予"劳动模范"或"先进工作者"称号的人中,有我事前就报道过的,也有获奖后追加报道的。对曾经获得"中国十大杰出青年""全国五一劳动奖章"等荣誉称号的盲人王结,我曾在2008年9月12日以《看不见光明却奉献出光明的人》为题做过比较充分的报道。2010年,他又被评为全国先进工作者。在步入人民大会堂参加颁奖活动的间隙,我紧跟在他和陪他领奖的爱人身后,边走边谈,在有限的时间内居然找到了一个新闻的主题:我们既要关注劳模,也要关注那些使劳模成为劳模的人,对他们的牺牲和奉献,社会也应该给予充分的肯定。于是,我写出了一篇特写:《劳模团里的"编外劳模"》(载2010年6月1日《光明日报》),因为文笔清新、活泼而受到编辑部和读者的好评。

一转眼五年过去了,2015年五一期间,全国劳模表彰大会又一次如期在人民大会堂举行。这次,我是以"特邀代表"的身份出席的。我猜想,自己大概是"特邀代表"中唯一的记者,所以这个"特殊身份"不能"虚用",我应该利用它发挥特殊的作用,而不能仅仅当一名听众。宣传劳模、报道盛况的热情,立刻被激发出来。让我稍感遗憾的是,表彰大会只是开了一个大会,并没有安排别的活动。代表们在北京逗留的时间,也只有二三十个小时。种种条件的限制,让我无法自由、充分地展开采访。尽管如此,我还是在会上会下观察、采访、思考,最后发出了《一群普通人,一些普通事》《每一枚奖章,都是一份光荣》《劳模表彰大会,"特邀代表"名人多》三篇有特色的稿件(均在《光明日报》刊登),这些可能是这次表彰大会仅有的几篇花絮性报道。

参加劳模的活动,也为我提供了不少新闻素材。2010年,世博会在上海举行,全国总工会组织了"千名劳模看世博"活动,我身处其间,写出报道《劳模看世博,处处受尊重》(载2010年7月7日《宁夏日报》)。参加劳模疗养活动,我也不忘写劳模。2015年,我到庐山工人疗养院疗养。参加这次疗养活动的,有北京、西藏、宁夏三个劳模团。在活动中,我留心观察,细心倾听、倾心交谈,发现不少值得写的东西。结果,我写出了《劳模就是模范!》(载 9 月 23 日《光明日报》)、《庐山工人疗养院的温馨》(载光明网)。2016 年,我在全国总工会桂林工人疗养院疗养,为他们周到、细致的服务而感动,便写出通讯《"以劳模精神服务劳模!"》,盛赞了这个疗养院,引起当地各界,特别是疗养院员工的关注和好评。

此外,我还写了一些与劳模和劳模活动有关的稿件:《感受当劳模的温馨》(载中国工会网)、《劳模节里写劳模》(载 2015 年 5 月 1 日《人民政协报》)、《为了不玷污劳模的称号——我被评为全国先进工作者后的五年》(载《宁夏工运》杂志)。人民给我的褒奖,让我受益良多,受之有愧,也加深了我对劳模的敬重、对各界工会组织的感情。

尤其让我倍感荣幸的是,在隆重庆祝新中国成立 70 周年的大喜日子里,我因为曾被评为"全国先进工作者"获得了由中共中央、国务院、中央军委联合颁发的纪念章,单位派人专程到银川,为我颁发这枚颇有纪念意义的纪念章。更让我没有想到的是,在宁夏各界隆重庆祝新中国成立 70 周年大会上,自治区又让我代表劳模群体在大会上发言,这等于是党和人民对我的又一次褒奖。

看来,我与劳模已经结下了不解之缘,这个缘分也会一直伴随着我。我为此感到幸福,也希望继续为这个崇高的荣誉增光添彩。

(原载 2020 年 6 月 30 日《新闻研究》第 13 期)

我与光明日报的因缘际会

我在光明日报社工作了 32 年,但在光明日报上发稿的时间却有 37 年。

一个普通记者,怎么会与一张报纸有这么深的渊源?

发稿的时间之所以会比任职的时间长,是因为我在入职之前就有稿件在这张报纸上露面,在退休之后还在为它写稿。这一切,不仅反映了我与这张报纸的因缘际会,而且也折射出我对它的特殊感情。

到 1984 年,我业余写作的历史差不多已有 10 年了。彼时,我是师范学校一名教师,在教学之余勤奋笔耕,已在当地一些报刊上露过脸了,但我并不以此为满足,还渴望"走向全国",让自己写的东西产生更大的社会影响。经过一段时间的摸索和磨炼,我投稿的"命中率"有了提高,相继在《中国青年》杂志、《中国青年报》《祝您成才》等全国和外地的报刊上留下了墨迹。

当时,我工作的学校给每个教研室都订了一份《光明日报》,每天看《光明日报》,便成了我的"必修课"。那时,我对《光明日报》的了解,仅限于报纸版面,并不清楚它的主办单位和隶属关系,但仅凭报纸所关注的领域和所刊载的高质量文章,就让我对它特别仰视。看着看着,我心里萌发了一个想法:能在这张报纸上发表文章,该有多大影响啊! 当然,我也很担心:如果被报社退稿,便会让师生们耻笑,对我是很没面子的事。如果有人背后以此说我不自量力,那也不是我所希望的。但是,对于一个20多岁、闯劲十足的年轻人来说,我还是很快就写好了一篇评论,按报纸上提供的地址悄悄寄了出去。

出人意料,光明日报编辑部不久就给我发来了准备采用的通知单。我非常开心,把通知单反复看了两遍,然后连同报社的信封一起精心保存起来。此后,每天拿到报纸我都急切地寻找自己那篇文章,但每天都很失望,到后来也就不再抱希望了。

就在这个时候,教研室的李老师拿来一份《宁夏科技报》,指着上面的一则招聘启事让我看,只见那上面刊登着《宁夏科技报》招考编辑记者的启事,其中特别注明:内含一名光明日报驻宁夏记者。其中,考得最好的推荐给光明日报社。李老师对我说:"你不是很喜欢写作吗? 这可是个机会!"其实,这个招聘启事,我在《宁夏日报》上也看到了,但是我真的不敢有这个奢望:面向全自治区,只招考一名光明日报记者,那竞争该有多激烈啊! 我哪有那样的实力? 老实说,那时就是到宁夏日报当记者我都不敢想,哪敢有更高的奢望啊!

但是,如果不去试一试,又怎么知道自己有没有、有多大的实力呢? 再说,不就是参加三个半天的考试嘛,自己又没有因此蒙受什么损失! 就是抱着这个态度,我悄悄前去报名。按要求,报名要有本单位的介绍信,而我是不敢让学校知道这个事的,因为学校既不会同意我报考,更不会给我开具介绍信。虽然没有介绍信,负责报名的人还是接受了我的报名,给我发了准考证。

当时,我承担着繁重的教学任务,根本没有时间做应考准备,尤其让我感到茫然的是,我根本不知道要考什么。就是这样,我在几天后就到位于银川南门外的宁夏科技学院参加了考试。这场考试共计三个半天,三张卷子分别是语文和写作、社会科学基础知识和自然科学基础知识,总分为 300 分。看到百余名报考者个个精明强干、自信满满的样子,我顿时就没有信心了,默默笑了笑:就当玩玩吧,别抱什么希望。所以,考试结束很长时间了,我也不敢去打听分数,更对录取不抱希望。直到李老师一再催问,我才前去询问。主办者一见到我就很高兴地说:"你这次考得很好!"我大着胆子问:"进了前十名了吗?"他很肯定地说:"进了。"我又"得寸进尺"地问:"那么,前五名呢?""也进了。"我没敢继续往下问,但心中却升起了希望:我既然进入前五名,就有机会!

不久,向光明日报社推荐的三名候选人确定下来了,我真的成为其中之一。据有人向我透露,别的人很快就自己找上门去了,有的人调动各种关系去疏通,而我并不认识谁,也不想搞什么"小动作",直到通知我前去面谈,我还因有事拖延了好几天。

彼时,我虽然对当记者有所期待,但老师也当得如鱼得水、渐入佳境。对教育工作的热爱,让我很投入地工作,心中萌发出一个想法:希望有朝一日能成为一名有建树的教育家。此外,学生普遍爱听我讲课,学校领导对我很欣赏,甚至要重点培养我,也让我有点成就感。所以,即使当不成记者,我也没有任何失落感。

就在这时,两三个月前投寄给光明日报的文章见报了! 李老师看了文章后对我说:"我真为你高兴! 看来,你这次很有希望啊。"在她看来,这篇文章对我的录用有一锤定音的作用。

我不知道这篇发表非常及时的文章,到底为我增添了多重的砝码,但我不久真的就被确定为唯一的人选了。

有人对我说:"如果不是老站长那么正派、那么大公无私,你这个事还不一定呢!"我对此也深信不疑。

此后,我的调动费尽周折,多次协商无果,直到人事部门下了调令,学校才同意放人。到记者站工作不久,报社退回了我们三人的试卷,我打开一看,我三张试卷的总分是 240.5 分,远远高于另两位竞争者,而要说到此前发表的作品,我的优势就更明显了。

但是,要当好记者,尤其是要当好中央级党报的记者,没有考试那么简单,我面临的真正的考试和考验还没有开始。

考得好,是一回事;是否具备记者的素质,是另一回事,考得好,也不等于就具有优于别人的优势。当教师,是一回事;当记者,是另一回事,一个好教师不一定就是一个好记者。

我很快就领略到了当记者的艰辛。当时,《光明日报》只有四个版,专刊和国际新闻各占一个版,只剩下两个新闻版,发稿竞争十分激烈,哪怕是发一篇简讯都很不容易。而我面对的又是一个经济文化相对落后的地区,那里的许多记者长期都不能摆脱"无米下锅"的困境。我自己入职的前半年也有发稿12篇的尴尬。这种窘况,甚至让我一度动过"杀个回马枪"的念头,但仅仅过去一年,我就以全力以赴的投入打开了工作局面,也逐步走出困境。"你打你的,我打我的,我打我最拿手的"成为我独具一格的工作思路,"石头缝里抠新闻"成为我的一句经常被人提起的"名言"。而夜以继日、废寝忘食的工作,不仅占去了我可以利用的大部分时间,也透支了我的健康。

仿佛是在转眼之间,30多年过去了,我在光明日报社工作到退休。在此期间,我也曾有几次可以"高就"的机会,如果走仕途也可以顺风顺水,但我每次都毫不犹豫地放弃了。

虽然我早就向报社提出选调记者问题并推荐了人选,但直到2016年5月退休时,还是因为种种原因而没有选定接班人。于是,我不声不响地接着又干了近半年。就是新记者到任后,我也没有完全解甲归田。在不干扰他人、不影响他人的前提下,又采写了一些稿件。2018年是自治区成立60周年,我又主动请缨,参加了报社大庆报道组。这一年,我居然以"本报特派记者"的名义发表了4篇通讯。2019年以后,有关部门限定了"编外人员"的采访和写稿,我也调整了写作思路,虽然很少再写消息和通讯,但却写了不少新闻时评、业务研究文章。而我所做的许多工作都是无偿的、尽义务的。所有这些,除了说明我对光明日报的感情、对新闻事业的热爱之外,可能没有别的解释。而能够像我这样在退休之后还如此"卖力"的人,大概不是很多吧?

30多年间,我在《光明日报》上刊登的稿件可以装满700多个版,其中,有17个整版是由我一个人采写完成的。自版面增加后,我连续20多年每年发稿保持在百篇以上。在报社有记录的14次考评中,我有9次被评定为优秀,达到这个记录的人可能不太多。在职期间,我曾两度兼管宁夏、甘肃两地,也被派往河南、青海等地专门采访,还五次参加中宣部组织的专题采访活动,其中三次被任命为采访团团长(或组长),我也因此有机会走出宁夏,将采访的触角伸向更广阔的领域。

光明日报成为我人生的大舞台,让我在这个舞台上表演了一番,也让各地的观众看到了我的演技,来自全国各地的读者来信也被我看作是观众们给我的掌声,这些掌声也为我注入了不竭的动力。因缘际会,我竟然五次走上中宣部会议的发言席。

当然,我也不是没有遗憾。虽然工作了这么多年、采写了大量稿件,但由于业务不精、才气不足、努力不够,我没有写出几篇精品力作,因而在全国的影响力还很小。

足以弥补我心中遗憾的是,早在进报社的第七年,也就是我36岁的时候,报社新闻研究所就举办了我个人的新闻作品研讨会,充分肯定了我的探索。此后,宁夏方面又相继为我举办了三次作品研讨会。2016年,也就是在我即将退休之际,报社又与自治区党委宣传部联合为我举办了第五次作品研讨会。最后一次作品研讨会,虽然有明显的"安慰赛"的意味,但还是让我感受到了组织的关心、爱护和鼓励。也切切实实得到了"安慰"。

回顾过去的这30多年,我失去了很多,也得到了很多,得到的远远多于失去的。对失去的,我毫不可惜;对得到的,我格外珍惜。让我感到欣慰的是,在入职前和离职后的光明日报上都有我的名字,我的名字数千次在报纸上出现过,我的有些报道和文章,在很多年后还有人记得并提起。

当了大半辈子记者,与光明日报相伴了这么多年,我感到不虚此生!

除了感激,还是感激

宁夏日报自1958年复刊已经走过了60年,我与它的交往也有40年了。我想借此机会表达对宁夏日报的感恩之心,感激之情。

一个以书写文字为职业,并且以发稿为乐趣的人,少不了要同媒体打交道。40年来,我在全国近200种报刊上发表过稿件。如果有人问我:你与哪个媒体关系最密切、感情也最深? 我会不假思索地说,除了我供职的光明日报,就是宁夏日报! 宁夏日报是除了我供职的报社之外,发表稿件最多的媒体。我特别要说的是,如果没有宁夏日报的培养，我可能就进不了光明日报，可能也当不好光明日报记者。

40多年前，我就给《宁夏日报》投过稿。当时，我所在的农场还为此写了推荐信。从此，我便把在《宁夏日报》上发稿当成一件非常荣耀的事，也为此孜孜以求。1980年，《宁夏日报》头版发表了我写的杂文《说"破格"》，我的名字第一次出现在《宁夏日报》上。没想到，《宁夏日报》就此将我作为"培养对象"，在此后不久就定期向我邮寄《宁夏日报通讯》，还邀请我参加有关会议，我至今还记得老记者钱蒙年在一次业务交流会上介绍全国新闻奖的评选情况。所有这些，都给我教育和启发，让我这个没有学过新闻的人对新闻有了初步的了解，为日后当专职记者奠定了良好的基础。在投稿过程中，宁夏日报理论部的王丰年、王先荣、黄绍真、雷发忠对我多有指导和鼓励，我写作的热情、投稿的积极性也因此被充分激发出来了。我至今还记得，1983年，我曾在11天内在《宁夏日报》头版发出了4篇杂文，也一直引以为荣。

1984年，我在《宁夏日报》上看到了《光明日报》招聘记者启事，报名参加了为期一天半的招聘考试。1985年成为光明日报驻宁记者后，与宁夏日报的联系更为密切。宁夏日报开门办报，没有门户之见，让我在宁夏日报创下一年发稿三四十篇的业绩。黄如珍等责任编辑频频向我伸出"橄榄枝"，使我成为一些专栏的常客。不仅如此，《宁夏日报》还多次在突出位置转载我发表在《光明日报》上的长篇通讯。

我的业务稍有一点进步，宁夏日报及其领导和编采人员就给了我许多鼓励和褒奖。1995年，高级编辑、著名诗人秦克温为我写了报告文学，刊登在《宁夏日报·六盘山》副刊。1996年，时任宁夏记协主席、宁夏日报总编辑李涌泽主持召开我的新闻作品研讨会，《宁夏日报》除在头版刊登研讨会消息外，还在其他版以较大篇幅详细报道了研讨会。在此后的20多年里，韩国昌、韩来凤、陶涛、李刚、房名名、王建宏等宁夏日报的编辑、记者，都曾在《宁夏日报》上发表过写我的消息或通讯，有人还写了不止一次。所有这一切，都给了我继续做好新闻工作的动力，警示我永远不要懈怠。

我从一个门外汉变成光明日报的高级记者，其中，宁夏日报的帮助起过很重要作用，我要说的感激话也有很多，限于篇幅，恕我不能尽言。在这里，我除了要表达感激之情，还要祝它越办越好，祝它各项事业都再上一个新台阶！

（原载2018年7月23日《宁夏日报》）

改革开放中的宁夏"大庆"

宁夏回族自治区自1958年10月25日成立以来,共举行了5个"大庆",我都见证或报道了,也亲身感受到了宁夏乃至全国的沧桑巨变。

宁夏回族自治区成立10周年的时候,正赶上"文化大革命",也许是当时无暇顾及,所以我至今没有查到大庆活动的资料。

1978年,我有幸见证了自治区成立20周年纪念活动。当时,"文化大革命"刚刚结束,改革开放刚刚起步,庆祝大会在露天广场举行,主席台搭在有银川"小天安门"之称的南门楼上。那时,银川还相当贫穷、落后、土气,土房、平房仍占据"统治"地位,三层以上的楼房很少,10层以上的楼房基本看不到。"一条街道两座楼,一个警察看两头",银川城区小得可怜,只有几平方公里,还看不到现代化城市的影子。全自治区人口不到400万,银川市也只有20万人左右。

1988年,宁夏举办30周年大庆时,各方面都有了明显的进步,但许多方面仍然捉襟见肘。那时,银川虽然有民用机场,但由于机场太小、跑道太短,无法起降大型客机,中央代表团的专机只好改降在位于贺兰山脚下的军用机场。由于难以找到合适的会场,庆祝大会竟选在位于银川新市区的宁夏化工厂礼堂,仅有1000多人参加大会。当时,我已是光明日报常驻宁夏记者,但对大庆活动的报道还没有经验,报道内容、报道形式也处于摸索阶段。

1998年的40周年大庆,就大为改观了。因为乘着改革开放的东风,宁夏已有了长足进步,经济实力也明显增强:银川市区原来举目可见的土房几乎荡然无存了。原来场地狭窄、破旧落后的民用机场被淘汰了,可以起降大型客机的河东机场已经落成。中央代表团的专机也不用再舍近求远飞到贺兰山下去找落点了。宽敞气派的宁夏体育馆和宁夏人民会堂等标志性建筑相继落成,大庆主办者也不用为在哪开会而犯愁,有5000人参加了在宁夏体育馆举行的庆祝大会,有更多的人因此对大庆有了直接的感受。有了30周年大庆报道的经验,我的采访有条不紊、从容不迫,光明日报对宁夏大庆的报道质量也有了提高。

2008 年举行的 50 周年大庆,庆祝活动盛况空前。此时的银川,拉开了"大银川"的框架,新区茁壮成长,兴庆区与西夏区连为一体,四馆三中心落户银川新区,银川市的标志性建筑不胜枚举。银川建成区面积达到 100 平方公里,市区人口也达到 83 万,绕城高速公路从无到有达到 78 公里。由于河东机场客流、航线不断增加,原有设施无法满足需要,宁夏又兴建了二号航站楼,机场的设施、功能都今非昔比。庆祝大会在刚刚建成、依山傍水、充满诗情画意的览山景观剧场举行,有约 3 万人参加大会,参加团体表演的群众演员就有近万人。光明日报为 50 周年大庆先后派出两个报道组,我都参加了,大庆报道也自成系列,虽然我一人就发稿十多篇,但觉得需要报道的内容还有很多。

2018 年,自治区隆重举行了 60 周年大庆。此时,以"塞上湖城"为城市定位的银川,正成为我国西部"最适宜居住、最适宜创业"的区域中心城市。银川河东机场又进行了大规模扩建,兴建中的银(川)西(安)高铁和市内快捷交通都将与机场紧密接轨,交付使用的航站楼也有 3 个了。庆祝大会在可以容纳 2 万多名观众的贺兰山体育场举行,有 2 万多人参加大会,有 1 万多人参加了团体操表演,庆祝规模也超过历次。中央电视台、宁夏电视台和一些网站对庆祝大会进行了现场直播,宁夏各族各界群众足不出户就看到了大会盛况,各种信息传递也更加迅速、快捷、广泛。此时,我虽已退休,但仍然参加了光明日报大庆报道组并且发出了一批稿件,但与以往相比,我已经不再是主力了。在我眼中,大庆的题材也更加丰富,可写的东西也更多了。

从 20 大庆到 60 大庆正好是 40 年,与我的改革开放正好同步,因而也留下了改革开放前行的足迹。30 年前的 30 大庆,我写稿还是全靠手写,以致右手中指结了厚厚的老茧。那时,一般稿件只能邮寄,只有特别急、又不太长的稿件才可发电报。电报稿发到报社一般需要 6 个小时,如果不抓紧时间就会误事。到了 1998 年的 40 周年大庆,我虽然依旧用手写稿,但稿件不再邮寄,所有稿件都是发传真,此时用传真机传稿已经非常便捷,几乎所有机关单位都装上了传真机,因发稿渠道不畅而误时、误事的事不再发生。40 大庆仅仅过去两年,我写稿就基本告别了纸和笔——电脑写稿、点对点发稿,方便、快捷、经济,更非邮寄、传真可比,也不必担心原稿丢失了。电脑,让我从容应对各种采访活动。电脑写稿,也让我右手中指原来厚厚的老茧逐渐退化,以致濒临消失。50 周年大庆的报道,比 40 大庆报道又进了一大步:在记者的队伍中,不仅有报纸、杂志、广播、电视记者,而且增加了一支新军:网络记者。到了 2018 年的 60 周年大庆,报道内容、报道形式更加丰富多彩,发稿途径更多,既可以用电脑写稿、发稿,也可以用手机写稿、发稿,既可以在报刊上发稿,又可以在网络上发稿,既可以发文字稿,又可以发图片稿和视屏稿,记者们也有了更多的用武之地。记者发稿,不仅可以知道稿件是否发出,还能看到稿件接收、编发、采用状况。现代化的传输手段,让所有记者都很"受用"。

宁夏自改革开放 40 年来举行的几个周年"大庆",都带有改革开放不同时期的历史印记,也记录了时代的进步。

(原载 2018 年《新天地》杂志第 12 期,获杂志征文"佳作奖")

我到山区刮了一次小旋风

有一阵子没有出去采访了,也有一段时间没到宁夏南部山区了,所以,岁尾年初的这次采访,对我来说颇有一点如饥似渴的感觉,我对什么都感兴趣,见到有意思的事都要问一问,也不放过任何可写的题材,结果,在两天半的采访中,我驱车千余公里,跑了三个县,发出了六七篇稿件,总计超过万字。有媒体还加了栏题转发,网上转载也很多。此外,还有报刊就此向我约稿。有人说我这是到山区刮了一阵小旋风——来得快,去得也快,在这么短的时间内发出这么多稿件,算是不虚此行、满载而归了。

之所以有一阵子没有再去采访,是因为我已年逾六旬,退休也已一年多了。在办理退休手续之后,我在一时无人接班的情况下,仍然坚守岗位,仍然一如既往地采写,直到新记者到任(我是 2016 年 5 月中旬办理的退休手续,新记者是 9 月 27 日到任的)之后,我才逐渐退出。在退休后这段时间里,我在报刊上又发了 100 多篇各类稿件。在新记者完全接手之后,我在不影响他人的前提下,仍然"加工"了不少"边角料",仍然时有稿件见报。此外,我还应一些报纸、杂志之约写了一些"命题作文"。这样,我的发稿量仍然不小。

当然,退休不同于在职,如果再像在职时那样干,是不可能的,也是不妥当的,很可能会引来猜疑和误解,甚至还让人讨厌。所以,我有意"淡出江湖",也常常忽略乃至放弃一些可写的题材。但责任感还会常常驱使我,让我欲罢不能。

这次山区采访,就是在一种责任感的驱使下的行动。

2005年年末,在第一轮退耕还林工程即将到期、补贴政策是否延续尚不明朗的关键时刻,我与宁夏日报一位记者一起深入到宁夏南部集中连片的贫困区,也是宁夏退耕还林工程的主战场,了解退耕农民的所思所想所困所虑,以《退耕还林:补贴到期之后怎么办》为题,反映了退耕还林的状况和退耕农民的心声。此外,我还与那位记者合作,在《宁夏日报》连发了两个头版头条:《重整河山看退耕》《"2605项目"的悲剧会重演吗?》。我们的报道,引起国家林业局和国家发改委的高度重视,他们相继派人到我采访过的地方调研并向国务院提交了报告,很快,国务院据此做出决定,将退耕还林的补贴延续一个周期,这对巩固退耕还林成果、解决退耕农民的后顾之忧起到了非常重要的作用。我一方面感到很欣慰,一方面也对这项工程给予了较多的关注,做了一些后续报道。

一转眼,十多年过去了。退耕还林进展如何、产生了多大效益? 国家的补贴发挥了怎样的作用? 这是社会各界都关心的问题,也是记者应该回答的问题。作为对此曾经有过比较深入了解,并且做过充分报道的记者,我感到自己有责任再做一次专门的采访,以回答读者的关切。然而,令人遗憾的是,由于工作繁忙、杂事干扰,我在在职时一直未能成行。

现在,我退休了,我还能完成这个采访,了却这个夙愿吗? 我采写的稿件还能顺利刊登吗? 说实话,就是到了动身的时候,我心里也没有底。我当时的想法是:先不考虑那些,我要先把采访这个基础打好,然后再下功夫把稿件写好,就算是报纸不给登,在网上发出来也算是个交代!

没在现场的人,不会想到我的这次采访是如何卖力、如何全力以赴。我是连珠炮地提问、不停歇地记录。就是与当地人一起吃饭,我也不忘了解情况。我几乎到了争分夺秒、"锱铢必较"的程度,力图占有更多的第一手资料,我的采访也非常高效。由于采访深入、材料充分,我一口气写了上、中、下三篇,总字数也有六七千字之多。满怀信心地写完了稿件,我倒没有信心了:这个事,有必要写这么长吗? 报社肯拿出寸土寸金的版面,刊登这些文字吗? 更何况我是一个退了休的老记者!

出乎意料,我的这组通讯稿,真的分成上、中、下三篇,以很长的篇幅刊登出来了！在"来自宁夏退耕还林一线的报道"的副题下,分别以《冬季里的绿色诗篇》《不重蹈毁林开荒的历史覆辙》《这篇大文章还未"收笔"》为题连续刊登。在著名上,我还第一次被冠以"本报特派记者"的"头衔",这真让我喜出望外,在内心里感谢编辑部对我的支持和厚爱。

在采访退耕还林的时候,我了解到鼢鼠对林业的危害已经到了令人吃惊的严重程度,但有关部门的重视程度、防范措施还没有到位,我感到有必要为此大声疾呼,于是,便写了一篇"记者来信":《鼠患不除,树无宁日》,也一路畅通地刊登出来。

在与农民的交谈中,我了解到许多农民正为马铃薯卖难而发愁,便觉得自己应该为他们排忧解难出一份力,于是写了一篇"记者来信":《西吉县许多农户为马铃薯难销而愁眉不展》,立即被人配图在网上转发。随后,我又与自治区有关部门联系,推动有关部门为农民排忧解难。

在采访中,我听说在宁夏可以排第三、在固原可以排第二的彭阳县博物馆正式开馆了,便于开馆当天赶了过去,并立即展开采访,由于熟悉情况,又有直观感受,我写起来也很从容、很顺手,结果,我采写彭阳县博物馆的两篇稿件,分别以《一座值得一看的县级博物馆》和《这里藏着一部基本完整的通史》为题在《光明日报》和《宁夏日报》突出位置刊登。

这次历时两天半的采访,如果除去往返的时间,我的有效采访时间实际不到一天半。一天半的采访,采写了这么多文字,我当然很兴奋。有人称我是"宝刀不老",这过誉的称赞,我当然不敢承受,因为我这里就没有"宝刀",我本人更不是"宝刀"。不过,这样看来,我这把刀还有点锋芒,好像还没有变钝,也能割断一些蒿草。至于我这个人呢,好像也还有点用,我的身上似乎也还存有余热,偶尔也可以发挥一点热量。

(原载 2018 年 3 月 16 日《新闻研究》第十期)

我几次"鸟枪换炮"的经历

我是在改革开放的号角声中、乘着恢复高考的春风,在阔别校园 3 年、重新走进课堂、重拾学业的,我又是在新闻事业空前繁荣、各类媒体相继诞生时跨入新闻界,成为一名驻站记者的。

当记者30多年,我记录了时代的发展,也见证了通信的变化,自己也随着这种变化而变化,随着通信手段的提高而提高。

其间,我有过多次"鸟枪换炮"的经历。

1985年7月,我通过公开招聘考试从师范教师转为党报记者,成为光明日报常驻宁夏的记者。那时,写稿没有电脑,每一篇稿件都是一个字、一个字地用笔写出来的。为了避免原稿丢失的损失,便买来成本的复写纸,稿件要垫上复写纸抄写,写每个字都要多用一些力,所以写稿速度也难以加快。一般情况下,我都是先打草稿,然后再往有格的稿纸上抄写,既费力又费工。一般的稿件,都是平信寄往远在北京的报社,特别重要的稿件就寄挂号信。稿件寄到北京一般需要五六天,有时甚至需要更长的时间,这也就难以保证时效。遇到重要的当日新闻,就要发电报。因为当时光明日报没有在银川设印点,银川看到的光明日报是在北京印、由火车运过来的,所以要到第二天下午才能看到,其他市县看到报纸还要更晚。

173,是我至今仍然铭记的电话号码。记得当时与报社联系很不方便,打长途更是常常考验人们的耐心。先要跟本地的电信局联系,电信局叫通了对方的电话,才能跟对方讲话。遇到线路繁忙,两三个小时都接不通,真是急死人。为了及早通话,我常常上午一上班就挂电话,但有时到了中午,电话还没有接通,只好通知电信局销号。后来,电信局开通了173,打长途情况有所改善,客户先拨173,通了之后,就可以拨自己想拨的电话号码,与报社直接通话就节省了不少时间,但因为打长途还是受到许多限制且收费较高,所以我很少打长途,有时一个月都不打一次。

0342,也是我直到今天还牢牢记住的数字,因为它是《光明日报》的代号。用这个代号,只占一格,也只按一个字收费,否则,写"光明日报"就要按4个字收费了。因为经常到银川的邮电大楼发电报,我仍然记得发电报的收费标准:一般的电报,每个字收费7分5,新闻稿享受特别优惠,每个字只收2分5,就是这样,如果发一份上千字的新闻稿,花费也是很可观的。所以,不是特别急、特别重要的稿件,我是不用电报发的。那时,我经常往位于银川市中心的邮电大楼跑,也成为那里的常客。一般电报稿,发到报社需要6个小时,加急电报也需要4个小时。下午举办的活动,如果不抓紧时间发稿第二天就见不了报。所以,我常常在活动现场就急不可待地写稿,不等活动结束就提前离开,废寝忘食也是常有的事。就是这样,有时也会因为晚了几十分钟而错过了时效,有的稿件仅仅因为晚发了那么一会儿就无法与读者见面,所以我总是尽量往前赶。记得1986年7月的一天,首都博士讲师团来到宁夏,我当天下午参加完活动就回办公室写稿,然后马不停蹄地到邮电大楼发稿,做完这一切已是傍晚六七点了,我估计已错过了报社截稿时间,内心不免有点沮丧。不料,《光明日报》第二天竟在头版突出位置登出来了,第三天,《人民日报》又做了转载,我为此兴奋了好几天,觉得付出有了丰厚的回报。为了给报社节省经费,我每次发电报稿都是先打好草稿,然后字斟句酌,竭力将没有实质内容、可有可无、可留可不留的段、句、词删掉。这倒让我注意炼字炼句、不说废话套话,提高了文字基本功,也算是个意外收获吧。为了发稿方便,我一下子买了五六本电报纸。每次发电报,都是在办公室把新闻稿抄到电报纸上,然后才去发电报。因为电报新闻稿越发越多,我驾驭语言文字的能力也越来越高,涂改和重写的情况也越来越少。

没想到,我购买的电报纸没过多久就变成废纸了,因为报社为记者站配备了日本产的三洋牌电传机。但是,因为那时还没有普遍使用程控电话,打长途也极不方便,有时好不容易接通了,却因线路不好而难以传稿,有时传着传着就传不动了,将G3变成了G2,传完一张稿子要用几分钟,让人很着急。有时感觉已将稿件传过去了,但实际并没有传成功,直到对方打来电话,才又重传。记得有一次在报社开会,记者部主任提醒大家:电传机使用的是进口热敏纸,不但很贵而且不易保存,字迹不清还得重传。一篇长稿常常要用掉半卷热敏纸。所以,如果是长稿、如果不是急稿,最好还是邮寄!

不久,更为先进、功能齐备的传真机不断投放市场,用传真机传稿也越来越顺畅,我就不再邮寄稿件了,几乎全部在传真机上传稿。由于写稿越来越熟练,我练就了一个功夫:不打草稿,直接将稿件抄写在稿纸上,且几乎不做涂改。当然,这样要先打好腹稿,成竹在胸才动笔,每一句都要精心推敲,想好一句写一句,不能写了再涂改,写了半页再撕掉。虽然成稿要慢一些,但比写完草稿再抄写要快得多。记得当时报社印制的稿纸每页有400个格,非常好用。即使是长稿,也用不了几页稿纸就写完了、传完了。

这种情况,我坚持了七八年。1999年,光明日报给驻站记者配备了电脑。此前,我基本没有接触过电脑,也没有受过专门的培训。一时间,还不太适应,"老革命遇到了新问题",我还是习惯于用笔写稿。经过几个月的过渡,大部分记者都能用电脑写稿了,报社提出不再接收手写稿,我才开始用电脑写稿。虽然是自己摸索,但也慢慢适应了,渐渐体会到了电脑写稿的诸多好处。至于发稿,那就更便捷了。最初,报社在电脑上安装个"超级终端",只要一接通,马上就可以发稿。此后,报社又几次更新投稿系统,不但能够快捷发稿,而且可以知道自己的稿件是否被取走、是否被编辑、是否刊登及刊登的日期和版面。很快,原来的电脑就落后了,报社及时进行了更新,连第三台电脑也该淘汰了。

真的是"鸟枪换炮"。

从写字到"打字"或"敲字",这是一个质的飞跃,极大地提高了工作效率,也改变了人们的生活方式和工作方式。现在,又有了新的文字输入方式,无须"打"、不用敲,一张口就有文字记录下来。新技术真让人目不暇接、眼花缭乱。

过去,我只给平面媒体发稿,发稿渠道单一。现在,发稿途径越来越多,既可以给报刊发稿,又可以给网络发稿,网上发稿渠道也越来越畅通。过去发稿,一般记者只发文字稿,现在不但可发文字稿,而且可以发图片、发视屏,连航拍的无人机都装备上了。过去发出的稿件,新闻价值高的、能被电台、电视台和其他报刊转播、转载的很有限,转播、转载量也很有限。现在,除了可以继续被那些传统媒体转播、转载外,还可以在网上被大量转载、无限放大,进而引起更广泛的关注、产生更长远的影响。我自己就有被上百家网站转载的稿件,还有被全网转载的稿件。一篇稿件,就可以在全国范围内提高一个记者的知名度。

也就在这个时期,新闻事业空前繁荣。光明日报的发行量也逐年增加,各个省市自治区的分印点相继开印,包括银川在内的所有省会城市的读者都可以在清晨看到当日报纸。

2002 年,我在《力争当"全能记者"》(载 2002 年第二期《新闻战线》)中提出,记者要当"全能记者",既要会写新闻,又要会写评论,还能研究新闻业务,"十八般武器"要样样精通,能够游刃有余地驾驭各种新闻体裁,既要成为新闻的实践家,又能成为新闻的理论家。我自己就是朝着这个方向努力的。随着时代进步,这也成为我的职业理想。30 多年来,我除了采写 5000 余篇消息、通讯外,还写了数百篇评论,我还成为几所大学的客座教授、兼职教授,应邀为高校在校生、新闻单位的编采人员和各个系统所办的通讯员培训班讲课也有数百场之多。我出版的 11 本书中,有 3 本是探讨新闻业务的(《记者的天空》《记者的感悟》《记者的眼力》)。自我感觉,还没有被飞速发展的时代甩掉。

我虽然提出"要当全能记者",但自己并没有真正成为"全能记者"。现在看来,我当年提出的"全能记者",只是记者的"初级阶段",已经不能适应融媒体发展的需要了,又有新的"十八般武器"需要年轻一代记者掌握。如果不想当"短腿"的记者,那么,需要学习的东西就太多了,而我自己真的跟不上形势了。

改革开放 40 年,是我国发展最快的 40 年,超过了历史上任何时期。这 40 年,我国各个方面都发生了翻天覆地的变化,通信的发展变化只是其中的一个方面。作为一个与通信打交道较多的记者来说,我感谢改革开放带来的红利,也享受到了改革开放带来的实惠,领略了科技进步带来的便捷。我庆幸自己生活在这个日新月异的时代,也为自己投身其中、取得一点进步、做出一点贡献而感到欣慰。

(原载 2020 年 7 月 31 日《中国新闻出版广电报》)

《宁夏日报》是我的启蒙老师

我最早接触《宁夏日报》是 1975 年。当时,我在国营西湖农场当农工,所在连队只订了一份报纸,就是《宁夏日报》。那时,《宁夏日报》只有四版,稿件不多,信息量不大,看的人也很少 ,但我在繁重的劳动之余还是时常到队部浏览一下,对报纸上刊登的各类稿件有了初步了解,算是有了一点点新闻知识。

因为喜欢写作,也在农场举行农田水利建设大会战时自发地给工地广播站投过稿,我渐渐在连队,乃至全场有了一点名气,不久就被连队"重用"了,成为连里不脱产的通讯员和排里的记工员。粉碎"四人帮"后,我"诗兴大发",便把"新作"拿给农场政治处一位干事看。他看了以后很欣赏,当即表示要推荐给宁夏日报,为此,他还写了推荐信并加盖了公章,用农场的信封寄出。一下子便激发了我的"发表欲",因为我在读高中时就给文学刊物和所在地广播站投过稿。这次稿件寄出了,我就天天留意自己的"诗作"是否发表,最终是"泥牛入海无消息"。这也等于告诫我:莫要急躁。在《宁夏日报》上发稿,没那么容易!

我最早在《宁夏日报》上发出的稿件是杂文,那已是 1980 年的事,文章见报了,我为此兴奋了好几天。我写稿的热情立即被激发出来,曾经在《宁夏日报》上创造了 11 天内发表 4 篇评论、杂文的"辉煌战绩",我也因此结识了宁夏日报理论部多位待人和善的编辑,有幸得到他们的许多指导和教诲。大概觉得我有点潜力,是个"可造之材"吧,宁夏日报群工部便定期给我邮寄《宁夏日报通讯》等学习刊物,有时还通知我参加一些会议。每次收到用报社信封邮寄、散发着墨香的刊物,我都感到很亲切,甚至有一点自豪感。我仅有的那点新闻学方面的知识,就是从中获取的。如果说宁夏日报是我的启蒙老师,那是一点也不过分的。

　　万万没有想到,1984 年 10 月,光明日报社在《宁夏日报》和《宁夏科技报》上先后刊登招聘驻站记者的启事,我就是凭着宁夏日报为我打下的那点基础,在有百余人参加的招聘考试中考出了第一名的成绩,加之我此前在《宁夏日报》等报刊上发稿的"资本"毫无争议地入选,并在考试半年之后正式成为光明日报常驻宁夏的记者。

　　同样没有想到,我这个非科班出身、半路出家的记者,边干边学、不懈努力,竟然多次被评为"宁夏优秀新闻工作者",在工作的第十一个年头还被评为"全国百佳新闻工作者"。此后,又相继被几所大学聘为"兼职教授"和"客座教授",而我那点"功底",主要是宁夏日报帮我打下的。是宁夏日报让我这个没有学过新闻的人了解了新闻、掌握了采访写作的基本知识,为我当专职记者奠定了良好的基础。

　　尤其令我感动的是,自 1995 年以来,宁夏日报不吝版面,多次刊登、转发我的文字,也不止一次拿出重要版面、重要位置推介我,让很多人关注我、认识我,也提高了我在宁夏的知名度。近 40 年来,我每一年都在《宁夏日报》上发表稿件,总共应有五六百篇,《宁夏日报》也成为我除所在报社外发稿最多的媒体。我也因此对宁夏日报怀有一份特殊的感情。

　　宁夏日报,是宁夏人的一个精神家园。受惠于宁夏日报的应有成千上万,何止我一人?

（本篇为宁夏日报征文,载宁夏新闻网 7 月 21 日）

我还不想就此说"再见"

2016 年 5 月，我回报社开会，有关人员让我填写退休登记表。对此，我还没有精神准备：怎么，我就要退休了？我的职业生涯从此就结束了？

虽然办理了退休手续，但我并没有就此退休，因为接班人尚未选定，我便自觉地坚守在工作岗位上。三个月后，我又回到报社，参加了年中工作会议。9 月底新记者到任，但我仍然没有退养山林，因为此前中宣部组织"重走长征路"采访活动，报社上报的记者是我，我便仍按原计划参加采访，采访的脚步还是没有停歇。到了 11 月上旬，我的采访活动仍在继续，还有各类稿件见诸报端。翻开登稿本一看，我全年发表在各类报刊上的稿件有 100 多篇：我还保持在岗时的精神状态，我还不想，也没有就此与读者告别。

现在，频频跳槽者越来越多，很少有人在一个单位、一个岗位干一辈子，一个工作能干上三十年的，差不多都是"稀有动物"。我便是这样的"稀有动物"：30 多年没变过"身份"，一直活跃在基层，直到职业生涯结束。

可能有人会认为这样的工作经历太单调，这样一直干下来有点可悲，甚至认为一辈子辛辛苦苦"爬格子"有点亏，但我不这样看。我不但不觉得可悲、吃亏，反而有一点自豪：在光明日报 68 年的历史上，有近一半时间的报纸上时常出现过我的名字，我在这张报纸上刊登的几千篇稿件加起来有七八百个版，有许多稿件还被整版刊登过。其中，有不少稿件引起过社会反响、收到过读者来信，在伸张正义、扶危济困、纠正错误倾向、推动实际工作、为国家决策提供参考等方面曾经发挥过作用，就此而言，我没有必要为此遗憾，更没有必要为自己工作辛苦、地位不高，甚至被个别人猜疑、误解、轻视而自轻自贱、顾影自怜！

放弃各种机会、抵制各种诱惑，用 30 多年时间陪伴一张报纸，且一直没有离开采访一线，足以说明我对这张报纸的感情，也足以说明我对新闻事业的挚爱。

我是经过激烈的竞争才走进光明日报社大门的。"百里挑一"的竞聘考试，让我"脱颖而出"，也为我这个当年的"文学青年"提供了一个人生的大舞台。我格外珍惜这宝贵的机会，不遗余力地投入工作，忽略了寒暑，淡忘了寝食，放弃了娱乐，牺牲了假日,看淡了功利,有所苦也有所甜,有所怒也有所喜,有所得也有所失,仿佛是在转眼之间,就由"小庄"变成了"老庄",从青年步入到了老年。

2016 年,我的职业生涯实际只有 5 个月。发不发稿、发多少稿,对我来说都无所谓了,但我在这 5 个月里仍然发出 60 多篇各类稿件(还不包括在光明网上发出的稿件),就是在退休之后,我又采写并发出了数十篇各类稿件。也许,我是在冥冥之中想向人们表明:这个记者,我还没有当够;我,还不想向读者告别!

这里,特别需要说一下的,是我在 5 月 31 日完成的对黎明村的十访,这一天也是我职业生涯的最后一天。这次采访,报社没有安排,外界没有要求,当地没有邀请,完全是受责任感驱使,因为我觉得对黎明村近 20 年的采访应该有个"收官之作",应该给关心它的读者一个完整的交代,否则,我认为就不够完整。但是,在以往对黎明村"梳篦清剿"式的采访,且已有大量文字见报的基础上,如何才能在主题挖掘、内容拓展、写作技巧上有所突破,不让人读起来枯燥乏味,也不让人感觉是在"炒剩饭"?这对我是个不小的挑战:我的采写计划能不能被报社所认可?我采写的稿件能不能被编辑部通过?我会不会在最后放个"哑炮"、做了"无用功"?老实说,在动身之前,我并没有信心。我曾在前去的路上跟人开玩笑:"我这是自己跟自己过不去,自己给自己出难题啊!"我坐在采访车里自嘲:年届花甲了,这是何苦啊!好在,我的这次采访,不是故作多情,也不是多此一举,我所采写的稿件,是可以读一读的,还不是一文不值的垃圾。承蒙报社领导和编辑部同仁的厚爱,这个题为《物换星移几度秋——十访曾被风沙逼得四分五裂的黎明村》的长篇通讯,非常破例地、以 5000 多字的篇幅、配发 4 幅图片和"记者手记"与读者见面,且很快就被一些网站转载、被微信转发,我原来那颗悬着的心也放下了:十访黎明村,我的收官之作得到了认可,也压住了"轴",自认为比此前 9 次踏访黎明村所写的稿件并不逊色。更让我没有想到的是,这篇凝聚我心血的通讯,还获得了光明日报月评好稿一等奖。

几个月后,自治区党委宣传部又授予我宁夏年度优秀新闻工作者称号,此时我已经退休好几个月了。

一个要退休的人,还有什么放不下的吗?还有必要这么干吗?是的,如果在工作中掺杂个人私利,或者为着个人私利而工作,那么真的没有必要这么干了。

当记者 30 多年,我敢说:我的采访和写作,几乎没有个人功利,我也没有借工作之便为自己谋求过什么！对我来说,之所以在退休前后还这样投入地工作,仅仅是为了珍惜宝贵的工作机会,希望写一些有必要写的稿件,多做一点有益的工作,少为自己留下遗憾。

自然规律,是谁都不能抗拒的。就像一个人有生必然会有死一样,一个人有进入职场的那一天,就必然会有离开职场的那一天。江山代有才人出,各领风骚数百年。谁都不可能垄断一个岗位,一个岗位也不可能永远属于哪一个人。人事更替,吐故纳新,长江后浪推前浪,一浪更比一浪高。我相信,后来者一定会比我干得更好。

对于我来说,尚有余力可用,尚有余勇可发,尚有余愿未了,尚有余志未酬,我还不能“刀枪入库、马放南山”,还不能含饴弄孙、无所事事、颐养天年。

2016 年 6 月 23 日,在自治区党委宣传部和光明日报社联合举办的“庄电一新闻作品研讨会”上,主持人在研讨会结束前让我做个表态发言。我说:我还不想停笔。如果光明日报还需要我,宁夏的宣传事业还需要我,我还会继续出力,绝不会吝惜自己的气力!

亲爱的读者,我感谢你们! 感谢你们对我的关注,感谢你们耐心地读过我写的东西,感谢你们曾经给予的鼓励和支持,我真的不想和你们说“再见”。

如果我写的东西还有一点阅读价值的话,如果我所写的东西不会妨碍他人的话,如果我所做的一切不是抢别人饭碗的话,我还会继续写下去。我希望继续在报刊上、网络上与读者“见面”,也希望读者继续给予关注。我更希望,在和人生说“再见”的时候,我没有遗憾,没有愧疚,走得从容,走得坦然。

(原载 2016 年 11 月 4 日《新闻研究》第 41 期)

新春走基层,让我有满满的成就感

新春,孕育着希望,让人满怀憧憬。对新闻工作者来说,是又铺开了一张亟待描绘的白纸。就像农民不违农时一样,抓住时机开个好头,也极为重要。

近年来广泛开展的“新春走基层”采访活动,已成为记者们施展拳脚的舞台,也检验着记者的“四力”,“四力”是否过硬,都能在所写稿件的字里行间反映出来。

那些接地气、带露珠的佳作，都是综合发挥脚力、眼力、脑力、笔力作用的产物，也是记者观察力、判断力、思考力、表达力的综合反映。

对我来说，虽然在"新春走基层"中没有写出精品力作，但每次都是积极参与的。利用节假日采访、写作，已成为我持续多年的习惯。我曾在大年初一出门采访，一天采写并发出了3篇稿件。

以往"新春走基层"的采访，我基本都是去农村。对农村过春节的报道也有不少。"李杜诗篇万口传，至今已觉不新鲜"。2013年"新春走基层"的时候，我想"另辟蹊径"：到一个"流动"的基层采访，在报道内容、报道形式上有所创新。为此，我向银川客运段时任党办主任甘秀玲说出了自己的想法，甘秀玲主任当即表示欢迎并愿意陪我走一趟。

这一年的2月6日，春运已进入高峰，仅银川站每天就有2万人踏上行程。我提前来到银川火车站，看到正有3列客车准备出发，火车站工作人员、武警和志愿者正有条不紊地疏导旅客。见到大家忙碌的身影，我也不想闲着，抓紧登车前这段时间展开采访。客运车间党支部书记张振刚告诉我，自春运以来，他常常24小时不回家，一天休息的时间只有三四个小时，每天神经都绷得很紧，全身心投入工作。我问他有什么心愿，他说，旅客平平安安地出行、顺顺畅畅地到达，就是我们最大的心愿！向我表达同样心愿的还有车队的副队长张广毅和宋涛、田凤华、李斌等几位列车长。这些内容，都被我写进通讯《旅客走得平安、顺畅，就是我们的最大心愿》(载2013年2月11日《光明日报》)之中。

在观察排队上车的人流时，我看见有两个面容憔悴、没有带多少行李的年轻小伙子，便走上前去与他们攀谈。

两个人起初不愿多说，但看见我态度诚恳，才向我倒出了心中的苦水。原来，他们是被传销人员以招工的名义骗到山西后刚刚逃回来的，至此还心有余悸、惊魂未定。他们往返7天无功而返，白白花去1000多元钱。他们说，搞非法传销的都善于欺骗，一开始并不说清真相，总是打着各种旗号，很容易让人上当受骗。他们希望各地政府一方面要加大打击力度，另一方面要多组织正规的劳务输出，保障务工人员的合法权益。当我表示会反映这些愿望时，他们表示感谢，然后便向我挥手告别、进站乘车了。短短二十分钟，我完成了这个"计划外的采访"并在光明网上刊登了一篇现场新闻。

在甘秀玲主任的带领下,我登上了银川开往广州的列车。一上车,我便立即展开采访,了解列车工作人员的工作状态,倾听他们的心声,尽可能多地收集素材。采访到了渴望采访的内容,我没有就此了结,而是顺着话题进行更深入的采访。就文明乘车问题,我请车队队长和列车长、列车员列举了列车上种种不文明的行为,然后据此写成一篇"记者来信"——《做个文明乘客有多难?》(载 2013 年 8 月 21 日《光明日报》)。

在列车上吃了简单的午饭,列车就到了中宁火车站。甘秀玲主任对我说,不能再往前走了,就在这里下车,当天要在这里换乘另一列火车返回银川。在中宁火车站短暂停留后,我乘上由广州开来的列车踏上归程。应该说,此时我已没有采访任务了,完全可以放松休息,甘主任和列车长也要安排我到卧铺车厢休息,但我不愿意浪费返程这段宝贵的时间,便一个人走进列车的硬座车厢,与天南海北的旅客面对面地交流,在这个"流动的基层"听民声、问民意。

这个"随机"采访,曾被一些旅客误解。当时,我找了个人多的地方坐下,先自报家门,然后便请他们说说各自的愿望和呼声。我说:"你们随便说,说什么都可以,没有限制。"

几位旅客向我投来疑惑的目光。有人说"我看你像个大干部,不像记者!"(我看起来有点"派头")有人说:"哪有这么老的记者?"(此时我已 57 岁了)还有人提出质疑:"这么老的人,还当记者?"(年近六旬还这样采访的记者可能不多)有人表示不相信:"光明日报记者,会到我们这个硬座车厢来?"(这可能反映出人民对记者深入采访的渴望和要求)

有人要看我的记者证,有人跟我要名片。我当时没带名片,但为了打消他们的猜忌,我真的掏出记者证给他们看。几个旅客传看了我的记者证,不再怀疑我的身份。我随即启发他们,让他们放开说,不要有任何顾虑。

"说了有用吗?""你敢反映吗?"我说:"你们敢说,我就敢反映。"见我一脸真诚、没有装模作样的意思,他们才打开话匣子。在两个多小时的时间内,他们反映了外来务工人员在户籍、社保等方面不能与当地居民一视同仁,企业退休人员比机关、事业单位退休人员待遇低,铁路职工子弟就业难,农村土地撂荒,农民贷款难、种田收入低等许多问题,有人还揭露了自己家乡基层干部工作漂浮的问题。话匣子一拉开,有人就收不住了。有人居然直接批评起家乡的政府:"为什么要把村里的所有房屋粉刷两遍？那是在为他们自己脸上贴金！"

话题越扯越远，问题越说越多，围拢过来的旅客也越来越多，交谈的气氛更是越来越热烈。不知不觉中，列车就要进入终点站了，但很多人意犹未尽，依然说个不停。他们为向我表达了心声而兴奋，我也为听到了这么多真心话而高兴。临别时，我告诉他们：不敢说我所做的报道有用，但一定会尽可能全面、客观地反映你们的愿望和呼声。几天后，我为此所写的《在硬座车厢听真心话》(载 2013 年 2 月15 日《光明日报》)便在头版报眼的位置见报。出人意料，我此次的主打通讯没有获奖，而这篇"顺手牵羊"的东西竟然获得了"走转改"专项奖。

虽然花去了一整天的时间，也打破了午休的习惯，但这一天不失时机的采访，效率是蛮高的。我写出了 4 篇各具特色的稿件，应该算"满载而归"了，我感到由衷高兴。

到了 2016 年，我已经 60 岁了，在职的时间实际只有 5 个月。这一年报社组织的"新春走基层"采访活动，基本都安排给了工作在总社而家在外地的记者，内容也是以回乡见闻为主，而驻站记者基本没有采访任务，所编发的稿件也都是"预订"好的。按说，没有接到"订单"，这一年的"新春走基层"我完全可以不参加，但走基层早已"上瘾"的我，还是不想放弃这职业生涯最后一次采访机会。

那么，这次"新春走基层"应该"走"哪里呢？我注意到，就在不久前，也就是2015 年 11 月 28 日，习近平总书记代表党中央提出要在 2020 年全面脱贫的宏伟目标，于是，我就"自作主张"地把农村脱贫作为此次采访的主题，而地处毛乌素沙地边缘的盐池县，在宁夏的脱贫攻坚战役中很有代表性，我便把采访的目标锁定在那里。短短两三天的采访，我与当地村民、村干部、致富带头人和帮扶先进个人广泛接触，掌握了大量鲜活、生动的素材，由此写出了通讯《沙边子村"龙头"龙治普的精准扶贫》(文载 2016 年 2 月 7 日《光明日报》)。

一次外出采访只写一篇稿，从来不是我的风格。在我看来，那样的时间"成本"、精力"成本"和经济"成本"都有点高。所以，我总是希望"一举多得"。在完成对龙治普的采访之后，我又来到距县城有六七十公里的大水坑镇新泉井村采访，因为这个村的脱贫任务十分艰巨，很有典型性。赶到那里时，天色已晚，我走进村口一个农户家里，请村党支部书记张廷才约几个贫困户前来。围炉而坐，促膝交谈，让我不仅了解到贫困的各种类型，而且让我找到了报道脱贫的思路。开始,他们还有所顾虑,不一会便无拘无束了。这个采访持续到晚上 8 点多,等我在街边小店吃完晚饭赶回县城时,已是夜里 10 点多了。事后,我写出一篇内容扎实的通讯,题为《贫困村里谈脱贫》(文载 2016 年 2 月 20 日《光明日报》),此篇虽然刊发时间较晚,也没有刊登在"新春走基层"的栏目里,但也应算是我"新春走基层"的收获。

第二天下午,我就要搭便车返回银川了,但我不想浪费上午这段时间。听说有个移民新村正在自编自演本村的春节联欢晚会,便兴致勃勃地前去采访。在排练现场,我与这些农民演员随便交谈,颇有收获。听说一个快板、一个小品均出自一位 72 岁的老人之手,我便让人把他请来。一番交谈,又让我了解到不少鲜活的素材。一回到银川,我便写出了特写《一场值得期待的演出——盐池县花马池镇北塘新村欢天喜地庆新春》(文载 2016 年 2 月 2 日《中国文化报》),这对我来说已是意外的收获了。

尤其让我兴奋的是,盐池县在 2018 年成为宁夏第一个"摘帽"的贫困县,其脱贫经验也引起广泛关注。

基层,有丰富的新闻素材等待记者们去挖掘,有出息的记者,总能在基层发现"金矿"。"走基层",不同于赶场子、跑机关、泡会堂,也没有人提供现成的材料,靠打电话、抄材料、扒素材、编通稿都不灵了,所有素材都要靠记者一程一程地跑、一句一句地问、一笔一笔地记、一字一字地写、一条一条地筛、一句一句地斟酌、一段一段地修改,容不得任何偷懒行为,没有足够的脚力、眼力、手力、脑力就写不出好的新闻作品。一篇"走基层"新闻作品的质量,也往往与记者走得是否深入、采访是否深入、思考是否深入有密切关系,甚至是由这三个"深入"决定的。

对我来说,走基层,总能给我丰厚的回报,让我有满足感、获得感,我对走基层也一直情有独钟、乐此不疲。

此中有真趣,欲辩已忘言。走基层,带给我的是满满的成就感,留给我的是美好的记忆。

(本篇为报社约稿)

此情可待成追忆

——我与陈建国书记交往的点滴回忆

鲁迅曾说"人生得一知己足矣",那么对于一个记者来说,能有几个持续关注自己的热心读者,那就等于没有白在这个圈子里"混"。如果有热心读者对自己的报道做出积极的反馈,并使之产生了意想不到的效果,那对记者来说就是一种美妙的享受了。如果热心读者的身份又很特殊,且有决策权力,甚至可以放大一篇新闻稿件的作用,那么记者就更能看到自己工作的价值,也就能够抗住各种诱惑、更加安心地工作。这番感慨,我是有感而发。由这些感慨,我回想起许多往事,自然而然地想起了自 2002 年至 2010 年担任宁夏回族自治区党委书记的陈建国同志。

一位不平凡的读者

对于一个当了 30 多年专业记者、40 多年业余作者,在各类报刊上发表过数千篇稿件,且一直把新闻工作当作神圣事业来干的记者来说,我也拥有几位"热心读者",其间,与全国各地的一些"热心读者"还有互动。其中,最让我难忘、最令我敬重的"热心读者",还是曾经担任宁夏回族自治区党委书记、人大常委会主任的陈建国同志。

"陈建国书记是你的'热心读者'?别逗了!一位日理万机的书记,哪有时间读书看报?中央媒体、地方媒体记者那么多,怎么可能特别关注你、成为一个普通记者的'热心读者'?"当我要说陈书记是我的"热心读者"时,一定会有人提出这一连串的问题。

我知道,现在领导们都很忙,党政"一把手"尤其忙,据说,有的领导忙得根本没有时间阅读报刊。工作人员在清理领导办公室时,常常发现有些报刊积压多日,一直没有打开,也没有阅读的痕迹。

有多少高级干部会抽出时间仔细读报?又有多少高级干部会有耐心关注一个普通记者的稿件?如果就此做一份调查,那可能会让许多人失望的,但陈建国书记是个例外,在这方面绝不会让人失望。

如果有高级干部认真读报看书，并善于借此推动工作，那一定是懂政治、善学习、有格调、有境界且与众不同的人，我们对他们就应该肃然起敬。在我接触到的领导人中，陈建国书记是我最敬重的"热心读者"，没有"之一"。

有人可能又要问：你说陈建国书记是你的'热心读者'有什么依据？是否"拉大旗，作虎皮"、借领导声望来抬高自己？

我想说，我从没有借别人的光亮照耀自己，我不仅没有这方面的欲望，而且没有这方面的行为，从不攀附任何人，也从不说与什么人有什么关系。至于"热心读者"的说法，还是以陈建国书记的亲笔批示为证吧。在针对我的一篇通讯所做的批示中，陈书记写道："……这篇报道，体现了他的责任感和使命感，体现了他良好的职业道德。我还认真看了他其他的一些文章和报道，都很有深度……"这段话里，至少包含着以下信息：他不仅看了我写的很多文字，而且还是很"认真"地"看了"，其中，"文章和"三个字还是他后加上去的，大概他认为这样的表述才更准确吧。

我想，有了这段文字，称他为我的"热心读者"，算是"有据可查"了吧？

一次不寻常的转载

前面提到，陈建国书记自己说看了我写的不少文字，但他没有说自何时起，我也不能妄加猜测。他是 2002 年 3 月从山东省委副书记任上转任宁夏回族自治区党委书记、2010 年 7 月卸任的，这也是我业务最活跃、发稿量最大，写批评稿、发问题报道最多的一段时间，《宁夏日报》也多次转载我发表在《光明日报》上的稿件。

记得我翻开 2006 年 4 月 2 日的《宁夏日报》时很惊讶：这一天的报纸，不仅全文转载了我 3 月 26 日发表在《光明日报》上的长篇通讯《王晓花和她的"儿女"们》，而且配发了评论。我的原稿占据了《光明日报》一个整版，总字数有七八千字。之所以惊讶，是因为几个月前，《宁夏日报》已在头版头条报道了这位无私资助回族三姐弟学习的汉族女教师的感人事迹，总字数也有三四千字（我采写比他们早，但见报比他们晚）。时隔不久，同样的题材再登一次，这太不寻常了，我想这一定有自治区领导的批示，而这位领导肯定仔细地阅读了这篇通讯并被感动了。果然，很快就得到了证实：是陈建国书记要求宁夏日报全文转载的。转载这么一篇长文，是很不寻常的。

四年后，这篇通讯报道的王晓花老师被评为全国先进工作者。在当年被授予

"全国劳模"称号的人中,只有她不是从自治区劳模中产生的。此后,她把自己的大爱播撒到更多的需要救助的学生,有100多人得到了她的救助,我也对她又做出多篇跟踪报道。

一个不同凡响的策划

也许是陈建国书记看我的稿件看得比较多、对我的写作"实力"有所了解了吧,对我的信任也有所提升。虽然一直没有谋面,但他却直接给我"派活"了。

2006年9月20日,陈建国书记在时任中国农科院副院长屈冬玉(此后曾任自治区主席助理、副主席,农业农村部副部长,现任联合国粮农组织总干事)给他的一封信上做出批示,充分肯定了这位"马铃薯博士"对宁夏马铃薯产业所做的贡献。他在批示中写道:"请克洪同志(时任自治区党委宣传部常务副部长)转电一同志参阅⋯⋯建议电一同志采访报道⋯⋯"非但如此,他在批示中对采访途径和要采访的人都有明确指示。看到自治区党委督查室和宣传部转来的批示,我深感意外:中央媒体驻宁夏的新闻机构、新闻记者有很多,本地报刊、本地记者也有很多,陈建国书记单单点名让我来写,这对我本人和光明日报是多大的信任啊!我当即向报社做了汇报。在多位领导、多个部门的支持下,我先后走访北京、银川、固原三地,采访历时一个多月,最终写出长篇通讯《"马铃薯博士"的马铃薯"情结"》,分别在《光明日报》和《宁夏日报》头版头条刊登,两报还分别配发了题为《为新农村建设中的知识分子喝彩》《农民需要这样的博士》的评论,引起社会各界的密切关注和强烈反响。

在阅读了两报的通讯和评论后,陈建国书记又做出批示,号召宁夏科技战线知识分子向"马铃薯博士"学习,鼓励科技人员深入基层建功立业。按照陈书记批示的要求,自治区相关部门专门召开座谈会,邀请我到会介绍有关情况,有多位专家学者在会上发言,畅谈感受、抒发理想。三位"马铃薯博士"因此受到了宁夏的多种表彰、奖励,还成为宁夏当年春节晚会上的明星。

这组报道得到了中宣部的充分肯定,"新闻阅评"有专门评介。我随即又做了多篇跟踪报道。此后不久,屈冬玉便来到宁夏工作,先后出任自治区政府主席助理、自治区副主席。

宁夏是马铃薯的产地,西吉县还是马铃薯之乡,但宁夏的马铃薯科研能力却相当薄弱,屈冬玉到宁夏任职并分管农业,对推动马铃薯产业和马铃薯科研无疑是有巨大作用的。作为中国马铃薯专业委员会主任委员,屈冬玉还将中国马铃薯大会引到了宁夏并亲自主持。

说到自己的"奇遇",屈冬玉事后对我说:"如果没有你的这篇报道,我就不会到宁夏来工作。"在送给我的贺年片上,他写了四句话,其中两句是"结缘庄电一,来到贺兰山"。我对他说,这一切,应该归功于陈书记,因为这都是他策划的、运作的。至于我,只是完成了一个采访、认真写了一篇稿件而已。

这不是我故作谦虚。我的一篇通讯,产生了这样的效果,完全出乎我的预料。现在回头看这组报道,我越来越清晰地看到,这是陈建国书记的一次十分成功的新闻策划,堪称"大手笔"。

一块"幸运"的石头

位于宁夏石嘴山境内的中华奇石山是 4A 级旅游景区。在景区原来的大门旁,至今矗立着一块巨石,正面刻有"奇石山"三个红色大字,是时任自治区党委书记陈建国的手迹;巨石的侧面,是《中华奇石山记》全文,落款为"光明日报高级记者庄电一",刻写的时间是 2009 年 5 月 1 日。

很少题词、题字的陈建国书记为什么要为此题写碑名?"碑文"又怎么会出自我这样一个普通记者之手呢?说起来这竟与我的一篇新闻作品有关。

2008 年,我陪同报社领导看了尚未完全竣工的中华奇石山,被当地将原来的粉煤灰场改造成为风景区的壮举而感动,我写成了题为《石之奇 绿之韵 山之神——记化腐朽为神奇的宁夏石嘴山中华奇石山》的通讯。对此稿,我很慎重,经过反复修改才发回编辑部,很快就在 2009 年 4 月 11 日的《光明日报》上刊登出来。同已发表的许多稿件一样,我并没有对此稿特别留意,因为在我看来,稿件登出来,这一页就算翻过去了。

完全没想到,几天后,自治区党委办公厅的同志给我打来电话,说有自治区领导的批示要传给我。自治区领导的批示,与我有什么关系?我一时摸不着头脑。

原来,我这篇刊登在四版的通讯又被陈建国书记看到了,他不仅仔细阅读了,而且萌生了一个新想法。于是,他就直接在当天的报纸上写下批示。我在自治区党委办公厅的传真件上看到了批示的手迹:"文章、电一同志:能否在此文的基础上进一步修改为'记',市里选一块大石块刻上去,放在'山门'之处,使山名之、文奇之?"(文章,即李文章,时任石嘴山市市委书记,现任国务院副秘书长兼国家信访局局长)。自治区党委督查室对这个批示很重视,于 4 月 20 日专门发出了督办通知。当天晚上,李文章书记亲自给我打来电话,限我两天内交稿,他们将争取在"五一"期间立碑。我放下手头的工作,如期交出了初稿。石嘴山市市委常委会专门对此文进行了讨论。尊重他们的意见,我又加了两句。秉持庄重、大气、独特的原则,当地从附近的贺兰山上挑选了一块高 7 米、宽 2.5 米、重 120 吨的巨石,以最快的速度选址、刻写、立碑并整治了景区周边环境。5 月 5 日,陈建国书记到石嘴山视察工作时专门抽出时间前往观看,对碑文给予高度评价并应邀题写了"奇石山"碑名。

据知情人事后告知,陈建国为人很低调,以往一直拒绝题词,但这次却是个例外,但他有意抹去了"中华"二字,这也体现了他做事低调的风格。5 月 29 日,《光明日报》加"按语"刊登了《中华奇石山记》,陈建国书记看到后又要求《宁夏日报》转载,白皋社长打电话向我索要原稿,亲自安排转载。

中华奇石山的名气越来越大。2010 年,中华奇石山风景区荣获"中国观赏石博览基地"称号,成为中国四大观赏石博览基地之一。一个臭气熏天、避之唯恐不及的粉煤灰场摇身一变,变成一个文化内涵丰富、人人向往的新景观,一篇通讯变成一篇碑文,进而成为景区一个文化景观,一个记者的名字与一位领导的题字刻在一块碑石上,这些事,被人津津乐道。这个传奇也不胫而走。

一块普通的石头,因为被刻上了文字、记述了一个"化腐朽为神奇"的传奇,而一度成为人们争相观赏的对象,这是它的幸运。而这个幸运是人赋予它的:如果没有陈建国书记的创意,这一切都无从谈起,我的那篇通讯也就会被淹没在浩如烟海的文字之中,不会再有人提起。就此而言,与其说是石头的幸运,倒不如说是我的幸运,是新闻工作的幸运。

一份独特的内刊

陈建国书记是怎样处理学习与工作的关系,又是如何挤时间多看书、多读报的呢?

据陈书记身边工作人员介绍,陈书记非常勤奋,每天清晨就起床,起床后第一件事就是阅读《人民日报》《光明日报》《宁夏日报》等中央、地方党报,及时获取有价值的信息。大概就是在这广泛的阅览中,他发现了我写的稿件并给予关注的。他关注我的稿件,也不是一天两天、一篇两篇,他自己就说"看过我许多报道和文章",而这方面的情况,我是不了解的。有一次,时任自治区党委副书记于革胜告诉我,这几年,你对黎明村的系列报道,陈书记和我都看了,陈书记还有专门批示,要求有关部门对黎明村给予大力支持。而这样的批示,我是无缘一见的。

工作那么繁忙,陈建国真能静下心来认真读报吗?

2008年,光明日报总编辑苟天林一行四人到宁夏考察工作,陈建国书记热情会见,我在现场陪同。他对苟天林总编辑说:"光明日报办得很好,很有特色、很有品位。我每天都看。我不是一般地翻翻,而是一版一版地仔细看,不漏掉一个版。每次阅读,都很有收获。"陈书记这番话,让在场的几位"光明人"颇为振奋、颇感自豪。

紧接着,陈书记语重心长地说:"一个人经常读什么书、看什么报,就会成为什么样的人。好的书报,可以对人产生潜移默化的影响。"

大概正因为有这样的认识,陈建国书记不但自己坚持学习,而且在自治区党政机关大力倡导学习之风,引导领导干部们学习。每当在报刊上发现特别有价值、值得学习的文章,他就会推荐给自治区党委常委们和相关厅局负责人。后来,他强烈地感到,有必要办一份不定期的内刊。在他的提议和倡导下,自治区党委办公厅很快就创办了一份不定期的学习刊物,陈书记为它定名为《网摘》。从此,陈书记在报刊上、网络上发现有学术价值、有思辨性、有借鉴作用、有教育意义的文章,就要求《网摘》转印并分发给自治区党委常委、主席、副主席和有关负责人。据自治区党委办公厅负责人介绍,《网摘》创办仅3年,就出刊近60期。《网摘》上所有转印的文章,都由陈书记亲自选定,虽然每期只印几十份,但却发挥了重要作用。有关人员还向我提供了已经刊出的大部分《网摘》。我发现,其中绝大部分内容都转自《光明日报》,约占总篇目的90%。难怪他对《光明日报》有那样的评价!这也证明陈建国书记真是《光明日报》的忠实读者,我也是借助这张报纸才进入他的视线的。

陈建国,真是一位热爱学习、善于学习,也把学习当作工作内容、当作生命组成部分的高级干部。

一个领导干部不仅重视自己的学习,而且积极引导机关干部学习,这种精神令我感动,也让我就此采写了一条"独家新闻"。2010年年初,我分别以《建设学习型机关的有益实践》和《为官的境界在于学习》为题,在《光明日报》和《共产党人》杂志上介绍了"陈建国书记和他倡议创办的《网摘》"。

《网摘》是一份独特的内刊。就某种意义上说,它是专属于陈建国书记的,因为据我后来了解,陈书记一调走,《网摘》就停办了。

一份特别的关注

我并不知道陈建国书记是从何时开始关注我的。

大概是在 2005 年前后,在一次活动中,自治区党委一位正厅级领导把我拉到一边,悄悄告诉我:陈书记看上你了! 他不止一次问你的情况,可能要重用你呢。据他说,陈书记多次打听我的情况,甚至连我的年龄、籍贯、隶属关系都问到了。

听到这样的"信息",我"无动于衷",因为我自认为很适合当记者,也对光明日报有很深的感情,从没有动过"改换门庭"的念头,对当官更没有兴趣,也不渴望别的什么"重用",因此我既不打听要如何重用,也不借此"由头"主动上门"套近乎",我甚至不知道陈书记的门是朝哪边开的。当然,其他领导的办公室我也没有去过。虽然认识许多领导,但都没有主动联系过。

陈建国在宁夏任职 8 年多,我没有去过他的办公室,也没有跟随他参加过视察、调研之类的活动,当然也就没有这方面的报道。在我的稿件中,提到他的少之又少。我与他的关系非常单纯,也没有任何私人交往。

2008 年 7 月,陈建国书记在会见光明日报社总编辑苟天林一行时对在场的人说:"我这还是第一次与电一同志坐在一起。"这里,我还要补充一句:这不仅是第一次,也是唯一的一次。因为此后,我再也没有与他单独相处过。

虽然我不是一个围着领导转的人,但并未影响陈建国书记对我的了解和认可。在我完成《"马铃薯博士"的马铃薯"情结"》的报道之后,陈书记做出了很长一段批示。他的批示,是批给时任自治区党委常委、宣传部部长李东东的,批示包含两个内容:一是号召宁夏的科技工作者向三位"马铃薯博士"学习,前文已有提及,二是号召宁夏新闻工作者向我学习。自治区有关部门为此召开了座谈会,李东东常委到会讲话,自治区及银川市的各类媒体对我做了充分报道,有的媒体还用了"陈建国书记号召向庄电一学习"这样的标题。一时间,我的报道和我本人都被社会各界所关注。

后来，自治区党委办公厅一位处长向我透露：他亲耳听到，陈书记与另一位自治区领导商议，要把我作为一个典型隆重推出，但怎样"推出"、何时"推出"，都不得而知。

2006 年下半年，按照中央的统一部署，宁夏开始推荐党的十七大代表。我最初是由自治区党委宣传部的几个基层支部提名的，随后便被宣传部作为第一轮候选人上报。但我对此并没有抱什么希望，自认为也不可能选上。没想到，经过"三上三下"、经过自治区直属机关、自治区党委组织部两轮考察和中央组织部批准，我最终还是进入了差额选举的名单，成为宁夏 35 名候选人之一，只是在最后的差额选举（必须差掉 5 人）中高票落选。为推选我这个候选人，不仅自治区党委常委会专门讨论过，而且专门召开一次自治区党委全委会。对此，我处之泰然，因为我做梦都没有想过要当十七大代表。当选，对我不会有什么改变；落选，依然故我，我也毫毛无损。为此，我写了《九分感激，一份遗憾——记我与十七大代表"擦肩而过"的曲折经历》《众人为我敲了一下"十七大"的门》两篇文章，专门记述此事。

没想到，苟天林总编辑将此事向时任中共中央政治局委员、中宣部部长刘云山同志做了汇报，刘云山同志听了非常高兴，认为尽管最终还是落选了，但足以反映宁夏各级党组织和社会各界对新闻工作、对新闻工作者的重视。

更让我感到意外的事，陈书记对我的"落选"不仅十分关注，而且一直深感遗憾。在会见苟天林总编辑时，他旧事重提，又一次表达了惋惜之情。另一位自治区领导随即插话：这种惋惜之情，陈书记多次表示过。

看来，陈书记是很希望我能当选的，但名额有限，又要兼顾各个方面，照顾民族代表、妇女代表的比例，我的落选也就毫不意外了。对我来说，就更没有什么可遗憾的了。

一串绕梁的音符

2010 年 7 月，年满 65 的陈建国书记调离了宁夏。大家在自治区党委机关大院为他送行，我也加入其中，但因为人多，我不但连个招呼也顾不上打，甚至连手都没有机会握一下。

此后，他是否回过宁夏，我不得而知。即使回来，他也不会联系我，我自然也不会关注这事，更不会为此"吃醋"。他在宁夏时，我不与他联系；他离开宁夏，我就更不会与他联系。我与他的关系,始终都是"淡如水"。

陈建国离开宁夏到全国人大常委会工作,先是就任内务司法委员会副主任委员,换届后又转任农业与农村委员会主任委员。我想,到了北京,工作环境、工作性质都变了,陈建国书记再也不会像在宁夏那样看书读报了吧?也不会再关注《光明日报》、关注我采写的新闻了吧?

2014年10月24日,《光明日报》第十四版(副刊)上发表了我的一篇散文式通讯,题目是《银川人有多爱水》。文章的后半段有以下一段文字:"银川过去并没有人工河流经市区,是爱伊河(今典农河)的开挖和贯通改变了这个现状。现在,蜿蜒曲折的爱伊河在银川市区川流而过,滋润着市区的环境,也滋润着市区的商业、房地产业。它流经哪里就给哪里带来繁荣和兴旺。难怪,为此倾注大量心血的自治区党委原书记陈建国要为此写下歌词,称爱伊河是美丽的姑娘。难怪,这首《爱伊河之歌》被大量传唱并引起广泛共鸣。"

此文见报时,陈建国同志离开宁夏已有4年多了。在写作时我曾想到,陈书记不大可能会看到我这篇东西,但我依然要这样写,因为我不是要写给他看的。写这段文字,我也曾有所考虑:这样写一位前任领导,会不会引起误解、会不会让后任和现任的领导有想法?但是,我写东西,从来都是实事求是,既不讨好谁,也不看谁的眼色。我看不惯"人走茶凉"的世态,更反感一些地区为了突出现任的业绩而不提,乃至贬低前任的贡献,甚至有意将前任功绩一笔抹杀的做法。

没想到,这篇在容易被忽略的版面、容易被忽视的位置刊登的散文,陈建国同志不仅看到了,而且看得很详细。几天后,一位曾在陈建国同志身边工作过的人突然给我打来电话:"你写的这篇文章,陈建国同志在北京看到了,他打来电话,让我转告你:他认为这篇文章写得很好,此外,他还特别让我对你表示感谢。"对于记者来说,我一向认为,写文章在自己的本分,即使对别人有所帮助,也无须感谢。要说感谢,我更应该感谢读者,特别是像陈建国这样的热心读者,因为读者的关注,是我写作的一个重要的动力。

2016年,那位曾在陈建国书记身边工作过的人请我到他办公室去一下。他说:"陈建国同志很快就彻底退休了,我最近去北京出差,想顺路去看望他,顺便把你的书带给他。"我说:"我出版的书很多,有的书还很重,带起来不太方便吧?"他说:"没关系,你都拿来吧。"我很快便找齐了此前出版的几本书,但我拿过去时还是感觉太重,就建议他少拿几本。他一边用绳子捆书一边说:"还是都拿上吧,陈书记爱看你写的东西。我随身的东西可以少拿点。"这位同志还让我在每一本书上签了名。

这么远带这么重的书,是陈建国同志的要求,还是这位同志自作主张?我不得而知。而对于我来说,把自己的书送给愿意读且能产生共鸣的读者,也算是"物有所值"了。

政声人去后,民意闲谈中。陈建国离开宁夏已经10年了,但宁夏人没有忘记他,也常常提起他,评论他在宁夏的政绩,对他的建树和贡献也给予了充分肯定。许多人也惦念着他,希望他健康长寿,盼望他有机会再回宁夏看看。作为一名与他有点交集的老记者,我也有同样的愿望。与他的这些交往,也将长久地留在我的记忆里。

(原载 2020 年《博览群书杂志》第 6 期,网上阅读超过 6 万)

"他来了,又走了"

——我与张贤亮交往的一些往事

"他来了,又走了。"这是张贤亮让儿子刻在自己墓碑上的话。一转眼,他逝世(2014 年 9 月 27 日)已经六年了。对他的过早离世,我一直感到遗憾、感到惋惜。与张贤亮交往的一些往事,也常常浮现在眼前。

我是 1985 年担任光明日报常驻宁夏记者的,而张贤亮在 20 世纪 70 年代末、80 年代初就在文坛上崭露头角了。此前,我也是个文学青年,所以对他的文学创作很关注。早在 1980 年前后,我就读过他发表在《宁夏文艺》(文学刊物《朔方》的前身)上的小说《吉普赛人》《邢老汉和狗的故事》《在这样的春天里》,不仅对他的小说印象很深,而且对他也充满着敬意,不仅与好友一起议论过他的作品,而且曾有写评论文章的冲动。1983 年,我参加了在复旦大学举办的第三期"当代文学讲习班",当代文坛上创作活跃的作家及其作品,都被与会者所关注。在活动期间,我不止一次听到人们谈论张贤亮的作品,还有一些外地与会人员向我问起张贤亮的情况。1984 年,小说《绿化树》发表后,《中国青年报》曾经开辟专栏进行为期达数月的讨论，我也给予了密切关注。

到光明日报宁夏记者站工作后，我与他有了许多次正面接触的机会，但我一直没有与他做深入的交流。当记者几年了，我也没有像有些人那样贴上去，黏着要宣传他的文学成就，甚至没有为他写过一个字的报道。有的记者把张贤亮当作"新闻的富矿"，总在他身上挖掘素材，甚至千方百计找"花边新闻"，而我却视而不见，更不曾采访他。之所以这样，与我的性格和理念有关，因为我一向不愿意做锦上添花的事。当时，张贤亮的名气已经很大，在国内外都有不小的影响，根本不需要我再做什么宣传，即使为他写些不痛不痒的文字，对他也不会有什么作用。所以，我只是在一旁静静地欣赏他的创作成就。

我对张贤亮的第一次采访，已经到了1989年。此时，张贤亮文学创作的高峰已经过去了，而我这次对他的采访，却不是介绍他的文学成就和创作状况的，而是专门"找茬"、让他回答社会质疑的。

在此之前的1988年，为庆祝自治区成立30周年，有关部门决定拍摄一部献礼影片。从决定拍片到剧本创作，时间很紧。尽管有许多人都有创作热情，也拿出了很多剧本，但有关负责人认为都不理想。怎么办？有关负责人不得不请颇负盛名的张贤亮出马。张贤亮临危受命，不讲条件，立即投入创作，很快便拿出了电影剧本并审查通过。定名为《我们是世界》的电影，由西安电影制片厂拍摄完成。出人意料的是，这部被宁夏寄予厚望的电影，在看片订货会上却颇受冷遇。尽管张贤亮本人也到场向各地电影公司经理宣传推介，但外地电影公司并不买账。不能让《我们是世界》零拷贝！宁夏有关人员当机立断：自己买两个拷贝！那么，这个仓促拍成的影片，放映情况怎样？据有关部门统计：在宁夏城乡放映总共没超过10场，观众总共也只有几百人。对此，宁夏社会各界议论纷纷。电影有什么问题，为什么会这样惨？我们应该吸取什么教训？作为常驻宁夏的记者，我感到自己有责任通过采访、报道来回答社会各界的关切。当时，我还是一个"初出茅庐"的年轻记者，经验、能力都不足，但还是想啃下这块"硬骨头"。对这次采访，我做了充分准备，甚至担心会被拒绝。但是，出乎预料，张贤亮不仅爽快地答应我的采访，而且始终态度平和，即使对我毫不掩饰的提问，他也给予正面回答，不做无谓的辩解。采访如此顺利，是我没有料到的。这个采访，虽然过去30多年了，但我至今还记得他在接受采访时的神态和豁达。他既没有为采访设限，也没有提出任何要求,甚至没有要求审稿,但我为了稳妥起见,还是把写好的稿件送他审阅。记得他读到"有人认为,电影《牧马人》高于原作《灵与肉》,而电影《我们是世界》则低于原作"时,他停下来问我:"谁说《牧马人》高于原作?我就不这么认为!"我回应他说:"这是你个人的看法。你不能要求别人的看法都跟你相同!"他笑了:"那好吧。你就保留这段话。"因为张贤亮的豁达大度,我的采访竟然出人意料地顺利。

完成了这个关键的采访之后,我对其他人的采访就更有信心了,写起来也更加从容了。当《对电影〈我们是世界〉的思考》在《光明日报》刊登并产生较大社会影响时,张贤亮并没有对我表示任何不满。相反,我们之间自此建立了彼此信任的关系。了解到他近期文学创作和一部原稿丢失的情况,我在《光明日报》上还发了一篇独家新闻:《张贤亮新作〈习惯死亡〉将出版》。

因为光明日报宁夏记者站就在自治区文联后院办公,我常常与张贤亮不期而遇。每一次,他都主动与我聊几句,提供一点新闻线索。有时,他会对社会问题谈些看法,希望我给予关注、做些报道。

由于与张贤亮熟悉了,我与他的交往也变得很随意。有一次,我推开他的办公室,见来访的陕西作家陈忠实在座,二人相谈甚欢,便欲转身离开。张贤亮热情地叫我坐下一块交谈。他不但热情地向我介绍了陈忠实,而且把我介绍给了陈忠实,言谈中对我也有一些肯定的词语。他非常诚恳地建议我采访、报道陈忠实,却绝口不提自己。他对陈忠实的欣赏和推崇溢于言表,给我留下很深的印象。

20世纪90年代初,主要外景地取自宁夏的电影《红高粱》在德国柏林电影节上斩获大奖,在此前后,到宁夏拍电影、拍电视的剧组不少。而《红高粱》的大部分镜头是在银川市西郊、贺兰山脚下的镇北堡拍摄的。1992年10月,光明日报社两位女记者一到银川,就向我提出要去镇北堡看看,我亲自陪同前往。这也是我第一次去镇北堡,那时的镇北堡还是个默默无闻的旧城堡,已废弃多年。以往,就是银川人也很少涉足。呈现在我眼前的镇北堡,是一片衰败的景象。自电影《红高粱》获奖之后,才有极少数人怀着好奇的心情前往,我敏感地意识到:影视界比肩接踵地到宁夏取景拍片,《红高粱》还获得了国际大奖,是宣传宁夏的好素材,于是,我迅速写出两稿,很快就刊登出来了。其中《〈红高粱〉"红"了镇北堡》刊登在《光明日报》上,《影视界看好宁夏"外景地"》刊登在《人民日报》上。因为镇北堡在镇北堡林草试验场境内,时任场长袁进琳(此后曾任自治区人大常委会副主任、秘书长等职)不仅关注了我的报道,而且大受启发。于是,他就此提出恢复拍摄景点发展旅游业的创意,很快得到自治区农建委、宁夏电视台、宁夏日报、贺兰山宾馆等十余家单位的积极响应。那次,袁进琳一见到我就对我表示感谢。他说为了宣传、促成此事,他把我发表的相关报道复印了二百多份,大量散发,起到了很好的推动作用。

在具体筹划过程中,大家一致认为,此事要想成功,必须发挥名人效应,非请张贤亮出马不可。张贤亮闻讯,欣然受邀,牵头组织。

第一次筹备会是在镇北堡林草试验场内两间红砖平房里举行的,此时已是1993年2月初了,记得当时天气很冷,房间里用的还是土炉子。我因等了两篇相关报道便以特邀嘉宾的身份应邀到会,也是到场的唯一记者,会后形成的会议纪要也提到了我的名字。记得张贤亮在会上做了鼓舞人心的发言,不仅得到了广泛认同,而且激发了在场的所有人干事创业的热情,人人摩拳擦掌,都有准备大干一番的劲头。我也深受感染,当即发出独家新闻:《宁夏拟建西部影视城》(载1993年2月6日《光明日报》)。

为了筹集影视城建设资金,张贤亮慷慨解囊,不仅拿出了自己的所有稿费,而且通过境外的朋友筹集资金。我对此给予了配合和呼应,继《宁夏拟建西部影视城》见报十几天后又做出跟踪报道:《中国西部影视城第一笔外资到位》(载1993年2月13日《光明日报》)。此后,在影视城筹建中开机拍摄第一部电影,我以《影片〈老人与狗〉引人注目》为题做出报道(载1993年4月19日《光明日报》)。张贤亮果然不负众望,让两座废弃的明代古城堡"摇身一变",变成一个影视拍摄基地和旅游景点。西部影视城开门迎客后,我又写出《华夏西部影视城在银川落成》(载1993年9月23日《光明日报》)、《"土"味滋润出荣誉——华夏西部影视城参观记》(载1993年10月9日《新闻出版报》)。

如今,镇北堡西部影城不仅成为5A级旅游景区,而且是宁夏一个重要的文化景观,是到宁夏旅游的游客必到之地。在那里拍摄的影片也超过百部了。这里想多说一句,尽管我为此也出了一点力,但我此后带亲友前去时,仍然自己买票,既没有麻烦过张贤亮,也没有通过其他途径寻求额外照顾。

尽管是由张贤亮挂帅,尽管张贤亮的能量和影响力非一般人可比,但西部影视城的建设还是遇到了不少难题。而解决这些难题,张贤亮也常常感到为难。有一天,张贤亮拿着几份材料到我的办公室寻求帮助。原来,是住在旧城堡里的几个养羊户说什么也不肯搬走,游客一走进去就能闻到浓浓的羊粪味。这倒还在其次,最让人苦恼的是,前来拍片的剧组常常受到这些住户的干扰,只要有镜头在他们的门前晃过,就得交钱。不给钱就不让拍摄。张贤亮对我说到这些情况时,也是一脸无奈。他希望借助舆论的力量,让这些住户尽快迁出。对张贤亮的要求,我给予充分的理解,也尽力做了一点可能没起什么作用的工作。令人欣慰的是,经过有关方面的不懈努力,镇北堡包括几群羊在内的所有"居民"还是全部搬出去了,镇北堡里的羊粪味闻不到了,也更像一个拍摄基地和旅游景点。

"超期服役"的张贤亮在换届后不再担任宁夏文联主席和作协主席,我在文联换届会议上听到了他退休的感言,随即在会下对他做了简单的采访,有感于他良好的心态,写出报道:《张贤亮坦然面对退休》。

2012 年 11 月,一条张贤亮包养 5 个情妇的谣言在网上疯传,几乎到了铺天盖地的程度。一时间,张贤亮陷入四面楚歌的境地。在光明日报总编辑何东平的支持下,我对张贤亮进行了采访并做出公开报道。此前,已有多家媒体记者要采访他,都被他拒绝了,因为他完全知晓某些媒体的"良苦用心"。但是,当我通过自治区文联提出采访要求时,他就欣然同意,一口答应。在长达一个小时的交谈中,他像对待知己一样毫无保留地表达了他的不满、忧虑和思考。他一口一个"电一呀",叫得十分亲切,毫不保留地倾诉。记得他当时对我说:"我对这类低俗化倾向深感忧虑。现实社会特别是网络上弥漫着一种戾气,而少数人对他人隐私的过度关注又为此推波助澜,这是很可怕、很可恨的。"记得我当时没听清他说的"戾气",就问了一句,他就耐心地解释这是哪两个字,如何写、是何意。这次采访我们谈得很融洽,我了解到了希望了解的一切,随后写出内容充实的报道:《年过七旬笔耕不辍 躺着中枪令人关注 张贤亮潜心创作"平面"与"立体"文学》。这篇以正视听的报道见报后,立即被各大网站和一些报刊转载,事态也迅速平息。一些想借机炒作的媒体,见无处"下蛆",只好"鸣金收兵"。4 天后,我又就此在《光明日报》上发表一篇评论:《莫让谣言愚弄社会舆论》,分析了事件的成因,也指出了其中的教训。有人说"是庄电一给张贤亮解了围",有人指责我不该写这样的报道,有人甚至怀疑我从张贤亮那里得到了什么好处。事实上,我在采访后就再未与张贤亮有任何联系,我甚至没有打电话告诉他发稿的情况,我以为如果那样,就有点邀功领赏之嫌。我只是听到自治区文联的同志转告,张贤亮看了报道很高兴,对我表示感谢。

2013 年 12 月,张贤亮获奖小说《灵与肉》被改编成电视剧,他无偿转让了改编权,我及时做出报道。

2014 年年初,我听到张贤亮患上不治之症的消息,决定为他做一篇长篇报道,概括、总结他一生的文学成就和社会影响,让社会对他有个全面了解,也给他一点精神安慰。自当记者到此时已近 30 年了,我还没有对他的文学成就做过正面报道,因为我一直认为没有这个必要。但此时不同了,对被誉为"宁夏一张名片"的张贤亮,光明日报应该有一篇"盖棺论定"式的报道,这是光明日报的职责,也是我这个驻宁夏记者的使命。

我的想法得到了报社的支持。为了不打扰病中的张贤亮、不让他产生误解,我只好进行外围采访,甚至没有与他面对面,也没有向他透露采访的信息,我甚至在报道中只字不提他的病情,以防引来各种猜测和干扰。但是,有人还是敏感地看出了端倪。宁夏有位文史专家事后告诉我:他在看了我在《光明日报》上发出的报道之后惊呼:贤亮,危矣!这篇题为《张贤亮:好大一棵树》的长篇报道以整版的篇幅刊登在 2014 年 8 月 8 日的《光明日报》上,此时距他病逝只有一个多月时间。我至今不知病中的张贤亮是否看到,是否从中获取一点精神安慰?作为光明日报的记者、作为与张贤亮相识近 30 年的老朋友,我为能在他在世时推出这篇报道感到欣慰。

有位媒体工作者在微博上评论此事:"君子之交淡如水,小人之交甘如饴,这道理今人比古人懂,只是今人的口味比古人重。就说媒体,我的不少同行与被采访对象仅有一面之缘,硬粘软贴,似乎腻歪得不行。看人家光明日报庄电一,几番报道张贤亮,有时连照面都不打一个,大篇文章出来时对方还不知,如此交谊才是真水无香,人到无求品自高。"

2014 年 8 月 20 日,张贤亮荣获首届《朔方》文学奖"特别贡献奖",我做出了报道。2014 年 9 月 27 日,张贤亮在银川逝世,我不仅立即发出了消息,而且参加了他的遗体告别仪式。在发出逝世的消息后,我又做了追踪式报道《长沟流月去无声》《一人离世万人悲——社会各界对张贤亮的缅怀》。此后,我接受了北京《三联生活周刊》记者长达四小时的采访,介绍了我心目中的张贤亮。2015 年 6 月,我对他的小说《灵与肉》改编成电视剧做了报道。2015年12月，有关方面举办"张贤亮——文学与西部大地研讨会"，我又以《宁夏人民不会忘记他!》为题，发表一篇特写。2016年，我以自治区政协委员的身份提交了"关于兴建张贤亮文学馆的建议"。2019年,张贤亮画册出版,我不仅应邀出席座谈会,而且在网上发出了报道。此时,我已经退休三年了。

回顾与张贤亮断断续续交往的历程,我也有点遗憾:我没有向他要过一本书,也没有与他合过一次影,没有向他索要过签名,更没有向他提过任何要求,我甚至没有与他同桌吃过饭。有人曾不止一次在我耳边吹风,说张贤亮的字很值钱,向他索字的人很多,但我从没有张过口。如果让我拿出与张贤亮亲密交往的证据,我还真拿不出来。我与他的交往,真的如古人所说的君子之交,真的是淡如水。当然,如果有机会弥补遗憾的话,我还是希望与他合个影、留个念。

作为一名记者,我虽然没有从张贤亮那里得到过任何回报,但我还是从他身上学到了很多东西,这对我的文字工作也有深远的影响,我为此生能与张贤亮有过交往并且做了一点有益的事而感到自豪。

"忆昔午桥桥上饮,座中多是豪英。长沟流月去无声。"张贤亮,这位非宁夏籍的作家、企业家,在宁夏没有虚度年华,他用近60年的岁月,在宁夏书写了自己人生的华丽篇章。他虽然永远离开了宁夏、永远离开了他热爱的人民,但宁夏和宁夏人民不会忘记他。他对宁夏文化旅游事业的影响、对宁夏经济社会的影响都将继续,而且会持续到久远的未来。

（原载2020年《博览群书》杂志第九期）

我额外多站了"一班岗"

"站好最后一班岗!"人们常常用这句话来形容有人在退伍、退役、退休或调离时仍然不忘初心、毫不懈怠、有始有终地履行职责、坚守岗位的表现。在现实生活中,也确实有许多人不计个人得失,不折不扣地站好了最后一班岗,表现出良好的敬业精神和令人敬佩的精神境界。

对于我来说,虽然不敢说"站好了最后一班岗",但却可以说"多"站了"一班岗":因为在退休之后我仍然在一段时间里坚守在工作岗位上,甚至到了有人接班后仍然尽了一些"义务"。我没有计较个人得失，没有耽误正常工作，没有妨碍新人，也没有给他人和单位"添乱"。

首先说一下"站好最后一班岗"的事。

2016 年，是我在职的最后一年，实际在职时间只有 5 个月，但我依然故我，一如既往地投入工作，如饥似渴地捕捉新闻线索。年初，我仍然像往年一样参加了"新春走基层"采访活动，深入到位于毛乌素沙地边缘的盐池县大水坑镇新泉井村等地与当地农民"面对面"，一口气写出了《贫困村里谈脱贫——访宁夏盐池县大水坑镇新泉井村》《沙边子村"龙头"龙治普的精准扶贫》《一场值得期待的演出》三篇通讯。在往返路上，我留心观察路旁的景物，酝酿、构思了特写《银川平原鸟巢多》。听说一位民间收藏家投入上亿元资金收藏民俗文物，我驱车 400 公里赶到位于六盘山下的隆德县进行实地采访，写出长篇报道《民间收藏之路，如何越走越宽》。那次，我还在县城散步时发现了一个新闻素材，随后写出通讯《隆德县有个古柳公园》。一转眼，就到了 5 月，我按通知回报社开会。会议期间，报社人事部门的同志找到我，让我办理退休手续。对此，我毫无精神准备，办完手续，若有所失。但因为当时还没有人接班，我回到驻地后并没有向当地报告自己退休的事，仍然照常投入工作，那时宁夏也没有人知道我已经退休。因为接班人尚未选定，我便自觉自愿地坚守在工作岗位上。

从北京回到银川，我感到要做的事、要采写的题材都有很多，而最让我念念不忘的是黎明村。自 1998 年以来，我已经对这个名不见经传的小荒村进行过 9 次踏访、发表了近十万字的报道，所写报道在全国曾引起广泛关注，但我感到还缺少一篇"收官之作"，否则这组系列报道就算不上完整。此前，我也听说有关部门对此有期待。所以，十访黎明村变成了我最想完成的事。

虽然 5 月上旬就办了退休手续，但我认为自己的职业生涯应该到 2016 年 5 月底才算结束。5 月 30 日，是我职业生涯的倒数第二天，在这一天我踏上了黎明村的大地，用两天时间完成了这个期待已久的采访。这次采访，报社没有安排，外界没有要求，当地没有邀请，完全是受责任感驱使，因为我想给读者一个完整的交代。但是，如何才能在主题挖掘上、内容拓展上、写作技巧上有所突破，不让人读起来枯燥乏味，也不让人感觉我是在"炒剩饭"？这对我是个不小的挑战。承蒙报社领导和编辑部同仁的厚爱，这篇题为《物换星移几度秋——十访曾被风沙逼得四分五裂的黎明村》的长篇通讯最终顺利刊登出来,我原来那颗悬着的心才放下了。尤其让我感动的是,报社不仅与自治区党委宣传部在银川为我联合举办了新闻作品研讨会,而且派李春林副总编辑和周立文、邓海云、马兴宇3位部主任及高平站长到会,还特意将这篇超长的通讯安排在研讨会的前一天刊出。这张被带到研讨会现场的报纸,引起与会者的关注。

有付出就有回报啊。

至此,我可以说自己站够了最后一班岗,至于说是否"站好了最后一班岗",我自己不敢说,这要由报社和读者来评定。

下面再说说额外多站一班岗的事。

退休手续办了,作品研讨会也开了,我完全可以"刀枪入库马放南山"了,但我并没有这样做,因为新记者还没有到任,我还负有推荐、协助考察等任务。对新闻采访,我也没有松懈。

当年8月,我接到报社通知到北京参加了年中工作会议,一切都好像和在职时一样。9月下旬,报社在几天之内向我接连布置了中宣部和报社的5个采访任务。我半开玩笑地提醒记者部的同志:我已经退休了啊,这么多采访任务,让我如何在这么短的时间完成啊?但我争分夺秒、连夜赶稿,在规定时间内保质保量地交了稿。其间,中宣部组织"重走长征路"大型采访活动,报社在征求我的意见后也报了我的名。

在完成各项工作的同时,我还协调、配合报社完成了对新记者的考察。

2016年9月27日,新记者到任。我又帮助新记者熟悉情况、配合新记者做下一年的报纸发行工作。在"重走长征路"的采访团即将到宁夏之前,我考虑到新记者到任的新情况,建议改由新任记者参加,但新记者表示他有许多事要做、对采访活动也不熟悉,希望按计划进行。随后,我向报社汇报了这个情况,报社有关负责人认为,向中宣部上报的人是我,不宜再变动。这样,我便按原计划在10月下旬参加了采访活动并写出多篇报道。那些天,我除了完成规定的采访任务之外,还"顺手牵羊"采访了两篇同样主题的通讯:一篇是《三十年不变的"长征情结"》,一篇是《长征题材成为隆德县文艺创作的宝贵资源》,也算是"超额"完成了采访任务。此后,我又写了《清平乐·六盘山究竟几易其稿》,刊登在《光明日报》专刊上。

当年11月,我以自治区政协委员的身份参加政协调研活动,发现北方民族大学在大学生自主创业方面很有成绩,就"一身二用",又当了一回"本报记者"。新闻报道《校内"育苗" 校外"育树" 北方民族大学形成大学生自主创业孵化链条》,以较长篇幅出现在《光明日报》的版面上。为了让新记者尽快"露脸",我在没有告知的情况下"擅自"在独自采访的两篇稿件中加上了新记者的名字。

这一年,我在职的时间虽然只有短短5个月,但因为没有停止采访的脚步,所以在各类报刊上发表的稿件仍有100多篇,比以往基本没有减少,其中大部分是我退休后采写的。了解到这些情况,专程到宁夏参加交接活动的报社领导当着我的面指示报社有关负责人,要给我加5个月的绩效工资,但此事最终并没有落实,我连一个月的绩效工资也没有拿到,但我对此毫无怨言,也没有再向任何部门、任何人"说明"情况、争取"落实到位",因为我此时所做的一切,都是自觉自愿的,没有任何个人企求。我认为,拿报酬,是合情合理的;不拿报酬,可能也是有规定的,没有什么好抱怨的。在光明日报社工作30多年,我从没有为个人争过什么。

这一年,我在职的时间虽然不足半年,但自治区和银川市还是对我进行了表彰,自治区党委宣传部还授予我年度优秀新闻工作者称号,等于是为我的职业生涯画上了最后一个符号。

2017年,我彻底告别了职业生涯,也没有再接受报社布置的采访任务,但我仍然在包括《光明日报》在内的全国各类报刊发稿40余篇。2018年我继续保持这种写作势头,与"站好最后一班岗"就没有关系了,因为我无须站岗,也没有必要再"站岗"了。

虽然没有"站岗"的责任了,但我还不想、无法停下手中的笔。一些读者的鼓励、一些刊物的约稿、一种难以摆脱的职业习惯、一个无法割舍的志趣爱好,驱使我一次次拿起笔,让我一次次在报刊上与读者见面。

2017年11月8日,自治区党委宣传部在欢庆记者节时召开座谈会,特意请我这个已经退出"现役"的老记者到会并安排我第一个发言。原来,请我到会发言,是自治区党委宣传部部务会议的一个"策划",宣传部领导们希望我再发挥一点作用。结果,我那篇经过宣传部修改的发言《当记者是我无怨无悔的选择》,被当地多家媒体转发或评论,也真的激起一些反响、起了一点作用。自治区党委常委、宣传部部长赵永清在讲话中专门表扬了我。在惭愧之余,我深切感到:在该我站岗时，我没有站好岗，在无须我站岗时，我还不能"退出江湖""告老还乡"，还可以发挥一点"余热"。但愿这不是我"自作多情"，也不会引起反感。

（原载 2018 年《新天地》杂志第六期）

问君何所营？

——记我退休后的两次采访

已经有一阵子没有出去采访了，也有一段时间没到宁夏南部山区了，所以，那次采访对我来说颇有一点如饥似渴的感觉，我对什么都感兴趣，见到有意思的事都要问一问，也不放过任何可写的题材，结果，在两天半的采访中，我驱车千余公里，跑了三个县，发出了六七篇稿件，总计超过万字。有媒体还加了栏题进行了转发，网上转载也不少。此外，还有报刊就此向我约稿。有人说我这是到山区刮了一阵小旋风——来得快，去得也快，但在这么短的时间内发出这么多稿件，算是不虚此行、满载而归了。

之所以有一阵子没有再去采访，是因为我已退休了。在办理退休手续之后，我在记者站一时无人接班的情况下，仍然坚守岗位，仍然一如既往地采写，直到新记者到任(我是 2016 年 5 月中旬办理的退休手续，新记者是 2016 年 9 月 27 日到任的)之后，我才逐渐退出。退休后，我在报刊上又发了 100 多篇各类稿件。在新记者完全接手之后，在不影响他人的前提下，我仍然"加工"了不少"边角料"，仍然时有稿件见报。此外，我还应一些报纸、杂志之约写了一些"命题作文"，总是闲不下来。

我国有五大自治区，每隔十年都要举行大庆活动，大庆报道也成为新闻宣传的重头戏。作为 1985 年就担任光明日报驻宁记者的老记者，我先后报道了宁夏的 30 周年大庆、40 周年大庆、50 年大庆，到了 2018 年，自治区迎来了 60 周年大庆，此时我虽然退休两年多了，但仍然希望参与其中。报社领导了解到了我的心思，在组建报道组时特意加上了我，安排我为报道组成员，我也真的借此机会领取了报道任务，专程到吴忠市红寺堡移民开发区采访，一口气采写了 7 篇通讯，有 4 篇是人物通讯。其中，《红寺堡：以生态移民实现精准脱贫》《带着文化移民，移出大文化——宁夏吴忠市红寺堡区形成新的"移民文化"》先后在《光明日报》突出位置刊登，此外，我还采写了 4 篇人物通讯并将它们组成一个系列，分别在光明网和其他报刊刊载。而我这次采访,加上往返才有 3 天时间,最终形成了这么多文字,也算得上是一次大丰收。

我已是退休记者,也没有采访任务了。退休不同于在职,如果再像在职时那样干,是不可能的,也是不妥当的,甚至会引来猜疑和误解。所以,我有意"淡出江湖",也常常忽略乃至放弃一些可写的题材。但责任感还会常常驱使我,让我欲罢不能。

2017 年年末至 2018 年年初那次采访,就是在一种责任感驱使下的行动。因为早在 2005 年年末,在第一轮退耕还林工程即将到期、补贴政策是否延续尚不明朗的关键时刻,我与本区一位记者一起深入到宁夏南部集中连片的贫困区,也是宁夏退耕还林工程的主战场,了解退耕农民的所思所想所困所虑,以《退耕还林:补贴到期之后怎么办?》(2006 年 1 月 7 日,占了《光明日报》半个版的篇幅)为题,反映了退耕还林的状况和退耕农民的心声。此外,我还与那位记者合作在《宁夏日报》连发了两个头版头条:《重整河山看退耕》《"2605 项目"的悲剧会重演吗?》。我的报道,引起国家林业局和国家发改委的高度重视,对有关部门调整政策也有参考价值,他们随即派人到记者采访过的地方调研并向国务院提交了报告,很快,国务院据此做出决定,将退耕还林的补贴延续一个周期,这对巩固退耕还林成果、解决退耕农民的后顾之忧起到了非常重要的作用。我一方面为自己做了一件好事而感到很欣慰,一方面也对这项工程给予了较多的关注,做了一些后续报道。

一转眼,十多年过去了。退耕还林进展如何、产生了多大效益? 国家的补贴发挥了怎样的作用? 这是社会各界都关心的问题,也是记者应该回答的问题。作为对此曾经有过比较深入了解、并且做过充分报道的记者,我感到自己有责任再做一次专门的采访,以回答读者的关切。然而,遗憾的是,由于工作繁忙、杂事干扰,我在在职时一直未能成行。

作为一名退休记者,我还能补上这个采访、了却这个夙愿吗? 我采写的稿件还能顺利刊登吗? 说实话,就是到了动身的时候,我心里也没有底。我当时的想法是:不考虑那些,先把采访这个基础打好,然后再下功夫把稿件写好,就算是报纸不登,在网上发出来也算是个交代啊!

没在现场、没有见到我那次采访的人,不会想到我是如何卖力、如何全力以赴的。我是连珠炮地提问、不停歇地记录。就是与当地人一起吃饭,我也不忘了解情况。我几乎到了争分夺秒、如饥似渴的程度,力图占有更多的第一手资料,我的采访也非常高效。由于采访深入、材料充分,我一口气写了上、中、下三篇,总字数也有六七千字之多。满怀信心地写完了稿件,我倒没有信心了:这个事,有必要写这么长吗?报社肯拿出寸土寸金的版面,刊登这些文字吗?更何况我是一个退了休的老记者啊!

出乎意料,我的这组通讯稿,竟然分上、中、下三篇,以很长的篇幅刊登出来了!在"来自宁夏退耕还林一线的报道"的相同副题下,分别以《冬季里的绿色诗篇》《不重蹈毁林开荒的历史覆辙》《这篇大文章还未"收笔"》为题刊登。在署名上,我还第一次被冠以"本报特派记者"的"头衔",这真让我喜出望外,我在内心里感谢光明日报编辑部对我的支持和厚爱。

在采访退耕还林的时候,我了解到鼢鼠对林业的危害已经到了令人吃惊的严重程度,但有关部门的重视程度、防范措施还没有完全到位,我感到有必要为此大声疾呼,于是,便写了一篇"记者来信":《鼠患不除,树无宁日》,也一路畅通地刊登出来了,署名仍然是"本报特派记者"。令我感到欣慰的是,这组系列报道此后还获得了"宁夏好新闻奖"。

在与农民的交谈中,我了解到许多农民正为马铃薯卖难而发愁,觉得自己应该为他们排忧解难出一份力,便写了一篇"记者来信":《西吉县许多农户为马铃薯难销而愁眉不展》,立即被人配图在网上转发。随后,我又与自治区有关部门联系,推动有关部门为农民排忧解难。

在固原采访时,我听说在宁夏可以排第三、在固原可以排第二的彭阳县博物馆开馆,便于开馆当天赶了过去,并立即展开采访,由于熟悉情况,又有直观感受,我写起来便也很从容、很顺手,结果,我采写彭阳县博物馆的两篇稿件,分别以《一座值得一看的县级博物馆》和《这里藏着一部基本完整的通史》为题分别在《光明日报》和《宁夏日报》的突出位置刊登。

这次历时两天半的采访,如果除去往返的时间,我的有效采访时间实际不到一天半。一天半的采访,采写了这么多文字,我当然很兴奋。有人称我是"宝刀不老",这过誉的称赞,我当然不敢承受,因为我这里没有"宝刀",我本人更不是"宝刀"。不过,这样看来,我这把刀好像还没有变钝,也还能割断"蒿草"之类好割的东西。至于我这个人呢,好像也还有点用,我的身上也还存有余热,偶尔也可以发挥一下呢。

问君何所营？到了这个时候，我已没有什么个人企求，也无所图了，驱使我完成这次采访的，依然是挥之不去的"记者情结"，还是对新闻事业的热爱，还是铭记在心的社会责任感。所以，这次采访不是我一生中最后的采访，自治区60大庆的采访活动就是一次延续，也让我收获满满。2019年4月，我应朋友之邀再访被誉为宁夏的"世外桃源"南长滩村，虽然没有采访任务，但我还是在有限的时间内采写并在报刊上发出了5篇稿件，而那次南长滩之行，加上往返时间在内也只有20多个小时。由此可见，我采访的效率还是很高的。

检视这几年发表的作品，我觉得有些篇目可以整理出书，而一些读者的建议更坚定了我的决心。

2015年年末至2016年年初，在我的职业生涯即将结束时，我一下子出版了《满眼风光》（上下册）、《记者的眼力》《青山明月不曾空》三本书，是想以此向职业生涯告别。没想到，退休之后仍然没有，也无法停歇，又写出了这么多文字。于是，我决定出版我的第十二本书。因为我20多年前出版的第一本书书名是《悠悠我心》，我想让这本新书与之呼应，便定名为《我心依旧》。我希望每一篇都有知识性、趣味性和可读性，都有较大的信息量，不会浪费读者宝贵的时间。

我想，如有机会，如有需求，我还会继续采访，继续写作，直到写不动为止。

（原载2020年《新天地》杂志第一期）

我戴上了共和国七十大庆纪念章

在欢庆新中国成立七十周年的喜庆日子里，我不仅戴上了由中共中央、国务院、中央军委联合制作的纪念章，而且代表劳动模范在宁夏回族自治区党委、政府联合召开的庆祝大会上发言。尤其是光明日报社专门派人到银川郑重地将纪念章戴到我的脖子上更让我内心的荣誉感、自豪感和愧疚感油然而生。

虽然我已经退休3年，获得国家奖励也是9年前的往事，但党中央、国务院仍然没有忘记包括我在内的曾在一线工作过的老同志。我注意到，这次获得纪念章的，既有新中国成立前参加革命工作的老同志，也有在新中国成立后做出了各种贡献的英模。有些人的业绩早已变成尘封的历史，有些人获得的荣誉已渐渐被人淡忘,有些人早就退出职场颐养天年,有些人因年事已高而深居浅出,但是,党和政府并没有忘记他们,更没有忘记他们的贡献。在欢庆新中国诞生70周年的大喜日子里,中共中央、国务院、中央军委联合颁发这枚纪念章是富有深意的,我也切切实实感受到了这枚纪念章的分量:这是党和国家最高权力机关联合颁发的纪念章,也是一份珍贵的、崇高的、具有特别纪念意义的荣誉。对于获得者来说,等于是国家又一次给予了褒奖,怎能不让人感到幸福、感到光荣、格外激动呢?

我想起自己退休后另一个意想不到的礼遇。那是 2018 年 9 月,在宁夏各族人民欢庆自治区成立 60 周年的日子里,我被自治区 14 个部委厅局联合评选为"自治区 60 年感动宁夏人物"(共计评出 60 位),我不仅因此参加了颁奖活动、接受了当地媒体的采访,而且第一次以嘉宾的身份,而不是以记者的身份参加了自治区大庆的系列活动,先是以英模代表的身份受到中央代表团的接见并与团长、副团长一一握手、合影留念,随后又参加了只有少数代表才能参加的文艺晚会。在参加庆祝大会和观看团体表演时,又被安排在最佳区域就座。会后,又收到了中央代表团赠送的礼物。

说来惭愧,我只是一名常驻宁夏的普通记者,虽然驻站时间超过了 30 年,也先后参加了自治区 30 周年、40 周年、50 周年、60 周年大庆的报道,但我并没有什么突出的业绩。虽然为宁夏的两个文明建设做了一点有益的工作,但我与其他劳模和各类先进人物相比,还有很大差距。所以,我从不把自己获得的荣誉和礼遇看作是对我个人的褒奖,而看作是对光明日报社、对报社所有编采人员的褒奖、对新闻出版界的褒奖!因为我的每一篇报道都凝聚着许多人的心血,都包含许多人的创造性劳动,而我只是个代表而已,不值得骄傲,更不值得炫耀。我常常告诫自己:一定要严于律己、谨言慎行,绝不能玷污荣誉称号。我没有任何理由骄傲自满、忘乎所以,因为我的一切都是党和人民给的;我的一切,都离不开党和政府的领导,离不开祖国的馈赠,离不开光明日报的支持,离不开同事、家人的理解和配合。离开了这些,我将一无所有、一无是处、一筹莫展。

人民给予我的很多,我对人民的回报太少,这也让我诚惶诚恐、惴惴不安,时刻准备弥补。现在,我尚有余力可用,尚有余勇可发,尚有余愿未了,尚有余志未酬,我愿继续努力,为宁夏再立新功,为荣誉称号再添新彩!

对这枚特殊纪念意义的纪念章,我将格外珍惜、精心收藏,激励自己继续努力,警示自己弥补差距,永不自满。

(原载 2019 年 10 月 17 日《中国新闻出版广电报》)

我为什么对宁夏一往情深?

"我和我的祖国,一刻也不能分割",这是中国人都耳熟能详的一句歌词,对此,我很有同感。对我来说,不仅与祖国不能分割,而且与宁夏也不能分割。我的一切,都与宁夏有关。因为我不但是在宁夏参加工作的,而且是在宁夏退休的。我在宁夏度过了一生中最美好的时光。

在欢庆新中国成立 70 周年的大喜日子里,宁夏新闻网记者对我进行了采访,并以《心里有人民,笔下有真情》为题,在"五湖四海支宁人"栏目中以多种形式做出了报道,突出地介绍了我与宁夏的渊源关系。

很少有哪个职业像驻站记者这样与地域有如此密切的关系。

因为我是常驻宁夏的记者,我不仅喝着宁夏的水、吃着宁夏产的粮食,感受着宁夏的文化,而且面对宁夏的一切,工作的对象也是宁夏和宁夏人民,我在这块土地上采访、写作,所写稿件也多与这块土地和生活在这块土地上的人民有关,自然,所写的稿件也被这里的人民关注,我在宁夏的知名度也高于在全国的知名度。当然,借助光明日报这样一个在全国有广泛影响的媒体,我也从宁夏走向了全国,在外地也有了一点影响。

"宁夏有个庄电一",这是《宁夏画报》介绍我时用过的标题,也是时任光明日报总编辑,现任中共中央政治局委员、全国人大常委会副委员长王晨为我出版的第一本书《悠悠我心》所写序言中的一句话。

由时任中国青年报记者吴海鸿撰文、宁夏画报记者马志刚摄影的《宁夏有个庄电一》,刊登在 1998 年第四期《宁夏画报》,而王晨为《悠悠我心》所写的那篇序言,在书出版后,又以《贺兰山下一支笔》为题刊登在 1999 年 2 月 18 日的《光明日报》上。王晨副委员长在序言中写道:"人们渐渐知道了:'宁夏有个庄电一'——他由原来的默默无闻到有了相当的知名度,受到不少同行的敬佩和尊重。"

说起来,这都是 20 多年前的事了。这里旧事重提,只想说明我与宁夏的密切关系,既不是沾沾自喜,也不是炫耀"老本"。

"我是属于宁夏的,提到我,常常要提到宁夏!"我为此感到自豪:在全国各地,有许多读者通过我的报道,加深了对宁夏的了解和认识,甚至改变了对宁夏的固有看法。

我本不是宁夏人,是在辽宁省读完高中后才到宁夏的。自 1974 年在位于银川近郊的国营西湖农场就业起,我就与宁夏结下了不解之缘。1977 年 12 月,我参加了中断了 11 年的高考重返课堂。毕业后,我成为师范学校的教师,工作仍然在银川。1985 年 7 月,我通过公开招聘考试调入光明日报社,任常驻宁夏记者,虽然人事关系、工资关系都转到了北京,但我的组织关系还在宁夏,因为我是驻宁夏的记者,我的采访活动也基本都在宁夏。在提到我的名字、介绍我的身份时,一般都离不开"驻宁夏记者"这几个字。

30 多年来,我在宁夏这块神奇的土地上,采写并发表了大量文字,大部分内容是写宁夏的,文中提到的也多是宁夏的地名和宁夏的人名,其中,"宁夏""银川"在标题中出现最多,在标题中也常常是"打头的",后面才是所要表达的内容。

就连我获得的荣誉,也多与宁夏有关:"宁夏优秀新闻工作者","宁夏十佳记者","宁夏名记者","宁夏区直机关优秀共产党员","宁夏先进工作者","宁夏当代名人","感动宁夏年度人物""自治区 60 年感动宁夏人物"。我的许多社会兼职也与宁夏相关:"宁夏政协委员","宁夏文史专员","宁夏大学兼职教授",宁夏师范学院客座教授……我的许多荣誉,都是宁夏人民给的,而我对宁夏的贡献实在是微乎其微,正因为如此,我对宁夏始终怀着感恩之心,我也常常带着这份感恩之心投入工作,以报宁夏以万一。有时,我心里甚至有一种幻想和奢望:如果提到宁夏,就有人会想到我,那该是多有成就感啊,哪怕只有一两个人!可惜,我离这个目标还有十万八千里。这也说明,我对宁夏的宣传,无论是数量还是质量、社会影响力都远远不够。

如今,我在宁夏生活的时间已经远远多于在辽宁生活的时间,对宁夏的了解也远远超出对辽宁的了解。如果有人问我:你是对第一故乡的感情深,还是对第二故乡的感情深?我会毫不犹豫地说:我对第二故乡的感情深!我对第二故乡的热爱也超过对第一故乡的热爱。如果要做个比较,那么,我更热爱宁夏!

我曾经有多次离开宁夏的机会。无论是调回总社,还是调到经济文化发达地区,我都有机会和条件,报社有关负责人还为此征询过我的意见。也有人说,宁夏地方小、人口少、经济文化相对落后，生活比较清苦，没有什么"干头"，不会有多大"发展前途"，并以此为由鼓动我离开宁夏，但我始终不为所动，始终"不动窝"地待在宁夏，始终没有脱离采访第一线，始终没有放下手中这支笔，始终以极大的热情宣传宁夏。此外，我也曾受到多位高层领导的青睐，并且有到党政机关从政的机会，可以有不错的"官运"，但我都毫不犹豫地放弃了。

有人认为我这样"一意孤行"很不值得，甚至为我失去很多感到惋惜，但我恰恰为此感到充实、感到庆幸，因为宁夏很适合我、我工作的业绩得益于宁夏，宁夏给予我的实在太多，我在宁夏当记者的收获，也是走仕途或在其他地区、其他领域得不到的。

2019年9月30日，自治区党委、政府在宁夏人民会堂举行大会，隆重庆祝中华人民共和国成立70周年。大会共安排6个方面的代表发言。我荣幸地代表劳动模范和新闻工作者发言。我在发言中充满深情地表达了自己的心声：生活在新时代是幸运的、幸福的，工作在宁夏、奉献在宁夏，也是幸运的、幸福的。我们个人的一切，都与祖国、与宁夏密切相关、密不可分。

宁夏是我的福地，新闻工作是我的所爱。我与宁夏、与新闻工作有难解的缘分，有很深的渊源，这一生都不能分开。

（原载 2020 年 3 月 5 日《新闻老兵》）

后　记

共和国走过了 70 多年发展历程,我在宁夏当记者也超过了 30 年。

这 30 多年,我踏遍了宁夏的山山水水,也写遍了宁夏的山山水水,把采访的触角伸向了各个领域、各个行业。亲耳听到、亲眼看见、亲身感受、亲笔记录的有很多很多:70 年前,宁夏百分之九十的人是文盲,现在,普通农家有几个大学生也不稀奇了;60 年前,宁夏贫困人口还有几百万,现在,已基本脱贫了;50 年前,自治区首府还是"一条街道两座楼,一个警察看两头",也没有像样的建筑,现在,高楼林立,已成为一座现代化区域中心城市;40 年前,南部山区农村许多学校还是"泥桌子、土台子,里面坐着一群泥孩子",如今,那里最漂亮的建筑是学校,和城镇学校比也毫不逊色;30 年前,整个宁夏都饱尝沙尘暴之苦,不请自到的沙尘常常穿堂入室,让人苦不堪言,今天,肆虐的沙尘暴已远远地躲开了宁夏;20 年前,地处中部干旱带上的红寺堡还荒无人烟,现在,已成为 23 万移民欣欣向荣的新家园;10 年前,西海固 9 县区还都戴着贫困县的帽子,如今,基本都摘掉了贫困的帽子,宁夏有望同全国同步实现小康……所有这些变化,都凝聚着宁夏人民的辛勤汗水和聪明才智,是值得大书一笔的新闻素材,也让我一次次"心潮起伏""欣然命笔",转化成一篇篇内容鲜活的报道。我采写的一些稿件经《光明日报》等报刊刊登后,又被电台、电视台和其他报刊转播、转载,让外界看到了宁夏的巨大成就和发展潜力,改变了许多人对宁夏的固有看法和传统偏见。

这种为宁夏乃至全国发展变化而一次次欣然命笔的状况,从我进入新闻界那一天起,一直延续到我退休之后,而我在《光明日报》上发稿的历史也超过了在这家媒体的任职年限。正因为孜孜以求,笔耕不辍,我才有可能在退休之后再出这本书。

在整理这几年的文稿时,我发现也是洋洋大观,远远超出了一本书的容量,所以只能选取其中的一小部分。虽然经过了挑选和修订,但限于水平,可能还存在这样或那样的差错,我诚恳地希望读者给予指正。有人说,电影是遗憾的艺术,出书又何尝不是如此呢?

在此,我衷心感谢被采访单位和个人的配合、感谢有关部门的协助,尤其要感谢有关部门和有关人员对本书出版给予的支持,感谢本书责任编辑姚小云女士及编校、印刷人员付出的辛劳。

作　者

2020 年 6 月